U0557800

语言学理论应用与语言教学的多维研究

王盈盈 张芸 赵丽丽 著

中国书籍出版社

图书在版编目(CIP)数据

语言学理论应用与语言教学的多维研究 / 王盈盈，张芸，赵丽丽著 . -- 北京：中国书籍出版社，2021.6
ISBN 978-7-5068-8532-4

Ⅰ . ①语… Ⅱ . ①王… ②张… ③赵… Ⅲ . ①语言学 – 研究②语言教学 – 教学研究 Ⅳ . ① H0

中国版本图书馆 CIP 数据核字（2021）第 124100 号

语言学理论应用与语言教学的多维研究

王盈盈　张　芸　赵丽丽　著

丛书策划	谭　鹏　武　斌
责任编辑	牛　超
责任印制	孙马飞　马　芝
封面设计	东方美迪
出版发行	中国书籍出版社
地　　址	北京市丰台区三路居路 97 号（邮编：100073）
电　　话	（010）52257143（总编室）　（010）52257140（发行部）
电子邮箱	eo@chinabp.com.cn
经　　销	全国新华书店
印　　厂	三河市德贤弘印务有限公司
开　　本	710 毫米 ×1000 毫米　1/16
字　　数	406 千字
印　　张	21.25
版　　次	2023 年 1 月第 1 版
版　　次	2023 年 1 月第 1 次印刷
书　　号	ISBN 978-7-5068-8532-4
定　　价	98.00 元

版权所有　翻印必究

目 录

第一章　语言与语言学
　　第一节　语言 ··· 1
　　第二节　语言学 ··· 7
　　第三节　语言与语言学的发展 ····································· 9

第二章　语言教学理论阐释
　　第一节　语言教学的内涵 ··· 25
　　第二节　语言教学的原则 ··· 31
　　第三节　语言教学的理论依据 ····································· 41

第三章　语言学与语言教学研究
　　第一节　语言学流派及教学法研究 ····························· 61
　　第二节　语言学与语言习得 ··· 79
　　第三节　语言学与语言教学大纲设计 ························· 90
　　第四节　语言学与语言测试分析 ······························· 101

第四章　词汇学与句法学理论应用于语言教学

　　第一节　词汇学理论应用于语言教学 ······················· 111
　　第二节　句法学理论应用于语言教学 ······················· 123

第五章　语义学与语用学理论应用于语言教学

第一节　语义学理论应用于语言教学 …………………………… 139
第二节　语用学理论应用于语言教学 …………………………… 154

第六章　文化语言学理论应用于语言教学

第一节　文化与文化语言学的内涵 ……………………………… 171
第二节　文化语言学相关内容解析 ……………………………… 182
第三节　文化语言学理论在语言教学中的具体应用 ………… 201

第七章　应用语言学理论应用于语言教学

第一节　语言应用与应用语言学的内涵 ………………………… 207
第二节　应用语言学相关内容解析 ……………………………… 213
第三节　应用语言学理论在语言教学中的具体应用 ………… 226

第八章　系统功能语言学理论应用于语言教学

第一节　系统功能理论与系统功能语言学的内涵 …………… 239
第二节　系统功能语言学相关内容解析 ………………………… 247
第三节　系统功能语言学在语言教学中的具体应用 ………… 257

第九章　认知语言学理论应用于语言教学

第一节　认知语言学理论与认知语言学的内涵 ……………… 263
第二节　认知语言学相关内容解析 ……………………………… 277
第三节　认知语言学在语言教学中的具体应用 ……………… 291

第十章　语料库语言学理论应用于语言教学

第一节　语料库语言学理论与语料库语言学的内涵 ………… 297

目录

第二节 语料库语言学相关内容解析……………………………305
第三节 语料库语言学在语言教学中的具体应用……………313

参考文献……………………………………………………………327

第一章 语言与语言学

对于人类来说,语言非常重要,就像人每时每刻要呼吸一样,人们一刻也离不开语言。而语言学是专门研究人类语言的学科。它是一门多侧面、多层次的立体学科,它与社会科学、自然科学、思维科学等学科有着密切的联系。伴随着交叉科学的日益发展,语言学愈发占据重要的地位,在社会中所发挥的作用和意义更加重大。

第一节 语言

一、语言与言语

(一)语言的含义

语言,可以说是一种交际工具,它借助各种系统的、复杂的声音传递形形色色的内容,如各种复杂的情感或包罗万象的意义等。观察角度不同,语言所传递的内容或所表达的感受是不同的。首先,从形式上分析,语言通过声音传达(即语音)。语音是一个复杂的系统,它是由人的发音器官发出的单个或多个语音单位组成。每个民族都有自己的语音构成成分及特点。其次,从内容上分析,语音传达的具体意义(即语义)既可以是客观世界本身的状态,也可以是人们的主观态度,甚至是虚构的内容。[①]语义由许多具体单位所体现,如词汇、句子等。最后,从组织结构上分析,语言虽然包括语音、

[①] 池昌海. 现代语言学导论[M]. 杭州:浙江大学出版社,2007.

语义和词汇,但是语音、语义和词汇只有依靠一定的方法联系在一起,才能表达一定的内容和思想。而这个联系语音、语义和词汇的方法就称为语法。由此可分析出,语言是一个由语音、语义、词汇和语法构成的复杂的、功能强大的符号系统。

其实,至今语言都没有一个被公认的定义。我们只能从语言学家对语言的相关研究中综合总结出一个定义:语言是人类特有的,是重要的交际工具、思维工具和文化载体,是语音、语义、词汇和语法相结合的符号系统。

从这个定义中,我们可以分析出四个方面内容:第一,语言是人类独有的,是其他动物所没有的;第二,语言具有自身的特殊性;第三,语言由语音、语义、词汇和语法组成;第四,语言是人类交际活动和思维活动的重要工具和载体。

(二)言语的含义

言语包括两方面的含义。一方面是指人们运用语言的行为动作,即"言语活动",如"某人不言语了",这里的"言语"明显是指运用语言的行为,而不是指语言。另一方面是指人们讲的话和写的话,即"言语作品",具体是指人们运用语言的产物,如我们写的句子、文章等,就属于"言语产品",而不属于语言。因此,言语与语言明显不同,我们不能将两者混淆。语言是全社会成员共同使用的工具,言语则是个人对语言的使用及使用结果。语言是言语的重要组成部分。使用同一种语言,不一定会产生同一种言语。

(三)正确理解语言与言语之间的关系

1. 语言与言语相联系

语言与言语之间的联系体现在以下几个方面:第一,语言与言语紧密相连、互为前提。语言是言语的重要组成部分。语言要成立,必须依赖一定的言语行为和言语作品;而言语要被人理解,必须依赖一定的语言来表达。第二,语言与言语相互依存,互为结果。语言是从言语中抽象概括出来的公共模式,言语是个人具体运用这种公共模式的结果。这就好比下棋,棋子和规则都是相同的,但个人运用相同的棋子和规则下棋的方法不同,而且个人的棋艺也有高低之分。第三,语言存在于言语中。个人言语使用的词汇、语法规则是有限的、不完全的,只有集体的总和才是完全的。此外,语言还以潜在的方式存在于人们的大脑中。储存于每个人大脑中的语言系统合在一起等于集体的语言系统。集体的语言系统是完全的,而储存于每个人大脑中的语言系统是不完全的。

2.语言与言语相区别

语言与言语的区别主要表现在以下几个方面。

第一,语言是抽象的,言语是具体的。普通名词虽具有指称性,但不具体指称某个事物,只有在具体言语环境中,它们的意义才会具体化。

第二,语言是现成的,言语是临时的。语言是指语音、语义、词汇等,按照一定的语法组合起来构成的完整的符号系统,是特定社会文化条件下约定俗成的,并被人们接受和遵循的。在交际活动中,人们运用现成材料和规则组词造句。而言语是指自由词组、句子、句群等,是人们将语言单位按组合和聚合规则临时组织起来的,是言语活动的结果,因此,言语不是现成的、固定的。①

第三,语言是有限的,言语是无限的。语言单位是有限的。例如,现代汉语有23个声母、24个韵母,构成约408个音节,加上声调变化,共约1313个音节。这些有限的声母、韵母和音节,可构成约一万个常用词。商务印书馆出版的《现代汉语词典》的收词包括字(词素)、词、词组、熟语、成语,共五万六千余条。依据这些有限的语言单位和语法规则,我们可以组合出无限多的句子。

第四,语言具有潜存性,言语具有表现性。语言潜存于人们的大脑中,每个人的大脑中都潜存着一套相对完整的语言符号系统。在交际时,人们通过脑神经和发音器官,从潜存的语言符号系统中选词造句,外化为言语活动。对语言来说,言语具有表现性;对言语而言,语言具有潜存性。

第五,语言具有结构规则性,言语具有语境制约性。语言有约定俗成的组词造句规则,可以表达任何思想。然而,在言语活动中,并不是所有符合规则的句子都能顺利完成交际,它要受一定的语境的制约。语境包括上下文语境、交际语境和社会文化语境。符合语言规则的句子不一定符合特定的语境,而不符合语境的句子一定会影响交际效果。

正确地区分语言与言语,对于语言教学和语言研究具有重要的意义。它不仅能帮助人们更好地理解语言,而且还有助于提高人们运用语言的能力,从而能在交际活动和思维活动中更从容地表达自己的思想。

二、语言区别于其他物种语言的特征

语言对于人类来说至关重要,它具有其他物种语言不可比拟的独特

---

① 王远新.语言学教程 第3版[M].北京:中央民族大学出版社,2017.

特征。

（一）二层性

二层性是指语言具有两层结构的特性。在语言中，上层结构指词之类的上层单位，底层结构主要指语音。上层结构由底层结构的元素构成。每层结构都有独特的组合规则。也就是说，话语的组成元素是语音，语音可组成词。语音是无意义的，而词之类的上层单位是有明确意义的。上层单位虽有意义但却无法分成更小的元素。

语言的二层性使语言拥有了一种强大的能产性。大量的单位由很少数量的成分组成。运用大量的词，可以产生无穷的句子，这些句子又可以形成无穷无尽的语篇。

（二）任意性

任意性是指语言符号的形式与所表达的意义之间没有必然的联系。语音与语义相结合构成语言符号，但是语音和语义之间没有联系。语义是人们对某一类事物抽象概括的反映，是人们思想的体现，它并不能代表事物本身。语言符号能代表事物，但语音和事物之间没有直接联系，需要依靠语义来沟通两者之间的联系。若没有语义，那么语音与事物之间就不能建立联系，从而也就没有语言符号了。

由于语音形式与语义内容之间的关系是任意的，因此相同的语义内容可以跟不同的语音形式相结合，相同的语音形式也才可能与不同的语义内容相结合。语言符号的任意性赋予了语言表达几乎无限的灵活性。[①]

一些人认为拟声词语音形式与语义内容之间的关系不是任意的，因为拟声词的语音形式要以所拟事物的声音为依据。然而，拟声词的存在并不能否定任意性原则。因为一切语言词汇中的绝大部分词语和客观事物的联系完全是任意的，拟声词只是近似于某种声音，而且是约定俗成的模仿。各种语言中相应的拟声词尽管语音相近但仍是不同的，而且随着语音的演变也会发生相应的变化。也有一些人会把感叹词看作对现实的自发表现。但是，我们只要把不同语言的感叹词进行比较就明白了。例如，最常用的感叹词，普通话为"唉"，英语为 oh。

我们还需明白，任意性只能说明语音形式和语义之间并没有必然的联系，并不能说明人们可以自由选择语音形式，也不能说明人们可以随意理解语义。

---

① 叶宝奎. 语言学概论　第 3 版 [M]. 北京：中国人民大学出版社，2013.

（三）线条性

线条性是指人们在说话时，语言符号是依次出现在时间线条上的。在同一时间里，人们是不能说出两个符号或两个语音单位的，而且，语音符号也不能在同一个空间面上呈现。语言的线条性特征体现了语言具有长度，语言要素是相继出现，而且不能同时出现两个语言要素。

此外，从语言符号的表现形式上也可以看出语言具有线条性。话语首先表现为具有语义的一连串音波，它只能一个音位接着一个音位，一个词接着一个词地说出来，从而构成一种链式排列。语言符号的线条性使得语言要素能够一个挨着一个地进行组合，构成不同的组合体。

（四）稳定性

稳定性是指语言符号一旦确立，便不会轻易更改。语言的稳定性是由语言作为交际工具的职能决定的。若语言频繁变动，人们之间的交际将难以正常进行。经过一代一代的遗传，一些语言符号已既定，人们只有接受。也就是说，处在一定阶段的语言是稳定的。稳定性为处在某一时点上的语言状态进行静态描写提供了可能。

（五）可变性

语言符号和整个语言体系是具有可变性的。语音形式和语义内容需相互适应，但又不相适应，两者之间的矛盾关系必然导致变化，而语言会随着语音形式和语义内容的变化而发生变化。同时，语言与社会保持着密切的关系。随着社会的发展，语言也要相应发展，以满足社会交际的需求，从而更好地为社会服务。

三、语言的基本功能

（一）语言的交际功能

语言是交际工具，在人类社会生活中，语言帮助人们传递信息、交流思想。每一个正常的人都可以体会到他和其他的社会成员接触时，都得使用语言进行交际。只要社会存在，只要人们有交际，就需要语言。斯大林说："语言是手段、工具，人们利用它来互相交际，交流思想，以互相了解。"如果没有语言，人们相互间的交际就会受到限制，人与人之间就不能建立广泛联系，整个社会的共同生产和共同生活就不能正常进行。

具体来说,人们运用语言进行交际的过程,实际上就是对信息进行处理的过程。这个信息处理过程具体包括信息的编码、发出、传送、接收和解码。

第一,编码。人们传递信息,需要借助一定的语句进行表达。而语句则是由词语组成。也就是说,人们先选择恰当的词语,然后将词语按照语义要求和语法规则进行组织编排,最后组成所要表达的语句。这就是语言的编码过程。在编码时,人们应力求编码清晰、明确,避免失误,防止造成语义表达错误。

第二,发出。编码完成以后,通过发送器把语言形式输出。口语的发送器是发音器官。发送器必须准确地把编成的语言形式输出。

第三,传送。语言形式一旦输出,语义内容随即附着语言形式进行传送。口语的声波负载着语义内容通过空气或信道传送到听话人耳朵里。在传送过程中,信道畅通才能保证信息的正常传送。[①]

第四,接收。语言形式通过信道传送给接收者,接收者通过接收器接收语言形式。在口语交际过程中,听觉器官就是接收器。听觉器官必须准确地辨认语言形式,以避免接收误差。

第五,解码。解码即接收者将接收的语言形式转化为语义内容,以理解传递者传达的信息。如果解码失误,那么信息理解便会出错。

总之,语言是人类特有的交际工具,是人类最重要的交际手段。语言可以不依赖任何其他工具的帮助而独自完成交际任务。若没有语言,人类社会就不可能产生。人类其他的交际工具都是在语言的基础上产生的,不能脱离语言而存在。

(二)语言的思维功能

思维是人脑的特殊机能,是人们认识客观事物时动脑的过程。而思想是思维活动的结果,是人们认识客观事物的结果。语言的思维功能是指语言参与人们的思维,并选择适当的词语和语句记录思想,以便于人们理解思想。

作为交际工具的语言与思维之间有着密切的联系。语言是思想存在的基础,是形成思想和表达思想的工具。在交际过程中,人们利用语言交流思想。而交流思想是语言交际的主要内容。人的思想通过语言记录和固定下来。可见,语言作为交际工具与人的思想、思维有着密切的关系。

根据思维过程中的凭借物或思维形态的不同,思维可分为动作思维、形象思维和概念思维。第一,动作思维是在思维过程中依赖实际动作并以此为支柱的思维。动作思维可以直接感知思维对象,并借助思维者的动作影

---

① 倪立民.语言学概论[M].杭州:浙江大学出版社,1988.

响思维对象。客观事物的本质特征和规律性联系就表现在感知并作用于思维对象之中。动作思维的任务是直观的,以具体形式给予的,其解决方式是实际动作。第二,形象思维是用表象来进行分析、综合、抽象、概括的过程。表象是形象思维的基本单位。人们在进行思维活动的过程中,先唤起表象,然后对表象进行加工,形成新的表象。在新的表象中展现客观事物的本质特征和规律性联系。第三,概念思维是运用逻辑形式来进行的思维活动。在思维过程中,运用语言形成新的概念、判断和推理,以反映客观事物的活动规律,认识事物本质特征和内在联系。[①]

在人的智力活动中,动作思维、形象思维和概念思维紧密联系,相互渗透,相互帮助。人的形象思维和动作思维经过概念思维组织起来,有明确的目的性,而且无论在哪种思维过程中,以语言为工具的概念思维都起着主导作用,组织和制约着全部过程。何况一切思想最终都依赖语句进行传递。

语言除了交际功能和思维功能这两大基本功能外,还具有其他一些基本功能,如施为功能、感情功能、元语言功能等。

第二节 语言学

语言学是一门研究语言的学科。发展到现在,语言学研究已经有一套成型的理论和方法。未来,我们会设计更多更有效的研究方法,来对语言学研究进行细分和补充。

一、语言学的研究对象

语言研究是人类最早开展的一项研究活动。当人类文明发展到一定阶段时,生活在不同地域、不同时期、使用不同语言的人们,创造了记录自己语言的符号系统,即文字和书面书,这使得语言有了一种新的载体和表现形式。文字的创造,标志着人类迈入了文明史阶段。

语言是交际的符号系统,文字是记录语言的符号系统。要创造记录语言的文字,人们必须深刻认识语言。语言学可谓是一门历史悠久的学问。从文献记载看,中国、印度、希腊等国家早在两三千年前就开始系统研究人类语言特别是书面语。

[①] 叶宝奎.语言学概论[M].北京:中国人民大学出版社,2015.

人类语言实践历史悠久，但语言学作为一门成熟的学科，是在人们有目的地把语言作为专门研究对象之后才得以建立。作一门学科，语言学是由古代、近代和现当代语言研究构成的整体，因此，广义的语言学包括语文学。语言学和语文学关系紧密，互相交叉重叠。语文学阶段涉及的问题迄今并未失去科学意义，仍有进一步探讨的必要；同时，现代语言学无法完全排除传统语文学，没有任何一个现代语言学家能够完全不利用语文学的研究成果，完全不借鉴或脱离前人的研究方法。此外，具有悠久文化传统的国家或民族，普遍存在着如何有效继承和发扬本国、本族文化传统的问题；少数民族迫切需要保护甚至抢救本族语言文化遗产。因此，词源学研究、古籍整理、文献资料考证、口传文学资料搜集、活的语言和方言材料调查记录等，都需要训练有素的专业人才。从这个意义上讲，凡为了一个有意义、有价值的目的研究语言某一方面或某些方面的问题，都应看作语言学的组成部分。

现代语言学能发展成为独立的学科，既有内部因素，也有外在条件。内部因素主要包括以下几点。第一，对象的转移。现象语言学将语言作为独立的研究对象，不再是因为其他学科的需要而研究语言。第二，范围的扩大。现代语言学的研究领域逐渐扩大，不再单纯局限于古典书面语和古代语言的研究，而扩展到现代书面语和现代语言的研究；不再局限于研究一种语言，而扩展到对多种语言进行研究，并且探讨不同语言之间的共同特点；既研究标准语，也研究方言；既研究自然语言，也研究人工语言、计算机程序语言；注重语言理论和语言应用的双重研究。第三，方法的科学化。现代语言学不再限制于使用规定性的方法，强调以各类语言材料为依据，开发不同的语言研究点，运用不同的研究方法，揭示语言的本质特征和内在联系。从不同的着眼点进行语言研究，运用不同的研究方法，促使不同语言学派形成，在一定程度上促进了语言学的发展。

学科外部条件主要体现在以下两点：一是社会发展的需要，二是语言比较的需要。由于市场经济的发展，群众性文化运动的兴起，这些因素都有力地推动语言研究向独立学科发展。同时，由于社会的发展，人际交往日益频繁，客观上推动了语言比较的发展。这为研究语言现状、追溯语言历史演变、对比语言异同、探索语言共同规律提供了条件。语言研究成果的交流和借鉴，为语言学发展发挥了重要作用。

18世纪末19世纪初，人们开始把语言作为独立的研究对象，系统描写和分析语言的共时结构、历时演变、社会功能等。此时，语言学便发展成为一门专门研究语言的独立学科。

二、语言学的分类

语言学根据研究对象的不同,分为语音学、音系学、形态学、句法学、语义学和语用学。第一,语音学。语音学主要研究语音,包括语音的产生、传递和接收,语音的描写和分类,词语和连贯言语等。第二,音系学。音系学主要研究语音和音节的构成、分布和排列规则。音系学与语音学是有区别的。音系学主要研究组成语言和意义的语音集合体,语音学主要研究人类能够产生的语音。音系学研究则侧重有序,语音学研究侧重无序。第三,形态学。形态学主要研究最小的意义单位(即语素),以及词的形成过程。语素是语言中最小的单位。语素能改变意义或词性,产生新词,能给已存在的词义增添语法信息或做细微的修正等。第四,句法学。句法学是关于形成和理解正确句子的原则的学科。句子的形式和结构受句法学原则支配,这些原则规定词语顺序、句子组织、词语间关系、同类及其他句子成分。第五,语义学。语义学主要研究语言中的语义是如何编码的。语义学不仅涉及作为词汇单位的同语意义,还涉及语言中词之上和词之下成分的意义,如语素意义与句子意义。第六,语用学。语用学主要研究语境中的意义。它主要针对特定语境中的特定话语,注重社会语境对话语理解的影响。

第三节　语言与语言学的发展

一、语言的发展

(一)语言结构的发展

语言结构的发展指语言系统内部各子系统、结构要素及整个系统的发展。要理解语言结构的发展,我们需明确以下几点。

1. 语言结构无优劣差别

语言结构的发展包括语音、词汇和语义、语法等层面及语言结构系统的发展。因语言观的偏差或研究材料的局限,学界出现了一些片面的看法,如"形态语言优越论""汉语落后论"。一段时间内,部分欧洲学者认为欧洲语言有着丰富的形态,是人类最发达、最进步的语言,而汉语缺乏形态变化,是最原始、最落后的语言。

然而,随着语言的发展变化,语言结构类型由综合性转变成了分析性,"形态语言优越论"不再被人们认可。丹麦语言学家叶斯柏森认为,人类最理想的语言,是能用最简单、最经济的手段表达最复杂、最抽象思想的语言。语法手段从综合到分析是进步的表现。例如,英语、俄语和汉语相比较,英语比俄语语法手段分析程度高,那么英语比俄语进步;而汉语比英语更具分析性特点,那么汉语更进步。实际上,英语、俄语和汉语都是相对独立的完善的语言系统,这三种语言都有自己独立的体系、特点和发展规律,我们不能单纯从运用"综合"的语法手段还是运用"分析"的语法手段来评判语言的优劣。因此说,所谓的"汉语进步论",同"形态语言优越论""汉语落后论"一样,都不符合语言发展,是不可取的。

人类语言多种多样,我们不应存有"某些语言更合理,某些语言不合理"的想法。也就是说,人类种族的发展和人类文化的发展与语言形式之间没有必然的联系。随着时代的变化,同一种族的人可以使用不同种语言,而同一语言也可被不同种族的人使用。

总之,任何一种被使用着的语言都是经过长期演变而形成的完善的符号系统和交际工具。它们都是与一定的种族发展需要和社会文化需求相适应的。我们应当客观地、冷静地、平等地看待任何一种语言,应当明确不同种类语言之间只存在结构和形式差异,而没有优劣等级差别。

2. 语言结构发展变化有其特定的原因

语言结构发展变化的原因多种多样,既有内部因素,也有外部条件。不同语言的发展变化各有特点,即使同一种语言内部,在不同历史时期、不同地域也会有不同的发展变化特点。具体问题具体分析,找出各自的变化原因是语言学特别是历史语言学关注的重点。

传统语言学认为,社会的发展是语言发展的根本动因。社会现象异常复杂,语言发展与社会发展并不存在简单的对应关系。从根本上讲,语言的存在和发展都会受到社会的制约,社会交际的需要是语言得以产生、存在和进一步发展的基本条件,但这并不意味着一种语言的每一项演变都有直接的社会根源。

现代语言学不同学派都不否认语言是社会现象,但对语言结构与社会之间的关系以及语言发展根本原因的认识却不同。美国描写语言学派和生成语言学派,坚持区分语言和言语、语言能力和语言行为。为了形式研究的需要,他们将言语或语言行为看作异质的、历时的现象,并将其排除在语言研究之外,集中精力研究同质的、系统的、共时的语言系统。他们对语言社会性的简单化处理,等于否认了语言的社会性。功能主义学派在继承传统语言学语言与社会关系认识的基础上,从语言与社会、语言结构与社会结构、语言系统与语言交际功能等角度,探讨语言结构与社会结构的共变关系、语言系统与语言交际功能的相互制约关系。社会语言学的变异理论探讨语言共时变异的社会分布以及变异的动因、过程和结果,一定程度上加深了人们对语言发展演变原因的认识。

语言是人类构建社会的必要条件,没有语言,人类之间的联系就会中断,社会就会解体,因此,社会的发展是语言结构演变的外部条件。语言与人类生活密切相关,其发展变化必然受多方面因素影响。要研究语言结构的发展变化,必须联系语言使用者及语言的社会和文化特点。若进一步认识语言结构发展变化的内部原因,还需考察语言系统内部各要素之间的相互作用,以及语言结构与社会的互动关系,并以此考察语言结构的发展规律。

3. 语言结构有其特定的发展规律

语言结构的发展规律既具有具体语言发展的特殊规律,又遵循人类语言发展的共同规律。

具体语言发展的特殊规律受制于语言的结构类型、使用者的社会文化和历史发展条件,以及二者之间的相互关系,体现了语言发展的独特性。普通语言学主要关注人类语言发展的共同规律,而共同规律是在广泛研究各种语言特殊规律后概括出来的。适合人类所有语言的共同规律大体上有以下几种规律。

(1) 渐变性规律

语言发展的渐变性规律由语言交际功能决定。语言是社会交际工具,其交际功能要求它保持相对稳定的状态。如果语言总是不断变化,那么这种语言不仅难以掌握,还会影响人们交际。此外,如果语言是突变的,今天学会或掌握的词汇、语法规则,明天就不能用了,需要重新学习,这样,人们就无法习得一种语言。总之,语言要具有相对的稳定性,同时,随着社会的不断发展,日益增长的交际需要又要求语言要不断改进自己的结构,但这种改变是渐变的。语言的渐变性取决于语言交际功能的特性、语言自身的特点和发展规律。语言的发展大体循着旧结构要素逐渐消失、新结构要素逐渐产生和巩固的途径长期积累而成,因此,语言结构系统一旦形成,就不可能在短期内变得面目全非。

(2) 不平衡规律

语言结构的发展具有不平衡性。一种语言只要被人们使用,它的结构系统就会变化,就需不断调整或平衡内部各要素及其相互关系。因此,语言结构的不平衡性是语言系统调整和改进的内在机制。

语言结构发展的不平衡性主要体现在以下几个方面:第一,体现在语言各个子系统的变化上。语言是由语音、词汇和语义、语法等子系统构成的完整结构系统。在语言不同子系统中,词汇和语义的发展比较快。新事物的出现、旧观念的消失、新旧观念的更替等,都会体现在词汇和语义的变化上。而语法是思维长期抽象化的结果,是语言的结构规则,新词的产生、旧词的消失、词义的变化,一般不会对语法结构规则产生太大影响,因此,语法结构的发展变化比较缓慢。例如,《红楼梦》问世200多年来,汉语的词汇有了很大变化,语法结构却几乎没有多少变化。语音系统的发展与社会的发展没有直接联系,它的发展更加缓慢。语言成分或结构要素的发展也具有不平衡性。比如词汇系统中,基本词汇具有全民性、稳固性和能产性,其发展要比非基本词汇缓慢得多。第二,体现在同一种语言不同方言的发展方面。地域方言的形成是语言发展不平衡性的空间表现,但方言形成之后,它们的发展方向、变化速度也不完全同步。第三,体现在亲属语言的发展方面。汉藏语系的一个突出特点是量词较丰富,但在不同语族语言中的发展不平衡,其中汉语、壮侗语族、苗瑶语族语言的量词比较丰富,藏缅语族语言的量词不太丰富。在藏缅语族语言中,量词的发展也呈不平衡状态,有些语言的量词较丰富,有些语言的量词不多,有些语言的量词处于发展的早期阶段。

(3)相关性规律

语言结构是有机的系统,语言要素的发展不是孤立的,而是相互制约、相互影响、连锁变化的。某一语言要素的发展不仅会影响相关的语言要素,有时还会导致系统的变化。例如,汉语掌轻声现象的变化。12世纪前后,汉语出现了轻声现象。轻声是轻而短的模糊调子,是声调的轻化现象。轻声主要是音强而不是音高作用的结果,常影响元音音质,导致元音发音的模糊化。轻声的出现还影响词汇和语义甚至语法的变化。可见,轻声的出现引起了语言结构的连锁反应:由音强变化导致元音变化,再由元音变化影响词汇、语义和语法变化。

(4)补偿规律

语言结构发展的补偿规律是指一些语言要素消失后,为保持语言结构系统的平衡状态,需要增加新的要素作为语言要素消失的补偿。浊音清化、辅音韵尾消失等一系列语音变化导致语音系统的简化,并导致了大量同音词的产生,语言形式间的有效区别被破坏,影响到社会交际。于是,汉语通过调整词长度的方式恢复语言形式之间的有效区别,这导致了双音节词的比重不断加大。大量双音节词的出现,又使语音、语法产生了轻声、儿化、实词的词缀化、构词规则的复合化等一系列变化。

此外,许多语言出现了简化趋势,词形变化(如附加成分、语音交替)逐渐减少,分析形式(如虚词、助动词)逐渐增多。谓语附加成分消失后,充当谓语的动词、形容词由多音节变为单音节。这种变化改变了谓语多音节的性质,导致主语和谓语的音节配合失去平衡。为补偿附加成分的脱落,不同语言采取了不同手段。

(5)内外制约规律

在语言结构发展过程中,内部规律和外部作用相互影响,促使语言结构不断发展。例如,突厥语族语言语法系统既有从分析性向综合性发展,也有从综合性向分析性手段发展的趋势。比如一部分实词的语法化过程中,经历了实词向半虚词、半虚词向虚词的过渡,导致虚词进一步语法化以及虚词的附加成分化,这是分析性向综合性手段的发展。古代突厥语缺乏表量的词,一部分名词的数量意义需通过形态变化表示。随量词的产生和逐步发展,表名词数量意义的形态变化逐渐被量词取代。古代突厥语缺乏连词,词与词、句与句的连接关系需通过形态变化手段表示。随连词的逐渐增多,特别是从阿拉伯、波斯语中借入连词后,表连接关系的形态变化逐渐被连词取代。这些是综合性向分析性手段的发展,既反映了量词、连词等词类发展导致形态变化减弱的过程,同时也说明,形态制约力量的逐渐减弱,为量词、连词等词类的产生和发展提供了条件。分析性向综合性、综合性向分析性手段的两种发展趋势相互作用,这是突厥语族语言语法结构发展演变的内部规律,语言的相互影响进一步促进了这种发展,这是语法结构发展的外部作用。内外因素相互制约、相互影响,使上述两种发展趋势在语法结构的一些领域同步发展,另一些领域交叉发展,从而促进了突厥语族语言语法结构的发展。[1]

(二)语言功能的发展

语言功能的发展主要指语言使用范围发生扩大、缩小和转移等变化。具体来说,语言功能的发展包括以下几个方面。

1.语言的分化

语言分化是指一个统一社会因语言使用群体地域分布的分化而形成的地域方言,在特定历史、经济、社会和文化条件下,还可能导致不同地域方言

---

[1] 王远新.中国民族语言学基础教程[M].北京:中央民族大学出版社,2012.

差别进一步扩大,形成不同的亲属语言。

(1)地域方言

地域方言是指同一种语言的地域分支,它是某一地区成员使用的语言变体。一般而言,同一种地域方言大都集中分布于同一地区。地域方言形成的主要原因有三个方面:一是人口集体迁徙、山川阻隔等是地域方言形成的基本原因;二是社会、政治、经济、文化等因素是地域方言形成的重要条件;三是语言相互影响促成地域方言形成。同一种语言因地域差异与不同民族接触,难免受到周边语言的影响,并产生方言差别。方言的差异主要体现在语音、词汇、词义、语法等方面的差异。当共同语或标准语的约束力和影响力减弱时,方言就会产生离心倾向,扩大与共同语或标准语的分歧。如果共同语或标准语的约束力和影响力消失,方言会进一步分化,成为独立语言。总之,共同语或标准语对方言约束力和影响力的强弱,取决于社会的统一程度。社会高度统一,共同语或标准语对方言的约束力和影响力就强,反之就弱。

(2)社会方言

社会方言是指一种语言的使用者因社会分工、社会特征不同而形成的语言变体。传统语言学认为,社会方言是地域方言的再分化,地域方言具有独特的语音、语法系统和常用词汇,社会方言只具有一些特殊的发音形式、词汇和用语。社会语言学认为,社会因素是导致语言变异的主要因素,社会方言与地域方言并无本质区别。地域方言因社会分化而形成,社会方言因社会特征不同而形成。社会因素非常复杂,一种语言使用者的社会阶层、性别、年龄、受教育程度等特征,都可能导致语言变异,并形成不同的社会语言变体。在传统语言学看来,地域方言和社会方言的性质不同,社会方言是地域方言的再分化。地域方言和社会方言有可能重合或交叉,也可能相互转化。地域方言和社会方言虽都因社会分化形成,但其分化方式不同。地域方言与一种语言的地域分化有关,社会方言与一种语言的社群分化有关。换句话说,地域方言是全民语言的地域分支,社会方言则因语言使用者的社群分化和社会特征不同形成。

2. 语言的统一

(1)语言随着社会的统一而统一

社会统一,语言也走向统一。以个体经济为基础的封建社会,政治高度统一,经济则是分散的,各地之间缺少经济联系。因此,中国封建社会使用汉字作为书写形式,大体实现书面语统一,但未实现口语统一。到元代,新的书面语即"天下通语"形成,《三国演义》《水浒传》《西游记》《儒林外史》

等都使用"天下通语"。可见,汉语的书面语统一随着封建社会的统一早已形成,但口语至今未实现统一。18世纪初期,清政府曾推广"官话",在官吏和知识分子中产生了一定影响,但在缩小方言差别方面的作用并不大。[①]

许多国家方言差别的消失和语言的统一,与市场经济的发展密切相关。统一的市场打破地区间的隔离状态,为语言统一提供客观条件。欧洲各民族共同语的形成和发展,都是在"文艺复兴"之后出现的。汉语统一问题的提出和发展,也与资产阶级民主革命的产生和发展相关。鸦片战争以后,随着资产阶级民主革命的发展,语言统一的要求也随之发展。中华人民共和国成立后,为适应全国空前统一的要求,政府采取一系列措施大力推广以北京语音为标准音、北方方言为基础方言的普通话,促进汉语向统一的方向发展。

(2)建立与推广标准语

标准语是经过加工规范的共同语,有书面语和口语两种形式。书面语形式指文学作品、政治科技文献、教科书以及各类文字媒体语言等;口语形式指媒体、艺术表演使用的口头语言形成。

标准语是在某个方言基础上形成的。一种方言能够成为标准语的基础方言,由社会、政治、经济、文化等因素决定,与人们的主观喜好无关。

我国的通用语普通话以北京语音为标准音、北方方言为基础方言,主要受政治因素影响。北京唐代时属幽州,是北方军事重镇。辽代,北京成为五京之一。1153年,金朝迁都燕京(今北京),元、明、清三代,均以北京为首都。北京作为我国的政治中心前后历时800多年,北京话的地位和影响也随之加强。北京话作为官府通用的语言传播到全国各地,并发展成为"官话"。北京话已成为汉语共同语的代表,用北方方言创作的文学作品如宋元话本、元曲、明清白话小说等影响很大。"五四运动"后,"白话文运动"和"国语运动"在口语方面强化了北京话的代表性,促使北京语音成为全民共同语的标准音。两个运动相互推进、相互影响,逐渐缩小了书面语和口语的差距,形成了现代汉语的共同语和全国通用语。[②]

在国外,因受政治因素影响,法兰西岛方言成为法国的标准语;因受经济因素影响,伦敦方言成为英吉利标准语;因受文化因素影响,多斯岗方言成为意大利标准语。

因政治、经济、文化因素的影响,某种方言获得特殊地位,从而成为民族共同语的基础方言。然而,要使其他方言不断向标准语靠拢,逐步实现语言

---

① 王远新.语言学教程 第3版[M].北京:中央民族大学出版社,2017.
② 王磊,张颖,魏魏魏.现代汉字与规范书写教程[M].上海:立信会计出版社,2012.

统一,必须有经济基础。北方方言成为汉语标准语的基础方言历时近千年,但因缺乏经济实力,至今尚未统一。英吉利民族共同语的形成和发展,从产业革命到现代不过300年。可见,经济发展水平在共同语形成和发展中具有重要作用。

对单一民族国家或多民族国家的主体民族而言,标准语的代表性主要体现在政治、经济、文化地位、语言影响力、使用人口等方面。对多民族国家的少数民族而言,却需要根据不同民族的特点和实际需求确定标准语。在我国少数民族中,有些民族语言的方言分歧比较大,短期内难以建立统一的标准语,不得不建立几个标准语。比如苗语以四种方言为基础,创制了四种文字,确立了四种标准语。有的民族至今尚未形成政治、经济或文化中心,语言代表性与社会发展水平不一致,社会发展水平比较高的地区,其语言发展速度较快,本民族传统文化和语言特点的保留不如封闭地区完整。相反,有些封闭地区的语言更多地保留了古老特点,本民族传统文化保留得更加完整。在这种情况下,标准语的选择或确立应更多考虑语言特点及传统文化保留程度,还是以政治中心或经济、文化的发达程度作为标准,应因地制宜,充分尊重本民族的历史文化传统及不同群体的意愿。

3.语言的影响

语言影响以语言接触为前提,以语言使用为基础。不同民族之间通过语言产生接触,那么,不同语言之间势必会产生影响。语言影响导致的语言变化主要表现在结构和功能两个方面。

(1)语言结构的影响

从语言接触的范围、程度和语言变化的结果看,语言结构的影响主要有四种类型。

第一种:浅层次影响。不同语言彼此接触,零星地借用词语,增加拼写借词的音素,一般不会导致音位系统的改变,不会影响语法结构的变化,这属于浅层次影响。对于借用一方而言,浅层次影响是丰富和发展本族语的重要途径。

第二种:较深层次影响。一个民族长期受另一个民族影响,其语言就会持久、大量地从另一个民族语言借用词语,并会导致语音、语法系统的关联性变化,这属于较深层次影响。突厥语族多数语言曾长期受伊斯兰文化影响,从波斯语、阿拉伯语吸收了大量不同词类的词语,有些语言甚至借用了波斯语、阿拉伯语的固定表达方式。大量词语以及一些固定表达方式的借用,使受影响的语言增加了新的音位,句法结构也发生了某些变化。

第三种:深层次影响。在长期接触过程中,不同语言使用者相互学习对方的语言,或一方学习另一方的语言,形成双向或单向的双语现象。在双语使用过程中,不同语言之间会产生深层次影响,如大量词语的借用、音位系统的变化和调整、句法结构的变化,甚至出现语言结构类型的变化。我国境内南亚语系孟高棉语族的佤语长期受藏缅语族语言影响,正在发生语言类型的变化,比如语音结构简化和单音节化、声调的产生等。

第四种:语言混合。语言混合是语言结构影响的特殊类型,其主要特点是两种语言相互接触、相互影响,产生出既不同于甲语言也不同于乙语言的一种新的语言系统,即混合语。混合语具有独立的结构成分、结构规则和内部发展规律,其形成主要经历"洋泾浜语"和"克里奥尔语"两个阶段。[1]

洋泾浜语指不同母语人在相互交往过程中使用由两种或多种语言混杂而成的简单交际工具,它是在交际双方都不会对方语言的情况下形成的。外国人或外族人为了与当地人顺利沟通,简化自己的语言,适当使用部分当地语言成分,同时,当地人在母语的影响下对简化的外语进行一定的改造,从而产生了外国人或外族人和当地人都接受的语言,即洋泾浜语。但是,随着环境的变化,标准语的推广,洋泾浜语逐渐被淘汰。还有一部分洋泾浜语发展成为了"克里奥尔语"。克里奥尔语适应交际的需要,扩大词汇量,完善语法系统,形成包括书面语在内的各种语体,有的甚至发展成一个国家或地区的通用语。

(2)语言功能的影响

语言功能的影响指语言的使用发生了变化,包括语言兼用和语言转用。语言兼用指一个族群除使用本族群的母语外,因交际需要兼通另一种或几种语言的现象,它是族群相互交往的自然结果。一个族群是否兼用其他语言,取决于社会和交际的需要,不以个人或某一阶级、阶层的意志为转移。我国民族地区的语言兼用有不同的类型。从兼通语言角度看,大致有民兼汉型、民兼民型、汉兼民型和族内兼通型四种类型。

语言转用指一个族群放弃本族群母语,转用另一种语言的现象,它是语言使用功能的根本性变化。语言转用需经历从单语到双语、再由双语到新单语的过程。语言转用不仅受语言功能的影响,还受民族文化、历史传统、民族心理、聚居程度等多种因素影响。正确认识语言转用的特点和规律,恰当评估语言转用在语言发展中的作用,有助于认识多民族国家语言发展的特点,有助于科学预测语言的发展趋势。

---

[1] 王远新.语言学教程 第3版[M].北京:中央民族大学出版社,2017.

二、现代语言学的发展

（一）现代语言学流派

1. 索绪尔理论——现代语言学开端

现代语言学始于瑞士语言学家费尔迪南·德·索绪尔。1916年,《普通语言学教程》编纂出版,这标志着现代语言学形成。《普通语言学教程》是索绪尔思想的重要来源,对现代语言学的发展具有很高的参考价值。

经过长期的分析与研究,我们将索绪尔理论归纳为以下几个方面。

（1）语言符号的本质

索绪尔认为,语言符号包括概念和声音形象。概念与声音形象相结合,构成语言符号。在索绪尔理论中,概念与声音形象都有特定的含义。概念是指"所指",声音形象是指"能指"。能指的线性特征与语言的任意性相关。能指在时间维度上展开。也就是说,能指代表了一段时间,而这个时间段是可以被测量的。

（2）语言单位的关系性质

语言符号中的概念与声音形象之间没有必然的联系,二者的关系是任意的。索绪尔认为,在所有情况下,我们发现的并不是"早已存在的思想",而是"源于这个系统的价值"。这些价值与概念相对应,那么,我们就可以理解为概念并不是由其内容决定,而是由其系统中与其他词语之间的关系决定的。最主要的特征是,它们的属性不是由自身的"是"来决定,而是由别的词语的"非"来决定。

（3）语言系统与语言现象的区分

语言系统与语言现象的区分是语言系统与语言的实际现象之间的区别。索绪尔认为,区别了语言系统和语言现象,我们也就能区别社会性的和个人性的东西了。将特定的语言事实与属于语言系统本身的东西做出区分,有助于分出语音学与音系学,有助于区分话语研究与句子研究。总之,从根本上区分了制度和事件,区分了人类行为的内在规律与具体行为。通过区分语言系统与语言现象,我们明确了语言学的研究对象。

（4）共时与历时的区分

语言学上的共时与历时的区分是指静态语言学与进化语言学的区分。索绪尔认为,语言的状态就像一盘棋,棋子的价值取决于其在棋盘上的位置,那么每一种语言的价值取决于与其他语言的对立。在一盘棋开始前就存在的一套规则在每走一步后都起着作用。那么,语言规则一旦被认可,也会一直延续下去。从一个静止状态进入另一个静止状态,只需要挪动棋子。有些棋子的挪动,对全局影响很大,而有些棋子的挪动,则并不会对全局产生很大影响。无论如何,每挪动一步,都会对整个系统产生影响。[①]

我们需要明白,语言学研究的共时与历时是不可能被清晰地区分开的。因为,语言处于不断变化的状态,任何言语社团里的语言都不统一,而且语言变化时,并不是一系列特征突发性地被另一系列特征所取代。也就是说,对语言历时变化的研究与其共时的变体研究之间有非常紧密的关系。

索绪尔认为,语言是一个符号系统,声音只有被用来交流思想时才被认为是语言。这就要求声音必须是规约和管理系统的一部分,同时也是符号系统的一部分,只有这样才能真正地达到交流思想的目的。这里的符号,就是形式和意义的联合。这两者只有相互结合作为符号的组成成分才能够得以存在。符号是语言事实的核心,因此我们想要区分什么是根本的、必然的,什么是次要的、偶然的,就必须从符号自身的特性入手。

索绪尔对现代语言学的发展产生了很大的影响。他提出了一个总方向,让语言学家明确了以前从未质疑过的研究对象。他影响了诸如符号任意性、共时与历时的区分等一系列现代语言学研究的具体概念。总之,索绪尔对现代语言学做出了杰出的贡献,使其进入了一个崭新阶段。

2. 布拉格学派理论

布拉格学派实践了一种独特的研究风格,即共时语言学研究。从"功能"的角度看待语言,是布拉格学派对语言学做出的主要贡献。[②]

布拉格学派的主要观点可以归纳为以下几个方面:第一,对语言的共时研究,由于可以得到全面的、可控制的语言材料以供参考而被充分强调。同时,也没有严格的理论藩篱将之与历时语言研究相分离。第二,强调语言的系统性,认为语言系统中的任何成分都不能用孤立的观点进行研究,应明确该成分与同一语言中的其他成分之间的关系。第三,布拉格学派把语言当作一种"功能",是一种由某一语言社团使用的、用来完成一系列任务的工具。对语音学和音系学的区分,是布拉格学派最突出的贡献。该学派认为,语音学属于言语,音系学属于语言,并提出把"音位"概念当作语音系统中的一个抽象单位,区别于实际发出的音。为了确定音位,他们使用"互换测试"确定出改变意义的语音所具有的区别性特征。这一基本概念被用在句法分析上。马泰休斯把句子划分为主位和述位两个部分。主位即从上文

---

① 冯华,李翠,罗果. 英语语言学与教学方法研究[M]. 长春:吉林人民出版社,2019
② 邓林,李娜,于艳英. 现代英语语言学的多维视角研究[M]. 北京:地质出版社,2017.

能得到的已知信息,对要传达的新信息没有很大作用;述位即要传达的新信息。主位和述位的区分,有助于对各种语言变体和不同语言的结构分析。后来发现,这与决定信息分布的潜在规则有关,于是出现了"交际动力"概念。一个语言成分具有的交际动力强度,就是这个成分帮助把交际推向前进的程度。从音位、词、短语和句子的功能出发,有些学者把语言的功能当作一个整体来研究。布勒将语言的功能分为表达功能、意动功能、指称功能,即语言可以表达说话者的感情,影响听话者,表现真实的世界。该学派又提出了美学功能,即语言可以为艺术服务。雅各布森又提出了三个功能:寒暄功能、元语言功能、诗学功能。寒暄功能建立和维持人际交往的关系,元语言功能描述语言本身,诗学功能与布拉格学派的美学功能一致。①

3. 哥本哈根学派理论

哥本哈根学派成立于1931年,主要代表人物有叶尔姆斯列夫、尤尔达尔、布龙达尔等。哥本哈根学派继承了索绪尔关于语言是一个符号系统、语言是形式而不是实体等观点,并在此基础上有了进一步的发展,形成了一个结构主义学派,称为语符学。语言学理论的本质、现状以及语言与描述之间的关系,是语符学重点强调的内容。除此之外,语符学还对系统与过程进行了区分,即对任何一个过程来说,都有一个相应的系统,在这个系统里,过程可以得到描述。强调研究关系,是语符学的鲜明特征之一。②

哥本哈根学派偏重纯理论研究,其语言学理论主要解决以下两个问题:一是语言学的对象问题,二是语言研究的准确化问题。他们在追求形式化的过程中,把语言学与数理逻辑紧密结合起来,认为只有语言学成为结构主义的语言学时,才是客观的、科学的。这个思想对后来其他学派的研究产生了很大的影响。

4. 美国描写主义与结构主义语言学理论

美国描写主义与结构主义语言学是共时语言学的一个分支,独立地诞生于20世纪初的美国,在人类学家鲍阿斯的领导下,形成了与欧洲传统完全不同的风格。

(1)鲍阿斯的语言观

鲍阿斯的语言观全部反映在他为《美洲印第安语言手册》撰写的序言里。该序言共分五个部分,即种族和语言、语言的特性、语言的分类、语言学

---

① 毕晟,尹丽姆. 多维视角下的英语语言学研究 [M]. 成都:四川大学出版社,2019.
② 张丽亚. 现代英语语言学研究 [M]. 长春:吉林人民出版社,2019.

和民族学以及美洲印第安语的特点。

鲍阿斯的语言观可以总结为以下几点：第一，种族根据生理构造、文化特点或语言进行分类。生理类型、语言和文化没有必然联系。因此，人为因素决定了人类种族划分语言学、生物学和文化史的分类有助于种族的划分。第二，每种语言都有自己的语音系统。虽然语音数目无限，但每种语言都只选择固定的和有限的语音。第三，言语的单位是句子，即完整思想的语音群。词是从句子中分析出的，它具有固定的形式、明确的意义和独立的语音。第四，不同的语言具有不同的语法范畴，表达概念的语音群的数目是有限的，概念与语音之间有固定的联系。[1]

（2）萨丕尔的语言观

1921年，萨丕尔的《语言论：言语研究导论》一书出版，从人类学的角度出发阐述语言的特点及其发展，为语言学做了展望。《语言论：言语研究导论》详细论述了以下几个问题。

第一，语言的定义。萨丕尔在书中对语言下了定义："语言是纯粹人为的、非本能的，凭借自觉地制造出来的符号系统来传达观念、情绪和欲望的手段。"他对语言与行走做出了比较，认为行走是人的遗传的、生理的、本能的功能，是一种普遍的人类活动；人和人之间，行走的差别是有限的，并且这种差别是不自主的。他指出，语言是一种非本能的社会习俗，所以它与行走有所不同。[2] 萨丕尔认为语言与思维之间虽然有着紧密的关系，但是二者是不同的。语言是工具，思维是产品；没有语言，思维就不能实现。他认为，世界上所有部落、种族都有自己的语言，其他有关文化的各个方面都出现在语言之后。因此，没有语言，就没有文化。

第二，语言的成分。萨丕尔认为语言成分具有区别功能和指示功能。语音必须与内容和意义联系起来才成为语言的成分。语音与语义结合是语言的形式。词根和语法是单个孤立的概念在语言中相应的部分。词是从句子分解出来的。句子是命题的语言表达。

第三，语言演变。萨丕尔认为语言的演变就是"沿流"。他把语言的沿流的总的方向称为"坡度"。此外，他认为语言接触是引起语言变化的一个主要原因。

第四，语言、种族和文化。萨丕尔认为语言、种族和文化的分布是不平行的，语言和文化的历史不能直接用种族来解释。例如，英国和美国有共同的语言，但这并不意味着这两个国家有着共同的文化。也就是说，语言形式

---

[1] 毕晟，尹丽娟. 多维视角下的英语语言学研究 [M]. 成都：四川大学出版社，2019.
[2] 冯华，李翠，罗果. 英语语言学与教学方法研究 [M]. 长春：吉林人民出版社，2019.

和种族、文化没有必然的联系。

(二)现代语言学发展历史

现代语言学发展经历了历史比较语言学、结构主义语言学、转换生成语言学和系统功能语言学四个阶段。

1. 历史比较语言学

历史比较语言学出现于18—19世纪的欧洲,当时研究的重点是印欧语系中不同语言的语音系统。英国学者琼斯发现法语和拉丁语、希腊语之间存在着密切的联系,这种联系是常见的,不是偶然因素导致的现象。若要想真正解释这种现象,就必须挖掘其本身所具有的内在含义。丹麦学者拉斯克和德国学者博普、格林等人进一步推测出这些语言共同起源于原始印欧语。历史比较语言学过多关注语言的纵向研究,而忽略横向的系统研究。

2. 结构主义语言学

结构主义语言学出现于20世纪,以索绪尔语言学理论为代表。索绪尔提出了一套新的研究理论,为结构主义语言学的发展奠定了基础。结构主义语言学注重研究口语,注重分析语言结构系统,强调要从整体对语言进行深层次的研究。结构主义语言学过分注重语言的形式,而忽略其本身所具有的一些含义,不能用来解释语言中的一些同形异构现象。

3. 转换生成语言学

转换生成语言学,又称"先天语言能力学说",是乔姆斯基提出的一种语言理论。乔姆斯基生成语法学理论不再受行为主义言语获得理论的影响,它认识到在婴儿言语获得的过程中,神经系统发挥了重要的作用,同时提出了研究言语过程的心理机制问题。乔姆斯基生成语法学理论特别强调先天性的作用,不重视环境和教育在言语习得过程中的重要作用,忽略语言的社会性。从某种程度上来说,转换生成语言学的出现促进了语言学的研究进程,为现代语言学发展奠定了坚实的理论基础。

4. 系统功能语言学

系统功能语言学由英国语言学家韩礼德创立,重点研究语言的性质、过程、共性及应用等问题。系统功能语言学的观点综合起来有以下几点。第一,语言是一种社会现象,能促进人与外界的交流。要从社会的角度对语言进行分析。第二,在语言研究过程中,应先研究语言的功能,再剖析语言的结构。第三,及物性是认知内容的集合,是对语言外经验的语言表达。意义的识解是社会主体间相互作用的过程。语言识解人的经验和语言实施过程、社会交往互为补充。第四,语篇或话语构成语言。

从本质上来讲,系统功能学语言理论研究侧重语法结构,因此,在研究过程中必须要借助特定的组合,才能最大限度地体现语言的意义。

(三)现代语言学发展趋势

从语言学的发展历史来看,每个学派都对语言本身及其演变形式进行了研究,但因语言观点和方法论的不同,每个学派的研究侧重点又不同,从这些研究成果中我们了解了语言学派的发展趋势。

最初,人们应用静态的研究方法研究语言系统,对已有的资料进行研究,从浅层次比较句子、词语等因素的本质,然后深入分析这些因素的特点,重新定义某些关系。这种静态的研究方法在一定程度上使人们更加深入地了解语言系统,但不能完全解释人类语言的本质及含义。

所有具有一定规律性的系统都会与其他系统产生联系。任何一种系统都不能脱离其他系统而独立发展和存在。语言作为一种独特的社会现象,在发展过程中势必会与多种外界因素相联系。因此,我们在研究和分析语言系统时,必须要关注语言与外界社会的关系,打破静态研究局限性,改变原有单一性研究,转变为综合性研究,最大限度地促进现代语言学的发展。

第二章 语言教学理论阐释

　　语言教学的概念经历了一个漫长、富有魅力,但非常蜿蜒曲折的历史。一个多世纪以来,为了解决语言教学问题,语言教育工作者将注意力几乎全部都倾注在教学方法上。尽管关于教学方法的辩论历史甚至更长,用凯利(Kelly,1969)的话来说,已经有两千五百多年的历史了,但是,语言教学理论,作为关于教学方法的辩论,其发展也就是最近一百年的事情。尽管有很多不确定性,但一个不争的事实是,19世纪末以来,语言教学理论的发展主要体现为用教学方法的术语来对教学进行概念化。关于方法的辩论突显了语言的教与学的一些重大问题,而且近年来,辩论向教师和研究者提出要求,对语言教学既要进行实证研究,同时又要进行理论上的澄清。因此,目前的任何语言教学理论,首先都必须努力去理解各种方法的本质以及方法对目前流行的教学思想的贡献。这种理论中通常暗含着,而且有时明确地表达出某些目标和某种语言观,对语言学习者做出某种假设,而隐藏在其背后的则是关于语言学习过程本质的信念。这种理论还通过突出对语言学习成功至关重要的教学的某些方面,来表达某种语言教学观。

第一节 语言教学的内涵

　　在特定社会中生长和生活的人,在学会第一语言之后,都在不同程度上需要学习新的(第二)语言。问题的关键是,社会必须提供什么样的条件来帮助人们学习所需要的第二语言?这个问题的答案取决于我们给语言教学的定义。语言教学可定义为旨在促进语言学习的活动。语言教学的不同方面是本书探讨的主要内容。"语言教学"的诠释范围远远超出了"课堂语言教学"的范畴,不仅包括正规的课堂教学或者训练方法,而且包括个性化的语言教学、自学、计算机辅助教学、媒体教学(如收音机、电视机)。另外,各种辅助性活动,如教学材料、教学语法或者词典的编写、教师的培训,以及教育体制内外必要的教学行政管理,统统都被纳入教学这个概念之下。只要将所有非正式的途径有意识地用于语言学习,这些活动就没有脱离教学的范畴。[①] 既然语言教学是"旨在促进语言学习的活动",那么语言教学的理论中总是暗含着语言学习的概念。虽然学习者和学习的概念可能在某一理论中并没有明确阐述,或者两个概念可能给人误导,太教条、太有局限性、太苛求,或者可能不能正确阐释学习者或者学习过程,但是,很难想象语言教学的理论不同时是语言学习的理论。好的语言教学理论可以以最好的方式满足学习者的各种条件与需求。语言教学恰恰是因为在这方面的失败,常常遭到批评,从而促使人们更加关注对学习者的理解。我国作为发展中国家,近些年来已经与世界各国都取得了日益密切的联系,因此,语言教学在我国占据着重要地位,也逐渐受到越来越多人的关注。

语言教学的内涵主要可以从三个方面来论述,即语言教学的属性、语言教学的内容以及语言教学的主要理念,接下来我们就从这三个角度展开讨论。

一、语言教学的属性

语言教学的属性可以从以下几个方面来进行讨论。

(一)语言教学是一种语言教学

语言属于语言学科,因此自然是一门语言的教学。

(二)语言教学是一种外语教学

在我国,汉语是我们的母语,汉语言虽然不是学校课程设置中的外语学科的主要语种,但是对于其他语种来说,终究属于外语的范畴,因此语言教学属于外语教学。

(三)语言教学是一种文化教学

语言不仅仅是一门语言,而且是以语言为母语和工作语言的群体文化的重要内容和载体,甚至是世界文化的重要载体。

---

① Stern. 语言教学的基本概念 [M]. 北京:商务印书馆,2018.

第二章　语言教学理论阐释

（四）语言教学是一种能力教学

对我国语言学习者而言,语言教学是以语言知识教学为基础的、培养运用语言能力的活动,其目的是培养运用语言的能力,而语言知识教学只是为培养运用语言能力这一目的提供基础。

二、语言教学的主要内容

根据我国的《语言标准》所提出的要求,我国语言教学的主要内容包括以下几个方面。

（一）语言知识

知识是语言能力的有机组成部分,也是发展语言技能的重要基础,要想学好一门语言,必须先了解其相关的知识,这样才能帮助我们更快更好地理解和掌握这门语言。学习语言知识可以从语音、词汇、语法、功能以及话题五个方面入手。

（二）语言技能

语言的技能包括听、说、读、写、译这五个方面以及五种技能的综合运用能力。这五种技能既是学习的内容,又是学习的手段。

（三）学习策略

学习策略是指学生为了有效地学习和发展而采取的各种行动、步骤,它们是学好知识的重要组成部分,掌握了正确的方法和步骤,就会使我们的学习效率事半功倍。语言学习策略包括认知策略、交际策略和资源策略。

（四）情感态度

情感态度是指兴趣、动机、自信、意志以及合作精神等影响学生学习过程和学习效果的相关因素,以及在学习过程中逐渐养成文化情感。

（五）文化意识

拿语言来说,它不仅仅是一种语言的表达,更是一个国家文化的展现,了解一个国家的风俗人情、礼仪文化对我们学习这个国家的语言是大有裨益的。从宏观角度讲,它还有利于我们培养世界意识。文化意识是指所学语言国家的历史、地理、风土人情、传统习俗、生活方式以及文学艺术、行为规范、价值观念等。

三、语言教学的主要理念

教学理念是教学主体在一定的教学实践中对教学问题所形成的基本认识和看法,不仅可以体现社会的需要,而且可以体现教学主体的价值追求。对语言教学理念我们从两个角度来进行讨论,分别是我国语言教学的传统理念和我国语言教学的新理念。

（一）语言教学的传统理念

1. 以教师为主体,以书本为中心

受我国传统教学模式的影响,在语言教学过程中,教师是教学的主体,是知识的掌握者,而学生是被教的对象,是知识的被动接收者。在这种教学理念的影响之下,教学已经不单单是教师教、学生学了,而是成了老师向学生灌输和复制思想,学生也慢慢失去了自我思考的能力。在这种模式的影响下,语言教学的性质也发生了变化,很多学校只是为了提高学生的语言成绩,而不是为了锻炼其语言运用水平。在这种教育中,教师也极少关注学生的情感、体验和感受等需求与变化。[①]

2. 以整体要求指导语言教学,忽视个体差异

我国传统的语言教学理念往往以整体要求指导语言教学,忽视了不同个体存在的差异。这主要表现在以下两个方面。

（1）从教师对学生的要求层面上看

在教学过程中,教师也是按照统一的教学模式进行教育,用同样的教学标准来要求学生,对待不同学生的个性特点和学习特点、学习能力等不仅没有采取因材施教的方法进行教学,而且对待学习成绩较好的学生也是采取差别对待的策略,忽视了对大多数学生的培养和教育。

（2）课程资源有限,教学评价方法单一

在我国过去的语言教学中,学生的语言学习过程受到各种客观条件的制约。因此,传统的语言教学主要以教科书、教学参考书为依托,学生获取语言知识的机会也主要依靠教科书,对学习语言来说,这是完全不够的,它们限制着学生知识面的拓展、潜能的开发,对培养学生的语言综合能力也是

---

① 万红梅.语言学视角下的大学英语教学研究[M].北京:中国纺织出版社,2017.

很不利的。

(二)语言教学的新理念

新理念是针对传统教学理念中存在的问题提出的新观点,它们具体包括以下几个方面的内容。

1. 面向全体学生,体现素质教育

语言课程所设计的教学目标也应该与绝大多数学生语言水平和语言能力相适应,是绝大多数学生通过努力能够达到的。当然,这也不是要求教师对待所有学生都必须采取一样的策略,这样也会引起个体差异。因此,在照顾大多数同学水平的同时,还是要满足少数学生的学习需求。当然,在保证课程面向每一个学生的同时,教师也应该积极地创造条件满足语言水平更高、有更多学习潜力的学生的需要。总之,面向全体学生的核心思想是使每一个学生都得到发展和进步。

素质教育是教学的一个重点,要想落实好这一教育目标,并不是仅仅学好语言就可以的,它要求学生德、智、体、美全面发展,只有与其他学科教育共同努力,协调进步,学生的素质才能得到全面发展。

2. 突出学生主体地位,尊重他们的个体差异

突出学生主体地位的理念主要是说教育的对象是学生,语言教学过程中的一切,包括学校、教师、课程等都是为学生服务的,因此一切教育活动都应该以学生为中心,在语言课程的每一个决策环节都要充分考虑学生的需求。例如,发挥他们的主观能动性,在设计教学思路或教学活动上也应该以他们为中心,在教材的选择上也要充分考虑学生的生理特点、心理特点、兴趣、爱好等。

在语言教学中,教师不仅要突出学生的主体地位,还要尊重学生的个体差异。尊重学生的个体差异主要有两个方面的要求:第一,学校应该慢慢试着改变用统一的标准来要求所有学生,可以有针对性地购买相应的学习材料等;第二,每个个体都是不一样的,因此学校和教师应该根据不同学生现有的语言基础、学习潜能、学习风格、兴趣爱好等客观差异,尽可能满足不同学生的学习需要。

3. 注重课程资源的开发利用

在传统的语言教学过程中,其学习资源太少,仅有的几本语言教科书就是教师和学生的依赖,但是在这种落后的情况下,我们对一门外语的了解也

不是很多,造成对教科书的狭隘理解也是在所难免的,因此学生对语言知识及其运用难以熟练掌握,语言教学效果不明显。当然,这种现象在现代科学技术飞速发展的时代得到了很好的解决,教育技术得到开发利用,为语言教学提供了新的教学方式和空间,促进了语言教学资源的开发和利用。

为了使语言教学收获更好的效果,很多学校已经做出新的调整,这里可以结合两方面进行讨论。其一是广泛利用校内各种新兴高科技教育设备和教学资料,为学生营造更好的语言环境,强化其视听信息的输入;其二是全方位发掘校外的学习资料和实践机会,如参观博物馆、展览馆、外资企业等。此外,随着网络信息时代的发展,互联网技术已经发展得很成熟了,教师可以积极引导学生利用互联网寻找丰富的语言学习材料,以此调动学生的积极性,鼓励、支持学生拓宽语言学习的渠道。

4. 倡导体验、参与、交流与合作

在语言教学目标里,针对传统的"老师只传授知识,学习被动接受知识"的教学方式进行了改革,提出语言教学不仅要学好教材里的基本理论知识,还要重视实践,实践才是硬道理。因此,各学校开始积极要求教师在语言教学中要注重语言教学的实践性,引导学生在语言学习中体验、参与、交流与合作,从而实现学生学习方式的变革。

对学习一门语言来说,环境是非常重要的,但是在中国学习语言,本来就缺乏真实的语言交际环境,因此对学生学好语言也是一个阻碍。为了弥补这一缺陷,教师可以在语言教学中创设接近真实的语言学习环境,例如:让学生之间互相练习对话,做游戏、表演等,使学生能够在轻松的气氛中通过互动合作感受语言,培养语感,在自己以往经验的基础上构建自己的知识,发展自己的能力。

5. 形成性评价和终结性评价相结合

新课标教学评价的基本理念大致可以从三个方面来进行论述:第一,促进学生的发展;第二,促进教师的成长;第三,"以学论教"。

2004年,万伟等学者针对新课标教学提出以下言论:他们提倡"以学论教",也就是根据学生的学习情况对教师"教"的情况进行评价,这一评价过程主要是从学生情绪状态、注意力状态、参与状态、交往状态、思维状态、生成状态六个方面进行评价。

在传统教学中,对教学成果的评价以总结性评价为主,侧重于终结性评价。因此,新课标教学针对这种弊端,革新了评价方式。另外,新课标还提出了形成性评价与终结性评价相结合,也就是要求教师和学生既要重视学习结果,又要重视学习过程。所谓形成性评价,就是一种过程性评价,它有助于改变传统教学中只以考试分数来评价学生的做法,使评价体系不仅具有基本的检查、选拔和筛选功能,还具有反馈调节、展示激励、反思总结、记录成长、积极导向等更重要的功能。

除了增加形成性评价方式,新课标还从有利于学生语言能力发展的角度,对终结性评价进行改革。具体的改革是扩充了终结性评价方式的内容,除了以往的笔试内容,又增添了听力测试和口试。为了真正达到想要的效果,对听力测试、笔试等试题的制定都提出了具体的要求:听力测试的主要目的是检测学生获取信息的能力和理解能力,因此在设置测试题时,应该尽量避免将脱离语境的单纯辨音题作为考试题目,这样起不到锻炼和检测的作用。笔试虽然是检测学生对语音和语法知识的掌握情况,但是学习语言的根本目的是将其运用到实践中去,因此在设置笔试题时,应该多设置一些具有语境的应用型试题,适当减少客观题,增加主观题。

除了上述几种主要的评价方式外,为了使学生的语言能力得到提高,新课程针对他们在学习中遇到的不同问题,提出了将定性评价和定量评价相结合、他评与自评相结合、综合评价与单项评价相结合等多种评价方式。除此之外,新课程评价还提倡评价主体多元化。为了全面、客观地评价学生取得的进步,在每个学生个性差异的基础上使得每个人都能够得到相应的提高,新课程提出了将学生作为评价的主体,同时倡导学生、教师、同学、学校以及家长等多方人员共同参与评价。

第二节 语言教学的原则

语言教学原则是隐藏在语言教学实践之中的,存在于教学实践背后的假设、课程的规划、日常课堂教学、关于语言教学的价值判断以及语言教师日常必须做出的决策中。语言教师可以通过教学活动表达自己的教学原则与信念,也可以在专业会议的讨论中表达自己的原则立场。

语言教学原则的作用,在语言教师的培训、给语言教师的建议或者指导、课程规划、教材编写、课程的选择或者设备投入的理由说明等这些特定的情景中,尤其突显出来。在这些情况下,我们必须表达自己关于语言教学的观点,做出选择,旗帜鲜明地支持某种立场,而且经常还要反驳对立的观点,来维护自己的立场。

一、效用与适用性原则

这可能是判断一个语言教学优劣的最重要的标准。既然语言教学的理论主要是指导实际活动的理论,那么它就必须有用、有效,或者说适用。其效用首先表现在语言教学计划、决策与实践中。优秀的教学理论既有助于宏观的政策层的决策,也有助于微观的课堂活动层的决策。同教学实践毫无关系的语言教学理论,不能赋予语言教学以意义的语言教学理论,或者"在教学实践中无用"的理论,是站不住脚的,因此注定要受到人们的怀疑。检验语言教学理论的关键是看其对语言学习的影响,其具有显明性。

无论一名语言教师多么坚定地否认自己对理论有兴趣,没有语言教学理论,他就不能进行语言教学,即使这理论只是隐含于价值判断、决策与行动中,或者隐含于其操作的组织模式中。然而,重要的是,理论的建构,是一个从幼稚和缺乏反思的"现实",到对行动背后的假设、原则和概念,更为有意识的理解过程。根据这一标准,缺乏反思、没有意识到行动背后假设的教师所具有的是一种内隐理论,这样的理论是站不住脚的。语言教育学方面的著述有助于理论意识的建立。没有显明性,就不可能对一些关键问题展开讨论,思想也就不可能有什么发展。所以,显明性是判断理论优劣的一个重要标准。

二、统一性与一致性原则

语言教学原则的重要特质是应该揭示出事物的秩序、模式或者格式等,同时在我们大脑中建立起事物之间或者事物的组成部分之间关系的意识,没有这种意识,这些关系就无法得到认识。原则应该可以用"模型"或者图表直观地表现出来。

与统一性密切相关的是一致性。语言教学原则应该是对其涵盖的所有现象条理化的陈述。所有的部分都应该有机地联系起来,且有理有据。恰恰是数据或者思想观点的秩序化,以及它们之间的逻辑关系,可能将理论的优劣区分开来。假如,如里德所言,理论仅仅是一个"杂物袋"的话,那这就是一个难以立得住的理论,没有做出任何努力对各个组成部分进行秩序化、系统化处理,一致性也就无法保证了。语言学习活动发生于教育的不同阶段与不同的学科中,语言教学的理论应该有助于对这些千差万别的语言学习活动的理解。由于传统或者偶然因素的影响,语言教学中缺乏一致性,这是司空见惯的。例如,语言教师甲可能恪守某一思想流派,而语言教师乙则遵循另一思想流派。这并非是因为语言不同而需要用不同的理论,而往往纯粹是偶然差异的结果,如教师的背景、训练或者以前的经验的不同,或者甲、乙语言教学中已接受的习惯做法的差异等。例如,对文学片段的精细研读(即所谓的"原著文本诠释""原著文本分析",或者"讲解课"),作为语言学习和文学分析的一种方法,是法国中小学校与大学法语母语教学的传统教学方法,但也常常被法语二语教师用于其教学中。假如这种技巧在法语作为第二语言的教学中亦有价值的话,理应推广到其他语言的教学中。如果这种技巧对其他语言学习的价值不确切的话,它对语言教学的价值也就大打折扣了。

大学的语言专业、中小学的语言课程和电视成人语言课程的目的不同,对象也不同,因此之间的差异是预料之中的。但是,根据理论所阐明的原则,这种差异应该是可以得到解释的。即使同一语言课程,教学层次不同,如初学者、中级学习者、高级学习者,教学方式常常也不同。这一切更多情况下是由于传统而非系统的课程开发造成的。好的理论有助于认识到这些不一致之处,将有用的与偶然的区分开来,或者尽量消除这种不一致性。

然而,语言教学原则的统一性,未必意味着某一种语言教学方法理论、语言学理论或者心理学理论的排他应用。例如,许多语言教师都认为自己是折中派。也就是说,他们既不拘泥于某一种教学方式,也不将自己的哲学完全建立在某一种语言学理论或者心理学理论上。但是,有意识地在不同思想流派中做出选择的折中,根据一致性标准的要求,语言教学理论应该有一种原则,根据这一原则,有时是这一种有时是另一种心理学、教学法或者语言学的理论适用于语言教学实践,否则就仅仅是一个杂物袋了。

三、解释与可验证性原则

这一原则与其说适用于语言教学理论,倒不如说更适用于其背后的某些科学理论。通常情况下,科学理论的价值在于其解释力、预测力,以及给实证研究指出的方向。由于这种理论通常情况下产生于现有的知识与信息,或者产生于所观察到的非正常现象、困难或者问题,因此好的理论应该能有助于发现立论的知识领域和仍然等待探索或者验证的未知领域。简言之,好的理论能够促进研究。理论与研究互为倚傍,相辅相成。研究只有与现有的知识,或者问题与假设相联系,才有意义,因为它们乃是思想与研究有序系统的一个组成部分。

理论的阐述需要实证研究的验证,其必要性充分地体现在关于语言教学的相关讨论中。比较有代表性的是双语理论,将"并列(co-ordinate)"双语与"复合(compound)"双语区分开来,主张第二语言的学习需要在不参考母语的前提下,建立起完全不同的或者"并列"的语言系统,这样才能创造双语的条件,促使学习者以儿童早期习得本族语的方式,来学习两种语言。进而言之,主张应在听说技能之后,引入读写技能,其理由是这一程序反映了母语习得的状况。要将第二语言的学习建立在刺激—反应—强化理论之上,根据这一理论,有意识的指导和对语言规则的理解被减少到最小程度。这些讨论总的来说仍停留在信念水平上,几乎没有研究对其语言教学原则的效度进行过验证。因而能够发现,这些原则都是由"没有事实依据的假设"构成的,因此是很值得质疑的。换言之,语言教学理论绝对不能仅仅是从主张到反主张,停留在纸面上。理论的探讨应最终导向对证据的探寻,在寻求更好的教学方法的过程中,应该对方法进行分析、研究、实验和评估。总之,假若一种语言教学理论自称是建立在某种科学理论基础之上的话,它就应该有实证证据或者研究的支持。

近年来,人们日益清楚地认识到,语言教学必须有经过研究验证的理论与假设的支持。主观臆断当然有其位置,但是仅靠主观臆断是远远不够的。思想必须最终接受检验。正如由于没有对语言学习者的学习障碍做出有说服力的解释,从而激发了大量关于语言学习的理论探讨,进而产生了一些富有成效的研究。

四、简明性原则

有一种常见的错误观念,认为语言教学理论必定是复杂、晦涩的陈述。事实上,好的语言教学理论应追求简单、经济,或者节俭,而且其语言表述直截、明了。当然,简单绝不能失于空泛与过分简单化。许多语言教学理论都倾向于把语言与语言学习过程的处理简单化。例如,第二语言学习的刺激—反应理论肯定可以被看成是非常经济的,因为它对于第一语言与第二语言学习,甚至所有学习行为都采用完全相同的理论模型。这种简洁性不管多么诱人,这种理论如果不能解释语言习得与语言使用的很多重要方面的话,就会受到批评。

好的理论使我们能够从更好的视角来看语言教学,认清语言教学与其他各种活动的关系。语言教学理论的大背景是教育、社会政策、国内与国际政治,以及相关学科的学术研究(语言学、心理学、社会学和人文各个学科)。因此,理论的发展应该使语言教学更加有意义,而且更能够满足人们对知识的追求。通过理论的建构,语言教学工作者不再被卷在学术的论战中不知所措,或者不再被学术的外表装饰所误导,而是应该获得更大的职业自信心,建立起同相关领域的从业者一样的认同感。

好的语言教学理论还应该对公众、对政治家和行政管理者,以及对语言学习者,都有价值。目前,由于无知和错误的信息,学校的语言政策经常受到政治攻击。关于语言教学中究竟应该包含哪些内容,家长、政治家和学习者的意见经常同教师的观点大相径庭。语言学习过程的本质常常被人所误解。一些商业性语言学校的广告吹嘘,只要经过很短的学习时间,就能掌握某种语言,而且达到很高的流利水平,这纯粹是一种误导。同样,随意使用"双语"这个术语来描述语言教学的目标,如果不明白这个术语的现代定义,即双语未必意味着对两种语言"完全"与"等同"的掌握的话,也是会引起人们的误解的。传播完善的理论与拒绝未被验证、不恰当的观点,都会对教育和社会的语言政策产生有利的影响。从学习者的观点来看,完善的理论建构也有其优势,可以帮助学习者更好地理解语言学习中所涉及的任务。

五、综合性原则

语言教学具有综合性,涵盖了语言的教学与学习的各种情形:不仅仅是发达与发展中国家中小学、大学与其他机构里的外语学习,例如英国和美国中小学与大学里法语的教学与学习,或者法国与阿根廷的英语教学与学习;而且包括语言少数族裔的第二语言学习,例如流动工人或者移民,或者全世界多语言情境中的语言学习,例如赞比亚与尼日利亚的英语学习,或者印度的印地语与英语学习。语言学习者未必是特定意义上的大中小学在校"学生",也可能是在努力学习新移入国家语言的移民,在国外访问的旅行者,想要阅读另一国家科学文献的科学家,本族语非其教学语言的学龄儿童,或者任何年龄段在"实地""获取"语言的学习者。

这一原则未必是语言教学的优点,因为有些理论所关注的焦点,是某些特殊的方面。这是合理的。但是,由于我们所探讨的主要是广义的语言教学理论,因此这个理论应该提供一个综合架构,其他具体的理论在其中都可以有其位置。综合性这一原则也不应绝对,因为某种理论对这一领域界限的界定,乃是根据实际情况决定的事情。我们提出这条标准,仅仅是为了表明,所限定的领域应该有其理据,这样一来,某一理论所声称涵盖的所有相关现象都在理论中有所反映。

六、交互原则

语言教学模型中各种组成成分之间的关系,同其他模型一样,用双向箭头表示。但是,并非所有的相关特征与关系都在图中表示了出来。但是,其原则是显而易见的：这种设计表达出整个理论中对思想的一致性与统一性的要求，以及对模型的组成成分之间相互联系的清醒意识。这一原则，乃是针对语言教学思想与实践中普遍存在的条块分割与不一致性而提出来的。

这一原则也可以被诠释为在整个方案中承担不同角色的个体之间的互补合作。这些不同的角色是由不同的层次来表示的。在第一个层次上是相关学科领域的专家，如语言学家、心理学家、历史学家等；第二个层次是语言教学理论家、研究工作者或者应用语言学家，即所谓的中介者；第三个层次是语言教学工作者、教师、测试专家、管理者和课程设计者。这种层次划分表示发挥作用的不同，但未必是人员的区分。语言教师也可能是第二层次上语言教育学研究者或者理论家，或者是某个基础学科领域的专家，如第一层次上的语言学、心理学，或者人文学科之一。反过来讲，某一学科的学者也可以是应用语言学家和语言教师。

交互原则还表明，理论发展的原动力并不仅仅从基础学科自下而上流动，而且可能从所标明的任何位置开始。因此，教师并非是理论发展的被动接受者。语言教学与学习的实践、教师或者学习者的直觉与经历，能够为语言教学理论与基础学科的发展，贡献思想、信息、问题与疑问。换言之，从实际应用工作中获取思想，进行理论建构，乃是卓有成效的一种方式。

七、跨学科多因素观原则

坚持语言教学的多因素原则，反对某一单一因素（如教师、教学方法、教学材料）、新的概念（如个性化教学或者技术手段）自身可以解决多数语言学习问题的观念。这并不是说在所有的情况下，所有的因素都同等重要。但是，由于语言与语言学习固有的复杂性，在实践中或者在研究中，多因素途径可能比单因素途径更为有效。因此，希望借助于这个模型，在对语言教学问题进行分析的过程中，或者在语言教学研究或者语言教学规划过程中，将多种因素及其相互关系一并考虑在内。[①]

语言教学研究具有跨学科性。对各种模型的考察结果表明，这种观点目前为人们所广泛接受。这与早期认为语言教学是完全建立在纯文学研究或者语言学基础之上的观念，形成了鲜明的对照。然而，令人惊讶的是，除了斯波尔斯基之外，只有极少数人曾讨论过哪些是语言教学的基础学科，哪些是边缘学科，以及哪些学科对语言教育学有贡献。多数理论模型中都包括语言学、心理学、社会学及其相关学科。有些模型甚至包括更多的学科。

---

① Stern. 语言教学的基本概念 [M]. 北京：商务印书馆，2018.02

思想既从理论学科向实践流动,亦从实践向理论学科流动,语言教学过程如出一辙,此乃对语言教学的诠释。不同的层次代表不同的抽象水平,第一个层次为最抽象的语言教学理论,第三个层次则是最具体的语言教学理论。对模型的描述本模型所代表的观点是,在语言教学中,我们必须按照四个核心概念去操作:语言、学习、教学与环境。任何一种语言教学理论,无论是系统阐述的思想(例如"教学方法"或者"教学理论"),抑或是没有系统阐述的理论,或者是语言教学实践的组织或者活动背后的一系列原则,都可以被看作是对上述四个核心概念的表达。我们可以就这些核心概念进行提问的方式,开始对某种理论进行阐述、探索、解读或者评估。

(1)语言教学需要对语言的本质有深刻的领悟。无论是内隐的还是外显的,每个教师都需要有一个语言理论。因此,关于语言教学理论,需要提出的核心问题之一是:这种语言教学理论的语言观是什么?回答这个问题可以借鉴的主要学科包括:语言学、心理语言学、社会语言学以及具体语言的研究。作为理论建构基础的研究包括:①语言教学的历史;②语言学;③社会学、社会语言学和人类学;④心理学和心理语言学;⑤教育理论。

(2)语言教学需要对语言学习者以及语言学习的本质有全面的认识。相关的基本问题包括:这种理论所针对的是什么样的学习者?它如何看待语言学习?直接与上述问题密切相关的学科包括心理学,尤其是教育心理学,以及研究语言学习与语言使用的心理语言学。

(3)语言教学中暗含着语言教师与语言教学的概念。提出的问题是:这种教学理论如何诠释语言教学?根据理论,指派给教师的角色是什么?如何对教学进行描述或者分析?跟这个概念直接密切相关的学科是教育研究。

八、语言环境原则

语言教学在一定的环境中发生,对语言教学环境的解读乃是语言教学理论的一个基本组成部分。语言、学习与教学必须始终放在一定的环境或者背景中来看待。因此,相关的问题有三组:

(1)语言环境。学习者的第一语言和目标语,两者都存在于对语言学习产生影响的一定的社会、文化和政治背景中。在建构语言教学理论的过程中,需要提出的问题是:在这个社会中语言与语言学习具有什么地位?教授甲种语言或者乙种语言的社会语言学背景是什么?社会科学,如社会学、社会语言学、社会心理学和文化人类学,能够帮助我们回答上述问题。

（2）教育环境。此处的问题是：语言在教育中具有什么地位？第二语言教学与具体的教育背景如何相容？回答这两个问题需要对教育进行分析，辅以社会学与社会语言学分析。

（3）语言教学背景。环境也可以以第三种方式来解读。这种方式与语言教学密切相关，但是在前面考察的各种理论中都被忽略了。

这就是语言教学的历史背景与当下的背景。语言教学是在当下与过去教学的发展这个大背景下展开的。这就产生了如下问题：从历史上看，这种语言教学理论的前身是什么？它在语言教学的历史发展中的地位如何？语言教学的历史、教育理论以及对当下"教学法最新发展"的解读，有助于我们对上述问题做出回答。

我们的理由是，通过提出上述问题并努力做出回答，可以发展、完善、探索和评估语言教学的各种理论，这样可以使我们的判断更加敏锐，赋予我们的职业活动以完善理论的特征，归根结底，这个理论模型将对语言教学质量产生重大影响。

因此，在第一个层次上，可以根据我们自己的经验，寻求常识性的答案。这显然是起点。毫无疑问，无论何时，对实践的思考乃是理论建构中一个不可或缺的部分，这个理论模型旨在为下面的论证提供直观的指引。在这一方面，我们的理论框架与前面考察的各种理论模型，尤其是斯波尔斯基提出的模型，有很多相似之处。但是，我们更突出强调的是语言教育学和教育思想，这或许是其他理论模型中所没有明确表达出来的。

在第二个层次上，我们认为，第一层次的各个学科，与第三层次的语言教育实践之间，必须有一个中介的跨学科层次。此处我们采纳斯波尔斯基的"教育语言学"这一术语来描述这个中介学科，并对第一个层次研究的贡献进行多学科的综合。这个层次所涉及的四个概念乃是教育语言学的核心。作为理论与实践相结合的研究领域，教育语言学可以适用于一般意义上的语言教育或者语言教学的某些具体课题。尽管本书的研究仅仅局限于第二语言教育，但是教育语言学也适用于对语言教学其他方面的类似研究。

第三个层次是实践，可以分为方法论与组织。方法论中包含教学目标、教学内容、教学程序（教学策略与技术/技巧）、教学材料与教学评估。在组织之下，我们需要对语言教学的体制设置进行分析：政府规划与管理，正常情况下不同层次的教育，如初级教育、中等教育、高等教育、成人教育、语言教师教育等。语言教学理论通过这两个范畴体现出来。方法论在组织的不同层次中都有体现。

九、教研合一原则

用教研合一原则来处理语言教学问题,这已经不像几十年前一样,是一个陌生的理念。然而,甚至时至今日,仍有许多语言教师,不仅对语言教学理论,而且对语言教学研究,都持怀疑态度。外国语言的文学研究和哲学研究,对多数人来说,都是可以接受的,但是语言教学则常常被看成是实际情况下凭直觉、敏感性、创意能解决的问题,而非恰当的研究课题。

如果研究结果似乎得不出肯定的结论,或者远离课堂教学现实,语言教学实际工作者就会将它看成是"科学游戏"而置之不顾。与上述否定的观点恰好相反,偶尔可以发现某些语言教育工作者,对研究的价值和重要性过分信任。他们对研究的内在价值或者其与特定情景的相关性,不进行批判性的审视,将打着"研究"标签的任何东西都看成是绝对真理。他们要求研究人员对极其复杂的问题做出快速、完整、不容置疑的回答,足见其对研究毫无原则的信任。研究发现的尝试性、渐进性和累积性则常常被忽视。接受这种研究性的语言教学方式,将它看成是有效的语言教学的一个基本组成部分和语言教学理论的必要补充。

教研合一原则,可以追溯到19世纪末,跟语言科学的发展与教育中的科学运动紧密地联系在一起。但是,直到20世纪中叶,语言教学才成为持久的主动研究的课题。

长期以来,研究一直是语言教学的一个组成部分,这就使我们能够对研究的性质与研究对语言教育学的贡献做一概括性的说明。奇怪的是,关于语言教学本身,很少有人做过论述,因为对很多语言教学工作者而言,研究仍然是语言教学边缘的一个方面。因此,语言教学研究缺乏方向性。很少有人讨论研究的重点,也没有建立起明确的研究方法。

语言教学必须与研究相结合,理由如下:

(1)语言教学与任何方面的教育相同,需要人力与财力资源的大量投入。它需要大批人手全职投入,而且对很多人来说是毕生的事业。它占用学生大量的学习时间,教学场所、技术设备、教师培训以及教学材料的编印(如语法、教材、词典、教具等)等,都需要大量的投入。因此,这方面的规划、决策、实践和创新,不应该仅仅依靠传统、个人观点或者反复试验,而是应该借鉴理性的探索,系统的研究,如果可能的话要借助控制实验。

(2)呼吁要对语言教学进行研究,意味着公开承认我们还缺乏语言教学某些方面的知识,但这并不说明我们对语言教学一无所知。相反,语言教育学已经积累了一定的知识储备。语言教学研究的一个重要任务是,发现并用语言文字描述已经存在的知识,这样一来,大量的已有信息就可以为人所用了。同时,研究有助于消除错误的信息,指出尚需要进一步了解的领域。通过研究,人们才能够明确需要进行什么样的研究来填补空白。

(3)教研合一原则的另一个含义是,我们不能期望语言教学会由于某种发明或者其他突破,突然或者奇迹般地得到改进。我们也不能假定,在世界上某个地方,有一位伟大的教师、专家,或者导师,能够有求必应,回答我们所有的问题。相反,我们认为,语言教学的改进,可能是许许多多的人有计划通力合作的结果,在这个过程中,事实的探寻、假设的检验、教学实验以及大量苦心孤诣的研究结果的积累,从长远来看,要比激烈的辩论或者全盘接受没有经过检验的大而化之的解决方案,更富有成效。

(4)教师个人的直觉与高超的教学艺术,一向是语言教育学发展的重要源泉,而且两者将继续发挥重要作用。研究并非经验与创造发明的替代。但是,教师个人的实际经验,应该能够经得起批判性研究与他人经验的双重检验。

(5)需要对语言教学进行研究,这还意味着,对目前日常教学工作的不断检查,应该成为"质量控制"的一种形式。同其他教育活动一样,语言教学也有一种制度化的倾向。一个多世纪以来,教学传统已经形成;教学方法、内容、年龄层次和教学的顺序都相对固化了。所谓的"新"方法、"新"教程和"完全不同的"方式,结果却仅仅是稍有变异的传统的东西而已。语言教学传统的这种顽固不化性,是语言或者语言学习的本质使然呢,还是缺乏批判态度的结果?我们应该做好准备,对已形成的习惯做法加以审视。研究乃是教育过程中促使人们对一切活动进行质疑的成分。

(6)研究与理论相得益彰,相辅相成。研究不仅将怀疑的态度注入理论构想中,而且提供了效度检验与验证的技术,反过来又激发新的理论思考。

(7)同其他教育活动相比,语言教学或许更容易因受到流行时尚和公众舆论的左右而摇摆不定,而且,常常因某些观点而形成不同的阵营。时常,新方法的发明者或者新理念的推广者,声称自己已经找到了解决语言教学问题的关键途径,此类声言不绝于耳,挥之不去。但是,若不经过最好的实证研究方法的验证,而只是无谓地争论,这只是一而再、再而三地徒然浪费精力而已。

(8)研究有助于形成更加客观的对语言教学实践的看法,进而有助于语言教育学地位的提升,使之成为"经过缜密思考、有理性支持、完全职业化的活动"。

第三节　语言教学的理论依据

语言教学理论往往等同于语言学理论与心理学或者学习理论，语言科学本身始终处于变化之中。理论与实践之间非但没有成为一体，这些变化反而更清楚地表明，两者之间存在着一条巨大的鸿沟。然而，尽管各个相关学科在语言教学理论的发展中都起着重要的作用，但是这些学科仅仅构成这里所说的语言教学"理论"的一部分。此处"理论"仅仅是语言教学背后的思想。

语言教师都把自己看成是讲究实际的人，而不是什么理论家，但是作为课堂教学实践者，忽视语言教学理论是行不通的。理论是隐藏在语言教学实践之中的，存在于教学实践背后的假设、课程的规划、日常课堂教学、关于语言教学的价值判断以及语言教师日常必须做出的决策中。语言教师可以通过教学活动表达自己的理论信念，也可以在专业会议的讨论中表达自己的理论立场。理论的作用，在语言教师的培训、给语言教师的建议或者指导课程规划、教材编写、课程的选择或者设备投入的理由说明等这些特定的情景中，尤其突显出来。

一、语言教学的认知理论

认知语言学是对乔姆斯基革命的一场革命，它以体验哲学为其哲学基础。在体验哲学的影响下，认知语言学重新思考了传统语言问题并发展了自身的一些理论。其中，认知语言学的理据性原则和象似性原则就是它和传统语言学的一个重大分歧。这里首先论述认知语言学中的哲学基础，然后探讨理据性原则和象似性原则。

语言学与哲学之间是相互渗透的关系。古希腊伟大的哲学家都对语言学理论做出了许多重要的贡献。哲学与生俱来就包含了语言问题，这也就意味着语言问题自古以来就是哲学视野中的重要话题。每一种语言学理论都是建立在哲学的基础之上的，哲学的发展史就是语言学的发展史。语言学从语言哲学中汲取了丰富的营养。语义学、语用学发端于哲学家的研究。Robins 指出，语法的理论基础也是哲学。于根元也认为，西方的语言研究往往与一个时期的哲学思想相贯通。要能对中外语言做出深入的研究，就必须熟悉有关中外哲学理论。

从 19 世纪到 20 世纪，曾属于哲学的一些领域纷纷自立门户，脱离哲学而成为一门独立的学科。例如，自然科学脱离了哲学，哲学所关心的精神世界成为新诞生的实验心理学的领域,"逻辑"作为哲学的核心领域也成为一门独立的学科。在这种历史背景之下,哲学家们在危机中思考哲学的价值及未来的走向。从弗雷格、罗素、维特根斯坦到维也纳学派等认为,只有关注语言的意义,才能使得传统形而上学重新找到自己的价值。因此,哲学获得了一条出路,那就是通过语言分析来透析概念结构,并以此来解释知识的必然性。这就是西方哲学开始研究语言学理论的历史背景。

这个世界是因果联系的世界,有果必有因,这里简要概述语言哲学出现的其他几点缘由。

(一)认知的无意识性

认知的无意识性,是指我们不会直接知觉到自己的所思所想,任何话语的理解都需要许多认知运作程序。视觉、听觉、嗅觉、感觉等神经加工过程是不可能被意识到的,大部分推理也不能被意识到。分析的神经过程是一项非常快速而复杂的运作过程,但是它是在自动化的状态下进行的,并且人们即使集中注意力也无法直接知觉到。

语言的习得过程也是无意识的过程,保守推断至少有 95% 的思维是无意识的,它决定了知觉思维的结构。有意识的思维以无意识思维为基础。无意识思维使用隐喻来定义无意识推理,没有隐喻哲学家就不可能进行深奥的推理。

(二)在反思形而上的过程中找到新的出路

西方哲学中经验论者将形而上学看作错误的理论。逻辑实证论者发展了经验论,并且也狠狠地批判了经验论。逻辑实证论者强调,形而上学所论述的问题根本不存在,并且它一直追求若有若无的、空虚的、不切实际的真理,如求证永生的存在,研究上帝造出的世界为什么有罪恶,这类研究是没有任何价值的。简言之,逻实论者认为,自柏拉图以来的形而上学不应该将无意义命题作为研究方向,这是不可能有答案的,是错误的。此时,语言哲学家主张用一种新颖独特的方法,即语言的逻辑分析方法,来澄清形而上学中的混乱思想。自从弗雷格创造了概念分析和语言研究新范式,哲学界的乌云消散了,有望迎来一片新天地。后继者也主要关注语言的本质、意义和理解等问题。分析语言、阐明词语和语句的意义变成了哲学的任务。

(三)经验与理性的相互映衬

形而上学仅仅是理性的思辨,和现实生活没有联系,这是没有意义的研究。人类获取必然性知识不一定必须依赖于理性思辨。实证研究也是人类获取必然性知识的途径,现代科技的进步就是这一点最好的证明。但是,传统实证主义限制在经验的框架之内,也是不能帮助人类获取必然性知识的。传统哲学的核心观念开始有了变化的兆头。将"逻辑"置于"实证主义"前,不仅降低了证实原则的标准,而且涵盖了逻辑上的可证实性,这就促成了经验论与理性论的相互配合。数理逻辑仅在语言内部从定义上做出判定,从句法研究来确定意义就在这里找到了依据。所以,证实原则、谓词演算、命题演算等逻辑方法的集合就创造了清晰的表达,抛弃了形而上无意义的研究。

(四)人工语言的创建

因为语言混乱带来的哲学中的混乱,必须通过语言中含糊的消除才能得到解决。因此,哲学开始创建人工语言。西方哲学的三个转向在逻辑上是有联系的,本体论寻找世界的本原,而认识论以认识问题的不清晰为由将这看作舍本逐末的做法。认识论后来还指出,在解释认知论的语句中,有关概念、命题、语言等的论述表现出空洞的内容、混乱的逻辑以及模糊的表述。在这种情况下,大多数哲学家意识到,必须通过语言来研究认识,因此语言论就代替了认识论。逻实论者强调,自然语言的模糊性阻碍了语言意义的展现。为了澄清语义、解决哲学的混乱,可依据现代形式逻辑来创建人工语言。

(五)现代语言学的启发

自20世纪初索绪尔开创现代语言学以后,现代语言学对西方哲学的启示就开始了,使哲学家们更加坚定地从语言角度来研究哲学问题。因为不相信语言工具论,索绪尔认为"自然语言"是一个系统,开始研究自然语言的本质和内部结构。哲学家从这一观点中得到了启发,意识到了语言研究在哲学中的重要性和意义。索氏强调,语言符号可以澄清那些模糊的观念,这使得"语言是客体"的观念被打破,语言哲学家开始将语言视为主体。索氏坚持的形义不可分离观,也给体验哲学带来了一些影响和启示。

总之,西方语言哲学从索氏的思想中汲取了灵感。索绪尔和分析哲学家在很多方面的观点是一致的,所以分析哲学才被当作索绪尔语言理论的哲学基础。另外,欧洲哲学与语言研究从古希腊就开始的联结,也对语言与哲学的融合有一定的推动作用。

(六)深奥的推理是隐喻

隐喻是人类对抽象范畴进行概念化的重要认知工具。人类生活以及语言中充满了隐喻性思维,它不仅是修辞手段,更是认知世界的途径。因为隐喻概念体系是人类生存方式的重要元素,所以它是语言、认知、行为的本质特征。语言也是隐喻的结构化。隐喻理论不仅可以解释语言现象,而且可以解释思维、认知、行为等心智特征。隐喻和转喻在情感范畴领域相互联系、相互作用;但是隐喻是在不同的认知模型之间进行的映射,转喻则是在同一认知模型中进行的映射。

对隐喻的研究有三个传统:(1)亚里士多德的修辞学传统,即将隐喻视为词与词之间的替换;(2)柏拉图的哲学传统,它认为隐喻是真理的敌人;(3)20世纪以来的语言学传统,即把隐喻看作词语的一种组合关系,是一种话语现象。

上述三种研究传统的立足点不同,结论也不同。传统的隐喻研究把隐喻看作一种语言现象,现代认知语言学则把隐喻看作通过一类事物理解另一类事物的手段。传统隐喻理论主要描写语句本身和语言使用。当代隐喻认知理论认为,语句可以具有隐喻性,从而获得句法的隐喻义。

二、语言能力理论与语言教学

人的语言能力一直是学术界关注探讨的重点问题之一,哲学、心理学、社会学、人类学、教育学、语言学等学科对这个问题都曾进行过探讨。从语言学来看,国内外语言学家很早就开始对这个问题进行研究了。并提出了一些很有价值和影响的学术观点,对语言能力含义的解释也是多种多样的。

(一)国外对语言能力理论的研究

在国外,据我们见到的材料,19世纪德国语言学家洪堡特(Wilhelm von Humboldt)在他的《论人类语言结构的差异及其对人类精神发展的影响》一书中就已经涉及这个问题,不过,洪堡特大都是在谈到语言的其他问题时联系到人的语言能力问题,因此对语言能力问题的阐释还不很清晰,也不很成系统。

在现代语言学中,对语言能力问题进行了比较系统的研究,并提出系统理论观点的,当推美国语言学家乔姆斯基(Noam Chomsky),乔姆斯基关于语言能力与生俱来的观点已经成为其转换生成语言学的一个基本概念。解释人的语言能力问题,也是乔姆斯基反拨索绪尔结构主义的一个重要内容。从乔姆斯基的解释来看,语言能力是人与生俱来的一种能力,是人的本能的一部分。这种能力,包括人能理解不管以前是否听到的别人的每一句话,也能根据表达的需要说出合格的各种句子的能力。在他看来,这种语言能力是一种抽象的东西。他把语言能力融为人的认知能力的一部分。

乔姆斯基语言能力说中的一个重要的方面就是语法装置说。他认为，语法装置是先天具备的、与生俱来的。即人先天具备这种语言能力。但这种先天具备的能力并不等于人一生下来就能说话，就能交际，还要通过后天的学习。

应该说乔姆斯基对语言能力问题提出了比较系统的理论。但他解释的语言能力并没有结合语言的运用，而把它看成是人的一种本能，是人的认知能力的一部分。我们认为，语言能力和人的认知能力不是等同的问题。语言帮助人们认识世界，所以，语言和认知具有密切的关系，但这并不能说明语言和认知就是一回事，更不能说语言能力就是认知能力。语言和认知属于不同的范畴。语言能力是人的一种相对独立的本能，它的构成是多方面的，决不是某种单一的能力，而是多种能力互相联系构成的。构成语言能力的各个方面也不是相互分离的，甚至我们说的每一句话、每一段话中就可能同时包含几种不同的能力。[①]

美国社会语言学家海姆斯（D.H.Hymes）在乔姆斯基语言能力理论的基础上又提出了语言交际能力之说。他把合乎语法适应社会文化等作为主要内容，并强调了在情境中的得体性和实践性，认为人不仅能按本族语的习惯说出合乎语法的句子，而且能在特定的文化氛围和情境中使用得体的语言形式，这就是人所具备的语言交际能力。巴切蒙在海姆斯理论的基础上又构想了一个语言交际能力的理论模型。这种理论模型中的语言能力包括组织能力、语言能力、语法能力、篇章能力、言语功能能力、语言文化能力等。语言交际能力的内涵得到了进一步的丰富和完善。

（二）我国对语言能力理论的研究

在我国，很多学者也都探讨过语言能力问题，并有很多不同于西方学者的新见解，因为我们并没有沿袭或拘泥于西方的某些观点，而是结合自身的实际进行更为深入的探讨。张德鑫曾把海姆斯的语言交际能力进一步细化，分解为四个方面：（1）懂得哪些句子是合乎语法的；（2）懂得哪些句子是可以被人们接受的；（3）懂得哪些话是恰当的；（4）懂得哪些话是常用的。这种语言交际能力的理论，实际上是对乔姆斯基语言能力理论的补充和修正。郭熙把语言能力分化为语言知识能力和语言交际能力。王培光把语言能力分解为狭义和广义两种："一般人说的语言能力，多数指语言运用能力而言，那就是听、说、读、写与翻译等方面的能力。如果把语言能力限于指语言

---

① 刘继才，郭爱民，夏中华. 中国当代名家学术精品文库[M]. 沈阳：东北大学出版社，2015.

运用能力,则这种语言能力只能算是狭义的语言能力。语感能够判断语言的恰当与否,写作时多数人进行文章修改的凭借就是语感。语感也该算是一种语言能力。把语感等能力包括进去的语言能力是广义语言能力。"刘大为、巢宗祺又提出语言研究能力。于根元在与锦州师院中文系的研究生进行语言哲学对话中又提出发挥语言能力的能力,即语言创新能力。在此基础上他认为有四种语言能力:语言知识能力、语言交际能力、语言研究能力、语言创新能力。在各种语言能力中,交际能力是关键,也是目的。因为语言存在于人类社会的基本职能是交际,语言能力的最大特点是离不开人的交际活动,语言的其他能力都在直接或间接地为交际能力服务,特别是对于绝大多数人来说,只要能用语言进行交际即可,而不必要知其所以然。儿童、没有文化的人并没有或很少有知识能力,就多数人来说更缺少语言知识能力,但却可以进行交际,不仅能说出各种各样的话语,而且还能理解各种各样的话语,有些语言学教材中说不懂语言学知识就像唱歌不懂乐理,这也不一定对。应该说,语言的其他各种能力都是为交际能力服务的,学习语言知识是为了交际能力的提高。研究语言,或者说语言研究能力的培养,也是为了人们提高语言交际能力,更好地发挥语言的交际功能,从这个意义上说,索绪尔在《普通语言学教程》中阐释的为语言就语言而研究语言的观点现在看来是有着局限性的,我们应该为交际而研究语言,研究语言应该为人们掌握和提高交际能力服务,如果只为了少数人的学术活动服务,语言研究也就失去了它的社会价值。在一段时间中,我们的语言教学曾忽视交际能力,原因是教学观的问题。

当然,其他三种能力也是重要的,而且是高层次的能力。知识能力是基础。一方面,人类知识的大部分需要语言来传授,人类知识的积累主要靠语言来完成;另一方面,语言自身也蕴含着人类知识,通过语言可以了解社会、民族、历史、文化等。研究能力是一种高层次的语言能力。它以知识能力为基础,对各种语言现象进行分析,从中得出为什么是这样而不是那样的原因。我们可以说正常的人都有交际能力,只不过有能力的高低而已。但我们却不能说正常的人都有语言的研究能力。因为研究能力的形成除了要有丰富的知识底蕴外,还要有语言的敏感,能够及时捕捉到超常的语言现象,并能从理论上分析其产生的原因,指出其是必然的、正常的现象。如果现有的理论难以解释他所捕捉到的语言现象,他就会返回头来,检视理论本身是否有什么问题;如果是理论有问题,他就会潜心地研究理论问题,研究的结果是语言理论的充实、完善。创新能力是一种语言的创造力。它和研究能力有交叉之处。就是说它也需要语言敏感,也对语言交际中的新现象感兴趣,只是侧重点有所区别而已。研究能力对语言现象的关注重在探因,

第二章 语言教学理论阐释

即偏重于用理论阐释语言现象,用现象证实理论,用理论解释理论、发展理论。研究能力的实现主要表现在语言理论的丰富和发展。而创新能力虽然也必须关注语言现象,但这种关注却不完全是为了探因,甚至可以说不一定是为了探因。当它不是为了解释语言现象而关注的时候,那么,这种关注是为了从中寻求启示,从偶发的语言现象中找到开启语言宝库的钥匙,进而使语言不断地丰富发展。应该说,创新能力更多是以交际能力为基础的,它要在频繁的交际中获得灵感。因而才可能在语言的交际活动中有神来之笔。如果说研究能力的最后体现是语言理论充实的话,那么,创新能力最后则体现为语言的词汇的丰富。如果说研究能力重在描写某一语言现象的特点和分布状态,让知识能力、研究能力有欠缺的人一看就知道如何利用这一语言现象的话,那么,创新能力侧重于发明和创造语言,让语言日益丰富,让人们在利用语言的时候,有更广阔的选择空间。

也许正是因为研究能力是以知识为基础,创新能力是以交际能力为基础的缘故,所以前者多形成以理性思维为主的语言问题的理论探索者,产生一个个语言学家。而后者多形成以感性思维为主,以语感为使用语音标准的,少羁绊、无束缚的语言实践者,在丰富的实践基础上,产生一个个语言大师。知名的演说家、著名的作家的语言能力影响成千上万的人,而语言学家的语言多在语言学的圈子里有影响。因此,在一般人的心目中,作家和演说家远比语言学家重要。从这种现象中我们可以得到一个启示:语言学家在注重研究能力提高的同时,还要兼顾语言的实践活动,使自己的发挥能力也有一个较大的提高。在现当代,应用语言学的兴起是一个值得喝彩的现象。因为它是语言学家走出象牙之塔,由后台步入前台的实证。

(三)语言能力是与生俱来的

我们承认语言能力是与生俱来的,具有遗传学的特点。但我们也承认,从语言遗传能力到语言运用中开发的具有非遗传学特点的能力,例如前面提到的交际能力、知识能力、研究能力创新能力等,需要唤醒。于根元先生在这方面曾说过:"语言也是与生俱来的,人生下来后不是习得语言,而是唤醒语言。大概有这样几个根据:一、宇宙是全息的,人类具有宇宙发展链人类之前的基本信息。现代人类也具有这之前已经出现了几百万年的人类的基本信息,对于一个人来说也是本自俱足的。二、人的工具都是人原有的能力的外化,语言是工具,也是人原有的能力的外化。三、人生下来之后语言能力有的差距很大,有的是天才,要用他们原有的语言休眠的程度来解释。四、一些人在某种情况下会使用他生下来之后没有学习过的语种。"这种说法,姑且称之为"唤醒"说,我们认为这种说法是有道理的。语言能力应该包括遗传能力和后天开发出来的非遗传的能力。所以可以这样认为，唤醒说是对乔姆斯基语言能力说的一个补充和发展。

语言的各种能力都需要唤醒、开发、培养。交际能力、知识能力是这样，研究能力、创新能力等高层次的语言能力更是这样。但是唤醒开发要讲究方法，这在我国还是个弱项。我国的教育模式教学内容和教学方法以及考试方法等都不利于全面开发人的语言能力，很多人都已经看到了这方面的问题。在语文教学中不是一味地提倡语言"训练"，而是强调培养语感，这是一个进步，这也是在唤醒。

(四)语言能力对语言教学改革的意义

国内外学者对语言能力问题的探讨给了我们诸多启示，也引导我们去反思我们的语言教学观。语言能力问题的探讨对语言教学的改革有非常重要的意义。语言教学的目的主要不是传授语言知识，更重要的是培养人的语言运用能力。

我们在语言教学过程中，常常思考这样的问题：语言能力培养是语言教学的终极目的，并应在教学中始终起主导作用。语言能力培养应该是设计课堂知识体系及整个教学体系的主要依据，我们应该依据能力目标来组织形成课程的知识体系。多年来，我们也是这样做的。问题是，语言能力培养应该定位在哪些方面。语言能力的各个方面是平分秋色，还是有所侧重？侧重，应该侧重在哪些方面？知识能力和交际能力一直是课程的主要能力目标。胡裕树在其主编的《现代汉语使用说明》的课程性质中提出："在讲授系统知识的同时，必须注意培养学生运用这些知识的能力。"黄伯荣、廖序东主编的《现代汉语》的教学目的则是系统地讲授了现代汉民族共同语——普通话的基础理论和基本知识，训练基本技能，培养和提高学生理解、分析和运用现代民族共同语的能力。其他很多教材或教学大纲都是这样强调的。语言教学既是一门理论知识课，又是以提高听说读写能力为目的的基本技能训练课。多年来的语言教学课程格局基本可以说就是以知识能力和交际能力的培养为目标的，主导整个课程设计与教学过程的是知识的传授和技能的训练。这种格局所带来的后果是十分明显的，学生学了现代汉语后，个人的交际能力并没有随着课程所投入的力量得到预期的发展，所学到的一些知识对各种能力的发展也没有起多大作用。究其原因，是课程的能力目标定位失误。

对语言能力问题的反思和探讨促使我们重新审视现代汉语课的目标定位问题。我们认为，应该以语言的研究能力和创造能力的培养为目标。例如，现代汉语作为大学的一门专业基础课，它的教学对象是经过小学、初中、高中三个阶段语文教学,又经过严格选拔进入高校的文科大学生,他们大都是同龄中的"尖子",语言的知识能力和交际能力已经或者应该是高过其他人了,在此基础上,要鼓励引导他们进一步创造,培养其研究能力和创新能力。从他们今后发展着眼,能够通过学习发挥作用以造成语言优势的,显然应该是研究能力和创新能力。但是,目前现代汉语课程理论起点太低,学生层次不高,整个教学体系过分拘泥于实用性的语言知识传授和语言技能训练,却从根本上忽视了教学对象以自己的母语——汉语为专业的本科生对现代汉语学习的需求,他们希望通过现代汉语课的学习能够接触到现代汉语学习的理论和方法,在此基础上获得一定的能力对今后在学习和工作中遇到的语言现象进行分析和研究,然而,我们现在却依然在语言知识的狭小空间中花相当多的时间去讲述音素、音节语素、词、词类、短语、句子分析、辞格等。这些语言的细节知识对外族学习汉语可能有用,但是对于以汉语为母语的学习者,尤其是对于那些语言知识能力和交际能力都高于一般人的文科大学生来说,却作用不大,很难激发学生的求知欲望。经过这样的学习,学生的知识能力和交际能力并没有明显提高,反倒因为没有得到新鲜的信息而产生厌学情绪。同时,由于知识体系的差异,大学的现代汉语知识与中学的又不一样,甚至在有的观点上相悖,又使他们对已有的比较清楚的语言知识说也说不清了。

有人曾提出了现代汉语课分化成两门课:一门是以语言研究能力为目标的汉语语言学;一是以提高学生语言知识能力和交际能力为目标的实用汉语课。这应该是一种有益的尝试,它有助于语言各种能力的培养,更有助于培养目标的实现。

三、美国结构主义语言教学理论

对语言教学理论现状的不满屡见于专业文献中。早在1964年,美国心理学家 J. B. 卡罗尔(Carroll,1966:105)就在柏林世界现代语言教学大会的主题发言中指出:"现在更需要的不是研究,而是根据心理学和心理语言学理论的最新进展,对目前流行的各种外语教学理论,进行深入的重新思考。'"数年后,他在另外一个场合对"各种观点和争议令人扑朔迷离的关系"进行了评价,得出下述结论:"我认为,我们的(语言教学)领域,长期以来一直受到许多虚假的二分法、毫不相关的观点对立、含混不清的概念、对真正重要问题与变量的忽视的侵害。"美国结构主义是20世纪初诞生于美国的一个共时语言学分支。它在人类学家博厄斯(1858—1942)的领导下,形成了完全不同于欧洲传统的风格。

从那时起,理论界一直在争论不休。布朗用下面的话表达了其对目前流行的理论的看法:"一种完善的语言习得理论尚有待于建构,尽管尤其是近十年来,许多研究已开始炮制某种理论的总体框架。目前,我们正处于理论建构的过程中,但是亟须进一步的观察与反馈,这样才能够向有竞争力、一体化的第二语言习得理论这个目标推进。"

那么,假如我们希望发现或者构建好的语言教学理论的话,首先必须问自己一个问题:什么是好的理论?有了这样一个标准,建构好的理论就有了指导。这样一来,我们才会使自己相信,这样的理论在关于语言教育学的讨论中,才是有意义的,而非仅仅是炫耀的外衣,或者是"礼节性的称号"。

当然,"理论"这个概念通常用于物理科学,如相对论和光波理论。在人文科学领域,也常常谈到理论,心理学领域的学习理论或者人格理论即是其例证。其他方面的应用包括艺术理论、音乐理论、语言学理论或者教育理论。"理论"一词的使用有三重相当不同但相互联系的意思,三重意思都适用于我们关于语言教学理论的探讨。

首先,当我们谈到艺术理论或者教育理论的时候,使用的是第一种广义的"理论",指对某个题目或者活动相关思想的系统研究,例如艺术、音乐或教育。理论将某个题目或者某些实际活动看成是统一的整体,但又是可分解的。理论提供的是一种思想系统,分析与综合的方法,或者是可用于对不同观察、现象或者活动进行梳理的概念框架。我们所谈到的"结构主义语言教学理论",采用的也是这种广泛的意义。

(一)坎贝尔和斯波尔斯基的理论

语言科学同语言教学之间的关系是语言教学理论发展中的一个关键问题。美国应用语言学家坎贝尔(Campbell)提出的简单明了的模型,是受到学者广泛接受的理论之一。根据坎贝尔的观点,应用语言学是语言教学工作者与理论家之间的中介,但是,就第二语言教育学而言,仅仅跟语言学建立关系还是不够的,因此坎贝尔在此基础上提出了其扩展的理论模型,这个模型至今为所有的应用语言学家所认可,尽管在究竟应该将哪些学科包含进来这一问题上,可能仍有分歧。

关于特定学科对语言教学理论的贡献,斯波尔斯基(Spolsky,1978)提出的理论模型乃是一个得到缜密论证的例子。跟坎贝尔及其他学者所做的一样,斯波尔斯基借助于两个图,首先表明仅仅以语言学作为语言教学的基础是不够的,而且甚至语言学与心理学合到一起,也还是不充分的。他恰如其分地勾画出其心目中的理论框架的轮廓(如图2-1所示):

第二章 语言教学理论阐释

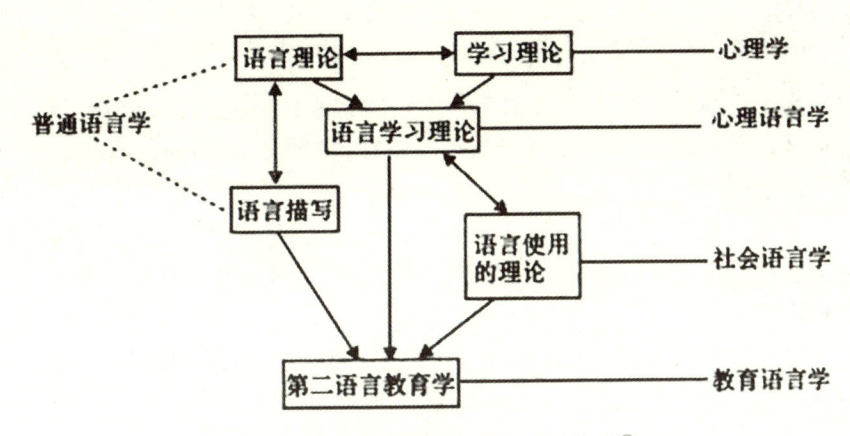

图 2-1 斯波尔斯基的教育语言学模型[①]

根据图 2-1 所示,语言教学(第二语言教育学)有三个主要源泉:(1)语言描写;(2)语言学习理论;(3)语言使用的理论。反过来说,语言学习的理论必须最终产生于语言理论和学习理论。语言描写也必须以语言理论为基础。为语言教学提供必要的理论基础和信息的学科包括心理学、心理语言学、普通语言学和社会语言学,各自对应的分别是学习理论、语言学习理论、语言理论与语言描写以及社会中语言使用的理论。上述四个分支联手来处理语言教育问题,从而构成了一个以问题为导向的学科,斯波尔斯基称之为教育语言学,其他人则称之为应用语言学。斯波尔斯基认为,他所提出的第二语言教育学模型:也可以应用于应用语言学的其他应用领域,如翻译、词典编纂和语言规划。因此,教育语言学是应用语言学中有更明确定名的一个专门领域。[②] 很自然,教育语言学不仅跟第二语言教育学有关,而且还跟其他语言教育问题有关,如第一语言教学、阅读教学、言语教育。斯波尔斯基的模型特别指明的是,语言教学理论所包含的要素有哪些,以及与这些要素相关的每一个分支学科所起的特定的作用是什么。我们应该注意到,在坎贝尔的模型和斯波尔斯基的模型中,双向箭头表示交互过程。斯波尔斯基承认,在其模型中"没有将语言教育发生的实际情况和来自现实世界的种种压力考虑在内"。此外,语言教学方法论以及构成教学法理论的其他要素,也不在这个模型的视野之内。

[①] (加)H. H. 斯特恩著;刘振前,宋青,庄会彬译. 语言教学的基本概念[M]. 北京:商务印书馆,2018.

[②] Stern. 语言教学的基本概念[M]. 北京:商务印书馆,2018.

(二)麦基和斯特雷文斯的理论

为了弄清楚科德与斯波尔斯基提到的其他各种因素在理论中的作用,下面我们将考察分别由麦基(Mackey)和斯特雷文斯(Strevens)提出的两种理论模型。

麦基在给雅格博维茨的《外语学习问题:心理—语言学分析》一书写的前言中提出了"交互模型",将语言学习放到了社会政治这个大背景下进行考察。

麦基发现有五种主要变量:M(方法与教学材料,例如,教材、录音磁带和电影)、T(教师做了什么)、I(教学:学习者得到了什么)、S(社会语言与社会文化环境影响)和L(学习者做了什么)。麦基的理论框架揭示出教学变量、学习变量与支配模型中上半部分的政治、社会和教育因素之间的依赖关系。麦基将其模型描述为多学科的框架,其中涉及"心理学、社会学、人类学、法律、教育学、政府、语言学等学科,以及其他一些附属学科与技术,如计算机科学和心理声……"。他认为,框架中的不同组成部分或者不同组成部分的不同方面,都值得单独详细地深入探讨。在其重要著作《语言教学分析》一书中,讨论"有意识地局限于语言教学活动中的各个变量",即模型中的MTI变量,这些变量"不同于语言学习所涉及的变化",即ISL变量。

后者是雅格博维茨书中讨论的主题。换言之,麦基在处理与语言教学相关的各种因素时,采纳的是一种宏观的理论视角,同时他还呼吁要对与宏观设计相关的具体方面进行深入的研究。

斯特雷文斯(Strevens,1976,1977)提出的语言学习/教学过程的理论模型(如图2-2所示),同前几个理论模型略有不同之处,即关注点有差异,其意图是要将语言教学所有的基本特征以及由教学产生的学习,融入同一个模型中。不同于坎贝尔、斯波尔斯基和英格拉姆各自的理论模型,斯特雷文斯的模型主要关注的是从语言科学到语言教学的思想流动。跟麦基的模型相似,该模型在其构想中包含政策与政府机构,而且同英格拉姆和麦基一样,斯特雷文斯也详细地描述了教学的过程。事实上,这个模型乃是一个教学—学习过程的流程图。

斯特雷文斯的模型由12个组成部分构成,其逻辑依据是,首先必须有人启动语言教学活动(组成成分1-3)。下面6个组成成分(组成成分4-9)对语言教学意图的实施过程进行了描述,最后3个组成成分(组成成分10-12)则对学习结果进行了解释。3个启动成分分别是:(1)公众愿望,体现为社会提供语言教学的意图,(2)执行决策所需要的财政投入与管理机构,和(3)构成语言教学知识来源的专门学科。斯特雷文斯模型中的第3个组成部分既包括心理语言学和社会语言学,也包括教育学、语言学、心理学和社会理论,应用语言学是将所有学科联系起来的跨学科公分母。因此,斯特雷文斯的模型中第3种组成成分中包含了斯波尔斯基和坎贝尔各自理论模型的主要特征。

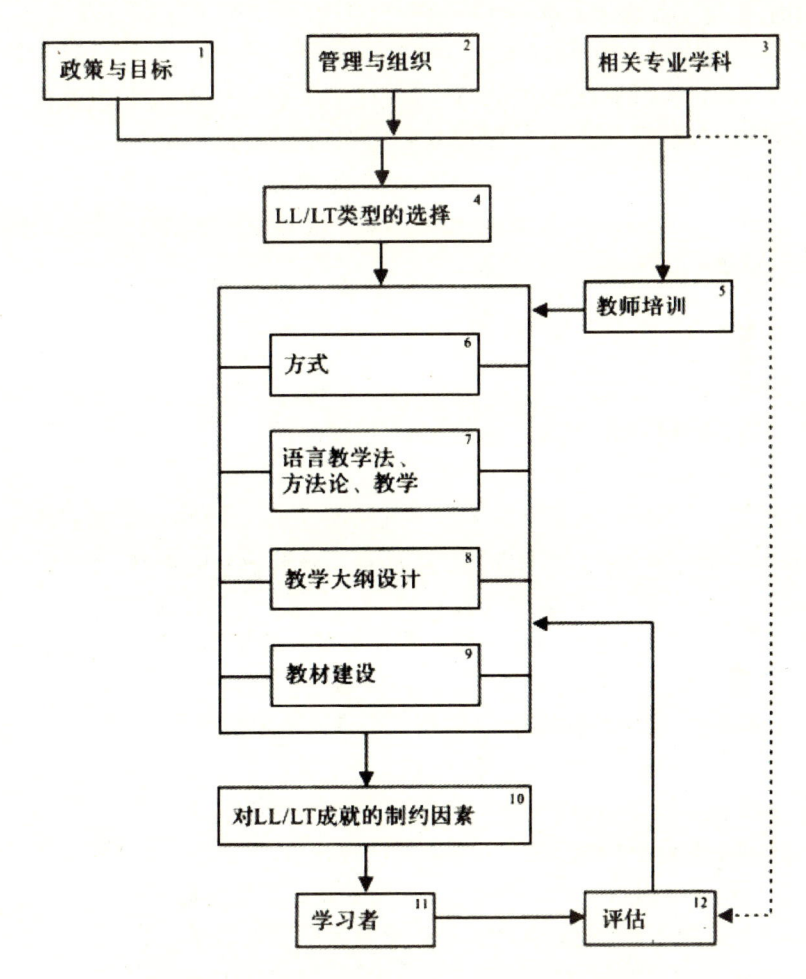

```
┌──────────┐    ┌──────────┐    ┌──────────┐
│ 政策与目标 │¹   │ 管理与组织 │²   │相关专业学科│³
└─────┬────┘    └─────┬────┘    └─────┬────┘
      │               │                │
      └───────┬───────┘                │
              ▼                        │
      ┌──────────────────┐             │
      │ LL/LT类型的选择   │⁴            │
      └─────────┬────────┘             │
                │         ┌──────────┐ │
                │◄────────│ 教师培训 │⁵◄┤
                ▼         └──────────┘ │
         ┌──────────┐                  │
         │   方式   │⁶                 │
         └────┬─────┘                  │
              ▼                        │
         ┌──────────┐                  │
         │语言教学法、│⁷                │
         │方法论、教学│                 │
         └────┬─────┘                  │
              ▼                        │
         ┌──────────┐                  │
         │教学大纲设计│⁸                │
         └────┬─────┘                  │
              ▼          ┌─────────┐   │
         ┌──────────┐    │         │   │
         │ 教材建设 │⁹────┤         │   │
         └────┬─────┘    │         │   │
              ▼          │         │   │
    ┌──────────────────┐ │         │   │
    │对LL/LT成就的制约因素│¹⁰│       │   │
    └─────────┬────────┘ │         │   │
              ▼          │         │   │
         ┌────────┐  ┌────────┐    │
         │ 学习者 │¹¹│  评估  │¹²◄──┘
         └────────┘  └────────┘
```

图2-2 斯特雷文斯语言学习/语言教学过程模型①

---

① (加)H. H. 斯特恩著;刘振前,宋青,庄会彬译.语言教学的基本概念[M].北京:商务印书馆,2018.

语言教学的意图可能以各种具体的形式体现出来,包含在第 4 种组成成分"IL/LT 类型"中,根据学习者的年龄(儿童—少年—成年)、参与类型(自愿者或者非自愿者)以及其他几个因素的不同而变化。实施中包括教师培训(组成成分)以及教学方法与教学材料(组成成分 6-9)。后者恰好与麦基提出的模型中的 M(教学方法与教学材料)、T(教师变量)和 I(教学变量)相对应。第 10 种成分包含影响语言学习结果的各种因素,如可用于语言学习的时间、教学质量以及某些实际的制约条件(如噪音、拥挤或者疲劳)。第 11 种组成成分侧重于影响语言学习的学习者特征(如能力、性格等)。第 12 种组成成分代表对学习结果的评估,其中包含对教学过程的反馈,这样可以从对学习的评估中获得益处,促进教学水平的提高。[①]

这一模型将教与学的各个方面置于同一个方案中来,而在过去的几十年里,尽管人们已认识到其重要性,但是几乎没有将它放到同一个理论框架中加以审视的。

(三)英格拉姆及其他学者的理论

英格拉姆理论将其他模型中缺失的某些特征补充了进来。跟坎贝尔的做法一样,英格拉姆(Ingram,1980:42)也列出了一个相关学科的清单,并将不同的任务分配给理论家、应用语言学家和语言教学工作者。这个模型更详细地规定了应用语言学家应发挥的功能,以及应用语言学家和课堂教师各自的任务分工。教学实践对理论的反馈得到应有的重视。然而,相对于应用语言学家而言,分配给语言教学工作者的角色很有局限性,这一点颇值得怀疑。另外,认为教学方法和实践最终完全来自理论科学的观点,也颇令人质疑。

尽管在对三者的描述中内嵌了反馈与交互的象征符号,但是总的来说,理论家—中介—语言教学工作者的关系还是被看成单向的,从语言科学导向语言教学实践,而非从语言教学实践导向语言科学。

前面描述的各个理论模型有很多共性,都表明了哪些因素或者问题在语言教学理论的建构中应该予以考虑。所有的理论模型都具有跨学科性质,而且都承认多种因素之间的交互作用。所有的模型中都提出了一种"元理论(metatheory)",即在语言教学法的重大争议问题上保持中立或者客观,仅仅为语言教学研究或者语言教学行动提供一种框架。上面所探讨的各个例子强调的是略有不同但是互补的特征。麦基与斯特雷文斯突出强调了社会与政治因素,坎贝尔与斯波尔斯基侧重于语言教育学跟一些主要相关学科的关系,而

---

① Stern. 语言教学的基本概念 [M]. 北京:商务印书馆,2018.

麦基、英格拉姆和斯特雷文斯则将语言教学——学习过程作为其理论核心。

不存在单一的"理想"模式。语言教学可以用许多不同的方式来解读，至于究竟用哪一种方式来解读，取决于理论模型建构的目的。坎贝尔与斯波尔斯基的模型产生于关于理论与实践的关系，以及关于应用语言学或者教育语言学相对于其母学科的地位的辩论。麦基的理论模型旨在为一些主要领域的研究提供指导，而斯特雷文斯提出模型则是为语言教学职业提供通用的分析工具。

追溯一下"语言规则"或者"习惯"之类术语的兴衰历史，是很有益处的。多年以前，人们认为，语言学习者理所当然必须学习语言规则。后来，舆论转向，反对规则学习这一原则。规则已经过时，甚至谈到"语法规则"都几乎会引起人们的鄙夷。相反，教授"结构"或者"句型"则是可以接受的，学生在教师的帮助下通过"刺激—反应"技术，作为"习惯"来习得语言结构或者句型。大约1970年前后，"习惯""语言型式""语言结构""刺激—反应"等概念受到人们的怀疑，而从另一方面讲，"规则"不再是禁忌。卡罗尔（Carroll，1971）为"习惯"的使用提出了辩护，认为"习惯"比"规则"从心理学来讲更基础。关于这一点，安东尼和诺里斯（Anthony and Norris，1969）写道：语言教学的基本概念"语言教学方法此兴彼衰，此消彼长。其中有些广泛流行起来，接着就销声匿迹"。

四、二语教学的理论研究

第二语言教学又是一种外语教学。作为一种第二语言教学，它有别于汉语作为本族语教学，它有别于对我国少数民族的汉语教学，而跟其他外语教学有一些共同的特点和规律。然而，汉语本身的特点又决定了汉语作为第二语言教学也有别于其他第二语言教学和外语教学。

一般认为，对外汉语教学有三大特点：(1)有专门的学科理论，在教学重点的选择和教学内容的编排上，在听、说、读、写的关系处理上，强调从汉语的特点出发，不能照搬其他语言的做法；(2)有不同于其他文化科学知识教学的独特的教学法；(3)有它的科学性和艺术性，即理论与实践总是紧密地结合在一起的。

对外汉语教学的学科理论包括基础理论和教学理论两个方面。基础理论指语言学理论、语言学习理论、文化理论和一般教育理论；教学理论包括性质研究的对象和内容、研究目的。对外汉语教学法分为教学原则、教学方法和教学技巧。

处理好对外汉语教学的理论研究与教学实践的关系非常重要。这主要指以下几个方面：一是指对各种理论加以综合、梳理，使其形成一个系统，用于指导教学实践。二是教学内容不是各种理论的阐述，而是包含有中国语文知识、中国文化、各种自然科学和人文知识的汉语知识体系，也就是说，汉语本身是作为教学的工具，而汉语学习的内容指对这一工具使用知识的学习，而不是学习汉语语言理论，各种理论不直接作为学习内容来教授给学生，这与专门的语言理论学习有根本的区别。三是教学理论与实践经验相结合，又要适应教学实践的需要。

（一）中国二语教学的发展历史

二语教学理论的研究实际上从20世纪50年代就已开始。在最初阶段开始就明确了对外国人和我国少数民族学生的汉语教学不同于对我国的汉族学生的语文教学，对成年人的教学不同于对儿童的教学，指出必须针对非汉族成年人学习汉语的特点进行教学，明确了对外国人和我国少数民族学生的汉语教学是培养他们实际运用汉语的能力，指出了结合对外国人进行汉语教学中加强汉语研究的必要性。在教学方法上的主张是：教学内容以词汇和语法为中心，系统地讲解语言知识并与学生的母语进行对比，以帮助学生在理解的基础上学习和掌握语言，从培养口语能力入手，逐步过渡到阅读和写作，采用的是综合法。

到了20世纪70年代，我国对外汉语教学界加快了教学理论和教学方法研究的步伐。主要特点是：侧重于研究解决教学中的具体问题，注意把理论研究、教学经验和总结实践经验结合起来，在论述具体教学问题时，较多地受到"听说法"及其理论基础结构主义语言学和行为主义心理学的刺激—反应论的影响。

20世纪80年代以来，我国对外汉语教学理论研究增强了学科意识，目标更加明确，思路更加开阔，研究范围大大拓宽并且系统化，成果空前丰富。这一时期对外汉语教学理论的建立和发展深受国外第二语言教学理论的影响。语言习得理论、偏误分析和中介语、功能语法理论、语言测试理论等都对建构对外汉语教学理论的框架提供了理论支持。但是，作为外语和第二语言的语言教学，同作为母语或第一语言的语言教学，在原理上、规律上，既有密切关联的一面，又有明显区别的一面。对外汉语教学是一种外语或第二语言教学，它不能不受制于外语或第二语言教学的一般原理和普遍规律；同时，它又是一种汉语教学，必然同作为第一语言的汉语教学原理和规律有相通之处，与汉语结构的系统特点息息相关。因此，在积极探讨对外汉语教学的性质和特点的基础上，我国对外汉语教学界提出了学科建设的任务和总体设计理论等。

第二章 语言教学理论阐释

本时期对对外汉语教学的性质有了进一步认识。增强了学科建设意识,提出了包括理论研究、专业设置、师资建设、教学设计,以及基础设施建设等方面的宏观规划。对外汉语教学的师资建设是学科建设的一个重要内容,这一时期加深了对对外汉语教学师资的进一步认识,从理论水平、专业能力等方面提出了更高的要求。对外汉语教学学科建设的第三个方面是教学评估,对这个方面的研究也有涉及。

(二)二语教学理论的研究

二语教学总体设计理论的提出是对外汉语教学研究进一步走向成熟的标志。总体理论的研究探讨了相关的基本问题,其中主要探讨了基础汉语教学的总体设计问题,加强了中高级阶段总体设计的研究,开展了对外汉语水平等级标准和等级大纲的研究,《对外汉语水平等级标准和等级大纲》的发表,标志着我国的对外汉语教学已走向规范化、系统化和科学化。[①]

基础理论包括语言理论、语言学习理论和比较文化理论。在语言理论研究方面,针对语音教学、词汇教学、语法教学和句型教学的研究取得了大量的成果,而有关话语分析的研、汉语和外语的文化对比研究和偏误分析研究等方面也取得了初步的成果。在语言学习理论的研究方面,这一时期开始重视对外汉语教学同上述相关学科的关系的研究,如:语言学同对外汉语教学关系的研究,加强了从对外汉语教学角度对汉语的研究,为汉语研究开辟了新的视角和领域。对外汉语教学与心理学关系的研究,从心理学的角度分析学生的心理特点,借以指导教学设计、教材编写和课堂教学。文化理论与对外汉语教学关系的研究,探讨了文化与语言教学的关系的基本理论问题,揭示了对外汉语教学中的文化因素,提出了一系列的文化分类模式,探讨了对外汉语教学中文化教学的基本原则,以及教材编写问题,提出了"结构—功能—文化"相结合的教学原则和以此为纲的教材编写思想。对外汉语教学中文化问题的研究,标明了对外汉语教学界语言观念的变革。对语言学习理论的研究,探讨了第一语言习得和第二语言习得的差异、儿童语言习得和成年人的外语习得的差异、语言习得中思维方式的转变等。

(三)二语教学法和课程教学的研究

教学法研究的成绩反映在两个方面。

第一,探讨了教学法规律,加强了对现有各种教学法的研究和对对外汉语教学法发展趋势的探讨。对各个教学环节和各项教学活动的研究全面展

---

① 于根元. 应用语言学概论 [M]. 北京:商务印书馆,2003.

开,对教学法原则的研究进一步深化。提出了不少新的教学法理论,提出不同的方法训练不同的语言技能,引进了"交际性原则"的概念,还有如"结构、意义和功能观""自觉综合法""知能教学法""建构主义教学论""语言文化教学论"和"结构、功能、文化教学论"等。这些教学法理论的探讨,反映了近十多年来人们对对外汉语教学规律的新认识,也反映了各种语言理论对语言教学理论的影响。

第二,具体教学方法的研究也有了较大的进展。一是加深了对课堂教学研究的认识,二是探讨了课堂教学的原则,三是总结了一些课堂教学的技巧,四是探讨了母语在课堂教学中的作用和使用策略。

课程教学的研究涉及口语、听力、阅读、写作、翻译、文选和报刊等课程。口语教学研究表明已从整体上加深了对口语课性质和特点认识,探讨了口语课的教学方法。听力课教学研究的成绩也较为显著,不仅有专题论文,而且有了专门探讨听力教学的专著,此外,还对听说课和"视听说"课教学也进行了探讨。阅读课教学的理论探讨也有了相应的层次性,涉及精读、泛读及快速阅读等;在阅读教学研究中吸收了现代语言学的某些研究成果,对阅读及其教学性质的认识进一步加深。写作课教学研究进一步深化。在翻译教学研究方面,一方面总结了翻译教学的经验,另一方面吸收了其他方面的研究成果,提出了具有指导意义的观点。翻译课以"外译汉"为主,以口语翻译为主,教学中贯彻"实践性原则",通过汉外对比,结合基础知识的讲授,帮助学生提高汉语表达能力和语言对译能力。在课程教学上还注意了科技汉语教学研究和阶段教学研究,科技汉语教学研究讨论了科技汉语教学的体制问题,不同专业的科技汉语教学。阶段教学包括短期汉语教学研究、基础汉语教学研究、中高级汉语教学研究和辅助教学研究,特别是计算机辅助教学的研究为对外汉语教学开辟了广阔的领域。

(四)汉语理论对二语教学的影响

汉语理论教学一直是对外汉语教学中的一个重要组成部分,也是教学经验积累最丰富的一个方面。汉语理论的影响分别有这样一些方面。

一是语音教学研究。它包括语音教学的原则和方法研究、音素及声调教学研究,语音教学难点探讨、国别语音教学研究等。

二是词汇教学研究。词汇教学是对外汉语教学中的一个重要内容。词汇教学的目的、任务及其在对外汉语教学中的地位、教学原则、教学重点、难点、教学方法和各教学阶段的冲击性等,在这一时期都有所探讨。

三是语法教学研究。20世纪80年代以来,对外汉语教学的基本原则主要是"结构—情景—功能"相结合。这在语法教学中也得到了体现。这

第二章　语言教学理论阐释

个时期提出了一些新的语法教学观点,提出了通过对比进行汉语语法教学的思路,加强了对不同层次的语法教学的研究,总结了语法难点的教学经验。

由于汉语的特殊性,汉语教学中汉字教学研究也很重要。这个时期汉字教学研究包括探讨汉字的性质和任务,探讨汉字教学的原则,总结了汉字教学的方法,提出了"图标法""析字法""字素拼合法""字素分析法""形义结合法"等方法,分析了学生在学习汉字中的错误。

总的来说,开展对外汉语教学以来,我国的对外汉语教学的理论研究取得了很大的成绩,形成了以语言教学理论为中心,语言学理论、教育学理论心理学理论等为基础的一整套对外汉语教学的理论体系,使对外汉语教学真正成为一门科学,从而为我国的对外汉语教学事业的进一步发展奠定了坚实的理论基础。对外汉语教学的理论体系将随着对外汉语教学事业的发展而不断完善。

第三章 语言学与语言教学研究

众所周知,语言教学的主要目的是让学生熟练掌握一门语言,从而利用该语言展开顺利的交流。所以,在学习与教学的过程中语言教学必然要受到语言学理论的影响。本章就来探讨一下语言学与语言教学的相关内容。

第一节 语言学流派及教学法研究

语言学是外语教学法的理论基础,它的发展与语言观的更新密切相关,因此,它是外语教育研究最为关注的领域之一。

现代语言教学法大多是由西方外语教学界研究总结出来的,这些教学方法由于缘起、理论依据不同,而分为一些流派。了解这些流派和教学方法的起源、理论依据、特点、实施以及优缺点对深刻认识每种教学法对我国语言教学而言十分重要。本节就对这些语言学流派和语言教学方法展开深入探讨。

一、语言学流派

(一)行为主义学派(The Behaviorist Approach)

行为主义关于语言学习的一个基本观点是,语言习得与学习是通过模仿、巩固与重复对刺激的反应而形成的习惯。行为主义学派提出了著名的"对比分析(contrastive analysis)"理论,即通过对第一与第二语言的语音、词汇和语法体系作系统的比较与分析,能从中找出两者之差异,并找到第二语言学习者的困难,从而在学习的过程中克服干扰,形成正确的习惯。外语教学实践证明,第一与第二语言项目并非都相匹配,也不可能逐个进行对比。第二语言习得与学习的错误是由多种因素构成的,绝非对比分析所能概括。[①]

对两种语言中可比性较强的项目进行对比分析具有一定价值;但认为对比分析能预言学习者的一切错误则是言过其实了。

(二)生成语法学派(The Generative Approach)

生成语法学派关于语言习得与学习的理论依据是:语言习得是人脑创造性的活动,语言习得机制中含有的普遍语法规律能适用于任何形式的语言习得。这一学派的学者提出了与行为主义"对比分析"针锋相对的"错误分析(error analysis)"理论,认为语言习得中的错误大部分与第一语言习得者的错误类似,而第一语言的干扰所产生的错误是微不足道的。然而,许多数据表明,第一语言对语言习得与学习的干扰十分突出,"错误分析"理论由于走向极端而受到了批评。此时,以塞林科为代表的语言习得研究者提出了中介语体系(interlanguage system)及其语法。他们认为,语言习得者有独特的语言习得体系,与第一、第二语言体系均不同,它介于两者之间。所谓错误乃是中介语体系的体现。由此引导出大量对中介语语音、词汇和语法的研究。有关中介语的基本论点似未引起众多非议。

(三)认知学派(The Cognitive Approach)

认知学派由一些心理学家和心理语言学家组成。这一学派认为,语言习得与学习是人类认识世界的一部分,应将它放在整个人脑认识事物的框架中加以考察与分析。认知学派反对语言习得是人类生来固有的机制。他们指出,语言植根于人类的经验,其意义反映了客观世界。所谓"理解"指语言结构把人们引导到感知过的某种场所;所谓"表达"反映了世界某方面吸引了人们的注意。这一学派引用了20世纪90年代以来神经语言学研究的成果,说明大脑皮层可塑性很大,人脑中的各种图像是客观世界在不同的人头脑中的反映。在大脑各部分中,与语言有关的部门很多,但没有任何部分专门控制语言而与人的其他活动无关。更为重要的是,语言习得的个人差异很大。有些人可能一生都不能掌握第二语言。这些事实都证明,第二语言习得的能力不能仅仅依靠人类生来固有的机制运作。

---

① 柳斌,叶澜. 中国教师新百科中学教育卷[M]. 北京:中国大百科全书出版社,2002.

（四）心理语言学派（The Psycholinguistic Approach）

心理语言学派与认知学派的基本观点相同。但是，后者着重从理论上阐述第二语言习得的认知属性及依据，而前者更多地探讨在第二语言习得的实践中出现的实际问题，并从中寻找规律。20世纪80年代中期以来，心理语言学除了研究导致语言习得成功或失败的心理过程外，还讨论了注意力与记忆的一般机制与熟练掌握第二语言的关系。其中一些人认为，习得第二语言无须注意力，也就是说，习得是自动的，多次接触与使用就足以习得该语言。另一派的看法正好相反。如施密德认为，注意力是第二语言习得必不可少的因素。[1]

虽然不加注意有时也可习得一些单词或简单的语言结构，但这是短期的习得，如不巩固便会遗忘。因而，它们不能代替长期的习得与学习。这一争论仍在继续。关于记忆的讨论集中在探讨语言和文字的概念在人脑中的位置以及两种语言的词汇互相依存与结合等问题，有些研究者从实验中发现，习得某信息（如新单词）时的情景及与新信息同时出现的有关线索得到再现时，该新信息比较容易被记忆与掌握。

与此相关的是，第二语言的词汇教学不能孤立地讲解单词，而应将它们放在一定的情景中，联系学习者的生活实际进行教学。这一研究对第二语言习得的科研与教学都具有一定的参考价值。

（五）社会语言学派（The Sociolinguistic Approach）

概括地说，社会语言学派内部共有以下三大分支：一是互动论（Interactionism）强调环境和交际对象与语言习得者互相交流的重要性。他们认为，第二语言习得者的语言质量和心理因素，如兴趣、焦虑和反感等都直接与交际环境与对象有关。社会环境能改变习得者的心理状况，交际对象的态度和语言也影响第二语言习得者的心情、态度和学习效果。二是语用学论（Pragnatics）。强调第二语言习得者必须掌握语用学，即学习第二语言时，必须同时培养使用语言进行交际的能力，包括说话人与听话人应遵循的礼仪、交际策略与得体词汇的选择、语篇的组织与对话技巧的运用等。不少研究者认为，掌握语言知识与使用语言的原则应同时进行，因此有必要探讨第二语言习得与学习过程中这两方面如何互相影响，互相促进。三是语言变体论（Language Variationist Theory）。指同一人或不同的人在不同时间、不同场合使用同一语言时产生的变异。社会语言学中的语言变体论者则将

---

[1] 张宏丽，孙伟. 俄语活动教学法研究 [M]. 哈尔滨：黑龙江人民出版社，2007.

第二语言学习者的语言解释成"语言变体"。他们认为,不同的第二语言习得者在不同时间和场合有各种语言变体,它们具有一定的规律,没有理由指责它们为"错误"。然而,由于没有充分的语言资料证实语言习得的"语言变体"都遵循固定的规则,这一论点受到生成语法学派的猛烈抨击。虽然近年来这方面的语言资料有所增加,但还不足以令人信服。

二、语言教学方法

(一)语法翻译法或者传统法

顾名思义,语法翻译法强调第二语言语法的教学,其主要练习技巧是目标语与另外一种语言之间的互译。

1. 语法翻译法的历史发展

目前,尚无语法翻译法的完整、详细文字记载的历史。有证据表明,语法和翻译的教学在语言教学中由来已久,但是作为一种主要的练习技巧,语法规则与从另一语言到目标语翻译的结合直到19世纪末才流行起来。作为一种独特的教学策略,对语法点简要的讲解与大量翻译练习的结合,在奥伦多尔夫(Ollendorff)大约1840年前后被广泛采用的语言教程中也得到过应用。奥伦多尔夫在其课堂上采用的顺序安排后来"变成一种标准程序:规则讲解,后续词汇表和翻译练习。教程结束时,进行连贯文章段落的翻译"[1]。奥伦多尔夫的方法受到同时代人的推崇,认为这是一种积极、简单和有效的方法,因为某一规则一旦讲解完毕,紧接着应用于简短句子的翻译。其他一些教材编者,如赛登斯图克尔(Seidensticker)和阿恩(Ahn),则在每一本教材、章节或者"课"中,都将规则、词汇、课文和需要翻译的句子组合到一起,这是典型的语法翻译法模式。19世纪中叶,德国的普洛茨(Ploetz)将赛登斯图克尔法语教材改编后用于学校的法语教学中,因此语法翻译法成为学校里教授现代语言的主要方法。在其基础语法中(1848),普罗茨将重点放在了动词的形态变化练习上,而在高级教程《法语教学语法》(Schulgrammaik der Franzisischen Sprache)(1849)中,语法系统则是本教程的主题。19世纪最后几十年间,语法翻译法受到攻击,人们认为它是一种冷冰冰、无生气的语言教学方法,同时将外语教学的失败归咎于它。19世纪末期和20世纪上叶的语言教学改革运动,在绝大多数情况下是在反对

---

[1] Stern. 语言教学的基本概念[M]. 北京:商务印书馆,2018.

第三章　语言学与语言教学研究

语法翻译法中发展起来的。

尽管受到诸多攻击,语法翻译法在当今仍然广泛应用,但是是作为一种补充策略同其他一些策略结合起来使用的。只要翻看一下目前在使用中的许多教材,尤其是非通用语种的教材,就会发现,语法翻译法仍然很有市场。"在语言国家大学的语言课程中,课文的语言——外语互译仍然是标准的教学程序。20世纪60年代,多德森(Dodson,1967)再次肯定了基于语法翻译策略的教学技巧,将其命名为"双语法(bilingual method)"。

2. 语法翻译法的教学目标

19世纪,语法翻译被一线教师看作是进行文学作品学习的前提条件,而且即使达不到上述目标,语法翻译本身仍然可以被看作是从教育上来讲有效的心理学科。语法翻译很少或者根本不强调第二语言的听、说;它主要是一种以书本为核心的语言语法系统的学习方法。然而,我们必须认识到,普罗茨将其《教学语法》的教学目标定义为"在不片面地关注理论(即语法理论)的前提下,对语法的彻底掌握,最终达到熟练地理解法语著作,并独立地在口语和写作中使用语言"。

3. 语法翻译法的教学技巧

需要教授的语言分成几个简短的语法章节或者单元,每一个单元包括几个语法点或者语法规则,讲授完毕后,用例子加以说明或者阐释。教材中教师强调的语法重点并没有隐藏起来,而且也不避讳使用专业语法术语要求学习、记住某个语法规则和例子,如某个动词的形态变化或者一个介词词表。对第二语言词汇或者其他任何方面,通常不以任何系统的教学方式来教授。练习中包括第一语言的词汇、短语和句子,要求学习者借助于双语词汇表翻译成目标语,用这种方式来练习所学过的项目或者一系列项目。梅丹热尔所推行的语法翻译法的特点之一是,练习使用的句子所涉及的语法规则越来越多,用一句话来同时说明多个规则,以这种方式来增加学习任务的复杂性。这种教学方式往往使语言学习从表面看来是在解决问题。其他练习则是从目标语翻译成第一语言。随着学习的进步,学习者可以从孤立的句子翻译,过渡到第一语言和第二语言之间连贯文本的互译。

4. 语法翻译法的理论依据

目标语主要被理解为文本和句子中必须遵守的、同第一语言规则与意义相联系的规则系统。语言学习被默认为一种理性活动,它涉及规则的学习,要通过大量翻译练习记忆与第一语言意义相联系的规则和语言事实。作为参照系,第一语言在第二语言的学习过程中保存了下来。语法翻译法的理论基础是机能心理学,因此作为一种心理训练,这种现代语言的学习方法同拉丁语和希腊语的学习一样是有充分依据的。

尽管受到改革者猛烈的轰击,但是语法翻译法或传统法仍然极其顽强地生存了下来。首先,正如在我们关于语言学习的研究中所注意到的,第一语言作为一种参照系,对第二语言学习者确实非常重要。因此,各种形式的翻译或者其他一些跨语言技巧,在语言学习中起着一定的作用。其次,有些学习者力图对第二语言的语法系统有系统的理解。因此,语法教学对他们而言,也有一定的重要性。再次,对第二语言的形式特征进行思考以及作为种练习手段的翻译,将学习者置于积极主动的问题解决情景中。语法翻译法是"学术性"(明示)学习策略的一个部分。最后,语法翻译法似乎在教学中相对易于应用。语法翻译法的主要缺陷,不仅在于过分重视语言的大量规则,而且在于其练习技巧的一些局限性,不能将学习者从第一语言的桎梏下解放出来。此外,需要记忆的内容数量巨大,加之给学习者所讲授的语言事实缺乏连贯性,从而使人们在19世纪所认为的这种方法是进入第二语言的一种安全、简便和实际途径的观点变成一句空话。

(二)直接法

直接法的特点,首要的一点是,目标语作为教学和语言课堂交流手段在教学中广泛使用,避免使用第一语言和翻译技巧。

1. 直接法的历史发展

语言教育中的这一重要进展缺乏全面的文字记载,这是我们已经注意到的。凯利(Kelly,1969)再次成为其历史解释的一个重要来源,虽然他关于直接法的论述散见于其著作中。吕尔克尔(Riulcker,1969)曾系统地对直接法在德国的起源和发展进行过追溯。

从历史的角度来看,尤其是在欧洲,1850年到1900年的语言教学改革,试通过彻底变革语法翻译法来提高语言教学效果。在这个历史时期,各种语言教学方法纷呈,反映了人们当时对主流理论和实践的广泛不满。古安的《语言教学的艺术》(L'art d'enseigner les langues)(1880)是理论方面根本改革的一个范例。斯威特的《语言的实用研究》(The Practical Study of Languages)一书的前言和绪论对针对当时改革运动的批评以及改革的冒进性进行了阐释,书中所提出的改革名目繁多,如"改革方法""自然方法""心

第三章 语言学与语言教学研究

理方法""语音方法"等,但是,用于描写语言教学新方式各种特征经久不衰的术语是"直接法"。

直接法背后的推动力部分地可归功于那些实际且不墨守成规的教学改革者,他们对新的实业界和国际贸易与旅游对更有效的语言学习的需求做出了回应,如伯利茨(Beritz)和古安。这种方法也是语言学研究、语言学理论、语文学和语音学推动的结果。从历史上来看,直接法的发展跟语言教育中语音学的引入有密切关系。语音学和直接法两者都强调口头语言的使用。然而,从概念的角度来讲,两者之间未必有联系。

直接法的推广在19世纪和20世纪之交,当时在语言教师中也引起很大的争议,但是在很多国家这种改革在教育部指南中得到认可,而且在当时的教科书中也可明显地看出来。

虽然在随后的几十年间直接法并未得到整体应用,但它对理论和实践的影响广泛而且深远。

在英国,直接法也留下了印记,向教师提出了挑战。但是,两次世界大战之间这个时期推行的政策乃是一种折中,亦即采纳了直接法对口头语言的重视和某些教学技巧,但是并没有禁止翻译或者用第一语言对语法进行解释。直接法,无论是否有"语音介绍",其在欧洲的影响主要在早期阶段的法语或者语言学习上,而高级语言教学仍然主要依赖传统方法。两者之间的混合在英国被称为"折中法"和"口语法"。英国具有影响力的督学柯林斯倡导这种混合方法,他是两次世界大战期间被广泛采用的其中一本法语教程的编者,他创造了一个口号叫作"尽量有法语味地(as Frenchly as possible)"教授法语(Collins,1934)。但是,这种方法实际上往往更接近语法翻译法,而不是直接法。

尽管直接法作为一个整体及其配套的语音法在两次世界大战期间实际上已经退出学校语言课堂,但是某些教学技巧却保留了下来,如第二语言叙事故事的使用、问答技巧以及其他一些直接法练习。在欧洲数个教育体系中,文本的翻译完全被对口头与书面文本的直接学习复述以及根据图画或者教师讲述的故事片段作文等教学技巧所取代。最为重要的是,由于受到直接法的影响,许多教师直到今日,尽管在实践中难以达到,一直将在外语课堂上完全避免将翻译作为一种教学技巧来使用和完全避免使用第一语言来进行语法解释和交流,看作是一种理想的语言教学方式。因此,围绕直接法展开的争论,已经造成了语言教学理论中的裂痕:语言教师在语言课上的实际做法跟他们认为应该有的做法之间产生了断裂。

近年来,美国有些语言教育工作者重新肯定了直接法作为语言教学的一种有效方式的价值。根据他们的诠释,直接法是一种突出强调语言课堂上第二语言的使用、排斥翻译的"认知"或者理性的教学方法。[①]这一版本的直接法并不排斥语法解释和形式练习,但是更强调在真实的交际行为中语言的使用,而不像听说法那样将重点放在语言操练上。

2. 直接法的教学目标

直接法代表早期阶段语言教学目标从文学语言向日常口语的转移。这是语法翻译法中所完全没有的一个目标。语法翻译法所谓的大脑训练目标并非是直接法的核心。而在其他方面,直接法所代表的与其说是语言教学目的的变化,倒不如说是教学手段的改变。而且,可以说,直接法并未表达出一种完全不同于其前面教学法关于语言教学主要目标的观点。

3. 直接法的教学技巧

直接法的标准教学程序涉及教师对"课文"的讲解。课文通常是课本中经过特殊改写的简短外语叙事故事。课文中困难的表达方式以变换措辞(paraphrase)、同义词、示范或者提供语境等手段,用目标语加以解释。为了更清楚地解释课文的意义,教师就其内容提问,而学生则通过朗读课文来进行练习。语法例句来自于课文,教师鼓励学生自己去发现所牵涉的语法原则。很多时间都花费在课文内容的问答上,或者在关于挂画的谈话上。练习包括句型转换、替换、听写、叙事和自由作文。由于直接法课上口语用得多,所以重点被放在了正确发音上。这就是为什么在直接法早期的历史上,语音学——特别是用音标注音,被看作是方法的一个重要组成部分。

4. 直接法的理论依据

从语言学的角度来讲,语言教学应该建立在语音学和科学地确立的系统语法的基础之上。语言的学习等同于第一语言的习得,而且所牵涉的学习过程常常可以用联想主义心理学来做出解释。因此,学习的重点在语音与简单的句子上,放在语言和附近环境(如教室、家庭、花园、街道)中的物体、人物之间的直接联想上。

直接法产生与发展的动力来自两个方面:一是少数一线教师的创造性;二是少数语言学学者(如斯威特与维埃托尔)关于语言和语言学习本质的批判性理论思想。在这个方面直接法是同类方法中的先驱。直接法同时还是使学习的情景成为语言使用的情景,培养学习者放弃第一语言参照所做出的首次努力。它要求教师在教学中要有创造性,并且由此产生了一系

[①] Stern. 语言教学的基本概念 [M]. 北京:商务印书馆,2018.

第三章　语言学与语言教学研究

列不同于翻译法的语言教学技巧。课文作为语言学习的基础在教学中使用，图画和实物展示，重视问答、口头叙事、听写、模仿，以及大量的新型语法练习，所有这一切都产生于直接法。20世纪的语言教育，如20年代的帕尔默和50年代与60年代的听说法和视听法，都采纳了由采用直接法的教师发明的教学技巧。关于一语与二语关系问题，直接法走向一个极端，将一语完全排斥在二语学习之外。

有两个主要问题一直困扰着直接法语言教学。第一个问题是，如何不经过翻译来表达意义，以及如何在不参照一语的条件下保证不产生误解。第二个问题是，如何在语言学习的初级阶段之后应用直接法。同其他新方法一样，直接法扩大了语言教学初级阶段的资源，但是相对而言，对高级阶段的教学却几乎没有什么贡献。从某种意义上来讲，尤其是由于坚持在课堂交流中只使用第二语言，直接法可以合情合理地被看作是现代"沉浸式"教学的前身。

（三）阅读法

这一方法有意识地将语言教学的目标局限于阅读理解能力的训练。

1. 阅读法的历史发展

韦斯特（West,1962a）、邦德（Bond,1953）在其有关著述中和科尔曼（Coleman,1929）在现代外语研究系列的一卷中为这一教学方式提供了论据。然而，对这种方法尚没有引起我们的关注的文字记载。

作为20世纪20年代的一种创新，这种理论为英美教育家所推崇。当时在印度教授语言的韦斯特（West,1926）坚持认为，学会流利地阅读，对学习语言的印度人来说，远远要比说语言更重要。韦斯特之所以突出阅读，不仅仅是因为他将阅读看作是需要获得的最有用处的外语技能，而且是因为阅读最容易是一种在语言学习初期阶段对学生而言回报率最高的技能。基于桑代克《教师词汇手册》（Teacher's Word Book）（1921），他为读者构建了一个控制词汇表和经常重复的新词汇表。由于类似的理由，科尔曼（Coleman,1929）从现代外语研究中得出下述结论：美国中学唯一种现实的语言教学形式就是以阅读技能为核心的教学。同样，1920—1940年间，邦德提出了一种教授芝加哥大学语言课程的阅读法理论。这个经数十年开发出来的课程为学生提供了分级阅读材料和系统的学习阅读的方法。口语虽然没有完全被忽视，但是重中之重是阅读。

无论是在美国大行其道的当时，还是追溯到第二次世界大战期间，"讲"语言成为美国全国的当务之急时，阅读法都受到猛烈抨击。然而，自第二次世界大战时期开始,特殊用途语言教学重新被加以关注。

2. 阅读法的教学目标

作为一种语言教学的理论,阅读法有意识地将语言教学的目标限制在一种实际可达到的用途上。

3. 阅读法的教学技巧

阅读法的教学技巧跟前述教学法的技巧并无天壤之别。同语法翻译法一样,其语言教学中并不完全排斥第一语言的使用。跟直接法相似,第二语言的教学以口语为重点,因为发音和"内部言语"能力被看作是阅读理解的重要助益。有几种技巧是从母语阅读教学中借鉴来的。重要的是,阅读文本中词汇的控制被认为是至关重要的,而且同等重要的是,必须将以细研为目的的精读同以一般理解为目的的对分级"读物"的快速泛读区别开来。

4. 阅读法的理论依据

阅读法具有很坚实的实用基础。其教育假设跟 20 世纪 20 年代美国学校课程中通行的设相似,即教育活动要同某一具体终极用途相啮合。

阅读法产生于实际的教育考虑,而非语言学理论或者心理学理论变迁的结果。它符合美国 20 世纪 20 年代的教育理论。这种方法将一些新的重要成分引入到语言教学中:(1)设计出跟特定目的相啮合的教学技巧(就这种情况而言,阅读目标)的可能性;(2)作为一种更好的分级文本的手段,词汇控制在第二语言文本中的应用;(3)分级"读物"的创作;(4)词汇控制促成的快速阅读技巧在外语课堂上的应用。

(四)听说法

20 世纪 60 年代盛行的这种方法具有数个独一无二的特点:(1)听说读写各种技能的分离与听说(而非读写)技能至上;(2)对话用作呈现语言的主要手段;(3)对模仿、记忆和句型操练等技巧的重视;(4)语言实验室的使用;(5)确立语言学理论和心理学理论为教学方法的基础。

1. 听说法的历史发展

听说法在大约 1960 年之后出版的有影响的书中都有介绍,如布鲁克斯(Brooks,1960/1964)、斯塔克(Stack,1960/1966/1971)、拉多(Lado,1964)、里弗斯(Rivers,1964,1968)、查斯顿(Chastain,1971,1976)等。莫尔顿(Moulton,1961/1963)曾对其早期语言学原则的发展进行过追溯。但是,同前面所介绍的各种教学方法一样,从当下的视角对听说法的起源、发展和影响所做的详细的分析性和批评性研究,则非常匮乏。

20世纪上半叶主要的教学方法,如语法翻译法、直接法,总的来说,都产生于欧洲的学校体系,而听说法则主要起源于美国。但是,它在世界各地,甚至在那些对它从一开始就持怀疑和批评态度的国家和地区(如英国或者德国),却产生了相当大的影响。

直到20世纪50年代后期,听说法才初具形态,并以各种名目出现。50年代,常常被称为听力—口语法。"听说法"这个术语作为更易于发音的一个替代,是由布鲁克斯(Brooks,1964:263)提出来的。他本人还提出并推广了另外一个术语"新手段(New Key)",用它来指称同一教学方法。"新手段"这个术语取自兰格的著作《新手段中的哲学》(Philosophy in a New Key)一书。卡罗尔(Carroll,1966)称之为"听说习惯理论(audiolingual habit theory)",而宾夕法尼亚研究项目(Smith,1970)则称之为"功能性技能策略(functional skillsstrategy)"。

无论名称为何,听说法作为一种独一无二的语言教学理论有明确界定和产生最大影响的时期非常短暂,大约始于1959年,终于1966年。从这个时期最初开始,尤其在1964年后,听说法就受到挑战。最终到了1970年,基于理论上和实用方面的原因,听说法受到激烈的抨击,对新的转向的呼声越来越大。

正如多数观察者已注意到的,听说法起源于第二次世界大战期间美国战时语言课程的"军队法"的理论和实践的发展,如莫尔顿(Moulton, 1961/1963)提到的五个口号来加以总结。布卢姆菲尔德(Bloomfield,1942)具有开创性的小册子、密执安大学语言语言学院(The English Language Institute of the University of Michigan)弗里斯和拉多的学说、对比语言学的发展、语言实验室的新技术以及美国国防教育法案(NDEA,1957)带来的给予语言研究和发展的慷慨经济支持,所有这些因素都对听说法理论的发展有很大的贡献。听说法理论可能是第一个公开承认产生于语言学和心理学的语言教学理论。但是,听说法的倡导者不仅仅坚称已将语言教学建立在了坚实的科学基础之上,而且试图表明,从科学的各个学科派生出来的原则可以以具体、易于运用的形式,应用于语言教学材料的编写与日常教学实践。听说法的倡导者称这是一种高效的教学方法,此言一出,就立即受到挑战。谢勒与沃特海默(Scherer and Wertheimer,1964)的研究是寻找实证证据的首次努力。后来的研究,如查斯顿与沃尔德霍夫(Chastain and Woerdehoff, 1968)、宾夕法尼亚项目(Smith,1970)和瑞士的GUME项目(Levin,1972),仍在继续寻找支持听说法优点的具体证据。早在1964年,卡罗尔、里弗斯、萨波特和阿尼斯菲尔德(Anisfeld)就对听说法的理论根据提出了质疑(Valdman, 1966; Rivers, 1964)。乔姆斯基(Chomsky, 1966)在东北会议上的著名演说彻底动摇了听说法的理论基础,导致1966年到1972年间关于听说法的大辩论。与此同时,语言教学材料和教学实践则刚刚跟上听说法思想和课堂创新的步伐。理论的快速变化与实践的低速发展之间的差距,导致20世纪70年代初的混乱和迷茫。

2. 听说法的教学目标

听说法的重中之重是听和说两种"基本技能"。虽然阅读和写作并未被完全忽视,但是听和说却处于优先地位,而且在教学顺序中先于阅读和写作。同直接法相似,听说法极力在不参照母语的条件下培养目标语技能。例如,布鲁克斯(Brooks, 1960/1964)认为,语言学习的理想结果是,对第二语言的掌握跟第一语言达到相同水平。听说法的倡导者虽然并不认为文化是第二语言教学所必不可少的,但是语言学习却首先被看作是实用交际技能的获得。

3. 听说法的教学技巧

听说法的教学技巧在哪些方面不同于语法翻译法或者直接法的教学技巧呢?听说法虽然不像语法翻译法那样突出强调语法知识或者语法信息,但也绝非将它看作禁区,不能越雷池一步。它确实拒斥语法翻译法以智力训练为目的的问题解决方式,而且对形容词表或者动词形式表之类孤立的词形变化特征亦无青睐。课堂上或者教学材料中第一语言的使用,在听说法中亦不像在直接法中那样受到限制。直接法因缺乏语言学基础,不能在科学的指导下对语言资料分级而受到听说法倡导者的非难。

根据听说法,学习过程即习惯形成和条件作用的过程,其中没有认知分析的干预。换言之,在内隐—明示选择这个问题上,听说法倾向于采用内隐策略,而非明示策略,重点放在积极简单的练习上。其意图是减轻语言学习的负担,使之成为相对更省力的重复和模仿。听说法将对对话的记忆和模仿性重复作为具体的学习技巧引入语言学习之中。此外,听说法还完善了句型操练(亦称结构操练或者句型练习)。类似操练虽然以前就有(如在帕尔默的著作中),但是在听说法中却成为一种基本特征,而且作为语言学习的一种技巧被多样化和精细化,这是以前所未有的。因此,听说法技巧似乎使语言学习不再需要很强的学术背景和倾向性。所推崇的方式上的简单与直接,似乎使语言学习更接近普通学习者。进一步讲,口语在以前在很大程度上仅仅是语言学习中书本学问的点缀,在听说法中却走到了舞台的中央,而且使用录音和语言实验室操练的教学技巧,为学习者提供了进行听说练习的机会,使他们在不参与实际会话的条件下,以程式化的刺激与反应形式,演练日常语言对话。

4. 听说法的理论依据

听说法是 20 世纪 50 年代和 60 年代描写语言学、结构语言学和对比语言学的真实写照。对听说法的影响主要来自斯金纳,同时也受到奥斯古德等新行为主义者的影响。根据其心理学理论,语言学习是刺激与反应、操作条件作用和强化的过程,其重点是按照精心准备的小步骤和阶段进行的无错误、成功的学习。由于其对心理学和语言学理论的应用缺乏科学的严密性和一致性,因此受到里弗斯(Rivers, 1964)、卡罗尔(Carroll, 1966)和乔姆斯基(Chomsky, 1966)等人的不断批评。

20 世纪 60 年代初,听说法点燃了人们对语言教学黄金时代到来的希望。到 60 年代末,它却摇身一变,成为百无一是的替罪羊,语言教学所有的问题都归罪于它。其理论基础并不牢固,而且,从实际的角度来讲,也没有实现其希望。实证研究结果并未不容置疑地验证其优越性,而且那些自觉地使用听说法教学材料和教学方法的教师,抱怨这些教学技巧不仅无长期效果,而且导致了学生的厌烦。

考虑到上述批评,有必要重申一下听说法对语言教学的贡献。第一,听说法是第一个提出要将语言教学的理论发展建立在公开申明的语言学理论和心理学理论基础之上的理论。第二,它试图使语言学习为广大的普通学习者能够企及。换言之,这一理论提出,语言教学应该以不需要抽象推理这种高级认知能力的参与就能完成的方式展开。第三,它强调句法的发展,而其他教学理论则往往只关心词汇和形态。第四,由它引发产生了一系列简单的教学技巧,如对语言具体特征的多样化、分级和强化练习。第五,它将语言技能分离成教学手段。听说法将特殊设计的听力和口语练习技术引入教学中,而之前的口语练习仅仅是朗读课本练习,而且不同语言技能的顺序安排也没有在教学法意义上一以贯之地处理。

(五)视听法

通过视觉呈现的一个场景,乃是将学习者置于有意义的话语和语境中的主要手段。

1. 视听法的历史发展

这一方法在课程《法国声音与形象》(CREDIF, 1961)的引言中有描述,而且正是在这个课程中,这种方法第一次应用于教学实践。其最新发展反映在雷纳与海纳尔(Renard and Heinle,1969)、法语传播研究及学习中心(CREDIF,1971)和《法国声音与形象》(Voix et Visages de la France)(Heinle et al,1974)中。

这一方法在20世纪50年代发源于法语传播研究及学习中心(CREDIF),是由居伯里纳(Guberina)和里旺(Rivenc)领导的团队集体研究和设计出来的。这一方法背后的原则在由法语传播研究及学习中心团队开发、出版的几种课程中得到应用,如以成年初学者为对象的法语教程《法国声音与形象》、针对儿童的类似教程《早安,莉娜!》以及修订版《法国声音与形象》。上述部分教程改编后在美国(Renardand Heinle,1969)和英国(Gross and Mason,1965)制作出版;根据相同的原则,加拿大以《加拿大对话》(Dialogue Canada)(Commissionde la function publique,公共功能委员会,1974—1977)为标题制作出版了一个新教程,供加拿大政府语言学校使用。法语传播研究及学习中心的教学方法和教程,通过教师培训课程在世界各地得到广泛推广,后者最初是严格的视听法原则及其应用的培训课程。近年来,法语传播研究及学习中心团队提倡一种更为灵活的教学技巧观和教学程序观。

2. 视听法的教学目标

可视化语言学习分为以下几个阶段:视听法尤其适应于第一阶段的学习,在这一阶段,学习者首先要熟悉基础法语中所规定的日常语言;第二个阶段主要培养就一般性话题连续交谈的能力,以及阅读一般小说和报纸的能力;第三个阶段是专业或者其他类型专门性话语的应用。视听法尤其适用于初始阶段的语言学习。

3. 视听法的教学技巧

从法语传播研究及学习中心教学方法发展起来的视听教学,由一系列精心设计但次序刻板的事件组成。开始上课,先是幻灯片放映和录音播放。录音是程式化的对话和叙述性评论,幻灯片的画面跟话语相匹配。换言之,视觉形象与言语相辅相成,共同构成一个语义单位。义群的意义在教学程序的第二个阶段,由教师采用指认、演示、选择性回听、问答等形式加以解释["阐释(explication)"]。第三个阶段,重复对话数遍,通过多次回放录音和幻灯片,或者通过语言实验室练习来熟练记忆。教学程序的下一阶段是发展阶段(development phase)[亦称"运用(exploitation)"或者"转换(transposition)"],学生逐渐从录音—幻灯片播放中解放出来:例如,幻灯片的播放已经没有伴随的录音,要求学生回忆录音上的叙事评论,或者创造自己的评论配音;或者对场景的内容加以改编,并采用问答或者角色扮演手段,应用于学生本人或者其家庭成员、朋友。除了对场景全面的处理之外,每一课还包括语法操练时段,用于对录音和幻灯呈现的对话中出现的某个句型或者几个句型进行练习。语法和语音都得到练习。语言解释在授课过程中无足轻重。同听说法一样,阅读和写作教学被延迟,但是在适当的时候会得到应有的重视。

4. 视听法的论依据

视听法的基础是语言学,其语法和词汇内容取自描写语言学研究,如基础法语。但是,跟其前身听说法不同的是,视听法强调语言的社会属性和情景性,语言首先是个体或者社会群体间的一种沟通、交流手段,因此,视觉形象的呈现并非可有可无的伎俩,而是旨在模仿语言使用的社会语境的手段。

这种方法所假设的学习过程跟格式塔心理学相契合,始于对情景的总体把握,逐渐过渡到具体的语言片段。这种方法坚持使用非分析性的学习方式,坚持明确界定的教学程序,对最佳语言学习方式有自己确定的假设。它鼓励学习者以整体方式来掌握从磁带上听到的,在幻灯上看到的具体语境中的语言表达。换言之,它不鼓励学习者对语言进行分析。同样,在法语语音或者语法教学过程中,编者坚持认为,语调、节奏模式和语义单位不能被分解得支离破碎。但是,练习的顺序跟听说法没有本质上的差异。然而,练习中的刺激是图画性质的,而且努力在有意义的语境中对所学的所有语言特征进行练习,不做无意义脱离语境的纯粹句型练习。

由法语传播研究及学习中心所发展起来的视听法,乃是现代为了解决语言学习问题而做出的非同凡响的努力。它将语言教学分为三个不同的层次,将语言学习置于简化了的社会语境中,从一开始就作为有意义的口语交际来教授语言。它用幻灯视觉和用录音机听觉呈现的情景,取代了直接法使用的印刷文本,这是语言教学中一种新鲜的替代手段,也是 20 世纪 50 年代(即该方法刚设计出来时)为了利于语言教学对新技术的一种回应,同时也是一种负责任的利用新技术的方式。同听说法一样,其基础是公开申明的语言学和心理学原理。

视听法主要受到两方面的批评。一种是视听法的很多教学技巧都借鉴了直接法,因此,同后者相似,前者表达意义有困难;幻灯的视觉形象并不能保证话语的意义不会被学习者误解。话语同视觉形象之间的对应,从理论上讲,是值得怀疑的,而且要面临一些实际的困难。另外一种批评是,方法所强加的刻板的教学程序,其基础是完全没有经过验证的关于学习顺序的假设。

（六）认知法

有人认为,这种理论或者方法是"当代修正的语法翻译理论"（Carroll,1966：102）,也有人认为是当代修正的直接法（Hester,1970；Diller,1971,1975,1978）。其最新的形式,用迪勒（Diller,1971,1978）或者查斯顿（Chastain,1976）的话来说,是将重点放在语言作为有意义的系统的有意识学习上,其理论基础是认知心理学和转换生成语法。

1. 认知法的历史发展

任何一个理论家都不是认知理论的唯一主要支持者。卡罗尔（Carroll,1966）是对语言教学认知理论的特点进行描述的第一人。查斯顿（Chastain,1969,1976）也对认知理论和教学进行过很有价值的阐释。迪勒（Diller,1971,1975,1978）曾对认知法和听说法做过对比。作为一种成熟的语言教学理论,认知法尚未得到批判性审视。20世纪80年代初,其贡献被对语言教学交际方式越来越强烈的兴趣所掩盖。

作为听说法的一种替代选择,认知理论产生于20世纪60年代中期,是对听说法所遭遇的批评的一种反应。语法翻译法或者直接法的重新发现,绝非仅仅是时间的倒转,乃是试图将心理学、心理语言学和现代语言学新的发展的真知灼见注入语言教学所做出的努力。20世纪70年代初期以来,有数种语言课程公之于世,它们均声称其基础是认知理论。但是,这种方法所产生的练习技巧几乎没有增添什么新的东西。认知理论的主要影响似乎是放松了听说法对教学材料和练习的束缚,消除了人们强加给语法翻译法和直接法的恶名。

2. 认知法的教学目标

从广义上讲,认知教学的目标跟听说法理论家提出的目标是一致的,但是两者在近期目标上显然有一定的差异。认知理论并不那么推崇听说技能的至高无上。相反,它强调对语言作为一个统一有意义的系统的各个方面的掌握,即一种有意识获得的可用于真实情景中的"语言能力"。卡罗尔对其教学目标做出如下定义：

"这种理论认为学习者理解外语结构的重要性大于使用结构的能力,因为据认为,假如学生对语言的结构有恰当的认知掌握的话,随着语言在有意义情景中的使用,语言能力会自动发展起来。"

3. 认知法的教学技巧

卡罗尔认为,认知法的教学技巧具有以下特点:学习一门语言是有意识地掌握第二语言的语音、语法和词汇模式的过程,总的来说,采用的手段是对各种模式作为一套知识来进行分析和学习。换言之,认知理论并不拒斥、掩盖或者不重视有意识的语法或者语言规则的教学,也不排斥将阅读和写作同听说一起来进行教学。认知理论不期望通过强化操练来形成习惯,自动掌握某种语言,而是希望学习者努力去理解语言系统,而且对有意义材料的练习比自动化掌握的欲望有更大的价值。用于描述行为主义学习观的术语,如条件作用、塑造、强化、习惯形成和过度学习等,已经由对规则学习、有意义的练习和创造性的强调所替代。

4. 认知法的理论依据

同听说法相似,认知理论在语言学和心理学那里寻找到了其合理的依据。它抛弃了行为主义和结构主义语言学,从转换生成语法和认知心理学那里寻找到了第二语言教学的基础。认知理论是 20 世纪 60 年代乔姆斯基引发的语言学理论和心理学理论转向的反映。

认知理论主要是借助于语言学和心理语言学的新理论来对听说法进行批评,它指出后者理论中存在的理论上和应用方面的缺点,将人们的注意力吸引到了听说理论所抛弃或者轻视的语言与语言学习的一些重要方面,如创造性和意义。它还重新发现了语法翻译法和直接法中一些有价值的特征。在语言学习的内隐—明示问题上,认知理论公开承认明示教学的重要性。然而,由于忽视了听说法的一些优点,认知理论激化了不同教条之间的论战,却没有提供令人信服的证据,证明除了在某些方面保持平衡外还做了什么努力。

关于语言教学方法的争论并不局限于我们所分析的六种方法,新的方法也并没有由于 20 世纪 70 年代初认知主义的发展而停止出现。每一种方法都有其新的真知灼见,因此,语法翻译理论和认知理论都认为,语言是一个有序的规则系统,学习者至少在一定程度上,能够通过一定的学习方法有意识地获得。语法翻译法和听说法两者都以不同的方式,从第一语言对语言学习重要性角度对迁移、干扰现象进行了处理。听说法通过对比语言分析,曾大胆(虽然不是非常成功)地尝试系统地将重点放在第一、第二语言之间的差异上,以此为手段来克服语言干扰。直接法和听说法都已认识到了对学习者而言沉浸于第二语言的重要性,前者以摒弃翻译为手段,后者则以坚持强化练习和习惯化为方式。阅读法和听说法提供了将不同的语言技能分离出来的经验，前者是读，后者是说，从而跟其他方法所推行的整体方式形成鲜明的对照。所有的方法都重视系统练习的必要性。但是，语法翻译法和认知理论将语言作为一种认知学习问题来教授，而听说法和视听法则倡导一种相对不需要多做思考的操练和训练方式（明示—内隐选择）。对学习者至关重要的第二语言的意义问题，语法翻译法通过简单的翻译手段就克服了。在这些较新的方法中，直接法的倡导者已经意识到了意义问题，建议采用几种技巧加以解决，如示范、教具、用第二语言进行解释或者提供语境，但是只有视听法一直在关注意义，坚持提供系统的视觉支持。

以上所考察的所有方法，都具有分析特征。也就是说，这些方法都没有作为一种有意识的教学策略来探索应用非分析的参与或者体验式学习方式的可能性。这些方法都强调"语码"的学习，而非通过参与交际活动的手段来学习语言，以此来解决语码—交际的两难问题。近年来，这种意义上的交际策略产生了，但是几乎没有达到所谓教学"方法"的固化程度。然而，交际理论对目前流行的关于语言教学策略的思想和实践产生了非常深刻的影响，假如不能在教学所有层面上为非分析性的交际成分留有余地的话，这样的语言教学现今已经几乎无法想象了。

我们这里介绍的各种教学方法有两个共同的主要弱点。其一是它们是相对固化的语言教学信念的组合，其二是过分强调某个单一方面，以此为语言的教与学的核心问题。这一特征具有历史意义，而且有其新颖的灼见，但是最终以此为基础建立起来的语言教学理论是不够完备的。进一步讲，关于学习者与学习方式，所有的方法都有自己往往是非常缜密、详尽的假设。从原理上讲，这些假设虽合情合理，但是，没有经过语言学习现实批评性的系统检验。

因此，教学方法就是语言教学的理论，这些理论部分来自于实际经验、直觉和创造性，部分来自于社会、政治与教育的需要，还有部分来自于理论思考。但是，这些理论都没有作为语言的教与学的理论系统地陈述出来，而且，除了最近为数不多的几个例外，也没有得到实证证据的验证。正是由于方法这个概念的根本弱点，人们越来越普遍地坚信，语言教学不能单纯用教学方法进行理论化。

第二节　语言学与语言习得

语言表征我们所认识的这个世界,并植根于我们的知觉经验之中。语言被用于人与人之间、心智体验(embodied mind)之间信息的组织、加工与传递。学习语言就像我们学习世界的其他事物一样,包含着从运用中确立结构,涉及认知的方方面面:记忆话语和情节,对经验进行分类,确定刺激之间的模式,从样例中概括生成图式和原型,在思维过程中运用认知模型、隐喻、类比以及意象。语言的运用使得听者的注意力聚焦于这个世界,能够将知觉这个舞台中的不同元素作为前景凸现出来,从而将关于同一场景的许多不同故事与视角潜在地联系起来。被注意到的事物才会被学习,因此,注意力制约着语言自身的习得。话语中语言的功能决定着语言运用和语言学习。语言中认知、意识、经验、具象、智力、自我、人际交互、社会、文化以及历史皆以丰富、复杂而动态的方式不可分割地交织在一起。

一、语言习得研究

(一)第一语言习得

语言学家提出了很多假说来解释第一语言习得,其中比较著名的是行为主义论和先天主义论。

1. 行为主义论(Behaviourist view)

行为主义论认为语言的习得像人的其他行为一样是通过刺激—反应过程进行模仿,形成习惯。具体而言,就是学习者不断模仿、操练正确的语言形式直至形成习惯。我们常用的句型练习就是受到这种模式的影响而提出的。

2. 先天主义论(Innatist view)

以乔姆斯基为代表的一些语言学家认为人生来大脑里就有一套机制,叫语言习得机制(Language Acquisition Device),只需进行适量的语言输入,就可以激活该机制,掌握某种语言的"深层结构"(deep structure)。

3. 关键期假说(Critical Period Hypothesis)

很多语言学家认为年龄对语言习得是个重要因素,儿童长大后就开始丧失习得语言的能力。有些语言学家认为语言习得的关键期到青春期就结束了，如果儿童在青春期之前没有学习语言，那么就再也不能正常使用语言，这就是关键期假说。该假说在二语习得中也有，一般也是认为过了青春期后二语习得会变得困难，基本达不到母语者水平。

（二）第二语言习得

第二语言习得（Second language acquisition）研究在习得母语之后继续学习另一门语言的过程。常简称为二语习得。二语习得的研究无论在理论和实践上都受到第一语言习得研究的很大影响。

1. 中介语（Inter language）

二语学习者在学习过程中会发展出一个独立于母语和第二语言的语言体系，自己有一套前后一致的规则，这种学习者语言就叫中介语，是处于母语和目标语之间的中间状态。

2. 对比分析（Contrastive analysis）

对比分析是20世纪中期流行的二语习得研究方法，认为二语习得过程中，母语会起到正迁移或负迁移的作用，而二语习得的主要障碍就是母语与第二语言的差异，差异越大越容易产生错误，而相似之处会产生正迁移。有些语言学家认为通过科学对比分析，找出两种语言的主要差异，就可以帮助学习者克服差异。

3. 错误分析（Error analysis）

20世纪70年代，二语习得研究又出现了一种新的研究方法——错误分析。该学说认为二语习得中的大部分错误无法通过对比分析来预测，许多错误是学习者对目标语的规律做错误推导而致，因此错误分析主要对比学习者的中介语与目标语的差异，找出避免错误的方法。

错误分析区分了错误和失误（mistake）。错误是学习者语言能力不足而造成，出现规律，学习者无法进行自我纠正。而失误是学习者有能力避免但因为粗心等原因造成，学习者能自我纠正失误。

错误的类型主要有：

添加（additions）：句中出现不必要的成分。如 Does he can dance？

省略（omissions）：句中缺少必不可少的成分。如 I happy.

顺序错误（misorderings）：句中成分位置错误。如 I to the cinema came.

4. 输入假说(Input hypothesis)

20世纪70年代,Stephen Krashen提出了一种二语习得理论,即"输入假说"。他首先区分了"习得"(acquisition)和"学习"(learning),"习得"是学习语言的潜意识过程,就像儿童不知不觉学会母语的过程;"学习"是有意识的过程,注意语言形式和规律。Krashen认为流利使用第二语言的能力来自"习得",而不是"学习"。因此二语学习者应该通过大量习得活动来习得二语,而不是记忆语言的形式规则。语言输入材料应该略高于学习者能够理解的水平。而且情感因素在习得过程中也有作用,学习者在自信轻松的情况下才会取得最好的效果。

(三)第一与第二语言习得与学习的差异

(1)第一语言习得从幼儿时期即已开始,儿童、少年时代是第一语言习得最重要的阶段。第二语言习得与学习可在任何时期开始,在第一语言环境中学习第二语言的人(如中国人、日本人学习英语等)大部分从青少年时代或更晚些时候才开始。因而,在这两种语言习得的起始阶段,人的生理和心理状况、智力水平和阅历都不一样。同样地,两者习得与学习的效果也大不相同:除了极少数残疾人外,凡人类一般都能学会第一语言;可是在学习第二语言时,有些人能达到近似第一语言的水平,另一些人则学习效果始终不理想。由此可见,学习第二语言的动机、策略和方法的差异可能会导致截然不同的结果。

(2)第一语言习得是在自然的语言环境中进行的,习得的过程始终离不开交际的目的。在与同龄人或长者的交流中,习得者觉得很自然,不时受到鼓励。但是,一般说来,第二语言学习是在课堂里教师的指导下进行的。在这样的环境中自然语言很少,学习者又经常被指出各种错误,心理压力比较大。

(3)第一语言习得与学习的途径是多种多样的。就交际对象而言,在家有父母兄弟姐妹,在学校有老师同学,不同的社交场合中会遇到社会上各类人群。此外,电视、电影、报刊等媒体还随时随地提供生动的语言环境。然而,学习第二语言的途径较少,除了课堂外,大部分时间是自学。在看电视或听录音时,那些语速快、词汇量大、成语多的语言素材常使第二语言学习者却步。由于第二语言习得与学习具有上述特点,不少研究者认为,第二语言习得与学习的本质、过程及结果都比第一语言习得更为复杂。

二、二语习得的分析

（一）语言学习能力

语言学习能力这一概念源自于日常经验,有些语言学习者似乎具有其他人没有的"语言天赋",这对语言教学的计划显然有启示。语言应该教授给所有的人,还是只教授给有足够语言学习能力的人？ 具有不同学习能力的学生是否应该被"分流"？语言学习能力能够训练出来吗？教学是否能适应不同的学习能力？

作为很多涉及语言学习能力的学习活动之一,第二语言学习与母语学习活动、"特殊语言"、语码(编码)以及数学与其他学科领域符号系统的习得之间有很多共通之处。因此,那些在一般性正规学校教育尤其是在语言材料的学习中起作用的心理素质,可能也对第二语言学习有影响。人们预期,第一语言的语言智力、语言推理、词汇知识或语言流利度测验的测量结果,与第二语言成就的测量结果呈正相关。这一点已经为一系列研究所验证(例如,Vernon,1960:179;Genesee,1976)。因此,本族语的智力测验和成就测试成绩可以预测第二语言学习能力。但是它们之间的对应与匹配并不完美。智力测验在某些方面对第二语言学习能力的预测能力较差,因为智力测验中包含一些同第二语言学习不相干的因素,同时也缺乏第二语言中必不可少的因素。

教育心理学在对音乐能力、操作能力、教学能力进行研究的过程中,所采纳的是常识中超越学术能力或者推理能力(智商,IQ)的特殊才能或者天分的概念。从一方面来看,外语或第二语言学习能力这一概念不过是平常人所谓语言天赋的提炼而已。而从另一方面来看,这是对特殊能力这个心理概念的应用。这种能力已经借助于自20世纪20年代以来就在教育心理学和工业心理学中广泛应用的测量技术得到描述和评估。尽管近几十年来取得了很大的进展,但是语言学习能力的分离仍然是个难题,迄今没有得到解决(Carroll,1981;Wesche,1981a)。

第二语言学习能力的定义和测量,取决于潜在的语言教学理论以及对学习者的特征与语言学习过程的阐释。因此,早在1930年开发出来语言学习能力测试,西莫兹外语预测测试,突出强调处理语法概念的能力和翻译能力,它是当时语言教学理论的反映。最近的一些语言学习能力测试,如卡罗尔和萨彭的现代语言学习能力测试(Modem Language Aptitude Test,MLAT)及其小学现代语言学习能力测试(Elementary Modem Language Test,EMLAT)(Carroll and Sapon,1967)以及平斯柳(Pimsleur,1966)的平斯柳

第三章　语言学与语言教学研究

语言学习能力测试（Language Aptitude Battery，PLAB），不仅代表着一种测试构建的先进方式，而且反映了20世纪50年代和60年代听说教学理论的原则。上述各种语言能力测试主要测量语音听辨、语音–符号联系能力、句子结构敏感性、归纳语言学习能力等——所有这一切都是听说教学理论的特点。

同智力测验等心理测验手段一样，语言学习能力测试已经作为"预测"和"诊断"的实际工具开发了出来，其意图是在进行语言培训之前对学习者进行分班（组）。测试的价值在于能尽可能精准地做出预测。测试结果可被谨慎地应用于对学生进行分类，编入同质的班（组），其背后的假设是这些班（组）是按照测试的内在原则来教授的。测试结果还可用于从一般学生当中挑选出较有前途的学生。测试结果的第三项用途是对学习者学习困难做出诊断，找出其优势与弱点。此类测试的确是以上述各种方式——包括在语言教学研究中——在教学中得到运用的（例如，Carroll，1975a，1981；Wesche，1981a）。

除了其判断价值，这种测试也有助于人们对作为一种学习者变量的语言学习能力本质的理解。这恰恰是引起我们兴趣的一个方面。测试的开发者并未声言语言学习能力是天生的，然而，不管通过何种方式获得，语言学习能力大都被当作一组相对稳定而且应该被认为是司空见惯的学习者特点——亦即被看作是应予以考虑的学习者因素。有效的语言学习能力特点是否可以通过特殊的训练，甚至单纯通过语言接触来获得，至今尚无定论，一旦是这些在某种程度上可能得到完善。

目前流行的语言学习能力观的另一个方面是，语言学习能力并不是一个人要么有要么没有的东西（我擅长语言，我不擅长语言）。语言能力测试所反映出来的观点是，语言学习能力并非一个单一的存在，而是在第二语言学习中起作用的不同特点的综合。这种观点与认为语言水平是综合体、语言学习并非"铁板一块"的理论，是一脉相承的。语言学习能力是由学习者在不同程度上所具备的几种因素组成的。备受争议的问题有：①第二语言学习能力测试的主要组成部分能否将这一综合体的组成部分识别出来；②组成部分是否可以穷尽。

两个主要的第二语言学习能力测试，即现代语言学习能力测试/小学现代语言学习能力测试（MLAT/EMLAT）和平斯柳语言学习能力测试（PLAB）的各种组成部分，以列表的形式做出了总结（图3-1）。

能力测试			
MLAT/EMLAT		PLAB	
测试任务描述	测试名称	测试名称	测试任务描述
学习人造语言中的数字词	数字学习	语音辨别	学习语音区别并在不同语境下加以识别
听音与学习语音符号	音标	语音—符号联系	把语音与书面符号联系起来
辨别按读音拼写的英语单词、辨认同义词	拼写线索	押韵	尽可能多地列出押韵的单词
	辨别、记忆、解释以及产出其他语言语音材料的能力。听觉灵敏度。将语音与书面形式相联系的能力		
识别句子中词与短语的句法功能	句子中的词	语言分析	借助于翻译判断未知语言的意义与规则
	注意语言的形态、句法、语义特征的能力，把各种语言形式相互联系的能力，从语言材料中发现型式、规律、规则的能力；语言（语法—语义）敏感度与归纳学习的能力		
学习和回忆人造语言中的词	数字学习 匹配联想		
	记忆能力：记忆与回忆新语言词汇的能力。机械记忆。仅限于MLAT/EMLAT，PLAB中无此项能力		
		词汇	识别不同词汇的意义
	词汇知识，即一语中的词汇能力，只通过PLAB测试		
		学术领域的平均级点 外语学习的兴趣	测试员收集的信息 简短的调查问卷
	PLAB含有一般学业成绩与动机成分，但MLAT/EMLAT并不把它看作是学习能力概念的一部分		

图 3-1　语言学习能力的构成

两项测试虽然有一些共同的特征，但在其他方面是有区别的。现代语言学习能力测试/小学现代语言学习能力测试仅仅限定于编制者卡罗尔和萨彭所认为的第二语言学习能力中的几个重要的特点。由平斯柳编制的语言学习能力测试试图提供一组便捷的测试指标。这些指标即便不是语言学习能力的成分,严格说来,并非"纯粹"第二语言学习能力指标的组合,但是可以有效地应用于语言学习的诊断。因此,平斯柳语言学习能力测试中包含:(1)对第二语言兴趣的评估,此乃动机的组成要素;(2)对第一语言词汇的评估;(3)对一般学校成绩的评估。如果我们接受情感状态能够为认知技能的操作提供必要的动力(Schumann,1976)这种观点的话,那么在语言学习能力的测试中,对兴趣或情感因素进行测评,也就合乎情理了。第一语言词汇知识和一般学术能力,虽然并非专门针对语言学习,但是对课堂第二语言学习却很有帮助。

(二)语言习得与学习的模式

1. 文化适应模式(The Acculturation Model)

20世纪70年代,舒曼等人提出了第二语言习得与学习的文化适应模式(以社会学和心理学为理论基础)。指导思想是,第二语言习得与学习的成败取决于习得者的动机,即他的交际需要和文化适应程度。对所学语言国家的文化持积极态度并愿意长期与它融成一体的习得者一般都能取得良好的效果。反之,那些政治上、经济上、文化上远离第二语言文化、并且不愿与之交融的习得者,即使有很好的学习条件也很难提高第二语言的水平。这一模式对第二语言习得研究的影响较大,舒曼对第二语言习得的某些概念所下的定义已为学术界广泛采用。如"融合型动机(integrative motivation)",指持有主动与所学语言国家的文化融合的动机;"工具型动机(instnumental motivation)",指不愿与所学语言国家的文化融合、而将该语言局限为工具的动机。这些概念已在应用语言学界广泛使用。

2. 监控模式(The Monitor Model)

20世纪80年代初克拉申(S. Krashen)提出的第二语言习得监控模式,是迄今应用语言学领域最引人瞩目的第二语言习得模式。该模式由五个互相关联的假设组成:(1)习得—学习假设(Acquisition- Learning Hypothesis)指出,成年人通过无意识习得与有意识学习两种方式获得第二语言能力。前一种方式类似儿童习得第一语言,后一种方式集中体现在教师指导下课堂内的外语学习。(2)监控假设(Monitor Hypothesis)认为,在交际场合,第二语言习得者使用的自然语言由无意识习得的知识启动,但受到有意识学习所获得的语音、词汇和语法知识的监控。语言习得关系到使用自然语言的流利程度,而有意识学习到的语言知识提高了语言的准确性。(3)自然顺序假设(Natural Order Hypothesis)指出,语言习得是一个遵循特有顺序的过程。例如,英语作为第二语言习得者在习得英语的否定式与疑问句时几乎都有一定的顺序。(4)输入假设(Input Hypothesis)强调,只有当习得者理解语言输入时,语言习得才能遵循自然顺序发展。所谓"理解",是指语言内容必须有意义,语言难度必须比习得者已掌握的顺序高一个阶段,这样习得者就能一步步习得语言。(5)情感过滤假设(Affective Filter Hypothesis)指出,为了习得第二语言,习得者必须在情感上对第二语言开放。所谓情感,是指动机、态度、个性等社会和心理因素。换言之,习得与学习第二语言受到社会和心理因素的制约。克拉申的监控模式由于实验数据多,且十分系统,在对语言习得与教学理论的影响很大。然而,随着这一领域研究的深入,对监控模式的质疑也逐渐增多。其中主要的批评是,监控模式提出的很多问题,诸如无意识习得、有意识学习、有意义的语言输入、可理解的语言输入、情感过滤等都是理论上的概念,无法根据确切的描述给出明确的定义,更无法实际测量,这一模式的研究也就无法进一步深入下去。

3. 普遍语法模式(The Universal Granmar Model)

普遍语法规律是生成语法学派在第二语言习得领域一贯坚持的基本观点。近年来,普遍语法规律在原有基础上发展了一种称之为"原则与参数"的新理论。所谓"原则",即"主语+谓语"的句子基本结构。在这一大原则下,各种语言有不同的小结构,例如很多语言有不同的动词变化与用法,称之为"参数",它体现在周围环境(包括语言输入)给予语言习得者各种选择的可能性中。第二语言习得者先天具有的语言机制仍是主要的,周围环境所提供的选择只是一种可能性,语言习得者能表达他们从未听到或看到的语言。

由于这一论点仍然否定社会环境和语言输入在语言习得中的重要作用而受到心理学、心理语言学和社会语言学者的质疑。他们的批评大多建立在近年来实验成果的基础上,说服力甚强。相比之下,这一理论黯然失色,远没有生成转换语法产生时那样的影响力。

4. 竞争模式(The Competition Model)

贝兹与麦克惠尼于1981年首先提出了第二语言习得的竞争模式。后经不断修改,直到20世纪90年代末才逐渐完善。该模式以认知学派和心理语言学的观点为理论基础,核心部分是有关"语言转移(Language transfer)"的理论。

近些年来,认知学派从实验中发现,在第二语言习得中存在着第一语言转移到第二语言的现象。这种转移不仅表现在语言结构上,而且反映在语言功能上。

第三章 语言学与语言教学研究

根据竞争模式,第二语言习得者是在可能被采用的语言项目(称之为线索)中作出选择,而这种选择往往体现了语言的转移。例如意大利人学英语时常会以意大利语的功能和语义为基础组织句子等,因而必须有意识地学习第二语言的社会功能与结构。竞争模式是近年来强调语言功能的语言习得模式。它与行为主义学派使用的语言转移有根本的不同。无论从广度或深度来看,竞争模式与行为主义的语言转移论都是不能相提并论的。当然,语言结构与功能的转移是一个很复杂的过程。究竟这种转移具有何种普遍规律,现在仍知之甚少。竞争模式仅提出了一个框架,一些细节还有待进一步的实验与研究来揭示。

(三)语言学习的策略与风格

1. 语言学习的策略

从广义上说,"第二语言学习策略"指学生为了习得、储存和随时引用语言信息而有意识和有目的地采用的具体行动和技巧。20世纪80年代末90年代初,美国阿拉巴马大学语言学家奥克斯福特发表了多篇论文,系统提出了语言学习策略应涵盖的内容:

(1)认知策略(cognitive sratege)。指使用各种规则理性地分析、综合、推断、组织与转换语言的策略,包括有意识、有计划地利用信息资源(如书籍、词典、教材等),将关键词汇及图表数字等进行笔录,在自然语言环境与课堂教学中自觉地吸收与使用语言结构和通过归纳和演绎联系新旧知识并陈述自己观点等策略。

(2)记忆策略(memory strategies)。采用科学方法,将通过视觉与听觉等手段获取的信息在大脑中储存、分类并随时取出。

(3)补偿策略(compensation strategies)。指对学习者的知识缺陷进行补偿。如对语言素材的上下文进行有意义的猜测与推断,利用体态语言协助表达意义等。

(4)超认知策略(metacogitive strategies)。为了学好语言,除认知策略外,还需具备自觉学习语言的意识。如集中注意力,制定学习计划,有意识地寻找语言实践的机会,尽量运用已有知识表达思想,监控学习中的错误和不断对学习成效进行自我评估,以发扬成绩,克服缺点等。

(5)情感策略(fectve strtegies)。经常自我鼓励,提高自信心。不满足于已取得的成绩,遇到困难时能主动克服焦虑、自卑与情绪低落等弱点。

(6)社交策略(social strategies)。主动与他人进行交流。有意识地学习、了解和运用有关语言的社会和文化知识,多提问,与小组及班级同学合作,互相帮助和主动参与各项活动等。

奥克斯福特认为,这些策略不仅分别构成了第二语言学习策略,而且互相影响,互相作用。她的意见得到语言学界广泛的认同。学习策略对语言学习成效有极为重要的影响,有时甚至是决定性的影响。已有多项调查的结果说明,学习成绩好的学生往往在学习策略方面有共同的规律,即他们一般都能有意识地采取适合自己的策略有效地学习。而学习成效不理想的学生也常有一个共同的特点,即他们或没有意识到学习语言应有一定的策略,因而在遇到困难时不能自我调节;或采用了不适合自己的策略而导致事倍功半。因此,20世纪90年代有关第二语言学习模式的研究包含了对学习策略的分析,将学习策略提高到影响第二语言学习成败的重要地位。

2. 第二语言学习的风格

第二语言学习风格具有与其他学科学习风格相同的共性,这主要反映在不少学生有以下两种互相对立的风格:一是注重个别现象(field independence)的分析型(analytic)与注重各种现象之间联系(field dependence)的整体型(obal)。前者有时见木不见林,后者则不善于注意事物的细节。二是有些人是深思熟虑、喜爱猜测与推断的思考型(reflective),而另一些人则是快速反应与冒险的冲动型(impulsive)。前者对问题的看法往往比较全面与深刻,后者则常以对问题反应迅速而取胜。

20世纪70年代中期以后,对学习风格的探讨又发展到注意学习者外部的特点,将它们分成四种基本的学习方式,学习者习惯于分别通过以下4种渠道进行学习:视觉型(visual learning),如阅读和看图表等;听觉型(auditory learning),如听录音、听人讲解等;经验型(kinesthetic learning-experiential learning),如亲身经历等;制作型(tactile learning-hands-on learning),如制作模型,进行实验等。

上述对认知风格的探讨也适用于第二语言学习风格的分析。随着研究的深入,对第二语言学习风格的分类逐渐具有自身的特点。目前已探讨了下列4种第二语言学习的风格:①外向型(extrovert)与内向型(introvert)。前者思想感情外露,喜爱发问,语言表达迅速,善于交际及与人合作;反之,后者喜爱独自思考,不轻易流露内心的感受与想法。②冒险型(venturesome)与腼腆型(shy)。冒险型的学生喜爱猜测并很快下结论。他们急于学习新的难度大的语言材料。在语言练习中不怕犯错误。而腼腆型的学生则按部就班地消化语言知识。他们顾虑较多,因而羞于提问。回答问题时追求完美,对迅速接触大量的语言材料感到不适应。③主导型(dominant)与无主见型(not asrtive)。前者爱征服语言难点,在集体活动中发言多,意见强烈,不轻易放弃自己的观点。后者发表意见时吞吞吐吐,对自己的观点信心不足,常改变自己的看法。能积极参与集体活动,但希望有人出面领导与组织。④社交型(socializing)与自我型(egocentric)。社交型的学生广交朋友,主动寻找机会与人交流。积极倡议与参加集体活动,并能与不同性格的人相处。自我型的学生相信自己的学习方法与语言知识,喜爱独自完成工作与学习任务。

总的来说,一般语言研究者都认为,外向型、冒险型、主导型与社交型的学生学习第二语言成效较高,而内向型、腼腆型、无主见型和自我型的学生则不易学好第二语言。但是对于后者决不能歧视,而应采取正确的方法进行引导,发扬他们的长处,克服弱点。

(四)语言习得研究的跨学科特点

从语言习得研究与语言学密切相关,但在学科的划分上,它并不属于语言学;同样,它与心理学和心理语言学也密切相关,但它既不属于心理学也不属于心理语言学。但是,第二语言习得研究与这些学科在研究对象上具有某些共性,这些学科在某些研究领域互相关联,体现了第二语言习得研究的跨学科特点。为了明了起见,我们将第二语言习得研究和语言学、心理学以及心理语言学三者之间的交叉关系图解如下:

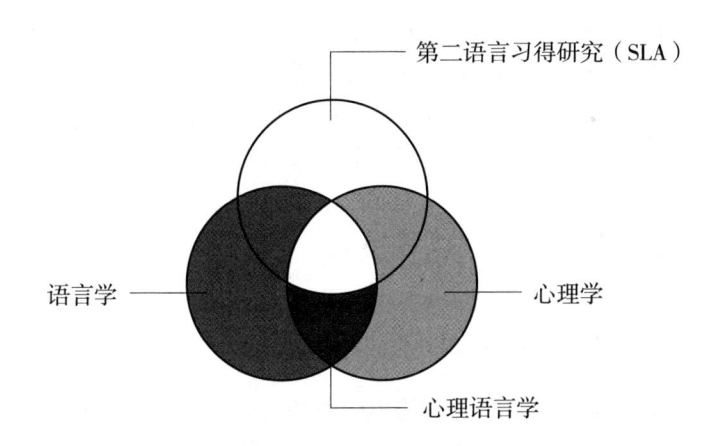

图 3-2 语言习得与语言学、心理学与心理语言学的关系

从图 3-2 可以看出,语言学与心理学的交叉构成了心理语言学。正如 Carroll(1994)指出的那样,"心理语言学基本上是心理学和语言学两个学科的结合"。图 3-2 中未重合部分是语言学和心理学各学科自身特点的体

现。另外,第二语言习得研究与语言学、心理学和心理语言学的交叉和重合构成了三重关系:与语言学的交叉反映了第二语言习得研究的语言学视角(linguistic perspective),如从普遍语法的角度研究语言习得;与心理学的交叉反映了第二语言习得研究的认知视角(cognitive perspective),如基于信息加工理论第二语言学习者习得研究;与心理语言学的交叉,实际上是上述四个研究领域的重合。这些学科共同关心的领域远远小于各自研究的范围。这一方面反映了上述学科在研究对象和研究范围上的共性,另一方面反映了彼此间的差异。

近些年来,汉语习得研究和世界范围内的第二语言习得研究一样,随着学科的发展以及相关学科理论的影响,形成了不同的理论视角,其跨学科特点也越来越明显。

第三节　语言学与语言教学大纲设计

语言教学大纲即为语言课程内容的体现,包括对语言的选择、分级和排序,并将这些内容根据时间表分配到可操作的各个单元中。选择课程内容可以说是课程设计中最重要的环节。课程内容反映出课程设计者对于语言的本质、语言学习的规律和语言的应用等重要问题的认识,同时课程内容也是基于学科知识、教育理念和学生的需求而决定的。除了选择课程内容,还要对课程内容进行安排,也就是排序。通常排序的标准包括从简单到复杂、从低级到高级、从讲解到实践、从课堂到课外等。

一、语言教学大纲的内容和特点

(一)语言教学大纲的内容

基于专家们对语言教学大纲的不同看法,Nunan(1988)总结出两种观点:狭义的教学大纲和广义的教学大纲。狭义的教学大纲把课程内容和教学方法分开考虑,即教学大纲主要关注教学内容的选择和排序;而教学方法关注的是教学活动和任务的选择。广义的教学大纲则认为教学内容和教学方法不能分开设计,特别是随着交际教学法的广泛运用,两者是结合在一起的(图3-3)。

第三章 语言学与语言教学研究

广义的语言教学大纲

教学大纲 → 教学内容

教学方法 → 课堂活动

狭义的语言教学大纲

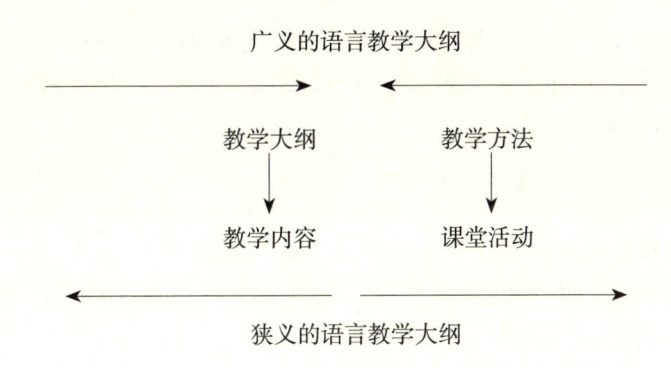

图 3-3　狭义的语言教学大纲与广义的语言教学大纲

狭义和广义的教学大纲这两种不同观点的代表思想分别体现为：第一，教学内容及其组织结构与教学方法的设计、实施和评价两者应该区分开来。前者关注教什么内容；后者关注如何教这些内容。第二，任何教学大纲都反映了设计者的语言观及其对语言学习的心理过程和课堂中教学过程和教学方法的关注。我们看到，狭义的观点认为，教学内容和教学方法是两个不同的方面，有各自应该考虑的因素，教学大纲应该分开设计这两个环节；而广义的观点认为，教学内容和教学方法是不可分割的两个方面，设计内容的同时就需要设计教授内容的方法，所以，设计教学大纲自然是将两者合并起来考虑。

现在我们设计教学大纲普遍采用广义的观点，因为交际教学法和任务教学法是外语教学的主流教学法。此类教学法的重点在教学过程上，它需要与教学内容密切关联和统一协调。

关于教学大纲的内容，Van EK（1975）罗列了语言教学大纲应该包含的 8 个内容：

（1）使用外语的情景，包括讨论的话题。
（2）学生需要参与的语言活动。
（3）学生需要实现的语言功能。
（4）针对每个话题，学生能够开展的活动。
（5）学生需要掌握的一般意念。
（6）与话题相关的具体意念。
（7）学生将来有用的语言形式。
（8）学生需要拥有的语言技能（引自 Nunan，1988：7）。

以上 8 个教学大纲内容实际上是各类教学大纲的一个综合反映。它包括了情景、话题、语言活动、功能、意念、语法结构和技能等多个方面。在教学大纲设计方面,有情景教学大纲、主题教学大纲、任务教学大纲、功能教学大纲、意念教学大纲、语法结构教学大纲和技能教学大纲等,而且这些都是常用的教学大纲。

(二)语言教学大纲的特点

通常,教学大纲具有以下特点(Ur,1996:176–177):

(1)是一个综合性的清单,包括:①内容项目,如结构、词汇、主题;②过程项目,如语言任务、教学方法。

(2)内容是按顺序排列的,如先易后难、重点优先。内容排序可以是严格的,也可以是灵活的;可以是具体的,也可以是笼统的。

(3)具有明确的教学目标,它们通常是对教材的介绍部分加以说明。

(4)是公文。不仅实施者——教师能够查阅使用,而且,消费者——学生、家长和用人单位,以及有关权威部门的代表、感兴趣的各方,如研究人员、教师培训者、教材编写者等都能够审阅。

(5)有的教学大纲会界定时间,如某项内容需要在第一个月完成,或第二个月完成、学期结束时要完成多少内容等。

(6)明确提出有意向的教学方法,即使是以内容为中心的教材,教学大纲也会对教学方法有一些提示。

(7)一般会推荐教材,如课本、视觉材料或补充材料。

教学大纲包含的特点还体现在对教学过程的各个方面所起的作用。第一,教学大纲的内容是教师设计试卷和命题的重要依据,是检验学生学习结果的参照材料。第二,教学大纲的内容决定了教学的顺序和过程。第三,教学大纲的内容反映了教学方法的选择。第四,教学大纲的内容对课堂活动和上课的时间提出了要求。第五,教学大纲的内容反映了学生的学习规律和认知水平。

Ur(1996)认为,教学大纲实际上是一个目录,包含了一门课程需要教授的具体内容。教学大纲通常由教学目标、教学内容、教学方法、课程评价、参考/阅读书目几个部分组成。

二、语言教学大纲设计

一般来说,常见的语言教学大纲有语法/结构教学大纲、情景教学大纲、功能—意念教学大纲、任务型教学大纲、内容教学大纲这几种。下面逐一进行分析和论述。

（一）语法/结构教学大纲

语法/结构教学大纲的理论基础包括结构主义语言学、行为主义心理学等。

结构主义语言学不注重语言的意义,只对语言形式进行描写,从复杂的语言中分析和归纳出有限的句型结构。结构主义语言学认为替换、扩展和掌握有限的句型结构就能培养学习者掌握外语的能力。

行为主义心理学认为,语言是人类行为的一种特殊形式,它受环境制约,是不断对刺激做出反应而形成的习惯。行为主义学习理论的核心内容是,学习是刺激反应,正如鹦鹉学舌,多听多模仿方可学会语言。所以,外部环境对语言学习具有重要影响。学习就是形成习惯,反复练习句型直到滚瓜烂熟,信手拈来。

1. 语法/结构教学大纲的优势

（1）它比较适合外语初学者学习和掌握一门外语的基本结构框架及其规则。

（2）对于英语作为外语国家的成年人而言,学习语法有助于掌握一门外语。

（3）循序渐进地学习语法和结构是科学合理的,符合学习的一般规律。

（4）习语法和结构是掌握一门外语的途径之一。语法能力是交际能力的基础。

英语语言教学专家对语法/结构教学大纲的优势也有所阐述。Widdowson（1978）指出,"如果教师希望保持一种比较折中的语言学观点,那么就不应该忽视传统语法具有许多作用这一事实。传统的教科书所提供的系列语法规则及其解释对人们学习语言起到了作用,并使大家终生受益。"作为传统的教学大纲,语法/结构教学大纲在传授语言知识方面仍然占据主要的地位。

2. 语法/结构教学大纲存在的缺陷

（1）学习语法和结构只能反映语言水平的一个方面,不能反映综合语言能力。

（2）注重语言形式,不注重语言意义。

（3）只重视单个句子,而不够重视较长单位的话语、篇章。

（4）忽视了培养学习者的语言交流能力、语篇能力、社会语言能力等。

（5）这种学习方式只能展现局部性的语言熟练程度,不符合二语习得的自然顺序(根据 Richards,2008:153 摘译)。

3.对设计和使用语法/结构教学大纲的建议

(1)学习语法和结构不仅要注重语言形式,也要注重语言意义。
(2)学习语法和结构需要提供大量有语境的实例。
(3)学习语法需要经常总结和概括所学的知识。
(4)语法/结构教学大纲可根据某单元的主题、技能以及活动的需要与其他类型的教学大纲,如主题教学大纲、技能教学大纲和任务型教学大纲一同使用。

(二)情景教学大纲

情景教学大纲是根据生活或职场等不同的情景中所需要使用的语言而设计的教学大纲。它以各种情景作为主线,将这些情景中可能用到的语言和可能进行的交际介绍给学习者,供他们学习和操练,以期达到运用语言的能力。通常情景教学大纲就是一系列的语言交际情景,如在超市、在银行、在商店、在图书馆等。该教学大纲在 20 世纪 90 年代之前的语言教学中起着重要的作用,特别是较多地用于旅游英语的教材中。

1.情景教学大纲的特点

(1)根据不同情景选择与其相关的语法、词汇、句型结构和对话。
(2)语言学习的目的是在真实的情景中进行交流,使语言学习具有实际意义。
(3)多用于英语口语、听力教学以及专门用途英语教学中。

情景教学大纲的理论基础包括语言习得理论、建构主义学习理论等。

语言习得理论认为,人类在语言环境中通过大量接触自然的、可理解的语言材料才逐步习得语言的。语言不能脱离具体的环境而孤立存在。离开了具体的语言环境,语言习得也就不可能实现。

建构主义学习理论认为知识是由学习者自己构建的,学习就是一种自己主动建构知识的过程。学习者的知识是在一定的情境下,通过与他人之间的交流,建构意义而获得的。建构主义提倡情景教学,认为教学应该以解决学生在现实生活中可能遇到的问题作为目标,教学应该在与现实情景相类似的环境中发生。[1]

---

[1] 王家芝.英语课程设计[M].武汉:武汉大学出版社,2015.

2.情景教学大纲的优势

(1)将语言置身于具体的交际环境中。因此,语言教学的目标明确,实用性强。

(2)学习者能够较快掌握生存语言,为语言运用打下基础。

(3)语言教学的目的除了传授语言知识,更注重的是语言运用。这样,课堂教学就与现实生活中的语言实际运用结合起来了。

(4)在课堂上模拟现实生活中的语言交流,赋予语言以真实性的意义,有利于激发学习者的学习兴趣和学习动机。

虽然情景教学大纲具有其明显的优势,但是它在外语教学中的影响逐渐减弱。原因之一是情景教学大纲自身存在局限性,如模拟的情景与真实的情景中所使用的语言不定吻合;其二是新的教学大纲的出现为语言课程设计者提供了更多选择的可能。现在情景教学大纲独立出现的情况不多,更多的是与其他的教学大纲联合使用。

3.情景教学大纲存在的缺陷

(1)情景教学大纲列出的情景可能客观存在,但是与其相关联的语言内容多是建立在直觉的基础上。现实生活中所使用的语言其实是不可知的,我们无法准确地预测人们在某一特定情景中会说什么内容。

(2)情景的选择存在随意性,课堂上学习了情景对话不等于就能够直接套用到现实生活中去。其结果往往是学习了一本短语手册。

(3)在注重情景教学的同时不够重视语法知识的传授,导致学生语法知识的欠缺,以致影响其综合语言能力的发展。

4.对设计和使用情景教学大纲的建议

(1)将情景教学大纲与其他教学大纲,如语法教学大纲、功能—意念教学大纲、任务型教学大纲等一同使用,互相取长补短。

(2)将课堂上模拟现实生活的语言交流与现实生活中的语言交流相结合,为学生提供体验真实情景中语言交流的机会。

(三)功能—意念教学大纲

功能意念教学大纲,也就是常说的交际教学大纲,是根据语言使用的目的和功能以及语言用于表达的概念和意义来组织和安排语言教学内容的。功能,顾名思义就是我们使用语言的目的,即语言用来干什么、做什么,如我们需要使用语言道歉、同意、否认、建议、威胁等。意念就是使用语言来表达概念和意义,分为普通意念,如存在、质量、时间、空间等抽象概念和特定意念,如名称、地址、健康、教育等具体概念(阎美玲,1997:53)。该教学大纲关注的是语言的使用和交际能力的获得,目的是使学习者掌握在适当的场合,用合适的方式,对适合的人说合适的话的能力。

1. 功能意念教学大纲的特点

(1)以交际目的为依据,确定语言学习的交际功能和意念。
(2)强调语言是一个具体的交际体系,而不是抽象的规则体系。将语言的交际能力置于语言能力之上。
(3)语言学习的结果是掌握一系列现实生活中可能使用的交际。

功能意念教学大纲的理论基础包括功能语言学、社会语言学等。

功能语言学的主要观点是,语言是一个动态的、开放的系统,是社会成员交换信息的媒介。语言具有多种功能,是人们交流思想、表达感情、阐明立场、作出决定和判断、施展权利和影响的手段。Halliday(2004)认为,语言一般意义上的功能,如祝愿、庆祝、批评、表扬、安慰等是语言的具体运用。我们也可以把它们归纳成若干个抽象的功能。他从语言运用的角度提出语言具有三大元功能:概念功能、人际功能和语篇功能。语言学习需要掌握如何运用语言来实现这些功能。

社会语言学认为,语言与社会存在密切的关系。语言是社会交际的一个重要组成部分,是做事和交往的手段,是建立和保持人与人之间各种社会关系的媒介。Hymes(1977)提出了交际能力这一概念。交际能力的培养成为英语教学的目标。为了获得良好的交际能力,学习者除了掌握语言知识和技能之外,还应该具有得体地、有效地运用语言的能力。

2. 功能意念教学大纲的优势

(1)反映出比语法教学大纲更为全面的语言观,即语言学习不仅是掌握语法规则和句型结构,还需要具备语言交际能力。
(2)语言交际能力是学习的最终目的,比语言能力更重要。
(3)学习内容是真实的日常语言,具有真实的交际性。
(4)真实的交际能够激发学习者的语言学习动机。
(5)语言教学的实用性强。通过学习,学习者掌握一系列现实生活中有用的交际功能和意念,培养了其语言交际能力。

3. 功能意念教学大纲存在的缺陷

(1)缺乏选择和排列功能意念的具体标准,因此,教学大纲难以反映教学内容的难易程度以及重要性原则。

（2）对语言交际能力的理解趋于简单，忽略了语言交际的过程。

（3）未能将语言作为一个整体进行教学，而是把语言能力分解成独立的部分，教师逐个教授各种功能及其运用。

（4）在某种程度上忽略了语法和结构知识的学习，造成学习者语言交际能力和语言能力之间的差距（根据 Richards，2008：155-156 编译）。

4. 对设计和使用功能意念教学大纲的建议

（1）将功能意念教学大纲与语法教学大纲、任务型教学大纲等结合使用，以弥补学习者语言交际能力和语言能力之间的差距，以及弥补其只重结果，不重过程的缺陷。

（2）语言交际不仅局限于短小的对话和语言片段，还应重视较长篇幅的语言运用，以提高学习者的语篇交际能力。

（四）任务型教学大纲

任务型教学大纲是近年来语言教学发展的趋势，已经得到广泛应用。它根据一系列学习者需要用目标语完成的任务来组织和安排语言教学内容。这些任务是专门为二语或外语学习者设计的，是以任务为基本单元的教学大纲。任务是这样一种活动，旨在努力达到语言运用目标的过程中激发学生的认知能力和交际能力。任务型教学大纲分强势和弱势两类：前者——无论学生是初级、中级或高级水平，一学期从头到尾都不教语法知识和语言结构，只做任务。后者——课程初期学习语法知识和语言结构，后期多做任务。根据任务型教学大纲，任务型教学有三种模式：（1）Prabhu's Model：一节课（45 分钟）中半节课只有任务，没有语言教学；后半节课才是系统的教学，其中包括语言形式和任务。（2）Skeham's Model：平行结构，任务和语言各占一半，任务——语言，语言——任务。（3）Keith's Model：课程的每个单元都是从语法学习逐渐过渡到任务，语法——任务，语法——任务。任务在语法学习之后做。

1. 任务型教学大纲的特点

（1）语言学习是一个认知的过程：学习者积极思维，寻求解决问题的方法。学习的重点在于任务的圆满完成。

（2）语言学习是一个互动的过程。学习者积极参与真实的交际活动，不是机械的语言练习。

（3）完成任务的过程中有目标、有过程、有结果。

（4）强调语言运用。关注交流的内容和意义，而非语言形式。

任务型教学大纲的理论基础包括输入假说理论、输出假说理论、系统功能语言学、认知发展论和发现学习论等。

输入假说中 Krashen 认为，第二语言习得的必要条件是获得大量的、可理解的目的语输入。因此，为二语学习者提供足够数量和形式的语言输入就能够达到掌握语言的能力。更重要的是，掌握一门语言是在交际活动中使用该语言而产生的结果，而不是单纯的学习语言知识和训练语言技能的结果。

输出假说中 Swain 指出，成功的第二语言习得既需要大量可理解的目的语输入，又需要有可理解的目的语输出。Swain 认为，二语学习者通过语言输出能够注意到自己语言中存在的问题，于是有意识地分析语言形式和语法规则，继而再产生修正后的语言，提高语言输出的准确性。这个过程是二语学习过程中的一部分，具有促进语言知识内化的作用，所以，语言输出有利于二语习得。

Halliday 的系统功能语言学认为，语言学研究的重点不应该是语法规则或句法规则，而应该是语言的意义。系统功能语言学关注动态的语言使用，把语篇作为分析对象，重点是研究功能、语义和语境。

Piaget 的认知发展论认为，学习并非是个体获得越来越多外部信息的过程，而是学到越来越多认识事物、解决问题的方法的过程。学习是一个能动的过程，它需要认知主体的积极参与，学习的发生取决于个体与环境的交互作用。

Bruner 的发现学习论指的是学习者在学习过程中通过自己的探索和寻找来获得问题的答案这样一种学习方式。学习的主要内容必须由学生自我发现，而不是被给予的。在学习者能够内化学习内容以前，必须由他们自己去发现它。

2. 任务型教学大纲的优势

（1）通过做任务来教学，也称作"用目的语做事"，学习者在完成任务的同时也学到了语言，包括语法和语言结构。

（2）语言运用就是语言学习，将课堂语言学习与现实生活中的语言运用联系起来。在真实的交际中学会运用语言。

（3）强调语言学习的过程。学习者在做任务的过程中讨论、协商、决策、交换信息、交流思想，有利于提高交际能力、认知能力、语言能力和语言运用能力。

（4）为学习者提供大量的语言输入、语言理解和语言产出的机会。

（5）因为交际活动是有意义的，所以交际任务能够激发学习者的学习兴趣，并提高学习效率。

3. 任务型教学大纲存在的缺陷

（1）过多地使用交际任务有利于提高学习者的语言流畅性，但可能是以语言的准确性为代价。也就是说，专注于交际任务能够加强学习者的语言流畅性，但可能忽略语言的准确。

（2）任务的组织理应从易到难，但是任务的难易程度不容易把握，因为任务的难易程度不仅仅取决于任务中需要的语言，还受到学习者的知识水平、认知能力、外界条件等因素的影响（程晓堂、孙晓慧，2011）。

4. 对设计和使用任务型教学大纲的建议

（1）Prabhu 的任务型教学模式不适合中国学习者。该模式中任务的比重过大，语言教学甚少。所以，我们的语言教学中不宜使用此类型的任务型教学大纲。在英语作为外语的条件下，学习者缺乏语言知识是无法完成交际任务的，至少不能有效地完成任务。

（2）Skeham 的任务型教学模式对中国学习者有借鉴作用。教学中采用任务和语言平行使用的结构，即任务和语言各占一半，从任务到语言，或者从语言到任务。这一模式可以兼顾语言和任务，重视培养学生的语言能力和交际能力。但是，教师要处理好两者的平行关系有一定的难度。

（3）Keith 的任务型教学模式比较适合中国学习者。课程的每个单元都是从语法学习逐渐过渡到任务。我们可以按照这一模式设计语言教学大纲。这样，学习者具备了一定的语言基础之后再来运用语言进行交流，无论语言能力还是交际能力都能够得以提高。

（4）在设计任务型教学大纲时应该分析学习者的需求、能力和兴趣，还要考虑教学所在的社会文化环境。同时也要考虑各种可能影响任务完成的因素，以便比较正确地选择可行的任务，并比较准确地决定任务的难易程度。

（五）内容教学大纲

内容教学大纲是按照主题、专题、专业知识等内容组织和安排语言教学的。在设计内容教学大纲时主题内容是关键，不会刻意地、专门地讲授语言。那么内容教学与语言教学有何区别呢？

Richards（2008：157）是这样阐述的：所有的语言课程，无论基于哪种教学大纲，都包含内容。但是，对于其他教学大纲而言，内容是附带的，是为练习语言结构、功能或技能服务的工具。而内容教学大纲则相反,语言学习是附带的,是为内容服务的工具。这里的内容可以指关于社会生活主题的课文,如教育、家庭、就业、文化、体育等;也可以指学校课程大纲中某个学科的知识,如心理学、教育学、国际贸易、计算机技术等。

1. 内容教学大纲的特点

(1)学科专业知识与语言学习兼而有之。
(2)目标是提高学习者的专业水平和学术语言能力。
(3)真实的、学术性或专业性的学习材料对于学习者的认知和语言具有挑战。

内容教学大纲的理论基础包括输入假说、语言水平理论、认知学术语言学习理论等。

Krashen(1985)的输入假说认为,有意义的、可理解的输入在二语习得和专业知识学习中都起到关键的作用。内容方面的输入更有助于调动和利用学习者的背景知识。因此,它对于专业学习的理解很重要。学习者在理解语言的同时也能体会语言所表达的内容和意义。

Cummins(1979)的语言水平理论提出两种语言技能:认知学术语言水平和基本人际交往技能。前者指的是理解学术知识所需要的语言技能;后者指的是日常社交所需要的语言能力。Cummins的研究表明,达到认知学术语言水平比掌握基本人际交往技能需要更多的时间。因为借助于交际语境,基本人际交往技能的获得可以在短时间内实现;而认知学术语言水平的提高只能依靠学术环境,且具有认知和学术的难度。学术语言水平和学术内容知识两者的关系是,学术语言的学习因为内容知识而得以加强,学术语言水平又能够推动学术进步。

O'Malley & Chamot(1990)提出认知学术语言学习理论。该理论强调学习策略在知识内容和语言学习中的重要性。它对内容教学大纲的指导意义在于将知识内容、语言技能和学习策略三者相结合,其目的是将学习者打造成在知识和语言两方面都具有自主学习能力的人。

2. 内容教学大纲的优势

(1)通过使用语言促进学科专业知识的学习。
(2)教学使用的是真实的语言材料,在学习专业内容的同时学到了地道的语言。
(3)教学内容的选择根据学习者的需求分析而定,是基于对学术和专业知识方面的需求。

(4)内容使语言形式更具有意义,也使得语言技能教学根植于理解之中。

3. 内容教学大纲存在的缺陷

(1)在以内容为中心的条件下,语法、情景、功能等的选择与操练可能受到忽略。

(2)即使语言部分考虑在内,语言知识的排列顺序也难以达到合理的、循序渐进的标准,因为内容是主线,而不是语言。

4. 对设计和使用内容教学大纲的建议

(1)内容教学大纲中的内容与语法、功能和技能等语言学习元素之间的关系需要确立,以保证内容学习和语言学习的效率达到最大化。

(2)课程考试是基于内容还是语言这一问题也要考虑。教师应该根据课程的目标、课堂教学的实际情况以及学生的语言水平等作出具体的决定。

(3)前面提到的两种类型的内容,即社会生活的主题和某个学科的专业知识,需要我们在教学方法的处理上有所区别,因为前者属于常识性的内容;后者是专业性较强的内容。

以上分别探讨了几种常用的语言教学大纲及其特点、理论依据、各自的优势、缺陷,以及对各种教学大纲的设计和使用提出的建议。事实上,在现代语言教学中,教学大纲设计者很少单独使用一个大纲,一般是几个大纲结合使用。道理很简单,语言学习者学习的目的不尽相同,语言水平相差甚远,虽然每个大纲都有各自的侧重点,但是任何一个大纲都不能完全满足学习者的需要。因此,教师应该通过研究和实践,学会有选择地、灵活地应用上述教学大纲、以期设计出最适合于自己教学对象的语言教学大纲。

第四节　语言学与语言测试分析

在测试中有两种评估办法:外部评估和内部评估。

内部评估总是和测试联系在一起的。所谓测试,就是任何用来测定能力、知识,或实际运用的相序。在课程快要结束时,通过分析测试的结果,教师可以检在是否达到了预期的目标,在何种程度上达到了预期的目标,学习者希望掌握的东西已经掌握了多少,是否可以胜任某项特定的工作,或用来比较不同的教学方法。显然,语言测试的实践会促进测试理论的发展,这些理论涉及测试的原则、类型、要求以及其他诸多方面。

结构主义语言学与对比语言学,连同产生于心理测量学的一些原则,对语言测试也产生了影响。拉多(Lado,1961)具有开创性的研究首次提出,语言测试的内容应该以语言分析为基础;那个时期的语言测试体现了描写语言学的分析程序。

一、语言测试的发展阶段

语言测试的发展大致可以分为以下几个阶段。

(一)科学前阶段

语言测试起源于语言教学中对学生学业成绩的评定。早在20世纪以前,世界各地的语言教学中已采用了多种形式的课堂测验与考试。这一时期语言测试的一个特点是,命题、评分与测试组织工作都由任课教师担任。虽然广大教师积累了不少有益的经验,但那时语言测试处在教师自发组织的状态中。测试内容以机械记忆单词和课文居多,采用的大多是主观性试题,评价测试与评定学生成绩完全依靠教师的主观判断,而他们的判断常带有片面性。无论在测试内容、命题和评分方面,这一阶段的语言测试都缺乏科学性,因此被称为语言测试的科学前阶段。

(二)心理测量与结构主义语言学相结合阶段

20世纪以来,语言测试作为一门学科的测试,受到心理测验和教育测量学的影响;它作为语言领域的测试,又受到语言学与语言教学法诸流派的影响。20世纪60年代前主要是受到结构主义语言学的影响。正是在这双重影响下,语言测试才于20世纪60年代发展成为一门独立的学科。第一次世界大战后,心理测验中使用的测量理论与方法逐渐运用于教育部门与各级学校的课程测试中。心理测验和教育测量都是提倡各门学科测试的精确、客观、可靠和有效,反对传统测试中的主观随意性。与此同时,语言学领域内结构主义语言学逐渐取代了历史比较语言学的主导地位。结构主义语言学主张通过分析与对比语言的小单位达到认识语言整体结构的目的。这一观点反映在语言测试上,就是分别测试语音、词汇、语法等语言知识和听、说、读、写等语言技能,从而评定总体的语言能力。这一派学者提倡使用测验单个语言项目的分立式测试,他们的学派也因此而得名。第一个将心理测验与结构主义语言学理论结合起来提出系统的外语测试理论和方法的是结构主义语言学家、听说法的创始人之——拉多。

1961 年出版的拉多的博士论文《语言测试：外语测试的结构与使用（Language testing: The construction and use of foreign language test》标志着外语测试这一学科的诞生。从此，外语测试蓬勃发展，一支以外语测试为职业的专业测试队伍迅速形成，并不断扩大。

（三）综合性测试与交际性测试阶段

20 世纪 60 年代后，以生成转换语法和心理语言学为理论基础的综合性测试和以社会语言学为理论基础的交际性测试逐渐占上风。主张综合性测试的学者认为，人的语言能力是说话人和听话人关于语言的全部知识，单项语言知识和技能不能反映真正的语言能力，外语测试应测验综合运用各种语言知识和技能的能力。这一学派有影响的代表人物泰勒和卡罗尔提倡以听写和综合填空（clove test）为代表性试题类型的综合性外语测试。

随着交际教学法的发展，产生了交际性外语测试。这一学派的倡导者同样严厉地批判分立式测试的理论基础，他们强调使用语言受到社会因素的制约，主张外语试题应要求考生根据交际需要作出书面或口头反应，使用的语言应该结构正确，必须得体，符合当时当地的社会习惯。因此，20 世纪 60 年代后外语测试的发展进入了综合性测试与交际性测试的阶段。

（四）计算机辅助外语测试阶段

大规模标准化测试的产生与发展在很大程度上是计算机技术应用于测试的结果。从 20 世纪 50 年代起，计算机评分、记分、报告与统计考试成绩的工作已做得十分出色。同时，计算机也用于统计有关试卷的各种数据，使评价测试及分析试题有了科学的依据。使用计算机建立的试题库更为测试的科学命题创造了条件。但上述技术的进步是计算机普遍应用于一切测试领域的结果。20 世纪 80 年代以来，外语测试中开始进行计算机辅助测试（computer-asisted test）与计算机适应考生测试（computer-adaptive test）的实验，将计算机运用到外语试题命题的改革中，使外语测试的发展又上了一个新台阶。

二、语言测试的类型

（一）学习潜能测试

学习潜能测试试图测试出学习者学习语言的潜能或天分。这种测试通常包括许多目的不同的测试，这些测试分别用来衡量学习者识别和记忆一种新语言的语音模式的能力,识别句子不同部分的语法功能的能力,不经过解释理解意义的能力,记忆新语言中的单词、规则和其他内容的能力。为了评价这些能力,常常需要使用人工语言。

(二)水平测试

水平测试的目的主要是发现被试者对于目标语言已经了解了哪些内容。水平测试不涉及任何特定的课程,而是测试学习者掌握语言的大致水平:水平测试的一个代表就是美国的托福考试,它是用来衡量那些想到美国学习的外国学生的英语的水平。教育部以前举行的 EPT 测试和目前的 PETS 测试都属于这一类型的测试。

(三)成绩测试

成绩测试用来评估学习者对一门特定课程内容的掌握程度。很明显,这种测试的测试项目应当以已经教过的内容为基础。在中小学和大学中举行的期中考试和期末考试就是这类测试的典型代表。

(四)诊断性测试

设计诊断性测试的目的是发现被试者对于所学的语言还有哪些内容没有掌握。比如,英语发音的诊断性测试是用来检测学生已经会发哪些音,还不会发哪些音。这种测试可以帮助教师发现学生在以前的学习中出现了什么错误,将来的教学工作应该包括哪些内容。

三、语言有效测试的必要条件

Lado(1961)从心理测试—结构主义的观点出发,认为测试应该满足以下两个基本要求:效度(validity)和信度(reliability)。

(一)效度

效度是指测试在何种程度上考察了它想要考察的内容。举例来说,如果考试者很熟悉考试的题目,那么测试的效度就降低了。下面列出的就是几种类型的效度:

(1)内容效度。内容效度指的是测试在何种程度上覆盖了教学大纲要求测试的内容。这种形式的效度在成绩测试中显得尤其重要,因为这种测试既要反映教学的内容,又要反映教学的平衡性(balance)。内容效度会受到测试的篇幅、测试题目的选择和来自测试的其他方面因素的影响。

（2）编制效度。如果测试与它的基础理论相吻合,我们就可以说它具有编制效度。比如,信奉语言能力理论的教师设计一个测试来反映学生的语言能力,如果这个测试反映了它与语言能力理论之间的密切联系,那么我们就可以说这个测试具有很高的编制效度。[1]

（3）实证效度。如果测试的结果与一些外部标准相关,那么我们就可以说它具有实证效度。如果测试的结果与其他有效测试的结果相符合,与其他独立测试的结果相符合,与预先设想的结果相符合,当测试的结果与其他标准（比如以后在特定的工作中获得成功）相一致,那么,我们可以说,这样的测试具有实证效度。实证效度可以看作"一致性效度"。例如,中国的EPT考试声称是科学的和权威的,因为它的测试结果与美国的托福考试的测试结果是一致的。

（4）卷面效度。卷面效度跟其他形式的效度有所不同,它是建立在观察者主观判断的基础之上的。如果测试可以考察到它想要考察的内容,那么这样的测试就被认为具有卷面效度。

(二) 信度

信度可以被定义为一致性(consistency)。如果把相同的测试连续两次给同一个被测试者,或者是让不同的人给同一试卷打分,如得到相同或相近的结果,那么这样的测试就被认为具有信度。

信度会受到两类错误的影响。外在的错误来源是指测试者和被测试者的多样性和测试环境的多样性。内在的错误来源存在于测试本身。当测试缺乏稳定性或等值性时,这些错误就会发生。

（1）稳定性信度。如果让同一对象接受两次测试,且两次测试之间对象没有发生变化,如果测试结果相同,那么这样的测试是稳定的。稳定性信度又称再测信度,这是因为:它通过测试和再次测试同一个被测试者来达到评估的目的,然后考查两次测试结果的相关程度。

（2）等值信度。如果两种测试手段用于相同的对象会产生同样的结果,那么我们认为二者具有等同性。为了评估等值信度,测试者可以构造两个具有相同项目而且项目的难度也相同的平行性测试,或者比较相近的两个测试。

(三) 对信度和效度的批评

许多持有交际语言教学观点的人对把信度和效度作为标准测试的要求持有怀疑态度。

---

[1] 白雅,岳夕茜.语言与语言学研究[M].昆明:云南大学出版社,2010.

他们的一个理由是：并不存在绝对的信度。如果测试的理论基础是语言能力说，那么即便是在内容、编制等方面具有很高效度的测试，也不能考查学习者在特定交际语境中能否有效地使用语言。因此，效度仅仅是针对特定标准而言的。如果标准本身是不合适的，那么测试的效度也就没有多少价值。

至于信度，主要的问题在于它所声称的客观性上。Plliner（1968）和Robinson（1973）认为Lado的测试仅仅就实际的评估来说具有客观性。试卷本身的编制和分数的评价仍然依赖于主观因素。此外，客观测试的题目总有一些固定的选项。因为被试者写出或说出的语言是有限的，我们不能通过这样的测试来考查被测试者运用目标语言的能力。信度—效度之间存在的矛盾也会降低这两条标准的价值。

四、测试的内容和形式

（一）结构性测试

结构性测试（strucetural tests）是建立在心理测试—结构主义方法的基础之上的，因此它把测试的焦点放在被试者的语言能力上。测试的内容主要是以任何四种技巧表现出来的语言结构知识。如果我们把语言的结构或技巧进一步分为语音、句法和词汇等独立的知识点，那么这样的测试就被称作散点测试（discrete test）。多项选择和正误判断等项目经常出现在散点测试中。鉴于语言的结构和技巧并不容易分离成单纯的测试项目，所以另外一种叫作综合性的测试方式应运而生（integrative test）。综合性测试考查的不仅是一个层面上的结构，还要把不同的语言技巧结合在一起来考察。完形填空、听写和翻译都是这一类型的测试项目。

（二）交际性测试

交际性测试（communicative tests）是建立在心理语言学—社会语言学方法的基础之上的，因此它要测试的内容是被试者的交际能力。这种测试希望能考查被试者是否能够执行一套特定的语言行为，如果他能执行这一套特定的行为，执行效果又如何。为了达到这一目的，语言运用测试（performance test）被认为是最有效的，尤其在测试者想测试出被试者大概的交际熟练程度和交际素质时。在语言运用测试中，应试者被要求去执行一些"整体任务"，而每一个"整体任务"都要求一些"使成技巧"（enabling skills）。下面就是这种测试的一个例子（Morrow, 1979）。

整体任务:在文章中找出特定的信息。

使成技巧:区分文章的主旨和细节内容;通过衔接手段来理解语篇中的关系;理解句子内部的关系;理解概念意义;推断出不熟悉的词汇的意义。

一般认为,使成技巧与散点式的语言结构知识是不同的,因为这些技巧是为执行任务服务的,被试者在这样的测试中表现出来的执行能力应该能够展现他的交际能力。

六、试卷的制作

(一)制作的要求

笔试试卷的制作是教师必须具备的技能。试卷命题时应以相应的大纲为依据,对教与学有良好的导向作用,根据不同目的选择题型,确保试题的效度,难度要适中。具体而言,试卷的制作要符合以下要求。

(1)有题头,标题要包括考试对象、学期、类别、所考课程、卷类、出卷年月和考试用时。此外,要留出地方填写测试的日期、考生姓名、班级和分数。

(2)有大题的题号和指示语、此大题总分和每小题分数。

(3)试题、标准答案和评分标准配套,听力部分要有录音材料和录音稿。

(4)试题难度适中且分布得当。

(5)正规考试一般要设计两份难易度相当的试卷,即 A、B 卷。

(6)题量和考试时间搭配合适。

(二)试卷题型

1. 是非题

是非题命题和评分都很容易。可以从课本、词典、报纸、杂志等材料中找现成的句子。确定内容以后,把正确的句子照抄,就成了答案是 T 或者的题项;把正确的句子故意改错,例如改动时间、地点、人物姓名、基本观点,就成了应该选 F 或者 W 的题项。卷中的是非题可调换前后位置,因为它们在内容上一般没有连带关系,是独立的句子。有的时候,可以编长一点的是非题,包含两三句话。

做是非题,光凭猜测答题,猜对和猜错的机遇各为 50%。虽然胡猜得分的可能性较大,但只要题量大,仍可大大减少胡猜的影响。

是非题可考认知和理解,有时也可考运用知识的能力,包括逻辑思维能力和综合运用知识判断是非的能力。语言测试中,是非题考识记、理解能力的居多。阅读理解和听力理解常用是非题,考查是否理解大意,是否懂得细节。

2. 配对题

配对题,也是语言测试中常用的题型。典型的配对题有 A、B 两个栏目,两栏分别列出人、物或者事件。A 栏中的项目叫引导项,B 栏中的项目叫应答项。受测者要用线条将两栏中的有关项目连接起来。也有给三栏或四栏的,要求把有关项目连成串。配对题是客观性题项,答案单一,易于做到评分一致。

配对题命题要注意六点:

(1)同一栏内,各个项目必须在语法上和语义上属于同类。例如,都是名词,都是人的姓名,或者是单词或短语,都是引导栏的词语的释义。

(2)每一引导项应该有相对应的应答题。一般是一对一,一个引导项只对一个应答项。有时,题设计得难一些,复杂一些,一个引导项可能不止一个应答项,两个引导项也许有相同的应答项。不过,无论怎么设计,要做到答案唯一。

(3)两栏的项目一般是数量相等的。为了加大难度,也可不等。增加起干扰作用的应答项,这些干扰项与任何一个引导项都对不上。

(4)栏内的项目,文字不宜多,最好每项不超过一行。太长则排版麻烦,学生容易看错。

(5)每一栏列出的项目,数量应适中,通常为 5 至 12 项。

(6)要写好指导语,交代清楚怎么配对,怎么做标记。

3. 填空题

填空题是传统的题型,在语言测试中用得很多。填空题有这样一些突出的优点:①可以考查识记、理解能力,有时也能考查层次高一些的能力;②听、说、读、写、译的技能都可涉及。例如,有一种听写方法,称为定点听写法,实际上就是填空题,是用于听力测试的填空题。又如,口试有时用口头填空,完成句子,或者完成对话。读、写、译用填空题的例子就太多了;③可以考查语音、词汇、语法等语言基础知识,也可以用于文学、语言学之类层次较高的知识、理论课程的测试;④能促使受测者注意单词的拼写和书法,因为答题得实实在在地用词语写点什么,不是打钩、画圈、涂黑字母或者做其他的记号;⑤命题容易,多数情况下用的是孤立的语言材料,例如音标、单词、短语和单句,容易编,也容易改;⑥评分容易,虽然这种题不全是答案唯一的客观题,但由于答题范围窄,答法的伸缩余地小,很容易把答案限定死。

笔试常用填空题考语音知识,例如,要受测者根据音标写单词,根据单词写音标,根据发音将单词归类,以及有关重音、音节、节奏、语调等的基本知识。

当今,语言测试考语法,常用多项选择题。多项选择题虽有很多优点,也有明显的缺点,如干扰项给学生太多的负面影响,干扰语法学习。用填空题,是一种正向的教育,要学生写对、写好,更有利于促进教学。

4. 简答题

简答题是最古老的题型,也是语言测试中常用的题型。简单的问题,一句话就可答清楚;复杂的问题,要用几句话,甚至几大段话才能答清楚。简答题是主观性题项,可用于笔试,也可用于口试。① 简答题这种题型常用不衰,是因为它具备主观性题项的优点:

(1)有较深的考查深度。简答题是问答式的,或者说,是自由应答式的。受测者可在一定的问题情景下自由地表达思想,展现自己的才华。可以从答问看出受测者语言的流畅程度,了解句子水平以及话语水平的语言能力,还能了解应对能力和知识面。

(2)能涉及各种能力层次。不仅是识记和理解,还可涉及应用、分析、综合或评估。

(3)可以有效地防止胡猜,或抄袭、请人代做等舞弊行为。

(4)提问容易。

5. 词语替换和句型转换

语言测试有些题目是以词语替换或句型转换的形式出现的,它们有很多相同的地方。

(1)词语替换

我们接触比较多的词语替换题是句子水平的,例如:把句子中某个词换成意思相同、相近或者相反的词语。这种题目能够考查理解、应用语言的能力,有利于引导学生综合、归纳所学的知识。倘若学生语言水平低,也许编写这种题目有一定困难。他们能够认知、复用的词语不多,命题人常常会因为找不到适当的词语而苦恼。不过,正是由于这一点:这一层次的题目容易做到答法单一。

还可以设计这样的题目,除了改指定的词语之外,其他的词语也有要改

---

① 党慧,何丹. 英语教育探索与实践[M]. 成都:电子科技大学出版社,2017.

动的,这样可以更深入了解学生应用语言的能力。

（2）句型转换

句型转换题与词语替换题不一样,然也涉及词语的改动,但重点是改变句子的结构。

对于句型转换题,有不少批评意见。这种题目过于重视语言的形式,脱离交际活动的实际。例如,题目常是句子层次的,不是篇章层次的,缺少必要的语境,不说明要满足什么样的交际的需要。又如,在真正的交际活动中并不需要先想好某个句型,将其转换成另一个句型,然后再说出来或者写出来。此外,倘若某人某一题做不出来,也许只是一时没有想到或者不熟悉命题人心目中的句型。也许他用别的句型也能够正确表达思想。

尽管如此,由于句型转换题在语言测试时常见到,能够在一定程度上考查语法知识的掌握情况,我们还是要花一些时间来研究。

第四章　词汇学与句法学理论应用于语言教学

　　词汇是语言系统中极为活跃、生命力极强的一个因素,也是人们进行交际、表达思想的基本语言单位。将词汇学理论运用于语言教学,将能显著提高词汇教学的有效性,对语言教学改革起到指导性作用。句法主要涉及短语、句子等句法单位的构成与变化规则。了解句法理论体系的相关知识是进行句法教学的前提。本章以英语的语言教学为例,对词汇学和句法学理论指导下的英语教学进行探究。

第一节　词汇学理论应用于语言教学

一、词汇与词汇学

　　词汇学是语言学的一个分支,是对词汇进行调查研究、描述并予以理论化的一门学科。本节将对词汇学的内涵与性质进行简要说明。

(一)词汇

　　在语言学习中,无论是要提高听、说、读、写的基本能力,还是想研究语音、语法、语义、语篇等专业内容,我们都会遇到词(word, lexis)。现代语言学的创始人之一瑞士著名语言学家费迪南·德·索绪尔(Ferdinand de Saussure,1857—1913)曾说过,语言是"词的语言",词是"语言的机构中某种中心的东西"。那么词究竟是什么?我们应该如何给词下一个明确的定义呢？查看语言学经典著作和中外权威词典后，可以发现许多古今中外的语言学家对词的定义说法不一，许多词典里词的定义也不尽相同，这似乎说明人们到现在为止还没有找到一种普遍适用的定义能全面、精确、完美地反映词的全部本质特点。但是可以肯定的是，人们对于词的一般的、本质的特征还是有普遍认知的，这就使我们有可能了解词的概念。

说到词汇，就会联系到词汇量。词汇量是判断学习者语言水平的可比性参数之一。以英语学习为例，我们先来比较一下英语本族语学习者和中国英语学习者掌握英语词汇量的情况。据统计，当代英语词汇约在一百万个左右，英语本族语大学本科生掌握约20000个词左右。他们自上学开始，每年约增加1000~2000个单词，或者说每天增加3~7个单词。艾奇逊（J. Aitchison）在《头脑中的词汇》（Words in the Mind: An Introduction to the Mental Lexicon, 1987）里曾写道："受过教育的成年人所知道的词不可能低于5万，也许有25万之多。"下面是英语作为本族语的儿童/青少年掌握词汇量的一个变化情况统计：

表4-1 英语作为本族语的儿童/青少年掌握词汇量的变化情况

VOCABULARY SIZE OF NATIVE SPEAKERS	
Age in years	vocabulary size
1.3	235
2.8	405
3.8	700
5.5	1528
6.5	2500
8.5	4480
9.6	6620
10.7	7020
11.7	7860
12.8	8700
13.9	10660
15.0	12000
18.0	17600

我们再来看看中国学生掌握英语词汇量的情况。中国教育部制定的《全日制义务教育英语课程标准（实验稿）》（2001）要求二级（相当于小学

第四章 词汇学与句法学理论应用于语言教学

六年级)词汇目标达到:学习本年级话题范围的 600～700 个单词和 50 个左右的习惯用语;要求五级(相当于初中三年级)词汇目标达到:学会使用 1500～1600 个单词和 200～300 个习惯用语或固定搭配。2003 年教育部制定的《普通高中英语课程标准(实验)》规定七级目标为高中阶段必须达到的级别要求,它的词汇目标是:学会使用 2400～2500 个单词和 300～400 个习惯用语或固定搭配。八级和九级是为愿意进一步提高英语综合语言运用能力的高中学生设计的目标,它们的词汇目标分别是:八级要求学会使用 3300 个单词和 400～500 个习惯用语或固定搭配;九级要求学会使用 4500 个左右的单词和一定数量的习惯用语或固定搭配。

2004 年教育部颁布的《大学英语课程教学要求(试行)》对非英语专业本科生推荐的词汇量是 4500 个单词和 700 个词组(一般要求);5500 个单词和 1200 个词组(较高要求);6500 个单词和 1700 个词组(更高要求)。据《英汉大词典》(1991)"英语词汇能力自测"(Test Your Own Vocabulary Competence in English)的说明,一般认为如词汇量不足 6000,可视作只有英语本族语小学生的词汇能力;如词汇量在 12000 和 18000 之间,可视作英语国家受过普通教育成年人的一般词汇程度;如词汇量在 24000 至 30000 则说明已具有英语国家受过良好教育而且能进行较高层次阅读的人的词汇能力。所以,相比之下中国大、中、小学生的英语词汇量是远远不够的。

词汇是语言的基本要素。人类思维离不开概念,而概念的语言形式主要表现为词汇。此外,在语言传递信息的时候,词汇所承担的信息量大大超过语音和语法,所以词汇是人类应用语言的重要前提。一个人词汇量的大小直接影响其对语言掌握的熟练程度。当今知识换代加速,新生事物层出不穷,这一现实必然会在语言上反映出来,不断产生新词,旧词不断产生新义。正如语言学家威尔金斯(D. A. Wilkins)所描述的:没有语法,人们可以表达的事物寥寥无几。而没有词汇,人们则无法表达任何事物。(Without grammar very little can be conveyed, without vocabulary nothing can be conveyed.)词汇是英语学习的重要对象,在培养英语实践能力所花的时间上,掌握词汇所付出的时间最多。由此可见,词汇学习在整个英语学习中应当占有相当重要的地位。

一个人的"词汇量"可以分为四个层次:能说的词汇(speaking vocabulary)、能写的词汇(writing vocabulary)、能读的词汇(reading vocabulary)、能猜的词汇(guessing vocabulary),每一层次的词汇数量依次递增。前两个层次属于能够应用的积极性词汇(active vocbulary),后两个层次则包含不一定能够应用的消极性词汇(passive vocabulary)。英语学习者往往遇到这样的情况:许多单词看见时能知道或猜出其意思,但到讲和写的时候却想不起来,或者不会使用,就是这个道理。

(二)词汇学

1. 词汇学的界定

词汇学(lexicology)是一门有关词的科学(the science of words)。

词汇作为语言系统的重要构件——音、形、义的结合体——是反映现实世界最直接、最完美的符号系统。对词汇系统的深入研究有助于我们探索语言本质,分析语言的变化和发展规律。但人们对词汇学研究的重视程度是在不断发展的,自20世纪90年代以来,随着相关专著的不断问世和《词汇学》(Lexicology)杂志的创刊,词汇学开始在现代语言学领域里取得一席之地。由德国Walter de Gruyter公司分别于2002年和2005年出版发行的巨著《词汇学国际手册:词和词汇的本质和结构》(Lexicology: An International Handbook on the Nature and Structure of Words and Vocabularies)一书更是将词汇学研究推到了一个新的高度。全书共1944页,分卷一(942页)和卷二(1002页),从1993年开始编写到2005年全部出版发行为止,历时整整13年。主编和200多位编写者均为世界各地语言学界的资深学者、教授和专家。作为一本学术含金量很高的专著,此书编著的目的如序言所说:"尽可能提供迄今为止最具代表性的关于词汇学研究的方法论及与词和词汇相关的研究结果",真实地向我们展示词汇学的研究内容和最新的研究成果。

我们从这本书的基本内容里就可以大致了解现代词汇学的内容和意义。此书分成11个部分:第一部分总体介绍词汇学这门学科和它的基本理论;第二部分具体讨论词的形式和内容(意义)以及它们之间的关系;第三部分从纵聚合关系(paradigmatic relation)的视角,详细论述了词汇学研究的核心内容——语义关系;第四部分阐述词汇学的研究范围,包括词汇的内部结构(词义)、词汇的外部结构(词形)、词汇的历史变化和词汇的应用等四个方面;第五部分主要研究词汇学的方法论;第六部分研究词汇的社会差异和地区差异;第七部分重点是词汇的共时研究和历时研究;第八部分讨论词汇场的对比研究,如亲属关系、颜色、情感等;第九部分主要讨论词汇和语法的关系;第十部分研究的内容是心理词库;最后一部分讨论词汇学与语言学内部分支学科和外部其他相邻学科的关系等。这本书以语言学为背景,词汇学为线索,涵盖了语音、词法、语义、句法、语用、文体等独立分支学科,还从跨文化的视野和跨学科的视角阐述新颖的面熟性理论,使读者对词汇学和词汇学研究有更全面、更深入的理解。现在我们可以说,随着

第四章　词汇学与句法学理论应用于语言教学

语言学和其他相关学科的交叉、重叠、渗透和融合,对词汇的研究已经开始步入一个跨学科、多视角和全方位的新阶段。

2. 当代词汇学的现状

语言记录着人类的发展进程,是人类交流思想、传递信息的工具。这里以英语语言为例进行分析。当代英语国家和地区的社会、政治、文化、经济等方面变化纷繁复杂,科学技术和信息现代化发展迅猛异常。对于国际社会的变化和发展影响很大。历史进入 21 世纪的时候,全世界使用英语的绝对人数已超过 11 亿,仅次于汉语,但英语的运用范围则远远大于汉语。

21 世纪是信息的时代,语言是信息的载体,从这一意义上说,21 世纪也是语言学的时代。现在世界上计算机储存的信息 80% 以上以英语为媒体,50% 的报纸用英语出版,75% 的信件用英语书写,60% 的电台用英语广播,互联网上 90% 以上是英语信息,其中 80% 以上的信息和 95% 以上的服务是世界上最主要的英语国家之一美国提供的。2006 年 3 月英国文化协会在一份名为《英语走向何方》的关于英语全球地位的最新研究报告中指出,英语在全世界的广泛传播确立了它在全球的统治地位,英语仍然是走遍天下的一个重要交际工具。报告用数字表明,自 1945 年以来,英语教学急剧扩张,10 年后全球将有 20 亿人在说英语或学英语。尽管我们会不时听到一些不同的声音,例如,2006 年 2 月 14 日英国《金融时报》报道说:"说英语的人经济价值下降"(Economic value of English speakers dwindles);同年 11 月在联合国互联网管理论坛上,许多与会代表指出,英语占据互联网语言的统治地位是对其他语言的不尊重,也不利于全球文化的多样性发展以及信息共享。

其实早在 2005 年英国就掀起过用多种语言取域名(website adresses)的运动,以体现文化和民族的多元化。但国际使用英语交际的程度仍在不断提升,依托英语进行的信息沟通、文化交流、经贸往来还在不断加强,从而促使了英语本身的不断进化,其中最为明显的就是英语词汇的迅速发展。从莎士比亚时代的不足 20 万个单词到现在的百万个左右单词,在这门语言 1500 年左右的发展历史中,绝大多数单词都是在近三百年内创造出来的。特别是 20 世纪以来,新事物、新经验、新思想、新科学、新技术大量涌现,都在词汇中得到了充分的体现。据美联社报道,英国牛津大学出版社 2006 年 5 月宣布,"牛津英语语料库"收集的英文词条已突破 10 亿。互联网和移动通信在全球范围内的普及更加快了英语造词的速度。包括网络英语在内的现代英语词汇能够直接反映当代英语发展的新趋势和新特点。

英语词汇是英语语言系统组成部分中最敏感、最活跃、最具生命力的部分。与其他组成部分相比,它发展最快、变化最大,而语音、语法则相对稳定,渐变性较强。当代英语创造新词(coinge)的手段变得越来越丰富。形成了英语中不断出现新词、新义和新用法的时代特点。

首先,历史的进步和社会的发展使得英语这门语言的词汇日新月异,英语词汇中的新单词和新词组,或是说明一项重要的科技演进和创新,或是说明一项重要的财经观点和政策,或是说明一个重要的政治事件和活动,或是说明一种重要的文化时尚和思潮。例如:

Google(n. 谷歌,全球知名网络搜索引擎)和 blog(n. 博客,即网络日志,记录个人活动、意见等的网页),这两个单词还可转化成动词,分别表示上网搜索、查询(google)和通过不断更新等途径来维护网络日志;Reaganomics(n. 里根经济学)指由美国第 40 任总统(1981—1988)罗纳德·里根(Ronald Reagan,1911—2004)实行的以减税刺激供给的里根经济政策;euro(n. 欧元),指欧盟的 12 个成员国在 2002 年全部使用的一种新的统一货币;win-win(a. 双赢的)指双方都能同时受益的;sakcholdler(利益攸关力),原义为"赌金保管人、股东"等,2006 年 5 月 10 日美国时任副国务卿佐利克对美国众议院国际关系委员会发表谈话时说,中国有必要成为"负责任的利益攸关方"(stakcholder),美国官方把这个词用在处理中美外交事务的政策上,就赋予了它新的含义。说明中美两国利益与共的关系将可能不断加深;mouse potato(计算机迷),指整天坐在电脑前面的电脑迷,类似的还有 couch potato(沉迷于看电视的人),尤指 20 世纪 90 年代出现的整天蜷缩在沙发里的电视迷;PK(对决),即 player killing,网络游戏中的玩家与对手的决斗,也指对手间决定胜负的淘汰赛。

其次,英语词汇正在向更简洁、精练、明了的方向变化和发展,造词也愈显自由和方便。由于当前网络社会基本上以英语为通用语言,所以英语词汇的这一特点在日常使用的网络语言中尤为突出。在一个基于互联网技术发展的网络空间中,人们的互动关系主要是依靠英语来维持,电脑操作和网络操作的命令语言是英语,计算机语言用英语编写,网址用英语注册,乃至网络中使用的检索工具也是英语的。英语化信息几乎已经在互联网(interconnection network、internetwork 或 internet)上形成了语言垄断,成为网络群体在网络社会生存的关键因素。互联网又称信息高速公路(informaion superhighway)。既然要"高速",就需要信息的主要载体——英语简洁、精练、明了,造词也要更自由,更方便。"网络"一诞生,就有许多与此有关的新词语应运而生。例如:network(计算机网络)、online(a/ad. 联机的/地。在线的/地)。cyber(a.计算机网络的)、Internet(因特网)、www(World Wide Web)即 the Web(万维网)、hypertext(超文本)、hypermedia(超媒体)、

第四章　词汇学与句法学理论应用于语言教学

home page（主页）、Telnet（远程登录）、browser（浏览器）、Archie（互联网网络文件查询工具）、Directory service（目录服务）、firewall（防火墙,v.用防火墙保护网络或系统）、domain name/DN（域名）、courseware（课件,教学软件）、spyware（间谍软件,可以暗中跟踪用户上网活动）、electronie shopping（网上购物）、Internet Addiction Disorder（上网成瘾）、botnet（僵尸网络,由受攻击的个人电脑组成的网络）、digital divide（数字鸿沟,能上网的人与没条件上网的人之间的差距）、Web Itelligence（网络智能）、brain informaics（脑信息学）。

　　现在媒体上经常出现的 CCTV（中国中央电视台）、CEO（首席执行官）、NBA（美国国家篮球协会）、VIP（重要人物）、WTO（世界贸易组织）等词,人们已经耳熟能详了。这种广泛使用英语缩略词语的现象,正好也说明了英语词汇发展变化的特点。对于我们中国的英语学习者来说,它们简洁明了,容易记住,便于使用。例如：CD、VCD、DVD、Win98 等表达的事物与人们日常生活紧密相关；APEC、GDP、GPS、DNA、MBA、SARS 等词词形比其中文译词简约,因而比其相应的中文译词更为通行；EQ(情商)、FAX(传真)、B2B（商家对商家）、B2C（商家对客户）、C2C（客户对客户）、VS（对阵）等英语缩略形式不一定比其中文译词简约,但它们夹在中文中比较醒目,常为媒体采用。

　　最后,英语作为一种世界性的语言,本身就包含来自全球各地多种民族语言的词汇元素。随着国际交往日趋频繁以及宣传媒介的普及,越来越多的外来词已经而且将继续进入英语。英语词汇中有不少西（班牙）式英语、德式英语、俄式英语、日式英语、印度英语等,多达 60 多种。据英国媒体 2006 年 4 月 16 日报道,根据美国全球语言监察机构公布的统计数字,2005 年全球英语词汇数量中新收录的词语约有两万,其中中式英语（Chinglish）多达两成,有 4000 余条。该机构总裁帕亚克说,目前,随着中式英语以及其他多种将英语与各民族语言相结合的语言得到越来越广泛的应用,世界性英语将有可能不再仅由英式英语或美式英语来主导。这些进入英语的外来词,不仅使英语词汇更趋丰富,具有国际性特色,而且也证明了世界上不同文化的融合速度正在加快。现在随着全球化进程的加快,英语的这种特性越来越明显了。例如：tsunami（海啸）来源于日语,elie（精华、精英）来源于法语,clone（克隆）源自希腊语,ELNino（厄尔尼诺现象）源自西班牙语,taikonaut 源自汉语（中国的太空人、航天员。这个词的前半部分"taiko-"接近于汉语"太空 taikong"的发音。而它的后缀部分"-naut"与西方语言中代表宇航员的单词"astronaut"的后缀完全一样,从而构成了一个绝妙的中西合璧词语）。

2008年北京奥运会吉祥物"福娃"的正式英语译名为Fuwa。就像已经进入英语词汇的中式英语kung fu(功夫)、qigong(气功)、tai chi(太极)一样，Fuwa也获得国际社会的广泛认可。

作为一种强势语言，英语充满活力，造词能力强大，几乎每天都有新闻产生。专家分析，这种快速增加的趋势还会保持下去。但是，这种发展是螺旋式上升的，和其他语种样。英语中有些词语在使用过程中会慢慢消失。还有一些词甚至是常用的情态动词，诸如shall、should、must、may等近年来在主要英语国家的使用频率也在明显下降，而代之以have to、have got to、be supposed to等半情态动词。自然科学的飞速发展，使英语科技新词与日俱增，但英语中人文词汇同时在闪耀着动人的光芒。我们知道，英国人说过："在上帝之后，莎士比亚决定了我们的一切。"那就是说，他们的价值观是被《圣经》和莎士比亚决定了的。莎士比亚在他的作品中用了3万多个词汇，很多目前常用的词语都是他创造的，例如：own fresh and blood（亲骨肉、血亲）、foul play（不正当行为）等。"Renaissance man"正是指像莎士比亚这样的"文艺复兴时期的理想完人"。他代表的博学、博爱是后人开创文明世界的重要源泉之一。

现在主要英语国家的中小学课本中有不少莎士比亚的作品或选段。2004年11月24日，"最优美的70个英文单词"评选结果在英国首都伦敦产生。此项调查评选是为庆祝英国文化协会成立70周年而举办的。根据英国文化协会对4万名海外投票者和世界各地英语学习者的调查，mother（母亲）列英语中"最优美的单词"榜首。前10个单词中的其他9个分别是：passion（激情）、smile（微笑）、love（热爱）、etermity（永恒）、fantastic（奇妙）、destiny（命运）、freedom（自由）、liberty（自由）、tranquiliy（平静）。"最优美的英语单词"从一个侧面充分显示了它们对人文精神内涵传承和发展的重要作用。

中式英语作为一种变种英语被认为是促进英语全球化的重要力量，在全世界的影响力越来越显著。但有专家认为，汉语是表意文字，外来的意译词比音译词更能被汉语使用者领会和接受。而英语是表音文字，英语对外来语音不那么排斥，因此外来词语比较容易进入英语。中国特色的词语要渗透到英语中去，选择意译或是音译，还要看西方英语社会对它们是否熟悉、习惯和接受。其他变种英语的词语在进入主流英语前都需经过一个较长的"检验"过程，然后根据普及的程度决定是否被接受，不可能一蹴而就。

尽管现代科技、经济、政治和文化的发展为英语词语的变化提供了物质和精神的条件，但年轻一代在这方面发挥的作用是不能忽视的。最新研究表明，主要英语国家的青少年经常使用的"时髦词语"（buzzwords），反映了

第四章　词汇学与句法学理论应用于语言教学

他们对现代社会的认知,他们交友圈的扩大以及对时尚的敏感度。在英国,年轻人使用的时髦词语层出不穷,目不暇接,许多旧词或旧短语也被赋予了新的含义。在美国,随着时尚潮流的演变,由青少年创造的新词语不断丰富英语词汇,对英语的发展正起着十分重要的作用,例如:

chicken head = an unattractive women.

exogal = an extremely thin contemporary.

mufin top = a bulge of flesh over low-cut jeans.

prositot = a child dressed as a pop star.

squares = cigarettes whale

与这些新潮词语同时出现的还有用在电子邮件、网络博客和手机短信中的所谓"即时消息式语言"。当这种新兴词语被美国学生运用到英文写作中的时候,教育界人士就发出了反对的声音。英美青少年推动英语词语更新和进化功不可没。但是那些夹杂着俚语的时髦词语毕竟受到时空的限制或制约,有的只是在一定的时段里流行,时兴过后就会销声匿迹,有的只是在特定的校园或地区并在某些固定的人群中使用,不能广泛普及。

真正具有生命力的词语必定经受过时间的考验,并能让人们长期乐见和使用,这就让我们想起美国比尔·盖茨(Bill Gates)年轻时创造的Microsoft这个词。他创办了微软公司,用microcomputer(微型电脑)和software(软件)两个单词的词头为公司取名Micro-Soft,后来中间的"-"被去掉了,成为现在具有世界品牌涵义的英语单词"Microsoft"(微软公司,世界上最大的软件制造商)。这种具有经典意义的英语品牌词语还有不少。例如:Adidas(阿迪达斯,创始人Adi Dassler的姓名词头合并而成)、Carrefour(家乐福,这家著名超市的前身是法国阿讷西市内一个位于十字路口的小店,carrefour意为"十字路口")、Coca-Cola(可口可乐,得名于主要原料中的古柯叶coca leaves和可乐果kola)。Google(谷歌,已成为世界最强品牌之一,源自googol,即10的100次方或巨大的数目)。Nike(耐克,驰名品牌,源自古希腊胜利女神奈基Nike)、Pepsi-Cola(百事可乐,因配方中含有可乐果成分,以及宣称能治疗消化不良dyspepsia而得名)、Reebok(锐步,Reebok是rhebok即非洲短角羚羊一词的变体拼法,这家著名体育用品商的广告标识就是羚羊角)、Walmart或Wal-Mart(沃尔玛,世界零售业连锁集团之王,美国2007年财富500强企业首位,由创始人萨姆·沃尔顿Sam Walton姓氏中的wal与"市场"的英文mart组合而成)等。这些代表著名品牌或驰名商标的英语词语都已载入词典长期供人们使用。

二、词汇学的研究内容

词汇学是研究词汇的词义、变异、分类和功能的学科。现代语言学的一般理论认为,语言学由音系学、句法学、语义学三部分构成,词汇学是语义学的一部分,因此也叫词汇语义学。早期词汇学着重研究词汇的分类,即词汇扩大与缩小、褒义与贬义、抽象与具体、本义与转义等。现代词汇学着重研究词汇学理论模式的建立,力求把早期词汇学研究的分类内容纳入符号和公式之内,提高词汇研究的精密性和可验证性。词汇学的研究内容主要有以下五个方面:①词汇的定义:19世纪的西方语言学认为词是语言的最小单位,词构成词组,词组构成句子。20世纪以后,语言学家们提出了词素的概念,词素是小于词的语言单位,用分解的办法给词下出定义,即词是形态的、句法的、语义的具体特征的结合。到目前为止,词的定义问题仍然是词汇学没有完全解决、有待研究的基础问题之一。②词义分析:词义分析研究分为三个方面,一是概念意义,即用基本范畴分析法分析词义;二是联想意义,即以不同文化的不同经验为根据研究词义;三是社会意义,即按照社会性词义的变化研究词义。③不同语言中词汇结构的共性成分:不同语言中肯定存在着共性的成分,但语言共性成分的具体存在仍然是一种假设,而非定论。④词的变化的规则:现代词汇学力求找出词的变化规则,并用符号写成公式,以求得比文字说明更清楚、概括性更强的表述方式。⑤研究并描述一种语言的词汇结构。

三、词汇学应用于语言教学的策略

目前,词汇教学存在着诸多问题,教学现状并不佳。对此,为了切实提高词汇教学的效果,提升学生的词汇水平,培养学生的跨文化意识,就需要在遵循基本教学原则的基础上,对教学方法进行优化,即选用新颖有效的方法开展教学。

(一)集中培训策略

集中培训是在特定的时间内,将词汇学习方法作为课堂教学的中心内容,旨在让学生形成正确的词汇学习观念,获得适当的词汇学习方法。集中培训可以是一次完成,但是最好将时间控制在两周以内,然后在后续的教学中不断提供机会让学生运用词汇方法;也可以是分几次完成,可以根据观念与方法的分类,结合教学安排,在学期的不同阶段抽出专门的时间对学生进行方法培训。

第四章 词汇学与句法学理论应用于语言教学

（二）词源分析策略

这一方法主要适用于英语词汇中的一些典故词汇。在英语词汇中，有很多词汇是从典故中来的，因此其文化内涵非常丰富，很难从字面上去理解与把握，必须借助词源展开分析。无论对于中国人还是西方人来讲，在口语或者书面语中都会运用一些典故、传说等，因此对于这类词汇的教学是非常重要的。例如，man Friday 这一词就是源自《鲁滨逊漂流记》，其含义并不是"男人星期五"，而是"得力的助手"；an Uncle Tom 这一词汇源自《汤姆叔叔》，其含义并不是"一名汤姆叔叔"，而是指逆来顺受，宁愿承受侮辱也不反抗的人。

（三）讲授文化知识策略

在词汇教学中，教师可以采用教授法开展文化教学，即教师直接向学生展示文化承载词的分类及内涵等，同时通过图像声音结合的方式列举生动的例子加以说明，直观地培养学生对文化的兴趣。只有熟悉了英语文化，才能让学生透彻地了解英语词汇。学习语言时不能只单纯地学习语音、词汇和语法，还要接触和探索这种语言背后的文化，在语言和文化的双重作用下，才能真正掌握英语这门语言。采用直接讲授法讲授文化，既省事又有效率。而且这些文化不受时空的限制，方便学生查找和自学。

例如"山羊"/goat，在汉语环境中，"山羊"一般扮演的是老实巴交的角色，由"替罪羊"这一词就可以了解到；在英语环境中，goat 则表示"好色之徒""色鬼"。这类词语还有很多，如 landlord（褒义）/"地主"（贬义）、capitalism（褒义）/"资本主义"（贬义）、poor peasant（贬义）/"贫农"（褒义）等，这些词语代表了人们不同的态度。在词汇学习过程中，要深入了解和尊重中西方文化，这样才能更好地将词汇运用于交际。

再如，根据当下流行的垃圾分类，教师可以让学生翻译这四类垃圾：干垃圾、湿垃圾、有害垃圾、可回收垃圾。大部分学生都会将"垃圾"一词翻译为 garbage，实际上正确的翻译应是 waste。由这两个词就可以看出中西方文化差异。在英语中，garbage 主要指事物或者纸张，waste 主要是指人不再需要的物质，可以看出 waste 的范围更广，其意思是"废物"。当翻译"干垃圾"和"湿垃圾"时，学生又会翻译得五花八门，实际上"干垃圾"是 residual waste，"湿垃圾"是 household food waste。所以，学生又必要深入了解中西方文化的异同，这样才能学好词汇，才会形成英语思维，进而形成跨文化交际能力。

（四）创设文化情境策略

语言只有在语境中才能焕发生机与活力，单独去看某个词汇很难在其中发现个中韵味,但是一经组合和运用,语言便有了生命力。因此,教师应创设信息丰富的环境,为学生提供真实的语言环境和大量的语言输入,使学生在逼真的语境中学习英语,给学生提供学习和运用词汇的机会。教师可以设计一些活动,如组织学生观看电影,然后指导学生进行角色扮演,让学生经历真实的跨文化交际情景,培养学学生的跨文化交际能力。

除组织跨文化交际活动外,教师还可以组合一些课外活动,让学生切实感受英语文化,扩大学生的词汇文化资源,培养学生的跨文化交际能力。例如,《疯狂动物城》这部动画片深受学生的喜爱,但大部分学生并没有注意这部影片的名字 Zootopia,也没有对其进行探究,觉得这是电影中虚构的一个地方。如果学生知道乌托邦的英文是 Utopia,可能会理解这个复合词 Zootopia 是由 zoo(动物)和 Utopia(乌托邦)结合而来。实际上,很多学生连汉语文化中的"乌托邦"都不了解,更不用说英语文化了。其实,"乌托邦"就是理想国,Zootopia 就是动物理想国,动物之间没有相互杀戮的地方。如果学生在观看电影前能对其中的文化进行探索,或者教师稍微引导,那么观影的效果就会更好,而且在欣赏影片的同时能掌握文化知识。

(五)词汇知识扩充策略

词汇学习不能仅依靠教师的课堂讲授,还要依靠学生的课外自主学习,对此教师应有效引导学生充分利用课外时间来自主扩充词汇量,丰富词汇文化知识。

1. 推荐阅读

教师可以向学生推荐一些课外读本,如《英语学习文化背景》《英美概况》等,让学生利用课余时间进行阅读。通过阅读英语名著,学生不仅能充分了解西方文化背景知识,扩大文化视野,还能积累丰富的词汇,了解词汇的运用背景以及词汇的文化含义,更能培养学生良好的自主学习习惯,促使学生终身学习。可见,阅读英语书籍对学生的词汇学习而言是非常有意义的。这不仅能培养学生的自主学习能力,还能丰富学生的文化知识,扩充学生的词汇量。

2. 观看外语电影

现在的大学生对于外语电影有着浓厚的兴趣,对此教师可以借助外语电影来提高学生的词汇能力。具体而言,教师可以选取一些蕴含浓厚文化,并且语言地道、通俗的电影让学生观看。这样学生可以在欣赏影片的过程中,切实感受英美文化,提高文化素质和词汇能力,同时激发学习词汇的兴趣。

第四章　词汇学与句法学理论应用于语言教学

第二节　句法学理论应用于语言教学

语言学在不同的层面上对语言进行描写,这些描写显示了语言在这些层面上特有的组合规律性。例如:音位学分析和语音相关的各种现象;形态学描写的是单词的构成;而句法学涉及句子层面的组合规律性,描写语言结构及其彼此之间的关系,以及它们组合成句子或句段的规律性。句法学的任务就是分析句子或句段在语法上的正确性。了解句法理论体系的相关知识是进行句法教学的前提。本节主要介绍句法体系的构成内容,包括句法、句法学、句法学的研究内容,在此基础上分析句法学理论指导下的教学策略。

一、句法与句法学

句法学作为一门独立的学科而存在,尽管句法和句法学都属于从语言理论的角度对语言进行的研究,但是句法和句法学还是两个不同的概念。下面就对句法和句法学这两大概念进行深入的研究与分析。

（一）句法

句法属于经验认识的理论,它是人类生活的物质和意识两方面持续辩证发展的结果。如果将语言看成是人类对经验的识解,那么句法就是经验识解的方式。句法虽然使意义的表达具有可能性,但是同时也对什么可以被意义化设定了限定。

句法在语言中具有举足轻重的作用。当谈及句法的定义,不同的学者却有不同的界定。

英国著名应用语言学家 H.G. 威多森对句法的定义为,句法是一个规则系统,包括词汇变化规则和词汇造句规则。

美国路易斯安那州立大学的语言学教授尤尔(George Yule)认为,句法是一套结构体系,其分析框架包括意义、形式和用法三个方面,这三个方面是相互结合的,可以通过应用的上下文语境来解释不同的句法形式和不同的句法意义。

朗曼在《应用语言学词典》中将句法定义为,句法是对语言单位(词汇、词组等)组成句子时所遵循的方式的一种描述,这种描述往往包括了语言、句子、各个语言系统下的含义和功能。

北京英语系教授胡壮麟认为,句法应该被看作一个理性的动态系统而非任意规则的静态系统,这种定义更利于在语言教学中培养学生良好的语言应用能力。

(二)句法学

从严格意义上讲,句法学和句法存在着很大的区别。针对句法学的相关问题进行如下分析。

1. 句法学的概念

句法学(Syntax)来源于希腊语的 syntaxis 一词,其本意为"组合、排序"。句法学是研究句子建构的学科,研究的是语言符号之间的关系。句子是句法学研究的最大单位,而单词则是最小单位。句法学研究不仅涉及描写句子的结构特征,同时还涉及描写结构特征的构成形式及规律。

2. 句法学的研究方法

语言学属经验科学,语言学研究所依赖的是观察说话者凭借大脑的语言直觉认为是合乎语法的语言事实。形式句法学家感兴趣的不是社会成员通过商量后制定的语言规约系统,而是隶属人脑的认知系统并导致语言直觉产生的 I-语言。[①] 因此,语言事实不被视为纯粹的社会行为,而被视为人类的心智能力,是人脑固有的语言属性和人的后天语言经验相互作用的产物。

具体说来,语言学家研究的 I-语言是专司语言知识及使用的语言器官处于稳定状态时所体现的一种生成程序系统,是语言计算的规则系统。语言的生成系统与语言使用系统(含"发音-知觉的语音式"和"概念-意念的逻辑式"两种系统)接口整合,进而生成无以计数的语言表达的外在形式,即话语行为系统,被称为 I-语言。具备 I-语言能力的人,意味着具备了创造性地使用语言的能力。

人类的语言器官有一个初始状态,经由语言经验刺激达到稳定状态。在这一语言器官的成长过程中,儿童基于由人类物种遗传基因决定的生物禀性,从语言经验中选择了可及性 I-语言。决定这种选择的规则构成了全人类共有的普遍语法。普遍语法理论是一部可以充分描述和解释人类 I-语言因缘及结构的语言学理论,因而发现普遍语法原则成了语言学最具挑战性的理论问题。

基于人类生物禀性的普遍语法不属社会科学,而属自然科学,所以对 I-语言知识系统的研究应该归属在自然科学研究范畴内,采用的研究方法通

---

① 梅德明. 现代句法学[M]. 上海:上海外语教育出版社,2008.

第四章　词汇学与句法学理论应用于语言教学

常为观察归纳法和演绎推导法,通常以演绎推导法为主。观察归纳法有助于语言学家充分描述 I- 语言系统,而演绎推导法却能够使语言学家充分解释 I- 语言系统。

通常儿童能够在很短的时间内习得十分复杂的语法系统,能够理解并创造无限量的句子,这表明人类的语言器官是以最简约的方式生成句子的。研究 I- 语言系统的句法理论应该以"简约"为原则,这要求句法研究的主要方法应该是演绎。句法理论的本质应该是句子推导,而不是句子描述。

3. 传统语法

传统语法以古拉丁语和古希腊语为其传统,始于古希腊和古罗马,在中世纪得到进一步的发展,盛行于 18 世纪末并长期统治欧洲句法研究和语言教学的语法理论。[①] 它重书面语,轻口头语,试图以一个标准来规范语言和纯化语言,所以又被称之为规定性(prescriptivism)语法。它常被学校采用,故又被称之为学校语法(school grammar)。然而,从广义上讲,传统语法还包括 19 世纪末兴起的学术性传统语法(scholarly traditional grammar)。在由学校语法发展到学术性传统语法的过程中,传统语法也由规定主义发展为描写主义(descriptivism),并试图如实描写语言变化和语言的实际运用情况。

美国语言学家哈仕(W. Harsh)归纳道:"简单地说,传统语法是按照意义和说话人的意向(如陈述、疑问、祈使、感叹等范畴)来解释句子的一种语法体系。"其基本方法是划分词类和明确句子成分的功能。

语言学家克里斯特尔(David Crystal)曾说:"'传统语法'这个词,如果说还表示任何意义的话,则它是力图总结一种思想状态、一系列方法和原则,这些方法和原则多年来表现为多种组合形式和强调侧面,与思想领域的很多学派有关。它包括源于亚里士多德(Aristotle)和柏拉图(Plato)的句子结构的思想;源于斯多葛学派(Stoics)语法学家的有关词类的思想;源于中世纪经院学派关于意义的实质的思想;源于 17 世纪唯理主义和经验主义的哲学争论的有关语言和思维的关系的思想;也来自 18 世纪英语语法的有关英语语言正确性的思想;甚至还包括来自 19 世纪比较语言学的有关语言历史的思想。"

(1)亚里士多德和柏拉图的句子结构思想

关于词的形式(发音)与意义的关系问题,古希腊哲学家分成两派。一派是以柏拉图为代表的自然派(the Naturalists),认为词的形式(发音)

---

① 楚军. 句法学第 2 版 [M]. 成都:电子科技大学出版社,2014.

与意义之间有一种本质的、必然的自然联系（an intrinsic correspondence between sound and sense）。一派是以亚里士多德为代表的习惯派（the Conventionalists），认为词的形式（发音）与意义不是同一的东西，两者之间没有必然的联系。某个词的意义用一定的语音形式来表现，这是在长期的语言交际过程中固定下来的，是社会约定俗成的，也可以说是语言领域中的"一种社会契约"（a kind of linguistic social contract）。在语言形式分析上，柏拉图在西方第一个提出了划分词类的思想。他从意义出发将词划分为主词（onoma）和述词（rhema）两类。主词大致相当于现在的名词，述词大体相当于现在的动词。作为学生的亚里士多德在继承老师的主词和述词划分的基础上，提出了第三个词类：连词（syndesmoi）。

第一，亚里士多德的连词概念不同于现今我们所说的连词，它包括不属于主词和述词的所有词类（即现今的连词、介词、代词、冠词等），也就是没有曲折变化的那些词。

第二，他开始注意到名词的格的变化和动词的时态变化。

第三，他第一个把词解释为最小的有意义的语言单位。此外，他还讨论了句子的句法结构与句子的客观真实性之间的关系，对后来的生成语义学和蒙塔古语法有一定的影响。

（2）斯多葛学派有关词类的思想

作为一个哲学派别，斯多葛学派十分注意语言的本质问题的探讨。他们认为语言的外部形式表达了有关人类本质的内在实质。有人据此认为这便是转换—生成语法中的表层结构和深层结构的最初萌芽。

斯多葛学派在名词、动词和连词的基础上，增加了冠词，将词类扩充到四类。同时，他们还把名词细分为普通名词和专有名词，并解决了名词的格的问题。名词的格分为主格（nominative）、宾格（accusative）、与格（dative）、属格（genitive）和呼格（vocative）。然而，公元前1世纪，一位亚历山大里亚（Alexandria）学者狄俄尼修斯·特拉克斯（Dionysus Thrax）撰写了第一部系统的希腊语法《语法术》才真正地确立了语法的系统性。该书研究的对象是规范的文学语言。作者在分析作品的词汇时讨论了8个词类，即名词、动词、分词（participle）、代词、介词、冠词、副词和连词。他对每一类词都给予详细的定义，并附有足够多的例句。在词类划分上，他既采用了形式标准（即词尾和词与词之间的相对位置），又使用了意义标准。这种形式和意义的双重标准的划分法一直沿袭至今。他的8个词类的划分也为后世所沿用。尤其值得一提的是，他"以词法为先导来建立语法"是后世语法书编撰的一个模式，也是传统语法的一大特点。

另一位亚历山大里亚学者阿波洛尼·狄斯柯利（Apollonius Dyscolus）

第四章　词汇学与句法学理论应用于语言教学

在公元 2 世纪编撰的《论句法》是西方第一部句法专著,开创了句法研究的传统。该书提出的句法体系对后世的影响长达两千年之久。我们现今使用的句法体系,其轮廓也源于 Dyscolus。他第一个探讨了动词的及物性。他认为,及物动词表示主语发出的动作作用于宾语上。换言之,他事实上提出了施事(agent)与受事(patient)的概念。

(3)中世纪经院学派有关意义的实质的思想

在"黑暗时代"的欧洲中世纪,语法分为两种,即教学语法和哲学意味很浓的经院语法(scholastic grammar)。这一时期,教学语法中唯一有意义的改革是将形容词从名词中分离出来,代替分词作为一个独立的词类。

(4)17 世纪唯理主义和经验主义的有关语言和思维的关系的思想

在文艺复兴时期末期的 17 世纪发生了以笛卡尔(Rene Decartes)为代表的唯理主义(rationalism)和以洛克(John Lock)为代表的经验主义(empiricism)之间的著名的哲学论战。

笛卡尔认为,人的一些能力和观念是由于遗传而与生俱来的,尽管人的知识、技能等大都来自经验。譬如,人们能学会语言和创造性地使用语言,完全是由于人脑中具有某种天生的、内在的抽象机制。此观点与现今乔姆斯基(N. Chomsky)所阐释的语言能力(language competence)非常接近。

以洛克为代表的经验主义者则认为,人类的一切知识和技能,包括语言,都是后天获得的,是由于环境不断刺激而形成的。此观点在后来的结构主义语言学那里有所继承。唯理语法学家的代表人物当属法国的阿尔诺(Antoine Amauld)和兰斯洛(Claude Lancelot)。他们合著有《唯理普遍语法》。唯理语法学家认为,语言的功能是传达思想,任何自然语言都是人类思维的内部机制的外部表现。由于人类思维的共同性和语言形式的多样性,他们提出了语言具有外部形式(Couter form)和内部形式(inner form)的思想。语言的外部形式就是像句子这种可以观察到的外部语法形式。外部形式里面则存在着某种抽象的、基本的、全人类共同的观念,这就是语言的内部形式。同一观念在不同的语言中,甚至在同一语言中,有多种不同的外部表达形式,这便是唯理语法的核心,也是 20 世纪转换—生成语法学家的灵感来源(殷钟崃、周光亚)。可以说,转换—生成语法理论是来源于唯理语法的。事实上,转换—生成语法对传统语法是有继承关系的。

(5)18 世纪有关英语语言正确性的思想

在称为"理性时代"(the Age of Reason)的 18 世纪,语言研究的显著特征是追求所谓秩序(order)和规则(regularity),因为秩序和规则是所谓"理性"的体现。在这一时期产生了使英语标准化(standardize)、净化(refine)和固定化(fix)的所谓"三化"倾向。标准化是指语言规定出若干规则使之成为所谓正确用法的标准;净化即是消除语言的不规范现象,以改变混乱状态;固定化是指把语言按所谓理想形式永远固定下来。

1755年,塞缪尔·约翰逊(Samuel Johnson)编撰的《英语词典》(A Dictionary of the English Language)为英语的规范化和标准化作出了重要贡献。塞缪尔·约翰逊首次把英语单词的拼写形式规范化,并对每一个单词的词义进行了详尽注释,同时引用大量经典作品中的例句加以说明,该词典具有较高的使用价值。

尽管塞缪尔·约翰逊在很大程度上解决了英语词汇规范化的问题,但英语句子结构还需要进行标准化、净化和固定化。因而,编写英语语法便成了18世纪后半叶英语规范化运动的主要内容。这一阶段出版的语法著作主要有:

罗伯特·洛思(Robert Lowth)的《英语语法简介》(A Short Introduction to English Grammar, 1962),被称为规定主义传统语法的经典,对后世影响极大。

詹姆士·布坎南(James Buchanan)的《大英语法》。

林德利·默里(Lindley Murray)将罗伯特·洛恩的语法作了改写以适应教学需要,便有了有名的《各年级适用的英语语法》。此书同罗伯特洛思的《英语语法简介》一并构成了英语学校语法的基础,其影响悠久,直至今日的英语语法教学也还未摆脱其框架的束缚。

约瑟夫·普里斯特(Joseph Priestley)的《英语语法入门》是18世纪唯一一本有影响的描写主义的语法著作。

(6)19世纪比较语言学的有关语言历史的思想

历史比较语法在19世纪蓬勃兴起,语言学家的兴趣为追溯语言的源头和确定语言间的亲缘关系所吸引。历史比较语法学家认为,由于多种多样的人类语言分别采用自己的独特方式,因而,对每一种语言都必须以自己的方法进行分析。他们试图让人们知道语言变化是不可避免的,而语言学家则应该把自己的工作目标定为记录语言的发展和现状。他们认为语法唯一可以信赖的基础是实际用法,而在实际用法中,口语是最活跃的,理应受到语法学家的高度重视。

为了研究口语,语音开始受到广泛重视,在语言变化中,语音是最活跃的因素,因此,历史比较语法学家十分重视对语音进行系统的、科学的描写。在这一时期的英语历史语法研究的学者有:威廉·惠特尼(William D. Whitney)的《英语语法精要》;亨利·斯威特(Henry Sweet)的《新英语语法》;亨里克·波茨玛(Henrik Poutsma)的《现代近期英语语法》;乔治·柯姆(George Curme)的《英语语法》;奥托·叶斯柏森(Otto Jespersen)的《按

第四章　词汇学与句法学理论应用于语言教学

历史原则编写的现代英语语法》。以上这些语法著作的作者在深刻了解英语发展史以及其方言状况的基础上,参照印欧语、日耳曼语、古英语和中古英语来描述,企图阐明语言是怎样发展的,语言又将怎样向前发展。

（7）奥托·叶斯柏森与英语语法

奥托·叶斯柏森(Jen Otto Henry Jespersen,1860—1943)是世界公认的杰出语言学家。

或许是受到达尔文的生物进化论的影响,叶斯柏森提出了语言进化论,认为语言同人类一样,是从复杂、紊乱的原始形式朝着有规律的、合乎逻辑的和更有效的方向发展。他承袭了洪堡特的观点,认为"语言的本质是人的活动,是一个人让别人了解自己的活动,是这一个人了解前一个人思想的活动"。这清楚地说明语言是人与人之间的交际活动。叶斯柏森的这一观点与韩礼德的"语言最好视为一种活动:具体地说,是人们在社会上的一种活动"的语言观相同。

叶斯柏森编撰的语法巨著《按历史原则编写的现代英语语法》几乎囊括了英语语法的各个方面。全书共有七卷,其中第一卷专讲音素和拼写,第七卷讲形态学,其他五卷都是讲句法。他在此书中独创了不少自己的术语。譬如,用"形态学"(morphology)代替了传统术语"词法"(accidence)。他主张对语法现象的描述有必要从外部(形式)和内部(意义)这两个相对的角度进行考察。他将前一部分称为形态学,将后一部分叫做句法,这两部分合起来加上语音学就构成完整的语法概念。叶斯柏森的这种语法体系的划分法为以后的语法学家所仿效,形态学也成了语法学中的一个重要的分支学科。

二、句法学的研究内容

（一）句法规则的递归性

依据短语结构规则理论,句子的组合规则十分有限,基本规则如(1)所示:

(1) a. S → NPVP

b. NP → (Det) (Adj) N (PP) (S)

c. VP → V (NP) (PP) (S)

d. AP → A (PP) (S)

e. PP → PNP

例(1)提供的短语结构规则可以产生各类句式。如果我们稍加仔细观察一下例(1)的模型,便可以发现这种组合规则不仅可以生成数量无限的句子,而且还可以生成长度无限的句子。从理论上讲,这些短语结构规则具有无限递归性或无限循环性,即各种短语和句子能够循环组合起来,生成的句子也可以长度无限。例如:例(1a)可以包含例(1b-e),例(1b)可以包含例(1a)和例(1e),例(1c)可以包含例(1a、1b 和 1e),例(1d)可以包含例(1a)和例(1e),例(1e)可以包含例(1b)。我们可以从这种"你中有我,我中有你"的循环组合模型中得出这么一种结论:语言的句法规则是有限的,而生成句子的数量却是无限的,句子的长度也可以是无限的。这种有限与无限的关系还可以通过例(2)和例(3)中的语言事实来表明:

(2) a. [I love syntax]

b. [You know [that I love syntax]]

c. [Everyone knows. [that you know [that I love syntax]]]

d. [...[that everyone knows [that you know [that I love syntax]]]

(3) a. [The little girl saw the man with a telescope]

b. [The little girl saw the man with the telescope [which was purchased at a new shop]]

c. [The little girl saw the man with the telescope [which was purchased at the new shop [whose owner was a good friend of the little girl]]]

d. [The little girl saw the man with the telescope [which was purchased at the new shop [whose owner was a good friend of the litte girl [...]]]

例(2a)和例(3a)的两个基本句子在例(2b)和例(3b)的句子中得到延长,而且可以朝两个不同的方向延长,在例(2c)和例(3c)中再一次得到了延长。句子的递归性不仅可以体现为两头延长,而且还具有内嵌句中、中部膨胀、无限扩张的特点:

(4) a. LThe man left school without explanation]

b. [The man [who registered as a graduate student] left school without explanation]

c. [The man [who registered as a graduate student] [of medium height] left school without explanation]

d. [The man [who registered as a graduate student] [of medium height] [wearing gold-rimmed spectacles] left school without explanation]

e. [The man [who registered as a graduate student] [of medium height] [wearing gold-rimmed spectacles] [with a scar on the cheek] left school without explanation]

f. The man [who registered as a graduate student] [of medium height] [wearing gold-rimmed spectacles]

[with a scar on the cheek] [...] left school without explanation]

从理论上看,例(2)、例(3)和例(4)的3类句子还可以继续延长,如例(2d)、例(3d)和例(4f)所示,直至永远。自然语言的这种递归特质耐人寻味。

(二)句法结构的自治性

从本质上看,语言的句法规则不取决于社会规约功能,而在于自身的结构依赖体系,这就是句法的结构自治性或独立性。

我们从自然语言的句子表现中发现,任何语言的句子成分都不是"词加词"的机械组合,不是"词叠词"的线性排列,而是通过一些大于词的"短语结构"组合而构成的一种层级结构。换言之,句子的结构成分不是词,合乎语法的句子是依赖"短语结构"的层级关系而构成的:

(5) a. He is friendly.

b. Is he friendly?

从表面上看,例(5b)中疑问句的形成是由于例(5a)中陈述句的第二个词 is 移位至句首而导致的。这一结论似乎得到了例(6)的印证:

(6) a. He is handsome.

b. Is he handsome?

但是例(7)却无情地否定了上述结论:

(7) a. The young man is friendly.

b. Young the man is friendly.

c. Is the young man friendly?

导致合乎语法的例(7c)不是移动了第二个词 young,而是第四个词 is。这一结论得到了例(8)的支持:

(8) a. The young man is handsome.

b. Young the man is handsome.

C. Is the young man handsome?

但是这种结论仍然是基于机械的线性排列而得出的,刻意按照词在句子中的线性排序来移动某个词是得不到合乎语法的疑问句的。以上例句以及例(9)和例(10)表明;在英语一般疑问句中,所移动的句子成分不是某个固定序列词,也不是任何一个谓词,而是主句中的谓词:

(9) a. The young man who is friendly is handsome.

b. Is the young man who is friendly handsome?

C. Is the young man who friendly is handsome ?

（10）a. The young man is a student who is obsessed with the syntactic study of language.

b. Is the young man a student who is obsessed with the syntactic study of language ?

C. Is the young man is a student who obsessed with the syntactic study of language ?

这种句法结构的自治性既不受其他任何认知系统的制约,也独立于语言使用的社会规约。

（三）句法的心理现实性

内化语言的句法规则不是一种任意编排的结构系统,而是具有心理上的现实性或真实性,即必须合乎人的语言直觉。句子不可以任意分割,如例（11）：

（11）John likes Chinese food.

例（11）中的句子不可以随意分割为四个等同部分,如例（12a）,或三个部分,如例（12b）,或两个部分,如例（12c）：

（12）a. John/ likes / Chinese / food.

b. John likes / Chinese / food.

C. John likes / Chinese food.

例（12）中三个句子的分割方式都不合乎人的语言直觉,在说话者和听话者的心理上并不真实。具有心理现实性的结构应该是例（13）所体现的句子层次分明的成分结构：

（13）[John [likes [Chinese food]]]

有时我们在说话时会省略某些成分,甚至是重要的句子成分,例如我们在说汉语时有时会省略主语：

（14）A:（他）走了吗?

B:（他）走了。

A:（他）独自走的?

B: 不,（他们）一起走的。

表面看来,例（14）的对话缺省了主语,但我们凭借直觉明白句子的主语是存在的,尤其是带有"独自"和"一起"词语的两个句子,这些词语充分说明句子具有心理现实性的主语成分。又如：

（15）a. I asked her to do it herself.

b. I asked to do it myself.

c. *I asked her to do it myself.

(16) a. I promised her to do it myself.

b. * I promised her to do it herself.

在上述例句中,所有动词不定式的主语都未显现,但是句子中 herself 和 myself 却暗示着空语位置上的心理主语。例(15a-b)和例(16a)之所以合乎语法是因为暗指的动词不定式主语具有心理现实性,而例(15c)和例(16b)违背了人的语言直觉,不具备心理现实性,因而是误句。再如:

(17) a. Mary asked John to hurt himself/* herself.

b. * Peter asked John to hurt themselves.

(18) a. * John did it together.

b. They did it together.

(19) a. John did it alone.

b. *They did it alone.

上述例句中的误句都不具备心理上的现实性,同时也违背了普遍语法的约束原则。我们将在以后的有关章节中深入讨论约束这类句子的句法通则原理。我们再来看两个句子:

(20) To be or not to be, that is a question.

(21) Visiting professors can be interesting.

例(20)中的 that 是句子的形式主语,而心理上的真实主语却是小句 to be or not to be. 小句自身包含了两个类似句子的动词不定式,每个动词不定式都含有一个论元结构,但是论元结构中的主语论元和补语论元却未显现。句子成分形式上的缺位并不能说明心理上命题概念的缺位,说话者和听话者都心知肚明,to be or not to be 的主位和系表位在心理概念上是占位的。例(21)中的句子可以有以下两种解读:

(22) a. 登门拜访教授是一件很有趣的事。

b. 来访的教授们是一些很风趣的人。

如果我们将例(21)句子中的助动词 can 删除,将 be 改写成 is 或 are,我们便可以得到两个意义明确的句子,见例(23):

(23) a. Visiting professors is interesting.

b. Visiting professors are interesting.

以上分析表明,句子具有表层结构和深层结构,表层结构上意义模棱两可的句子,在深层结构上必然有着不同的展现。语言的深层结构构成了我们的心理语法,凡是在深层结构层次上明确无误的句子都具有心理现实性,从而确保表层句子的不同意义都能得到正确解读。

三、句法学理论在语言教学中应用的策略

（一）文化对比策略

文化对于语法教学影响深远,因此教师可以采用文化对比的方法展开教学,让学生不断对各种语言语法的差异有所熟悉,培养他们的跨文化交际意识与能力。

众所周知,我国学生是在母语环境下来学习的,因此不知不觉地会形成母语思维方式,这对于语言学习而言是非常不利的,甚至在组织语言时也掺加了汉语的成分。基于这样的情境,英语教师就需要从学生的学习规律出发展开对比教学,使学生不断认识到英汉语法的差异,这样便能在发挥汉语学习正迁移的前提下,使学生掌握具体的英语语法知识。

（二）三维教学策略

在具体教学过程中,英语教师都倾向于两种教学方法,一种是注重语言形式或语言分析的教学方法,另一种是注重语言运用的教学方法。这两种方法各有侧重,但实践证明,将两种方法结合起来才会更加有效。从交际角度而言,语法不仅是各种形式的集合,语法结构也不仅有句法的形式,也可以运用具体的语言环境来表达语义,可以将这三个方面表述为形式、意义和用法。美国语法专家拉森·弗里曼(Larsen Freeman,1995)提出了基于From, Meaning, Using 三个维度上的三维教学法,将语言的形式意义和用法有机结合起来。其具体模式如图 4-1 所示。

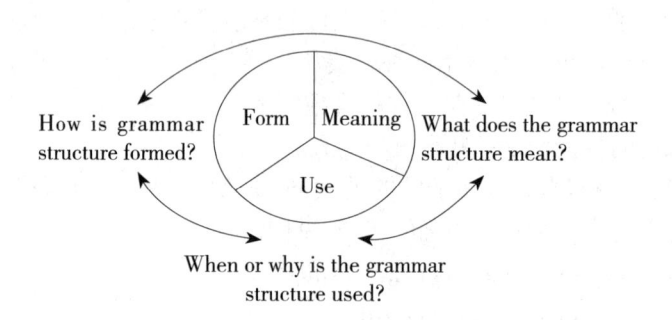

图 4-1 三维语法教学观

（资料来源：邓道宣、江世勇,2018）

三维教学法的实施包含五个步骤：热身运动、发现语法、学习形式、理解意义、应用语法。

第四章　词汇学与句法学理论应用于语言教学

热身运动是对上一课堂要点的复习,然后通过一些参与性活动,如听歌、表演、竞赛等形式,让学生对新的内容有所了解,调动学生的背景知识,激发学生的求知欲望。

发现语法是指学生通过教师讲解和引导感知和发现语法现象。

学习形式是指学生在发现语法的基础上,以语法结构的形式总结出语法规则。在课堂教学中,这部分内容表现为回归课文阅读文章,通过阅读文章找出类似的形式和结构。这一阶段过后,学生能够为下一步理解、操练规则做好准备。

理解意义是指设计以意义理解为主的活动,从而促进学生对语法项目的理解,与语法的应用奠定基础。

应用语法是指教师为帮助学生掌握语法规则、提高其语法应用能力所设计的篇意识强、交际性好、能够促进思维发展的活动或任务。

在具体的教学过程中,教师可以根据具体的教学情况对上述几个步骤进行调整。

(三)创设文化语境策略

在语法教学中,教师可采用情境教学法开展教学,情境教学法有着包含语法规则和知识的真实环境,可以充分调动学生不同的感觉器官,激发学生学习的兴趣,可以让学生在接近真实的情境中确实参与到学习中,使学生系统地掌握语法知识。语法教学通过情境化实现了认知与情感的联合,颠覆了过去只讲述语法规则的陈旧方法,学生有了使用语言的空间。而且通过情境化教学,课堂氛围更加活跃,师生关系更加和谐,学生的语法能力和交际能力会得到显著提升。具体而言,情境教学的教学途径包含以下几个。

1. 融入音乐,创设情境

学生通常对音乐有着强烈的兴趣,因此在语法教学中,教师可将音乐与语法教学相融合,营造轻松愉悦的气氛,在聆听中学,在欢唱中学。例如,在讲授现在进行时这一语法时,教师可以让学生先欣赏歌曲,并让学生持有该曲的歌词,然后找出歌词中含有现在进行时的句子。这样既能激发学生的学习兴趣,分散学习的难点,又能使学生在不知不觉中学到知识。

2. 角色扮演,感受情境

在语法课堂教学中,教师还可以组织学生进行角色扮演,让学生身临其境地学习语法知识。学生可以通过自己扮演的角色,体验相应情境下人物的言行举止、思想情感,深化所学知识,提高学生的人文素养。

3. 运用多媒体,展示情境

在语法课堂教学中,有些教学情境因条件的限制无法创设,但随着多媒体技术的发展及其在教学中的运用,这一缺陷被弥补了。多媒体教学素材丰富多样,包含图像、图形、文本、动画以及声音等,将对话的时空体现得生动和形象,图像和文字都得到了充分得体现,课堂范围不再沉闷死板,学生的感官得到了调动,加深了学生的印象,提高了学生参与课堂教学的积极性,教学和学习效率也得到了显著的提升。

4. 设计游戏,领悟情境

设置符合学生心理和生理特征的语法教学游戏,可以激发学生的学习积极性,让学生积极参与其中。而且生动活泼的游戏可以调动学生的多种感官,使学生原本觉得困难的语法结构也变得简单许多,从而使学生在潜移默化中掌握语法知识。

(四)翻转课堂教学策略

翻转课堂也是随着信息技术的发展而产生的一种新型教学模式,将该教学模式运用语法教学,可有效调动学生学习语法的兴趣,促进学生的自主学习能力,提高学生的独立思考能力,进而培养学生的语法能力。翻转课堂这种教学模式不再以教师为中心,而是以学生为中心,教师只是起到辅助作用,学生是教学环节的重点,师生之间处与相互互动的状态。翻转课堂语法教学模式流程如图4-2所示。

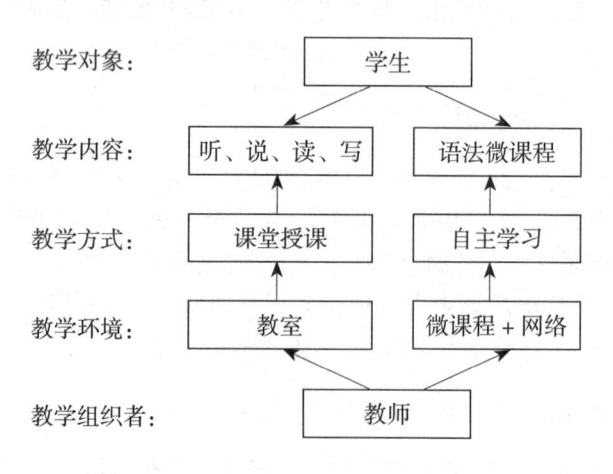

图4-2 翻转课堂语法教学模式的流程

(资料来源:张晨晟,2019)

第四章　词汇学与句法学理论应用于语言教学

1. 提升微课制作水平,借鉴网络教育资源

相较于传统的语法教学模式,翻转课堂最大的特点在于以视频微课代替了"黑板+粉笔"的教学方式。但对于已经习惯了传统教学模式的语言教师来说,很难在短时间内适应视频微课这种新式,因此教师首先要熟练掌握微课的制作技术,灵活运用各种制作软件;其次,要重视视频微课内容的整合与加工,在内容选择上要微课课本语法知识,并借鉴网络上优质的教育资源制作短小精致、内容丰富的数字化课程资源。

2. 拓宽师生互动渠道,确保语法教学效果

制作视频微课是翻转课堂语法教学的前提,后期的检查、实施和监督是更加重要的部分,因此师生之间应保持多维互动。首先,教师要指导学生观看视频微课,并对学生的学习内容和时间进行计划,把握学生学习的进度;其次,教师要利用社交软件建立 QQ 群和微信群等,加强与学生线上线下的互动,对学生在自主学习中遇到的问题进行解答,促进师生和同学之间的讨论,实现语法知识的消化和吸收。

3. 关注语法难点,提升教师答疑解惑的能力

基于翻转课堂,教师将制作好的视频微课上传到网络平台,学生自行下载,并在固定时间内完成自主学习,而对于遇到的语法知识难点,除了课堂学习小组讨论外,更多由教师在课堂上统一解答或个别辅导。对此,教师应不断充实自身的语法知识储备,提升自己的语法能力,从而更好地解答学生的疑难问题。

4. 开展差异化教学辅导,促进学生自主学习

在翻转课堂教学模式下,教师要更新教学理念,改变传统的教学模式,主动融入和参与学生学习的各个环节,成为学生学习的指导者和监督者。由于不同学生之间存在的巨大的差异,有着不同的基础水平和认知结构,因此教师需要采用不同的辅导方式来对不同层次的学生加以辅导,特别是对那些自律性不强的学生,更要采取有效方式来加以辅导,促进他们进行自主学习。

5. 重视教学评价,建立激励机制

翻转课堂语法教学重在学生的自主学习,为了掌握学生自主学习的频率以及参与程度,确保翻转课堂教学的效果,对学生进行考核评价就显得

十分必要,而且这种考核要贯穿于课堂教学的全过程,并且评价形式要多样化,包括学生自我评价、小组评价、教师评价等多种考核评价形式。这种全方位的考核评价机制有利于教师掌握学生对语法教学的参与度和配合度,便于教师了解学生对语法知识的掌握程度,而且对学生有着正向的激励作用。

总体而言,在文化全球化时代背景下,词汇和语法教学应紧跟社会和教学改革发展的趋势,结合文化开展教学,即在教授词汇和语法知识的同时,融入各语言文化知识,进而培养学生的文化素养,提高学生的综合能力以及运用词汇和语法知识进行跨文化交际的能力。与此同时,教师要持有客观的态度,不能一味地导入外语文化,而应传授汉语文化知识,从而树立学生的文化自信,使学生运用所学知识传播中国文化。

第五章　语义学与语用学理论应用于语言教学

在语言学中，语义学与语用学两者关系最为密切，内容相互交织。两者作为语言学的重要分支，与语言教学关系密切。在教学实践中合理地运用语义学理论与语用学理论，能够更好地指导教学，使讲解更具目的性和有效性。

第一节　语义学理论应用于语言教学

一、语义学的内涵

语义学是一门研究语言单位和话语意义的学科，其研究内容包括意义的本质、意义间的关系，以及意义间相互作用的规则。这里所说的意义是指自然语言的各个单位的意义，包括词素、词组、句子、篇章等。

语义学是一门交叉性学科，它与哲学、心理学、逻辑学、人类学、符号学等学科有着密切的联系。从微观角度看，语义学分为词汇语义学和句法语义学。词汇语义学研究词语的语义结构和语义聚合关系，以及语义的发展演变等；句法语义学主要研究句子的语义构造和语义组合关系，以及句子之间的意义联系。从宏观角度看，语义学研究有内外之分。"内"，是从语言单位意义本身出发，研究其特点、构成、各个单位意义之间的关系等；"外"，是要研究语言符号与外部世界的关系。[①]

---

① 池昌海,王维贤. 现代语言学导论[M]. 杭州：浙江大学出版社,2004.

二、语义学的产生与发展

语义学的产生可以追溯到古希腊苏格拉底时代。哲学家讨论哲学问题时,已涉及语义问题。柏拉图的《克拉图洛斯》除谈到语言起源,还谈到词和词义关系。柏拉图认为,词有形式和意义两部分。由词形和词义组成的词用来指称客观世界的不同事物,或给不同客观事物起名。词和事物之间存在指称和被指称、命名和被命名关系,词义也就具有联结词和事物所指关系或命名关系的作用。这种对词义的解释被称作"命名说"。若以古希腊为上限,西方人探讨语义问题的历史已有两千多年。我国的语义探讨至少可追溯到先秦诸子。儒家、墨家、名家、道家、法家都讨论过与语义有关的"名实"关系等问题。

综观语义学的发展历史,关于语义学的研究大体可以分为三个阶段,即训诂学、传统语义学和现代语义学。

(一)训诂学

人们在语义方面所作的实际工作最早的要算是注释古书,训诂学就是伴随着这项工作逐渐产生、发展的。我国的训诂学成绩卓著。春秋战国时期从义理辞章方面注释的《左传》《公羊传》《谷梁传》是最早的训诂成果。汉代提倡读经,注释古书风气很盛。郑玄注的《诗经》《周礼》《仪礼》备受推崇。为了解释古书的字义,汉代还编成了几部重要的工具书:《尔雅》《方言》和《释名》。东汉许慎的《说文解字》重点虽在字形,但也解释字义,对后世影响很大。从随文释义到编纂词典、字典,这是很大的进步。晋以后,我国语文学的重点转到音韵方面,但训诂的工作并未中断。到了清代,我国语文学进入全面发展时期,训诂学再度兴盛起来,取得很大成就。语文学时期成绩卓著的古印度、古希腊、罗马以及阿拉伯等国在训诂学方面也做了大量工作,成果斐然。[1]

训诂学为后人研究语义留下了一份宝贵的遗产。但是训诂学只着眼于古代的书面语,其目的一般限于注释古书、疏通文字,重点是注释字义、词义。训诂学虽然积累整理了丰富的材料,也有许多好的见解,但还不是独立的、全面的、科学系统的研究。

(二)传统语义学

传统语义学理论是在哲学和逻辑学的影响下以具体语言的语义研究为

---

[1] 叶宝奎. 语言学概论 第 3 版 [M]. 北京:中国人民大学出版社,2013.

第五章　语义学与语用学理论应用于语言教学

基础,吸收训诂学的成果逐渐形成的。

传统语言学的基本特点是重视意义研究。传统语文学、训诂学注重古代语言、书面语及个别词义的考证和解释,而传统语义学注重古代语言和现代语言、书面语和口语以及系统理论和个别考证的有机结合。传统语义学的局限性在于它只注重词义研究,比如研究词义历史变化,主要关注词义的扩大、缩小和转移等问题;研究词义共时现象和词义分类,局限于多义词、反义词、同音词、同义词的分析。也就是说,传统语义学的研究对象是词义,既没有深入到语义的微观领域,也没有系统研究句义和话语意义;既很少结合言语环境分析意义,也没有形成有效的形式化手段。造成这种局面主要有三方面原因。[①]

第一,客观原因。与语音和语法研究相比,语义研究更加困难。语言学家可以客观、准确地描写音素、音位和句法结构,但很难客观、准确地描写语义。因为意义常常捉摸不定,变化多端,且因人而异。

第二,主观原因。语言学家没有找到有效的语义研究方法。重视个别词义探讨的原子主义研究方法,以及局限于词义分析的研究视野,制约了语义研究的深度和广度,导致其研究成果缺乏系统性。

第三,外部原因。语义反映人类思维过程和客观现实,与哲学、心理学、逻辑学、人类学等学科关系密切。要全面细致研究语义现象,深刻透彻认识语义规律和本质特点,需上述学科的配合,而相关学科语义研究的不足,必然影响语言学的语义研究。

传统语义学主要局限于词义研究,严格说来,只能称作词义学。结构主义语言学兴起后,欧洲一些语言学家运用结构主义方法研究语义,于20世纪30年代提出语义场理论,并形成了以乌尔曼、格雷马斯等为代表的结构主义语义学。

美国描写语言学派的多数学者包括其代表人物布龙菲尔德,虽认识到意义研究的重要性,但因描写语言学语言观的局限性,以及片面追求语言描写形式化的研究方法,尽量回避甚至有意排斥意义,目的是集中精力研究音位学和语法学。在布龙菲尔德看来,"言语形式的意义,只有在一切科学部门,特别包括心理学和生理学,都接近完善的时候,才有可能科学地加以界定"。对于意义,"只有无所不知的通才才能分析或者加以系统地排列"。

① 1953年3月,霍凯特在芝加哥召开的语言学会议上甚至说:"语言的语言学系统不包括语义学。系统是抽象的,那是一种信号系统。我们一旦研究语义学就不再是研究语言,而是研究与语言联合的语义学系统。"[②]正如

---

① 王远新.语言学教程[M].北京:中央民族大学出版社,2009.

美国语言学家卡洛尔指出的那样:"许多美国语言学家今天所运用的描写语言学方法论的总的特点是想不考虑意义来分析语言的结构。"③这在很大程度上制约了语义研究的发展。

传统语义学研究的问题主要包括词义、语音、客观事物之间的关系,词义与概念的关系,词义的色彩,多义词、同义词、反义词及词义的演变等。

传统语义学所使用的方法基本上是原子主义的。往往将具体的字词看作孤立的个体,很少顾及其他相关单位的意义,更未从关系着眼,去考察整个语义系统;研究范围一直局限于词义,而且把词义作为一个整体加以研究;未能对语义单位进行深入的微观分析,也未能像语音学、语法学那样从最小单位一直研究到句子。

(三)现代语义学

现代语义学以语义成分为基础,革新了传统语义学以义项为最小语义单位的分析方法,使语义研究进入微观层次;结合语义场和句义结构,从聚合和组合两个角度分析语义系统,克服了传统语义学以个别词义为研究对象的局限性,促进了语义研究的深入。一方面,现代语义学向纵深发展,深入语义的微观层次,研究语义的结构和语义单位之间的关系;另一方面,扩大语义研究的范围,研究形位、词位、词组、句子的语义内容,并且把语义放在语境中加以考察,研究语义在语境中的变化,等等。①

20世纪初,欧洲的语言学家采用结构主义理论和方法进行语义研究。20世纪30年代,德国语言学家特里尔提出语义场理论,开始了语义系统的研究。于是,在欧洲,结构语义学形成,标志着现代语义学的诞生。但这个时期正是美国描写语言学占主导地位的鼎盛时期,他们注重形式,极力回避语义的研究。在这种大环境下结构语义学未能获得人们足够的重视,直到20世纪50年代后期语义研究才重新引起人们的关注。语义场理论被广泛采纳,被证明是一种有效的方法。20世纪60年代以后,解释语义学、生成语义学产生,更加关注语义的地位,并且注重句子意义的研究。他们使用构成成分分析法对语义单位进行微观分析,无疑是对传统语义学的更大突破,引起了普遍的重视和反响。

现代语义学虽然取得了一定成果,但迄今为止仍然显得粗疏、单薄,还不够成熟,需要在发展中逐步完善。

---

① 王华,崔俊影,经芳. 语言学[M]. 延吉:延边大学出版社,2018.

三、语义的分类

传统语言学把意义分为词汇意义和语法意义。语法意义是语言单位的关系意义,词汇意义包括理性意义和附加意义(如感情、风格、形象、语体色彩等)。理性意义是词义的核心,实词可以没有附加意义,却不能没有理性意义。词的理性意义,既与相应的概念有关,也与它在词汇体系中的地位即与其他词的各种联系有关。

一般来说,实词表示词汇意义,虚词表示语法意义。人类语言还存在实词虚化(语法化)现象,即一些虚词是从实词分化演变而来的,比如汉语的一些介词是从动词逐渐虚化而来的。实词虚化有一个过程,如果这一过程还未结束,就不一定表纯粹的语法意义,如汉语的部分介词,一些汉语语法书将其称作"副动词"或"次动词"。突厥语族语言的后置词从实词分化而来,有些已完全虚化,只表语法意义;有些处于半实半虚的过渡状态,除表语法意义,还保留一定的词汇意义,有时还可用作实词。[①]

典型的词汇意义和典型的语法意义主要有两点区别:一是典型的词汇意义具有事物的对应性,语法意义则没有这种对应性;二是典型的语法意义具有组织语言成分的作用,词汇意义则没有这种作用。

这里所说的"事物"是广义的,除典型"事物"外,还包括行为、动作、性质、状态等,既指具体事物,也指抽象事物。汉语的"山、走、快、音乐、道德、提取"都有一定的事物对应性,甚至"零、无、虚假、想象"等也跟某种状态、心理活动相对应。这类语义是词汇意义。"的"用在动词性、形容词性或名词性词语后,组成名词性"的字结构"。这里的"的"不与任何事物对应,只表语法意义。"因果"和"因为……所以",前者指客观事物原因和结果的关系;后者表它们所联系的词语内容一个是因,一个是果。二者的语义性质不同,前者是词汇意义,后者是语法意义。语法意义是语法学的研究对象,传统语义学重点研究词汇意义。

四、语义的性质

(一)语义的客观性

语言参与人们对客观世界认识活动的全过程,并记录认识活动的成果。因此,作为语言的重要组成部分,语义的存在和表达具有客观依据,不是语

---

① 马学良,翟霭堂. 普通语言学 [M]. 北京:中央民族大学出版社,1997.

言使用者凭空想象的。

　　语义依据客观事物形成,是概念的反映。概念有内涵和外延。例如,"书"的概念内涵是"作品、印刷品、纸页构成、装订成册、印有语篇";外延是"书"指称的所有对象,如"中文书、外文书、精装书、简装书、大开本书、小开本书、普通读物、学术著作"等。概念的内涵和外延呈反比关系,内涵越大,外延越小,反之亦然。"书"的内涵比"教科书"小,因为"教科书"除具有"书"的全部属性,还有教科书本身的一些特有属性。"书"的外延比"教科书"大,它包括"教科书"。

　　人们在生产、生活实践中认识事物,把握事物的本质属性,逐渐形成概念。有了概念,再用一定的语音形式表达出来,就形成了语义。

　　语义反映和表达概念,而概念的依据又是客观现实,但不能在语义和客观事物之间画等号。因为人们对客观事物的概括反映是复杂的,其中包括一些幻想成分。客观世界并不存在"上帝、妖怪、鬼神、仙女"等事物,人类语言却普遍存在反映这类事物的词语。在科学不发达时代,人们遇到不可克服的困难或无法解释的问题时,会依据一定的现实,通过幻想对客观现实做出虚假反映。由于上述原因,语言中就会存在与客观事物或客观世界不相符的词语和意义。随着人们认识水平的提高,表达这类意义的词语并不一定消失,而是在保留原词语的基础上,赋予它们新的意义。换言之,人们利用原来的形式表示新义时,有些会产生转义,有些则会作为比喻义继续被使用。[①]

　　(二)语义的概括性和具体性

　　语义不是对具体事物的直观描述,而是对同类事物的抽象概括。客观事物的类聚层次不同,语义的概括程度就会有高低。与此同时,语义又是具体的,没有具体的语义就没有抽象的语义。在交际过程中,无论口语还是书面语,均受语言环境和上下文制约,每个词都有所指,它们的意义都是具体的。

　　(三)语义的共性和特性

　　语义与思维密切相关,全人类的思维具有共性,因此,语义也具有全人类共性。与此同时,语言总是与特定社会文化、历史传统相联系,不同语言使用者受不同社会文化、历史传统影响,认识事物的角度和方式都会有差异,因此,语义又具有具体语言的特性。

---

① 马学良,瞿霭堂. 普通语言学 [M]. 北京:中央民族大学出版社,1997.

（四）语义的稳固性和可变性

语义具有稳固性,汉语的许多词所表示的概念延续几千年,没有产生本质变化,意义非常稳固;语义还具有可变性,时代不同,概念的内涵和外延就有可能不同,词义也会发生变化。语义的稳固性是相对的,可变性是必然的。如果语言单位（包括语义）随时处在变化状态,必然影响交际;如果语言单位（包括语义）总是一成不变,就不能适应交际的需要。

（五）语义的精确性和模糊性

语义既具有精确性,也具有模糊性。专业用语的意义一般都很精确,而且要求越精确越好;一般词语尤其是常用词语,其意义往往是模糊的。

语义的模糊性指语义反映的对象边界不清。语义虽具有抽象性,但有些词的意义所概括的范围并无明确界限。表示模糊概念的词是模糊词,其意义具有模糊性,人类语言均存在模糊词和模糊语义。当然,词义的核心内涵是清楚的,否则红黄不分,黑白颠倒,难以达到交际的目的,甚至无法交际。

正因语义具有模糊性,人们才能根据交际的需要,在不同场合和情景中,灵活自如地选择词语、表达思想。语义模糊性的特点使语言的表达更具弹性,更有生气,从而更方便、灵活地为其使用者服务,作家才能创作出脍炙人口、各具特色的作品。正因语义具有精确性,尽管许多词语词义模糊,科学工作者仍能准确、精细地描述事物、表达思想。该模糊的时候不模糊,该精确的时候不精确,就会影响交际,影响思想的表达。

此外,语义还具有系统性。语言本身是一个相对严密的体系,具有系统性,作为语言重要组成部分的语义,自然也具有系统性。语义的系统性表现在语义关系的方方面面。

五、语义的单位——义素

语义是由不同意义单位组成的系统。传统语义学注重词义研究,现代语义学不仅研究词义,还研究比词义更小或更大的语义单位。在这种情况下,以传统的词义作为语义分析的基本单位有诸多不便。传统语义学的"义项"指词的不同意义单位,是比词义更小的意义单位。用"义项"表示语义基本单位,虽便于理解,但受词典编纂的制约,因此,现代语义学将"义位"作为语义的基本单位。

义位由一束或一组义素即语义成分构成,像音位由一束或一组区别特征构成一样。义素是义位的组成部分,是进一步分解义位得到的。也就是说,义位是语义最基本的单位,义素是构成语义的最小单位,是进一步分析义位的结果。

(一)义素分析

义素是结构主义语言学描述词语意义的最小组成部分。义素分"理性义素"和"附加义素"。"理性义素"指与概念相关的义素,可以通过字典直接查到。"附加义素"指除了理性义素外的人们能够体会到的,或者是可以通过具体的语言环境产生的义素。义素分析,又称为语义成分分析,主要指将词语的义项分析成一系列义素的组合。

(二)义素分析的特点

义素分析具有以下几方面优点。第一,传统语义学对语义主要通过整体概括的方式进行解释,这样解释出来的意思比较抽象。而通过义素分析来解释语义,能深入分析词的微观结构,使意思更加具体、清晰。第二,义素分析对词义、词义的分析等方面的描述更加贴合现实,方便人们的操作。最后用数学的形式呈现分析结果,提高了义素研究的科学性。[1]

(三)义素分析的步骤

1. 提取共同义素

比较一组意义上具有某种或某些共性的词,提取共同语义特征即义素。例如,"男人、女人、男孩、女孩"是一组语义上有联系的词,"男人"和"女人"的共同语义特征是 [+ 成年];"男人"和"男孩"的共同语义特征是 [+ 男性];"女人"和"女孩"的共同语义特征是 [+ 女性];"男孩"和"女孩"的共同语义特征是 [+ 年幼]。比较四个词,可提取出共同义素 [+ 人]。这样就可描写每个词的意义,并依据语义特征的异同观察其语义结构:

男人 [+ 人 + 男性 + 成年]
女人 [+ 人 + 女性 + 成年]
男孩 [+ 人 + 男性 + 年幼]
女孩 [+ 人 + 女性 + 年幼]

比较意义相关的一组词,提取共同义素,这是义素分析的第一步。

---

[1] 哈力木拉提·阿不都热依木. 义素分析与语言教学关系探析[J]. 兰州教育学院学报,2014,30(07):98-99.

第五章　语义学与语用学理论应用于语言教学

2. 简化义素

依据对立关系可将词的意义分割成最小对立成分,描写语义的相互关系。例如,"男性"的对立面是"女性",[－男性]就是"女性";"成年"的对立面是"年幼",用[－成年]表示。采用这种方式可节省义素符号,简化语义结构。按提取共同义素的方法可得出上述四个词的五个义素,利用义素间的对立关系可简化为三个:[±人]、[±男性]、[±成年]。简化义素后,可将四个词的意义特征描写如下:

男人[+人+男性+成年]
女人[+人－男性+成年]
男孩[+人+男性－成年]
女孩[+人－男性－成年]

除采用"±"表示有无某个义素,常用的义素特征符号还有:">"表示"长辈","<"表示"晚辈","="表示"同辈","→"表示"生","←"表示"被生"等。此外,还可用x、y等字母表示义素分析涉及的变项,如"杀"和"自杀"均可析出[致使]和[死]两个义素,前者是"某人使他人死",后者是"某人使自己死",它们的义素结构式分别为"杀:[致使]x[死]y(x致使y死亡)、自杀:[致使]x[死]x(x致使x死亡)"。

(四)义素分析的价值

1. 方便简洁地释义

不同义位包含共同的义素,义素数量比词义数量少得多,义素分析法可用少量义素精确描写一组词的意义。现代汉语有30多个亲属关系词,构成这些词义的义素只有几个,即性别、长幼、辈分、直系、旁系等。义素分析法便于比较词与词的理性意义和附加意义(色彩及语法意义)的异同。这些都是传统语义学用简单枚举法难以做到的。

2. 释义形式化

义素分析法采用二元对立描写方法,有助于计算机的语义输入。比如可用字母代码或数字代码描写义素(ABC为字母代码,012为数字代码):代码转译:父亲[+直系亲属+男性+长辈],以此类推。

3. 明确界定词义关系

义素分析法可明确界定词义关系。同义词是一定语义单位中义素全部或基本重合的词,如汉语"头"和"脑袋"概念意义的义素相同,附加义素有别;"看"和"看见"的共同义素是[+感知行为]、[+用眼睛],不同义素是[结果],其中"看"是[-结果],"看见"是[+结果]。

反义词是一定语义单位中有对立或相反义素的词。"大人"和"小孩"以"人"为共同义素,[±成年]为对立义素,"大人"是[+成年],"小孩"是[-成年];"冷"和"热"以"温度"为共同义素,以[±高]为对立义素,"热"是[+高],"冷"是[-高]。①

在一定语义单位中,一个词的义素包含另一个词的全部义素,它们是上位词和下位词的关系,比如"学生"是"大学生"的上位词。

4. 阐明词语组合条件

有些词语的组合条件单从语法上难以说明,如汉语能与"出嫁""有喜"搭配的施事名词,从语法上很难说清楚。从义素分析角度则比较容易解释,即施事名词必须具有义素[+人]、[-男性]。

(五)义素分析的局限性

义素分析法是仿照音位区别特征理论建立起来的,但语义成分比音位区别特征复杂得多。一种语言的音位区别特征不过十几对,世界上各种语言的区别特征加起来也不过20对左右,并且它们是一个相对封闭的系统。依据人类发音器官生理构造的特点,从语音的发音或声学特征出发,比较容易确定构成所有音位的区别特征数量。

语义是语言形式体现的内容,是人类对客观世界及自身认识的概括反映。它既与事物本身的特征有关,又与人们对事物的认识有关,内容庞杂,数量繁多,变化范围大。因此,很难确定一种语言词义的数量,也难以归纳出一定数量的义素描写所有词义。

另外,亲属关系词的义素难以用在烹饪词上,运动词的义素不能用在方位词上。有些词比如颜色词以及意义十分抽象的词,很难采用义素分析法。正因如此,采用义素分析法很难完整地描写一种语言的语义系统。

(六)义素分析与语言教学的关系

1. 义素分析促进语言教学

义素分析始终坚持对比性原则,同时借鉴各种分析原理,通过分析符号

---

① 王远新. 语言学教程 第3版[M]. 北京:中央民族大学出版社,2017.

进行描述,这在一定程度上促进了形式化的实现,使分析结构更加清晰、明了。同时,义素分析还结合语义场,利用对比的方法,深入辨析语义存在的不同点和相同点,清晰地表达词义,以帮助教师在语言教学中发挥更大的作用。

2. 义素分析有助于通过语言进行交流

传统的释义方法是利用词典解释意义,再收集大量的例句,然后概括出词义。而义素分析则是运用对比的方法,对一系列词语进行比较,然后从中提炼出词义的构成成分。同时,义素分析还可以将词义与其他相关结果进行比较,促使这个结果能更加准确地描述词语的特征和属性,从而有利于人们通过语言进行正确的、恰当的交流和沟通。

3. 义素分析简明形式化,清楚阐述各类词语的关系

对同义词的语义进行分析的方法很多,如扩展性词语释义法、陈述分析法及义素分析法。与扩展性词语释义法和陈述分析法相比,义素分析的形式更加简单化,对同义词语义的分析和解释也更加准确。

4. 义素分析更能够凸显语言的色彩意义

语言有理性意义和附加意义。附加意义主要指色彩义、联想义及文化义等。义素分析的原则就是以语言的理性意义为指导,再结合附加意义以实现对语言的分析和应用。由此可见,通过义素分析,语言的附加意义更加容易显现。

5. 义素分析明确规定语言的限制条件

进行义素分析需受到一定的约束限制,主要表现为义素分析要受现实的束缚。例如,我们可以说"小新在看电视""小狗在吃骨头",但不能说"电视在看小新""骨头在吃小狗"。这主要是与我们生活的现实世界有关。"电视""骨头"不可能做出"看""吃"这样的行为,这些动作的行为参与者的词语必须具备 +[人] 或 +[动物] 的义素。而"电视"和"骨头"都不具备这样的义素。因此说,义素分析受一定条件的限制。[1]

---

[1] 哈力木拉提·阿不都热依木. 义素分析与语言教学关系探析[J]. 兰州教育学院学报,2014,30(07): 98-99.

（七）将义素分析运用于语言教学

1. 用义素分析法解释词语

在语言教学中，教师指导学生利用义素分析法对词典释义的内容进行分析。在分析过程中，义素可以分为类义素、特征义素和附加义素。借助义素分析法解释词语，克服了传统释义存在的笼统性和模糊性，清晰地展现了词义的内部结构。

2. 用义素分析法考查词语组合

词语组合即词义组合。在词语组合中，借助义素分析，能清晰地突出词义组合之间的关系。因此，在语言教学中，引入义素分析法，对考查学生的词语搭配具有重要的作用。就拿我们生活中经常用的"吃、喝、吸"的词语组合，按照义素分析法进行分析，我们可以得到如下结果。"吃"：[+固体食物][+经过口腔][+咀嚼][+进入胃]；"喝"：[+液态食物][+经过口腔][-咀嚼][+进入胃]；"吸"：[+气态物质][+经过口腔][-咀嚼][+进入胃]。①

我们可以看出"吃""喝""吸"这三个词义的组合方式是正确的。但是，如果词语失去了具体的语言环境，那么这些组合也就不复存在。例如，动态助词"着"，主要突出动作或状态的持续性，因此"着"具有[+持续]的语义。"看着、想着、听着"就代表动作具有持续性，对其进行义素分析就是[+动作][+持续]。而"亮着、开着"能在瞬间完成，不具有持续性。但是"亮着、开着"也可以表示动作行为造成状态的持续性，因此对它的义素分析可以表示为[+状态][+持续]。

3. 用义素分析法辨析同义词

一般来说，意思相同或相近的词语组成的语义场可称为同义义场。在同义义场中的词语称为同义词。而同义词是指理性义、色彩义或者用法上没有相同之处的一组词建立的词语聚合。义素分析能对处于同义义场中的词义进行分析，能让学生明确词义的区别，促使学生更加准确地运用词义。具体来说，运用义素分析法辨析同义词就是将几个需要考察的词语放在一个词义场中寻找它们义素存在的相同点和不同点，采用分析和比较的方法把握结果。举个例子，"感染"一词中的一个义位跟"传染"可以构成同义

---

① 谷俊. 义素分析在汉语词汇教学中的运用[J]. 西南农业大学学报（社会科学版），2009，7（02）：216–218.

第五章　语义学与语用学理论应用于语言教学

的关系,因此,我们可以将它们的词义进行如下表示。"传染":[+ 细菌][+ 病毒][+ 通过生物机体][+ 从一个到另一个][+ 侵袭][+ 其他生物机体];"感染":[+ 细菌] [+ 病毒] [+ 通过生物机体] [– 从一个到另一个] [+ 侵袭] [+ 其他生物机体]。① 这两个词语的不同点在于是否具有 [+ 从一个到另一个]。我们明显看出,"感染"不具备这样的义素。因此,在语言使用中,我们常常将"感染"与"细菌、病毒"等词语直接搭配,而"传染"往往跟表示各种传染疾病的词语搭配。

六、语义的关系

（一）语义的聚合关系

语义的聚合关系指语言系统中各个语义成分在对立的基础上,由于相似或差异形成联想的关系。这些语义成分在一定的语境中可以相互替代。

现代语义学中常用语义场理论来进行语义研究。语义场是指具有共同的核心语义特征、在语义上具有相互联系和相互制约关系的一组词语的聚合。现实中有很多语义场。例如,"亲属语义场",指含有"亲属"义素的词语,如"父亲""母亲""哥哥""姐姐""妹妹"等;"颜色语义场",指共同含有"颜色"义素的词语,如"赤、橙、黄、绿、青、蓝、紫"。语义场理论反映了语义的聚合关系,促使语义研究进入新阶段。②

语义的聚合关系具体表现为以下几种类型。

1. 单义与多义

（1）单义词

单义词指语言中只有一个义位的词。科学术语一般都属于单义词,如"原子""离子""辅音""函数"等。

单义可以分为以下两种类型:第一,派生意义与隐喻。认知范畴的"隐喻"指基于对象间的相似性,将一个认知模型投射到另一个认知模型。通过隐喻,词语可以获得新的派生意义。例如汉语"深"的基本义为"(水)不浅",通过对其意义进行延伸,可以将其解释为"距离跨度大、某种元素积聚量大",进而派生出若干义项,如树木茂盛、颜色过浓、道理精微、感情笃厚等

---

① 哈力木拉提·阿不都热依木. 义素分析与语言教学关系探析 [J]. 兰州教育学院学报, 2014, 30 (07): 98-99.
② 邓林, 李娜, 于艳英. 现代英语语言学的多维视角研究 [M]. 北京: 地质出版社, 2017.04.

若干义项。词语的本义及其派生意义分别属于不同的认知域,本义属于空间域,四个派生义项分别属于植物域、色彩域、知识域、情感域。这些看似不同的认知域联系在一起,表明它们之间存在一定的相似性,这就是隐喻机制。看似不同的认知域通过隐喻机制相联系,而这些联系的建立完全基于我们的经验和认知方式。第二,派生意义与转喻。认知范畴的"转喻"指基于对象间的相关性,在同一个认知模型内表述和理解部分与整体关系时,可用一个部分来认识另一个部分。在认识客观事物时,人们总是能记住突出显示的属性,因此有整体与局部、容器及其功能或内容等方面的替代。例如,"心"本指人和高等动物身体中推动血液循环的器官,但也认为心是思想和感情产生的地方,因此,"心"派生出"思想、感情"的意思,如"用心""谈心"。

(2)多义词

多义词指具有多个义位且各个义位之间的关系密切的词。多义词的各个义位只是在意义上有联系,它们没有处在一个包含相同义素和相异义素的关系中,因此这些义位不处于同一个语义场中。

词的多义主要来源于以下几种情况。第一,同音词重新解读。第二,修辞用法不同而产生多义。第三,使用范围转移。第四,不同社会领域中的词具有特殊专业意义。

我们还需要明白,多义词与同音词之间是不同的。同音词是指语音相同而意义不同的一组词。同音词分异形同音词和同形同音词。异形同音词指形式不同、读音相同的词语;同形同音词指形式和读音都相同的词语。异形同音词很好理解,但是同形同音字,很多人会产生误解,人们经常将同形同音词当作多义词。其实,判断是同音词还是多义词,我们通过判断词的义位之间是否有联系即可。

2. 同义与反义

(1)同义词

同义词指义位相同或相近的词语。例如,英语中"beautiful""pretty""handsome"都有"漂亮"的意思,那么,它们就是同义词。但是在修饰不同的对象时,也可以表现出不同的功能。例如,"beautiful"修饰女性,"handsome"修饰男性;"beautiful"语义程度深,"pretty"语义程度浅。

同义词分为等义词和近义词两类。等义词是指意义相同的词语。在任何环境下,等义词之间都可以进行替换。近义词是指一些词语的理性意义相同但它们的非理性意义不同。也就是说,当人们提到一个词时,一般都会想到另一个词。这些词语的意义相近,差异不明显。但是,这些词语之间的不同却能反映出现实现象之间的细微差别,成为人们表达细腻的思想感情的一条主要途径。

（2）反义词

反义词指义位相反或相对的词语。反义词分为相对反义词和绝对反义词。相对反义词指两个词语虽然是相反的，但是它们的意义可以公共存在。绝对反义词指两个词语的意义完全相反，也就是说，否定一方，那么就必须肯定另一方。在特定的情况下，相对反义词和绝对反义词可以相互转化。

3. 上下义

上下义关系指抽象义位与具体义位之间包含与被包含的关系，具有抽象义位的词叫上位词，具有具体义位的词叫下位词。上位词和下位词共同构成了上下义义场。上义位与下义位是一种纵向的关系，不包含对立或重合的关系。在多层次的语义场中，有些词既属于上一层的下位词，又属于下一层的上位词，这不是重复。通过研究上下义关系，我们可以加强阅读和写作中的词汇衔接、主题句与主体信息发展的照应等能力。

（二）语义的组合关系

语义组合指在动态使用过程中语义单位按照一定条件进行组合搭配。从本质上来说，语义组合是一种质的变化，而不是简单的量的增加或量的改变。

语法组合可以通过词序和虚词等语法手段来分析，但语义组合经常隐藏在语言表层结构下。例如，"面包和饼干全卖光了"这句话。从语法结构来看，"全"与"卖"之间是修饰关系，但是，从语义结构来看，"全"指向"面包和饼干"。由语义组合成的结构叫"深层结构"，由词语组成的语法结构叫"表层结构"。

在语言交际中，语义组合经常受到以下条件的制约。

1. 语义条件的制约

语义条件对义位搭配的制约可以从以下三个方面考虑。

（1）考察不同义位的色彩义

语义对义位组合的制约主要表现为义位理性的制约和各种色彩义的制约。色彩义的制约主要表现在三个方面。第一，褒义和贬义的对立。褒义词含有肯定和赞扬的意义，而贬义词则带有否定和批判的意义。[1]第二，口语和书面语的对立。口语与书面语在风格与色彩上具有不同的特点。书面

---

[1] 冯华,李翠,罗果.英语语言学与教学方法研究[M].长春：吉林人民出版社,2019.

语与口语相比较,显得较为正式。同时,许多口头能表达的东西,用书面语反而不能准确表达。因此,在特定的语境中,口语化特征明显的义位与书面语化特征明显的义位不能在同一语境中组合使用。第三,隐含义素间的对立。有些义位虽然表面一致,但暗含了许多语义特征。因此,在考察两种义位能否进行组合时,不能单纯考虑表面,还要考察双方暗含的语义特征是否一致。

(2)考察不同义位的功能特征

义位的功能特征指义位在句义中所起的作用。不同的义位具有不同的功能特征。例如,表示行为状态变化的义位具有施动、受动、使动等功能特征;表示客观对象的义位具有施事、受事、工具、地点、时间、状态、结果等功能特征。

(3)考察不同义位的相关义素

不同义位的义素既可以互相兼容,也可以互相排斥。若义素互相兼容,则两个义位能组合;若义素互相排斥,则两个义位不能组合。

2. 语法规则的制约

义位是一种语义单位,由多个义素组成。多个义位要进行组合,需遵循一定的语法规则,即语言符号的线性运动规律和句义结构的基本法则。只有这样,组成的语义连续体才能正常发挥交际功能。

此外,语法规则的制约包括对各个义位的制约,如对施动行为的制约、对受动行为的制约、对定语组合的制约等。因此,在义位组合时,作为修饰限定成分的义位宣召一定的顺序排列。

第二节 语用学理论应用于语言教学

一、对语用学的理解

(一)语用学的含义

语用指在具体的语言环境中人们借助语言工具进行交际,表达特定的意义,产生特定交际效果的行为。语用学是研究语言使用及其规律的学科。语用学是语言学研究的进步和发展,它提出了新的理论和新的研究方法,在

第五章 语义学与语用学理论应用于语言教学

语言应用研究和语言应用实践中具有重要的作用。[①]

（二）语用学的研究类型

从研究类型看，语用学研究大致分为理论语用学、应用语用学、界面语用学和跨学科语用学四大类。

1. 理论语用学

理论语用学，称为纯语用学，探讨语言使用的一般规律、方式。理论语用学主要包括语境、言语行为、会话含意、合作原则、指示语、预设、会话组织、称呼语、语言模因、元话语、礼貌原则、面子理论、身份话语、语用变异、语用能力等。理论语用学可分为普通语用学与个别语言语用学。普通语用学主要关注语言使用的普遍规律，个别语言语用学主要关注具有特定语言及其社会文化特性的语言使用方式。

我们可以横向开展不同语言之间的对比语用研究和相同语言、不同变体之间的语用变异研究，也可以纵向开展同一种语言在特定历史阶段的历史语用研究和同一语言不同历史阶段的历时（比较）语用研究，进而探讨特定语言形式的语用化历程。[②]

2. 应用语用学

应用语用学是语用学理论在具体语言实践领域中的应用研究。应用语用学包括教学、翻译、临床、商务等。此类研究中，语用学是理论输出源，研究者探讨相关理论对特定领域下语言实践的指导意义，揭示一般性语用规律或原则在特定领域语言实践的具体呈现，提出相关语言实践的语用观，弥补甚至更正既往从纯语言系统层面进行的相关实践所获得的认识。

3. 界面语用学

界面语用学是语用学与语言学相邻学科之间的分工、互补、互动关系。相邻学科包括语音学、词汇学、形态学、句法学、构式语法、语义学、篇章语言学。以语用学与语义学的界面研究为例，目前学界就语义与语用的关系方面存在激进语境论、最小语义论、默认语义论、互补论等观点。界面语用学需要研究语义加工和语用加工的各自对象及二者之间可能存在的关系或相

[①] 冯小巍. 现代英语语言学多维探索与研究 [M]. 北京：新华出版社, 2018.
[②] 李民, 肖雁. 二语语用能力研究 [M]. 北京：中国社会科学出版社, 2017.

互影响。同样,就语用学与句法学而言,界面语用学需要理清语言使用中的句法问题和语用问题,需要弄清语法加工与语用加工之间的关系。

4. 跨学科语用学

跨学科语用学主要研究语言使用与心理过程的关系(心理语用学)、语言使用与社会心理的关系(社会心理语用学)、语言使用与人际关系建构、维持、发展等的关系(人际语用学)、语言使用与伦理之间的关系(伦理语用学)、语言使用与生态环境之间的关系(生态语用学)、语言与认知方式和过程等之间的关系(认知语用学)等。

语用学可以从相关学科(如心理学、社会心理学、人际传播学、伦理学、生态学、认知科学等)吸取理论养分,借鉴概念、范畴、理论来阐释特定语言使用方式或规律的形成动因和工作机制,细化、丰富并完善语用学关于语言使用的理论表达和概括。例如,认知语用学,借鉴认知科学尤其是认知语言学中的转喻理论,我们可以更好地阐释说话人为什么可以使用转喻的方式进行指称以及听话人为什么能迅速地确定说话人使用的转喻所指称的对象。人际语用学,借鉴人际传播学中的关系理论,我们可以更好地阐释说话人为什么有时会对亲近的人使用反语以及听话人为什么能正确理解说话人的交际意图。[①]

(三)语用学与其他学科的关系

语用学与其他学科之间的关系主要表现在以下几个方面。

首先,语用学与社会语言学相邻。语用学与社会语言学都研究语言使用与社会的关系。二者之间有一定的区别。语用学研究动态的语言使用,涉及具体场景的交际个体,考察可变的、临时的社会因素(如相对地位、社会角色)对特定交际事件的影响,以及说话人如何利用其社会语言资源实现特定的交际目标。社会语言学关注相对静态的语言使用,不涉及具体场景的交际个体,考察稳定的、固定的社会因素(如性别、年龄、社会阶层、种族等)在语言层面上的系统性反映。在一定意义上,"语用学'寄生于'社会语言学;社会语言学告诉我们特定社会个体所拥有的社会语言资源,语用学则告诉我们个体如何利用这些资源"。[②]

其次,语用学与语义学相邻。语用学与语义学都是关于意义的研究。

---

① 陈新仁.汉语语用学教程[M].广州:暨南大学出版社,2017.
② 洪岗.语用学研究的意义:相互作用中的意义——评《相互作用中的意义:语用学导论》[J]. 外语教学与研究,1998.

二者是互补的关系,语用学研究动态语境下的意义,尤其是说话人的意义(可能对应于话语的语言意义,也可能是言外之意,通过语用推理获得)或互动中的意义。语义学研究静态的语言意义、语句的真正意义,并不考虑交际语境及交际者意图对语句意义的影响。当然,最新的语义—语用界面研究表明,动态语境下语句的语言意义有时也涉及语用推理的参与,如此一来,语用学与语义学的边界就不是那么清晰了。以此类推,语用学与句法学、语音学、形态学等也存在类似的相邻关系。

再次,语用学与修辞学相邻。语用学与修辞学之间有着复杂的关系,不同学者对二者之间的关系有不同的看法。如果修辞学研究的是语言使用中具有修辞效果、效应的部分,那么,修辞学似乎应该隶属于语用学,因为后者从定义上看就是研究所有语言的使用情况的。如果语用学只是被界定为研究特定的话题(包括言语行为、含意、预设、礼貌、会话组织等),那么修辞学自然不(完全)属于语用学。语用学也研究隐喻、转喻、夸张、反语、轭式搭配等,但关注的是这些修辞性话语的语用推理和传达的会话含意等,对修辞意图、效应和效果则关注不多,而后者是修辞学关注的焦点,从这个意义上讲,语用学与修辞学是互补关系。

最后,语用学与认知语言学、话语分析、会话分析等研究领域密切相关。认知语言学并非语言学的分支学科,它是一个新兴的研究领域,也是一种研究视角,结合语言使用者的认知方式、能力、经验来研究语言,因此语用学可以借鉴认知语言学的研究成果来分析具体语境下的语言使用。

话语分析和会话分析都可以看作是研究方法,也都可以看作是话语或会话层面上的形式或功能分析,是具有独自研究主旨、目标、方法的研究领域。与其他学科(如心理学、传播学等)一样,语用学可以借鉴话语分析和会话分析的研究方法,进行语言使用的研究。①

二、语用学与语言教学

(一)语用学在语言教学中的重要性

语言教学一直注重学生言语交际能力和阅读能力的培养。但是,在实际教学中,一些学生虽然掌握了大量的词汇,虽然理解了一定的语法,但是却不能有效地运用于实际交际活动中,甚至可能会引起交际冲突和误会。

---

① 张亚敏.语用学在语言教学中运用的研究[J].湖南城市学院学报(自然科学版),2016,25(01):339-340.

为此,在语言教学中,我们必须引入语用学,对语言进行深入分析,让学生从交际的角度理解语言,从而达到良好的教学效果,最终实现良好交际的目的。

(二)语用学与语言教学的关系

语用学与语言教学紧密联系,密不可分。二者之间的关系具体体现在以下几个方面。

1. 语用学与语言教学相互关联

在语言教学中,语法、词汇学习能力和语言运用能力同等重要。其中,语言运用能力,即语言的使用能力,具体来说,就是在不同的环境下,运用语言展现交际的能力。语言存在着语用的不同,如句型表达的不同、文化内涵的不同,以及词汇的不同等。这些不同都属于语用学的研究范畴。因此,在语言教学中,我们可以深入研究和学习语用学理论,以解决一系列语用失误问题。

2. 语用学与语言教学相互影响

每个民族都有自己的母语。因此,在语言教学的初级阶段,学生很容易受到母语的影响。这种影响有正面影响和负面影响。正面影响有利于语言学习,负面影响则不利于语言学习。在语言学习初期,母语的负面影响会比较明显一些。在这一阶段,学生习惯在脑海中组织好语言后再输出,随着不断学习,学生逐渐适应语言的使用模式,此时母语的负面影响才会减小。但是,语言具有语境化的特点,且语言结构比较复杂,因此,当语言学习达到更高阶段时,学生会面临更多的问题,如语言理解问题。学生不能很好地理解一些暗示语,以及与语境相关的语言等。那么,就会导致出现一些语言交际障碍的问题,如学生不能正确地区别词语,在一个语境中不知如何表达等。

由此可以看出,语言教学不能简单地停留在教授学生词语和语法层面,也应该让学生了解语言背后的语用知识,以帮助学生了解在一定的语境中如何更好地运用语言来达到好的交际效果。因此,在语言教学中,教授语用学是非常有必要的。将语用学应用到语言教学中,有助于构建教育、学习、学以致用相结合的语言环境,有助于学生更好地学习语言,为提高语言使用能力奠定扎实的理论基础。

三、语境与语言教学

(一)语境的含义

语境简单来说就是语言发生和运行的环境,也就是说语言必须在一定的环境中才能体现其价值。任何话语或言语事件都必须在一定的语境中才能发生。若没有语境,那么话语就没有实际意义。

从语言教学来考虑,学生若要提高交际能力,那么在教学过程中,教师就需要通过教学活动让学生明白语境的作用,让学生要时刻注意语境与交际需求的不同,注意话题和焦点的变化。

(二)语用学下的语境观

众多哲学家认为语境是一个与语用学紧密相连的概念。由于早期的语用学在某种程度上可说是哲学的副产品,因此语用学中关于语境的研究一开始就与哲学有着紧密的联系。譬如,日常语言学派哲学家维特根斯坦通过观察孩子的游戏,发现角色是在游戏中动态地体现出来的,从而推断语言的意义也是在特定语境中体现出来的。奥斯汀指出说话的场合很重要,所使用的词的意义在某种程度上要结合原本设定好的或实际上已在语言交际中体现出的语境才能得到解释。格赖斯等也都论及语言意义在具体情形(语境)下的使用问题。

莱文森在《语用学》一书中明确指出,语境只包括一些基本参数,如参与者的身份、角色、居住地、对参与者拥有的知识或理应知道的内容的假设以及会话产生的地点等,并声明有些语境因素,如社会交往原则以及许多具有文化差异性的原则等是被排除在外的,原因是为了遵循哲学语言学的传统。黄衍提出:语境是系统地使用一个语言单位的动态环境里的任何相关的东西。它包含不同的来源,如物理的、语言的、社会的以及共有知识的。当然,这并不意味着语用学家们对语境的本质有了一致的认识,"语境的复杂本质以及语境自身都具有语境敏感性,使得要给出一个学界共享和认可的定义甚或理论视角都是不可能的,通常都只能描述或捕捉语境的某一个小的方面"。[①]

无论语义学家还是语用学家都认识到语境的宏观与微观维度,而在另一个维度即静态与动态方面,语义学家主要关注的是语境的静态性,而语用学家们则逐渐强调语境的动态性、开放性和建构性。

---

① 陈新仁. 汉语语用学教程[M]. 广州:暨南大学出版社,2017.

斯波伯和威尔逊认为,语境的构成在整个话语进行过程中都是开放的,不断进行着选择和修正。语境不是事先设定好的,而是一个在话语中不断形成和变化的过程。根据关联理论,建构语境就是要寻求最佳关联。当语言发出者发出话语后,听话者就会将这一话语所表达的假设连同话语本身当作一种给定的直接语境,这一语境就是初始语境,如果在初始语境中找不到最佳关联,那么听话者就需要不断扩充语境,直至获得最佳关联。

语境可以通过三种方式不断扩展:一是调取已有的或推导出的假定加入语境,二是加入关于已经进入语境中的概念和假定的百科知识,三是关注周围环境的信息,能够产生关联的信息都可进入语境。维索尔伦指出语境是个动态的而不是静态的概念。因为环境是持续变化的,所以参与者能够在交际过程中互动,语言表达能够变得可理解。[①] 物理世界、社交世界和心理世界对说话人和听话人的话语产生与话语理解都会产生影响。说话人和听话人的视线(各由两条斜线构成)在物理世界、社交世界和心理世界的交汇处便是影响当前交际的语境因素,而这些因素会随着二者视线的变化而发生变化,各种世界中的因素若并未渗入交际过程中也就不一定算是语境因素,因而语境是交际双方动态选择的结果。比如一只蚂蚁从说话人的脚边爬过去,其基本上不参与话语建构,就谈不上是语境因素。除非它以某种方式介入双方的交谈,便可成为语境的一部分。

(三)语境的功能

1. 语境对词义的选择功能

语境对词义的选择功能表现在以下几个方面。第一,确定指示对象。无论语法多么正确、字面意义多么清晰,离开语境的显影作用,很多内容可能让人无法理解。第二,扩大词义。词汇的词典意义是稳定的,但是一旦进入到不同的语境中,词义就可能发生变化,通常不外乎词义的扩大与缩小。第三,缩小词义。词义的缩小是指在具体的语境中词汇表达的意义比编码义更具体的情形。

2. 语境对句义的选择功能

语境对句义的选择功能主要包括消除歧义和支持含意推导。首先,消除歧义。歧义句是非常普遍的语言现象,脱离语境,通过语义分析,只能确定歧义句到底表达了几层含义,却无法消除歧义。在具体的语境中,歧义的

---

① 陈新仁. 汉语语用学教程 [M]. 广州:暨南大学出版社,2017.

消除是很容易的。由于语言的线性特征(即人在处理语言时的线性模式),在交际中,言语的歧义必须能够在某种层面上得以消解,否则就会引起困惑。① 其次,支持含意推导。说话人经常在交际中使用某些暗示性话语,要理解其中的含意更需要结合语境信息进行推导。

3. 语境对交际者关系的选择功能

话语本身可以传达一定的信息,如说话人对双方的熟悉程度、身份、话语权力等信息的认识和预设。然而,同样的话与不同的语境互动可能产生不一样的结果,不同的语境可能对会话双方的关系进行重构。语境对交际者关系的选择功能具体体现在以下几个方面。

(1) 确定人物关系

称呼语的使用可以显示出说话人与听话人的亲疏程度,但有时候同样的称呼语在不同的语境中会有不同的表达效果。例如,《战斗的青春》中的胡文玉与许凤之间的对话:"胡文玉见她那样,只好停下来,装出委屈的神情说:'许凤同志,这是怎么回事?'许凤咬牙切齿地说:'谁跟你是同志,走!'""同志"在抗战年代具有高度政治认同含义,胡文玉称许凤为同志不仅想表明他与许凤的熟人关系,还想说明自己与她是同一战线的战友,然而,胡文玉的变节使得许凤拒绝这一称呼,以此拉远彼此间的距离。②

(2) 确定话语身份

身份既不是给定的,也不是一个产物,而是一个过程;身份不是简单地源自个体,而是来自磋商过程和具体语境等。既然身份是动态的、磋商的,那么一定是在具体的语境中反映出来的。也就是说,语境对话语双方的身份进行了选择。例如,《红楼梦》中,贾政与元妃本是父女,但元妃却不称其为父亲,且言语简短,而贾政虽是父亲,却称女儿为贵妃,称自己为臣或"政",且话语冗长、正式,完全不是常规意义下的父女对话,因为在该语境下,话语要构建的主要是贵妃与臣下的身份,而非父女身份。

(3) 确定话语权势

相传明太祖朱元璋称帝后,一位多年前的同乡前来找他,希望能得到赏赐,在朝堂上讲起他们小时候的故事:"从前,我们两个都替人家看牛,有一天,我们在芦花荡里,把偷来的豆子放在瓦罐里煮着。还没等煮熟,大家就抢着吃,罐子都被打破了,撒下一地的豆子,汤都泼在泥地里。你只顾从地下满把地抓豆子吃,不小心把红草叶子也一嘴吃进嘴里了,叶子梗在喉咙

---

① 陈新仁. 汉语语用学教程 [M]. 广州:暨南大学出版社,2017.
② 雪克. 战斗的青春 [M]. 北京:人民文学出版社,2006.

口,苦得你哭笑不得。还是我出的主意,叫你用青菜叶子放在手上一并吞下去,这样红草的叶子才一起下肚了。"说话人本意是想通过叙旧向听话人描述自己的功劳从而得到赏赐,然而却被朱元璋一气之下赐了死罪。朝廷作为皇帝与文武百官商议天下大事的办公地点,在朝堂上君臣之别得到凸显,用语应该非常谨慎和正式。另外,封建社会里皇帝常被认为是"天子",生来即是万金之躯,超越众生,因此尤其忌讳外人知道自身的短处。然而说话人并没有注意语境,没有认识到他们虽然曾经是平等的小伙伴,如今的地位却是天壤之别,没有看到话语权势的不同,尊卑不分,以"我们""你""我"相称,在当时的社会语境下无疑会因此丢掉性命。

4.语境对话语方式的选择功能

从宏观的社会语用角度看,语境还对说话人的说话方式有制约作用。粗略地说,说话方式有直接与间接、礼貌与不礼貌、得体与不得体之分。这几个维度无法穷尽话语方式,但无疑是比较主要的方面。此外,这几个方面无法截然分开,如得体往往意味着礼貌和间接,但也不是必然,间接不一定意味着礼貌,礼貌也不一定意味着得体。

(1)选择直接与间接

针对言语行为,直接与间接就是越不加修饰甚至粗鲁地表达个人意图,就越直接,反之就越间接。选择直接或间接的表达方式要看语境,并非越直接或越间接越好。如果是在日常交往中,用语一般应当选择间接的表达方式,以体现文明、平等、礼貌等。

(2)判断礼貌与不礼貌

同样一句话,在不同的语境中,可能是礼貌的,也可能是不礼貌的。例如,"麻烦你把这份文件打印出来一下,我马上要用。""麻烦"是因为自己要求别人做事而表示歉意的表达。如果说话人是公司董事长,听话人是秘书,作为秘书,文件打印之类的事是分内事,那么这句话是很礼貌的。但是,若反过来,是秘书对董事长说的话,无论理由有多么充分,这句话都是欠礼貌的,因为秘书要求董事长为其做一件不是分内的事,措辞就应当更加委婉和礼貌。

(3)确定得体与不得体

得体与否还有一个同义词就是"合适"与否,做出一个合适的话语选择需要考虑多种因素,如社会的、认知的、人类学的、文化的及个人的等,简单地说就是交际应当基于人的情感达到一种平衡状态这一前提。那么,在特定的语境下就应当说特定类型的话,如果话语与语境不匹配,就会产生不好的效果。明白在什么情况下说什么话是十分必要的。

（四）语境在语言教学中的应用

语言教学本身就是一种动态的语境教学。因此，在语言教学活动中，教师要有意识地增强学生关注语境的意识，培养学生识别语境的能力，让学生逐渐意识到句法结构与语境有着密切联系，从而让学生能在特定的语境中，充分实现语言的交际效果。同时，教师可以在教学内容、教学活动的设计和安排等方面，注重语境作用的发挥。由此，学生的语用能力才能得到提高。

语用能力是指"听话人对语境的认识能力和在对语境的认识能力的基础上理解别人的意思和意图，能够准确表达自己的意思和意图的能力"。在现实中，语用能力体现为人们在特定语境中语言运用的得体性。

学生学习语言的目的就是在实际交际中，能在相应的语境中游刃有余地运用语言来理解和表达意思。但是，当前我们的语言教学大体上是学院化教学，语言与语境往往相脱离。学校语言教学长期将教授语言要素、语言规律、语言知识及语言使用规则作为教学重点，而忽略与语言相关的语境知识的教授，忽略言语能力的培养，因此学校语言教学效果始终不是太好。

此外，在教学活动中，教师的教学和学生的学习都脱离不了当地的文化背景。因此，在语言教学中，我们也需要注重文化知识的传授，如当地的价值观、审美观、民族文化等。

综上所述，可以明确在语言教学中，我们既要注重培养学生语境意识的培养、跨文化交际意识的培养，而且还要注重目的语国家的文化意识的培养。实际上，语言学习并不是单纯依靠语言知识的积累即可取得效果，重点还要依靠语言实践，在不同的语境中主动习得语言。因此，在语言教学中，学生一定要注重语言学习与语境相结合，在语境中获得语言能力的提升。

四、会话含义理论与语言教学

（一）对会话含义理论的理解

1. 合作原则

人们相互之间的交谈方向或目的往往是在交际过程中逐渐明确的。也就是说，在交谈过程中，交谈双方逐步删除与谈话方向或目的相偏离的话语，从而保证交谈的顺利进行。由此可知，在交谈过程中，交谈双方需要遵守合作原则。因此，合作原则是交谈参与者共同遵守的一般原则，是指在参与交谈时，你所说的话需要与你参与交谈的公认目的和方向相符合。

2. 会话含义

言语交际是一种较为复杂的行为。人们在交际过程中,原则上是要时刻遵守合作原则。但是,由于语境的影响迫使听话者不得不违背合作原则,而另想他法去理解说话者的隐含语义,这就是所谓的"会话含义"。

会话含义是语用学的核心内容。简单地说,会话含义的关注点并不在于说话人究竟说了什么话,而是说话人说这句话究竟包含了哪些含义,其意图又是什么,也就是依据这句话的字面和语境,推测说话人说出这句话真正想要表达的意思。[1]

会话含义分为一般性会话含义和特殊性会话含义。一般性会话含义指不需要对语境进行研究就能推导出来的含义。特殊性会话含义指需要依据语境才能推导出来的会话含义。除会话含义之外,还有一种"规约含义"。"规约含义"是简单地根据规约附属于特定的词项或话语,而不是从会话准则那种高层次语用原则推导出来的。

(二)会话含义在语言教学中的应用

从语用角度来看,人类进行交际就是要完成一定的行为,也就是说要言有所为,如问候、陈述、解释、请求、命令、感谢等。但是,在实际交际中,交际双方并不是直接表达各自的行为,这些行为是隐含在言语下的,交际双方需要结合当时的语境才能理解这些言语行为。

我们一般说讲的含意理论是指美国的会话含意学说和法国、英国学者共同创立的关联理论中的含意理论,这两个理论都指出会话含义即隐含意义,是暗含在语句下的非字面意义。同时,英国语言学家 Austi 的言语行为理论和美国语言学家 Sear 的间接言语行为理论也揭示了语句的某些非字面意义。这些理论丰富了语用学中的含意理论。[2]

Gric 的会话含意学说是建立在合作原则基础上的。交际双方在交谈时必须遵循合作原则。按照会话含义理论,在言语交际过程中,如果说话者的话语违反了合作原则,那么听话者就需要结合当时所处的环境,推断出说话者所说的话语的隐含意义。因此,听话者要掌握会话含义理论,并在言语交际中能灵活运用会话含义理论。同时,说话者也需要掌握会话含意理论,以提高自己的语言表达能力,从而使自己在言语交际过程中,更好地输出言

---

[1] 邓林,李娜,于艳英.现代英语语言学的多维视角研究[M].北京:地质出版社,2017.
[2] 赵荣斌,田静,魏碧波.英语教学中的语用分析研究[M].北京:光明日报出版社,2016.

语,使自己的言语更具表现力和说服力。

结合会话含义理论,我们应该明确,在语言教学中,教师要教会学生能够透过字面含义理解语用含义,从而提高学生的言语交际能力,让学生能与交际者好好配合,顺利完成交际任务。我们不妨举个简单的例子,以加深对会话含义理论的理解。小李和小王相约八点在电影院门口碰面。小李准时到达,但小王却迟到了30分钟。小李说:"现在都八点半了!"(这句话显然含有"埋怨"的意味。)这时,如果小王回答"你的表真准啊,确实是八点半了",那么就表明小王并未理解小李的语用含义,这样只会让小李更加不高兴,加深对小王的不满。若小王回答:"塞车,迟到了这么长时间,实在对不起,请原谅。"那么,这表明小王理解了小李话语的语用含义,从而使双方交际能正常进行。综合小王的两种回答,我们可以看出,这两种回答都符合语法规范,但是前一种回答没有注意会话含义,因此导致双方交际障碍,而后一种回答符合当时的语境,注意了会话含义,因此双方交际正常进行。

认知语言学和语言类型学中都有一个重要的概念——"象似性"。"象似性"遵循一个原则,即"一种功能,一个形式"。也就是说,不同的形式反映不同的功能,意义没有差异,那么形式就不会有变化。任何一个语言成分或语言现象的改变都意味着语用含义的增减。[①]

因此,在语言教学中,我们要注重培养学生结合特定语境识别和运用会话含义的意识,提高学生运用会话含义的能力,从而提高学生的言语交际能力,让交际达到预期想要的效果。

五、言语行为理论与语言教学

言语行为由语言哲学家约翰·奥斯汀在哈佛大学作系列讲座期间提出,由其学生约翰·塞尔进一步发展和完善。言语行为理论的核心思想为"说话就是做事"。说话者只要说出有意义、可被听话者理解的话语,我们就可以认为说话者实施了某个行为。而这个行为就是"言语行为"。

(一)施为句理论

施为句是指"有所为之言"的句子。施为句的功能是"以言行事",同时,言语行为理论的关注点是"以言行事"。一般来说,施为句分为显性施为句和隐性施为句。

---

① 张平.语言教学的语用学视角[J].吕梁教育学院学报,2008,25(03):39-42.

1. 显性施为句

1975年,奥斯汀首先提出了显性施为句的语法标准。他指出:"到目前为止,我们考察的施为句的少数经典例子,它们全都具有第一人称单数现在时直陈式主动态动词。"

由此,我们总结出显性施为句的语法标准:第一,必须有施为动词;第二,施为动词的主语必须是第一人称单数;第三,施为动词必须是现在时;第四,句子的形式为主动态陈述句。[1]

显性施为句的句法表达形式是"I + V"。"V"代表施为动词。含有这些动词的话语所实施的行为的性质准确无误,如"I bet""I do"等。假如说话者说出"I bet",那么这里要表达的是说话者要实施这个"bet"行为,而不是单纯在说出这句话。

显性施为句的四个标准缺一不可。如果缺少其中任何一项,那么说话者说出的话语就不能称之为我们所理解的显性施为句。

奥斯汀提出,检验话语是否是显性施为句,除了可以运用语法标准外,还可以使用词汇手段,二者相结合、相配合来对语句是否为施为句进行检验。词汇手段主要是通过检验话语中的动词能否与"hereby(据此)"同时出现来划分施为动词。如果话语中的动词可以与"hereby"同时出现,那么这个动词就是施为动词,相应地,这个话语也就是显性施为句。如果这个动词不能与"hereby"同时出现,那么这个动词就不是施为动词,这个话语也就不是显性施为句。[2]

2. 隐性施为句

除了显性施为句,现实生活中还有隐性施为句。隐性施为句是指在言语交际过程中,话语中没有施为动词,却能表达"有所为之言"的施为句。隐性施为句大多出现在言语交际过程中语言使用不明确,没有特定的语言手段来实施某种行为的情况下。这里特定的语言手段是指语气、语调、语助词和副词等。由于隐性施为句中没有施为动词,因此对于隐性施为句意义的理解必须依靠语境。

(二)言语行为的三种说法

奥斯汀把言语行为分为叙事行为、施事行为和成事行为。

---

[1] 索振羽. 语用学教程第2版[M]. 北京:北京大学出版社,2014.
[2] 冯小巍. 现代英语语言学多维探索与研究[M]. 北京:新华出版社,2018.

第五章　语义学与语用学理论应用于语言教学

1. 叙事行为

完成一个叙事行为基本上与发出一个有意义的句子没有差别。叙事行为主要具有以言指事的功能。叙事行为主要分为发声行为、发音行为和表意行为。发声行为指单纯发出某种声音的行为。发音行为指发出某些可以发音的词或通常的词。这些音属于某种特定的语言，符合这种特定语言的语法、词汇。表意行为指运用一些具有明确立意和所指的可发音的词来完成交际的一种行为。

言语交际中，人们要明确区分开发声行为、发音行为和表意行为。若要清晰地区分，必须注意以下几点。第一，完成一种发声行为是完成一种发音行为的前提。第二，明确发音行为包含词汇、语法、语调。第三，发音行为与表意行为是有明显区别的，发音行为不一定能够表意。

2. 施事行为

奥斯汀说："完成一种施事行为就是完成在说某种事情中所存在的一种行为。"以言行事是施事行为的功能。施事行为与叙事行为之间有一定的联系。在特定情况下，叙事行为本身也是一种施事行为。奥斯汀指出，我们在完成一种叙事行为的同时，会完成以下一些行为：宣布一个结论或表明一种意图；提出或回答一个问题；提供某种信息，提出一个警告或做出一种保证；宣判；进行一种描述或做出确认；发出一种呼吁，提出一种批评，等等。

此外，我们需要明白，一个言语行为能够以言行事，则一定能以言指事，而一个言语行为能以言指事却不一定能以言行事。

3. 成事行为

奥斯汀说："某种事情会经常地，甚至常规地对听话人或说话人或其他人产生一定的影响，影响他们的感情、思想或行动，我们把这种行为称为成事行为。"成事行为的特点是必定会在听话人或其他人的感情或行动上产生某种影响或者效果。成事行为的功能是以言成事。[①]

此外，我们应当明白施事行为是规约行为。规约行为指与惯例、习俗保持一致的行为。成事行为不是规约行为，但是必定也会产生一定效果或影响。

---

① 冯小巍. 现代英语语言学多维探索与研究[M]. 北京：新华出版社，2018.

(三)间接言语行为

人们在言语交际中经常使用间接方式表达自己的想法或意图。例如,人们很少用祈使句表示请求,而是经常使用疑问句或陈述句等间接方式提出要求。例如,"能借支笔用一下吗?""现在电脑降价了。"

从句子的形式来看,上述两个例句的施为用意分别为"询问"和"断言",但实际是"请求"(借笔和要求买电脑),这两种请求是分别通过询问可能性和描述客观事实的言语行为来完成的,属于间接言语行为。塞尔将该类语句中的"请求"称为"首要言外行为""询问"和"断言"为"次要言外行为"。当以上疑问句用来实施"询问"和"断言"行为时,语句结构和功能之间关系为直接的,就是直接言语行为;用来实施"请求"言语行为时,语句结构和功能之间的关系就是间接的,就是间接言语行为。

塞尔将间接言语行为分为规约性间接言语行为和非规约性间接言语行为。规约性间接言语行为指在特定的文化规约下,某些言语行为已经固化为另一种言语行为,可以通过特定的语言结构来识别。非规约性间接言语行为指间接言语行为没有固化为某一种言语行为,听话者无法从语言形式推断说话人想要表达的意义,只有借助语境才能确定。实施间接言语行为时,说话者要考虑说话者的愿望,听话者做某事的愿望和能力,听话者是否有做某一行为的理由等因素。

间接言语行为理论表明,语句结构和其施为用意之间并不存在一一对应的关系,无论是话语产出还是理解,语境都起着非常重要的作用,听话人要依据语境才能理解语句的施为用意。关于间接言语行为的使用动因,托马斯认为有以下几个方面的因素:增加或减少话语的趣味性;增加话语的信息力度;避免两个或多个目标相互冲突;出于礼貌或面子的考虑。[①]

(四)扩展言语行为

传统的言语行为理论只关注单一的言语行为,没有意识到构成会话活动的往往是多个言语行为,忽视各个言语行为之间的关系,因而描写上具有不充分性。费拉拉指出,人们通常不是孤立地、一个一个地执行言语行为。相反,言语行为是以序列形式出现的,各个言语行为之间是相互联系着的,一个言语行为会影响整个言语行为序列的合适性。约尔认为,应该从较大的话语语境来分析,而不是完全通过用来实施单个言语行为的单个语句来

---

① 陈新仁.汉语语用学教程[M].广州:暨南大学出版社,2017.

第五章　语义学与语用学理论应用于语言教学

判断。[①]

说话人在言语行为序列中不仅传达特定的施为目的,而且为了增加这一施为目的成功的可能性,还会发出辅助性言语行为。常见的辅助方式有说明原因、扩展、解除戒备等。

扩展类从属行为是针对对方潜在的反对或为难情绪而实施的,通过事先给对方提供较多的相关信息,以避免对方拒绝。

和扩展类相似,解除戒备同样是为了避免听话人潜在的反对或拒绝而实施的,不同的是,解除戒备是事先打招呼,通过自我贬低、自我批评、事先道歉或感谢等方式来解除对方心理上可能出现的不满或敌意。

（五）言语行为理论在言语教学中的应用

在理解言语行为理论在言语教学中的应用时,我们需要先了解几个概念。言内行为指具有决定性意义和所指的句子,并有特定的形式。言外行为指做一个陈述或一个承诺,主要体现语言使用者的意图。言后行为指在特定环境里,通过话语暗示对听话者产生的影响。

根据言语行为理论,我们知道将同一句话放在不同的语境中,会产生不同的效果。由此,我们看出语言是一个动态的系统,语言学习的重点体现在如何使用语言上。因此,在语言教学中,教师不能只关注静态的语言文字知识的教授,更要关注动态的语言使用能力的培养。

以往,人们学习语言重点放在分析句子的语法和意义。也就是说,将句子作为独立的语言单位来进行学习。但是,在言语行为理论中,我们看出句子不仅仅是简单的陈述,还代表着说话者的言外行为。一般来说,句式有陈述、疑问、祈使和感叹四种。这四种句式都与说话者的具体行为有联系,如陈述是叙述事件、疑问是询问事情、祈使是给予指示等。很多句子既有字面意义也有语用意义,听话者只有正确理解理说话者的语用意义,才能明白说话者的言外行为。

塞尔曾指出,言语行为是最基本的语言交流单位。他把用于实现交际目的的字面意义称为直接言语行为,将通过实施某一个言外行为来做另一个言外行为称为间接言语行为。间接语言行为又可分为规约性间接言语行为和非规约性间接言语行为。规约性间接言语行为根据话语的句法形式,按习惯推断出间接言外之意。非规约性间接言语行为却比较复杂,听话者需要依靠一定的语境和背景知识才能得以理解意义。

---

① 杨雯,刘长江. 基于人际关系管理理论的全城整合交际模式研究[J]. 合肥工业大学学报(社会科学版),2017,31（01）:25-32.

因此，在语言教学中，教师要教授言语行为理论，帮助学生理解言语行为理论，帮助学生扫除语言障碍，拓宽学生的语言学知识面，从而让学生更好地运用语言学知识，提高交际效果。

第六章 文化语言学理论应用于语言教学

语言是文化的一部分,它既能体现文化,同时又受文化的影响和制约。文化是人类在社会发展过程中所创造的物质财富和精神财富的总和。因地理环境、风土人情等因素的不同,不同国家、不同地区、不同民族形成了不同的文化,因而也造成人们一定的交流障碍。因此,在学习一种语言时,我们不能只单纯注重语音、词汇和语法知识习得,还必须同时学习相应国家和民族的历史文化,这样才能真正掌握这种语言的精髓,才能确保正确理解和运用这种语言。因此,在语言教学中,要积极、适度地将文化语言学理论应用其中。

第一节 文化与文化语言学的内涵

一、文化的内涵

(一)文化的概念

人们对于"文化"并不陌生,但是具体"什么是文化",大家却是众说纷纭,没有一个明确的定论。美国人类学家阿尔弗雷德·克鲁伯和克莱德·克拉克洪在《文化:关于概念和定义的检讨》中说:"在这个世界上,没有别的东西比文化更难以捉摸。我们不能分析它,因为其成分无穷无尽;我们不能描述它,因为其形态千变万化。当我们要寻找文化时,它仿佛是空气,除了不在我们手中以外,它无所不在。"综合诸多学者的研究成果,我们将文化分为狭义的文化和广义的文化。

1. 狭义的文化

在汉语中,"文化"由"文"和"化"组成。"文"是象形字,"化"是会意字。《说文解字》中提到:"文,错画也。象交文。凡文之属皆从文。"也就是说,文,交错刻画,像交错的花纹的样子。大凡文部属都从文。可见,"文"的本义是各色交错的纹理。在此基础上,"文"又有多个引申义。第一种,"文"包括语言文字在内的各种象征符号,具体化为文物典籍、礼乐制度。第二种,由伦理之说导出彩画、装饰、人为修养之义,与"质""实"对称,如《尚书·舜典》疏曰:"经纬天地曰文。"第三种,在前两层意义之上,导出美、善、德行之义,如《礼记·乐记》中的"礼减而进,以进为文"。[①]

"化",在《说文·七部》中提到:"化,教行也。从七,从人,七亦声。"化,即教化实行。由七、人会意,七表声。"化"的本义为变化,如《庄子·逍遥游》曰:"化而为鸟,其名为鹏。"后来,引申为教化之意,如王充的《论衡·佚文》曰:"无益于国,无补于化。"

"文"与"化"并联使用,较早出现在战国末年,但是,两者还没合成为一个词。《周易·贲》曰:"观乎天文,以察时变;观乎人文,以化成天下。"这句话的意思是,治国者观察天文,即天道自然规律,以解时序变化;观察人文,即人类社会的各种现象,以用教育感化治理天下。"人文"与"化成天下"紧密相连,治理天下、"以文教化"的思想非常明确。[②]汉代出现"文化"一词,刘向的《说苑·指武》曰:"凡武之兴,为不服也;文化不改,然后加诛。"这里的"文化"指与武功相对的一个概念,即我们通常理解的国家的文教治理手段。

通过以上对"文化"的词义分析,我们逐渐接近了"文化"一词所指的狭义的定义。古人对"文化"概念的这种规定性从汉唐时代起,一直影响到明清。因此,顾炎武在《日知录》中说:"自身而至于家国天下,制之为度数,发之为音容,莫非文也。"即人自身的行为表现和国家的各种制度,都属于"文化"的范畴。可见,中国古代的"文化"概念,指的是狭义的精神层面的东西。

苏联哲学家罗森塔尔·尤金在其编写的《哲学小词典》中指出:"从比较狭隘的意义来看,文化就是在历史上一定的物质材料生产方式的基础上

---

① 田望生.字里乾坤 汉字文化随笔[M].北京:华文出版社,2004.
② 杨德爱.语言与文化[M].昆明:云南大学出版社,2020.

发生和发展的社会精神生活形式的总和。"我国 1979 年出版的《辞海》基本上采用了该说法。2015 年出版的《现代汉语词典》(第 6 版)在解释"文化"的定义时指出:"特指精神财富,如文学、艺术、教育、科学等。"查阅《中国大百科全书》,其中指出:"狭义的文化专指语言、文学、艺术及一切意识形态在内的精神产品。"1871 年,英国人类学家爱德华·泰勒在《原始文化》一书中指出:"文化是包括知识、信仰、艺术、道德、法律、风俗及作为社会人员的人所习得的任何其他能力和习惯在内的复合整体。"

综上所述,狭义的"文化"指的是人精神层面的东西,如人的精神、思想、信仰、道德、观念、情感等。然而,表面上,这些精神层面的东西是看不见、摸不着的,它们需要一定的外在的载体、媒介来体现,如某种(某些)具体的物质、语言、音乐等。

2. 广义的文化

"文化"一词在西方国家中的表述各有不同,其中,德语为 kultur,英语为 culture,源自拉丁语词 cultura,原意为耕作、培养、教育发展、尊重的意思。而拉丁语 cultura 又是由拉丁语 cultus 演化而来的。cultus 含有为敬神而耕作与为生计而耕作两个意思,因而该词具有物质活动和精神修养两个方面的含义。可见,"文化"的词义既包括物质生产活动,又包括精神方面的内涵。梁漱溟先生指出:"文化,就是吾人生活所依靠的一切。"

在苏联及我国的词典、百科全书中,"文化"一般被称为广义的"文化"。如前文中提到过的苏联哲学家罗森塔尔和尤金在其编写的《哲学小词典》中也指出了"文化"的广义定义,即"文化是人类在社会历史实践过程中所创造的物质财富和精神财富的总和"。我国的汉语词典、百科全书等大都采用此说法,如《中国大百科全书》中指出:"广义的文化是指人类创造的一切物质产品和精神产品的总和。"又如,2015 年出版的《现代汉语词典》(第 6 版)在解释"文化"的定义时指出,文化是"人类在社会历史发展过程中所创造的物质财富和精神财富的总和"。[1]

1997 年出版的《牛津高阶英汉双解词典》(第四版)对"文化"一词相对应的"culure"做了非常详细的解释。"culture"一词有多重含义,既包括精神活动领域,又包括人类物质生产活动。2004 年出版的《牛津高阶英汉双解词典》(第 6 版)对"文化"一词相对应的"culture"的解释有所变化,在每一项释义前单独列出了概括式的解释,并用大写、蓝色字体标明。

值得注意的是,以上英汉双解释义除了包括狭义的"文化",即精神活

---

[1] 于根元. 应用语言学概论 [M]. 北京:商务印书馆,2003.

动领域,也包括种植、栽培等人类物质生产活动,还增添了一个释义"文明"。在解释英文时,用汉语写了"文化""文明"这两个词,言下之意,"culture"指的是汉语中广义的"文化",与汉语中的"文明"词义更为切近。

要全面把握"文化"这一术语的定义及其在运用中的变化,我们还需理解一个与它关系极其密切的概念—"文明"。汉语中文明一词早在《尚书》和《易经》中即已出现。《尚书·舜典》称舜帝"濬哲文明,温恭允塞,玄德升闻,乃命以位"。其疏曰:"经天纬地曰文,照临四方曰明。"《周易·乾文言》中有"潜龙勿用,阳气潜藏。见龙在田,天下文明"之句,孔颖达解释为"天下文明者,阳气在田,始生万物,故天下有文章而光明也"。另《周易·大有·象》有"其德刚健而文明,应乎天而时行,是以元亨"。《周易·贲·象》曰:"刚柔交错,天文也。文明以止,人文也。"其含义均近于文采光明,文德辉耀。

通过分析,我们大致了解"文明"一词包含对物质方面和精神方面都进行创造的双重意义,与人们今天理解的广义的"文化"非常接近。

"文化"一词的广泛运用,尤其是在学术研究如文化研究、人类学研究(特别是语言人类学、文化人类学等)、比较研究等方面,与西方的文化理论、人类学理论等相关思潮紧密相连。自人类学诞生之日起,文化的概念一直都是人类学的基础。马林诺夫斯基认为文化是具有满足人类某种生存生活需要功能的"社会制度",是人们推行的一套有组织的风俗与活动的体系。他认为文化主要包括物质文化、精神方面之文化、语言、社会组织。文化的功能就是满足人民生产生活各个方面的诸多需要。[①]

语言学家萨丕尔对"文化"的概念作了如下论述:"文化"这个词似乎有三个主要的意义或意群。第一种,文化被文化人类学家和文化历史学家专门用来涵盖人民生活中的所有社会继承元素,包括物质的和精神的。第二种,文化指一个相当传统的个人修养的理想。这种理想建立在少量被吸收的知识和经验之上,主要由一组典型反应构成,这组反应须被某一阶层、某一长期存在的传统所认可。第三种,文化与第一种专门意义上的概念相似,强调群体而非个人所拥有的精神财富。

萨丕尔偏向从人类学学科角度来理解"文化"的定义,同时,他既讲了广义的文化,也说了狭义的文化,他所指出的"文化"的三种定义都具有社会属性。

格尔茨在论述了前人研究成果后指出:"文化就是这样一些由人为自己编织的意义之网。"从而,把所有与人(马克斯·韦伯提出,人是悬挂在

[①] 杨德爱. 语言与文化[M]. 昆明:云南大学出版社,2020.

由自己所编织的意义之网中的动物)相关的都置于这张"网"中,探求其意义并加以解释、析解(explication),即分析解释表面上神秘莫测的社会表达。

综上所述,广义的"文化"涵盖面非常广泛,指的是人类社会发展过程中创造的物质财富和精神财富的总和。用通俗的话来说,我们可以概括为:人所创造并共享的一切活动及其结果都是文化。

(二)文化的特性

1. 超自然性

文化是人类独创的,是人类特有的一种方式。文化与人类同生共长,没有人类,就没有文化;没有文化,也就没有人类。人类的祖先在使自己脱离动物界而建立人类社会的过程中创造了文化,才使自己终于成为超越于动物的人。文化性是人类的根本属性。文化是人性的体现而非人的动物性的体现。某些动物,如蜜蜂、蚂蚁、猿猴等,可以有类似人类社会的"组织",但却没有文化。因此,只要说起文化就一定是指人类的文化。正因为人的根本属性是文化性,人类生活和行为的一切方面无不带上或终于带上文化的印记。饮食文化、性文化、生殖文化就是人类在满足自身基本的生物需要的基础上创造出来的独有的文化,其他动物则不可能创造出来。总之,人的文化性和文化的人性是具有本体论性质的命题,而文化的人性也就是它的超自然性。

2. 符号性

人是一种"符号的动物","符号化的思维和符号化的行为是人类生活中最富于代表性的特征,并且人类文化的全部发展都依赖于这些条件"。人类创造文化的过程,其实就是一个不断发明和运用符号的过程。在人类创造文化的过程中,人类将自己对世界的认识、对事物和现象的意义和价值的理解给予了一定的具体的形式,从而使这些特定的形式具有一定的象征意义,这就构成了文化符号,成为人类必须遵循的法则。人类生活在这些法则中,生活在自己创造的充满文化符号的社会中。[①] 人类活动既受到文化的约束,又在接受文化约束的过程中体现自己的人生价值。因为文化具有符号性,所以人们在分析一些文化现象的时候,需要借助符号学的原理和方法。

[①] 吴为善,严慧仙. 跨文化交际概论[M]》. 北京:商务印书馆,2009.

3. 整合性

文化是由多种要素组合成的复杂整体,是某个文化群体(如某个民族)为满足生活需要在特定区域内创造的包括生活、思想和行为在内的整体模式。整体模式中的组成要素相互补充、相互融合,共同塑造新的民族特征和民族精神。同时,民族文化又有自身的"文化内核","文化内核"渗入民族文化中,发挥着整合文化的作用,从而使文化生产具有保守性、内聚性、排他性和对外来文化要素的同化力。文化的整合性是文化自我完善、形成独特风貌的动力。文化的整体性保证文化在一定限度内维持相对稳定。例如,延续中国两千多年的传统文化,将"天人合一"的世界观和经邦济世的实用主义精神作为中国文化的"内核",一直在文化传统的形成中发挥"整合"作用。经过这种整合而形成的中国文化,具有独特的模式。

4. 可变性

文化在一定程度上来说是为了满足人类生活需要而产生的。当人类生活发生改变,文化必然发生改变。这是文化变化的内在原因。在人类文化史中,文字的出现、造纸术的发明、印刷术的发明、蒸汽机的使用、电子计算机的发明、天体运行规律和能量守恒定律的发现等,这些重大的发明都有力地推动了文化的变革。一种文化的传播、文化的碰撞都可能促使文化发生质的变化。例如,佛教的引入,促使中国传统文化的结构和面貌发生了深刻变化。中国的儒家思想对许多国家的文化也造成了重大影响。

5. 民族性

文化必须植根于人类社会,而人类社会常以相对集中聚居并有共同生活历史的民族为区分单位。由此可以说,某种文化总是伴随某个民族而产生和存在的。文化必须以民族群体作为载体。所谓的民族性也主要是指文化特性。例如,蒙古族与我国北方汉族人民居住地相接壤,但是蒙古族文化与汉族文化却有着明显的差别。日本与欧美国家,同为较为发达的国家,但是日本文化与欧美国家的文化却截然不同。

6. 区域性

同一个民族分布在不同区域,环境不同,那么在文化上就会存在一定的差异性。可以说,民族文化因地域性的特点形成了一些互有差异的次文化,也就是说,在大文化传统的基础上又有各具特色的小文化传统。小文化传统具有显著的区域性特征,同时又受大文化传统的统摄。因此,在民族文化的大范围内常有区域性文化同时并存。例如,中原文化、齐鲁文化、吴越文化,都属于中国上古文化,但由于所处区域不同,三种文化又具有各自的特征。再如中国民间曲艺,也是由具有地方代表性的剧种组成。北京的相声、东北的二人转、浙江的越剧、安徽的黄梅戏、广东的粤剧、西北的秦腔、四川的川剧、河南的梆子、山东的大鼓书等,莫不各具风姿,绝不雷同。

我们还需要明白,文化的区域性与民族性是不矛盾的,区域性不但不会损害民族文化的内在统一性,还会丰富民族性的内涵。

二、文化语言学的内涵

(一)文化语言学的概念

语言学主要研究语言,文化主要研究文化,文化语言学是研究语言和文化的关系的科学。因此,文化语言学同语言学、文化学都有关系。文化语言学类似于西方的人类语言学,但人类语言学主要研究没有文献史的民族或部族的语言与文化,而文化语言学的研究对象比人类语言学广泛,研究人类的所有语言和文化现象。单纯从学科归属来看,文化语言学是人类语言学发展的一个全新阶段。

(二)文化语言学的产生

文化语言学是我国学者 1985 年开始提出的。此后北京、上海、武汉等高校相继开设文化语言学课程,召开学术研讨会,并出版了一些著作和论文。日本等国家或地区也对中国的文化语言学进行了若干介绍。[①]

文化语言学并不是凭空产生的,而是有着自己的学术渊源。

1. 欧美文化人类学理论

人类学是一门以人类的生物特征和文化特征为依据,综合研究人的学科。人类学分为体质人类学和文化人类学。其中,文化人类学与语言关系紧密。文化人类学家认为语言是文化的一部分,是人类接受社会文化的主要通道;语言伴随着社会文化不断演变;语言是政治凝聚的重要力量。文化人类学对语言的这些见解给中国语言学家提供了新的认知语言的视角。对中国文化语言学影响较大的有以英国学者泰勒为代表的文化进化论学派、以马林诺夫斯基为代表的功能主义学派和本尼迪克特的"文化模

[①] 邢福义.文化语言学[M].武汉:湖北教育出版社,1990.

式论"。

第一,以英国学者泰勒为代表的文化进化论学派推崇"进化"的观点和"痕迹"的概念。他们认为现代文明社会的文化由远古野蛮社会的文化进化而成,现代文明社会的文化保留了远古野蛮社会的文化的一些"痕迹"。这些"痕迹"不再具有以前的意义,而成了陈规陋习。文化学正是要从这些"痕迹"中分析并解释意义,并借助比较的方法整理出从远古到现代、从野蛮社会到文明社会的进化脉络。这一目的和方法与文化语言学研究的目的和方法有些相似,不同的是文化语言学主要是针对语言的研究。同时,英国文化人类学家弗雷泽对于文化语言学的研究也有一定影响。他重点研究原始社会中的巫术、宗教和习俗。[1] 他的研究成果引起了中国文化语言学研究者们对中国社会言语禁忌的研究兴趣。

第二,以马林诺夫斯基为代表的功能主义学派认为,人类生存的目的是生活,而文化则是人类达到这一目的的手段。不同社会的文化形式各异,但其主要的功能都是为了满足人类生活需要。"功能"是指某一文化要素位于文化整体之中,并且为文化整体延续发挥作用。因此,文化研究就是研究每个文化构成要素在现存社会或文化中的关系,以及它们在文化整体中所发挥的作用。马林诺夫斯基文化学理论强调文化的整体,认为文化是由各要素经过整合而成的体系,而语言是这个体系的一部分。文化具有满足人类需要的功能,是人类生存生活的一种手段;看重文化要素间的关系,"文化的意义就在要素间的关系中"。文化语言学把语言放到文化整体中,考察它在文化建构中的功能,考察它与其他文化要素间的关系,都是受了马氏理论的影响而形成的思路。

第三,本尼迪克特的"文化模式论"认为,文化是一些充满独特个性的"模式"。在一种文化模式中被认为是"异常"的、无价值的或遭到唾弃的行为,在另一种文化模式中反倒会被认为是值得自豪的、很有价值的或受到尊崇的行为。各种文化模式由互不相同的价值秩序制约着,呈现出多样性;而民族精神的文化主旋律又为这些多样性定性。为多样性定性的主旋律就是使文化成为模式的东西。本尼迪克特文化学理论为中国文化语言学研究者提供了看待文化的"模式",并且促使他们以"模式"的观点来看待语言。同时,本尼迪克特认为文化的特性取决于文化群体中某些被认为有价值的节段的选择,语言也是这样。"每一种语言必须作出选择,并在承受可能完全不为人理解的痛苦中去服从这种选择。"正像在一种文化中视金钱为基本的价值而在另一种文化中却几乎没有意识到金钱的价值那样,对于一种

---

[1] 陈昌来. 应用语言学导论 [M]. 北京: 商务印书馆, 2007.

第六章　文化语言学理论应用于语言教学

语言是至关重要的范畴在另一种语言中可能变得无足轻重。①对不同文化、不同语言之间的这种深刻的差异性和不可通约性的认识强化了文化语言学的比较研究和求异研究的观念。

2. 洪堡特的语言学说

德国语言学家洪堡特提出的语言哲学体系为现代语言学的理论奠定了基础,现代语言学的许多流派都受到他的语言学说的深刻影响。洪堡特的语言学说对文化语言学研究的影响主要体现在以下几个方面。

第一,关于语言的本质问题。洪堡特认为语言的真正定义只能是发生学的定义。语言的生命在于讲话,语言存在于讲话活动中。他反对把语言形式看作语法形式,他强调语言是一种精神力量的创造活动。

第二,关于语言与人、世界之间的关系。洪堡特认为,语言是人类与世界联系的桥梁,人类通过语言来认识世界。"没有语言,就不会有任何概念;同样,没有语言,我们的心灵就不会有任何对象,因为对心灵来说,每一外在的对象只有通过概念才会获得真实的存在。"词不仅仅是传达思想的被动的标记,它对人类精神具有反作用。每个民族都会把自己的主观意识带到语言中,这种"语言世界观"又可以反过来影响人的思想行动。可以说,人类创造了语言,同时又受语言的束缚。洪堡特认为,语言与思想之间有着密切的联系,每种语言都表达记录了各自的思维范畴和意义内容,由此形成了表现为独特的语法结构和语义结构的"内在语言形式",各民族的人们就是通过这种潜藏在语言底层的"内在语言形式"来整理和划分经验世界,使观念和思想得以明确化、现实化的。②

第三,关于语言和民族精神的关系。洪堡特认为语言的使用过程是一种精神的创造活动,一个民族的语言创造过程也就是精神创造过程。民族语言既然对内同一于民族精神,那么对于不同民族来说,语言的差异也就势必对应着民族精神的差异。造成语言差异和民族精神差异的原因复杂多样,其中有些是无法从理性和纯概念上说清的。既然一定的语言与一定的民族特性和文化特征相联系,那么对语言的研究就必须同对民族的历史文化、风俗习惯的研究相结合。

---

① 潘庆玉. 语文教育哲学导论语言哲学视阈中的语文教育 [M]. 北京: 教育科学出版,2009.
② 王成山,赵桂珍,齐迹. 认知语言学与英语语言学的应用学研究 [M]. 北京: 外文出版社,2016.

3. 美洲人类语言学

人类语言学是人类学和语言学相结合的产物。促成这种结合并使之形成一种研究传统的客观事件有三项。一是 20 世纪初人类学家对美洲印第安人的语言和文化研究的热心。美洲印第安语种类繁多，分布极广，相互之间差别又很大，又几乎全部处于无文字的状态中，其中有一部分由于讲的人太少正在趋于消亡。巨大的研究任务和迫切的使命感吸引了大批语言学家投入了人类学家所关注的研究课题，促进了语言学和人类学的结合。二是传教的需要。由于新教教派要对国外传教，为此要培训懂得该地语言的传教士，于是学习各地土著语言问题提到了首要地位，语言学习的需要刺激了语言研究的兴趣。三是第二次世界大战中，美军要统治太平洋的许多岛屿，为此要学习各岛的土著语言，他们请了语言学家来帮助他们从事语言培训工作。这也刺激了语言学家研究土著语言和文化的兴趣。在研究印第安人和其他土著部落的文化和语言的过程中，语言学家发现了语言、思维、文化之间的某种直接联系，从而建立了人类语言学的研究规范。[①]美洲人类语言学的主要代表人物有博厄斯、萨丕尔、沃尔夫。

上述三个理论均为西方学者提出的观点。中国自身也有一定的学术渊源。

4. 中国传统文化中的文道一统观

中国古代思想家都崇尚"天人合一"的世界观，认为天道与人道合二为一，人道是天道在人的世界的体现。语言是天道和人道的表述者，是人性的一部分。道产生了文，文又体现了道，文、道浑然一体。这种文道一统观同西方人类语言学关于语言即世界、语言决定思维、决定世界观、决定文化的语言、世界、思维、文化一体观的主旨相当接近。语言文字在中国古人心目中并不是形而下的器用之物，不是纯粹的工具，而是具有本体性质和地位的"道"。[②]

5. 内涵丰富的"小学"传统

在漫长的中国封建社会中，科学技术事业不发达，知识分子的主要学问就是经学。"经"指儒家经典著作。"经学"就是研究儒家经典的学问。"经"和"经学"的形成和发展历史，就是一部中国传统文化发生发展的历史。刘

[①] 韩红. 文化语境中的俄语教学与研究 [M]. 哈尔滨：黑龙江人民出版社，2003.

[②] 刘曦. 基于多维视角的英语语言学理论探索与应用 [M]. 北京：新华出版社，2019.

第六章 文化语言学理论应用于语言教学

勰在《文心雕龙》中说:"经也者,恒久之至道,不刊之鸿教也。"我国古代文献的"四部分类法"分出的"经、史、子、集"中,"经部"被列于首位,其用意即在于尊儒重道,以儒家思想为正统、常道。子、史、集三部的著作,都被看作是从不同角度,体现、维护和阐扬经书思想的书籍。

由此可见,经学地位非常重要,中国古人要通经首先得读懂经书,经书都是古书,晦涩难懂,于是研究经典文献中的语言文字,引导人们读懂古书的古代语文学应运而生。

"小学"本是周代贵族子弟的初级学校。许慎《说文解字叙》说:"周礼八岁入小学,保氏教国子,先以六书。"到了汉代,"小学"一词被借用来作为古代语文学的代称。《汉书·艺文志》所开列的小学十家都是文字训诂之类书籍。《隋书·经籍志》在四部分类的"经部"下开列易、书、诗、礼、乐、春秋、孝经、论语、谶纬、小学等十个项目。小学书虽被列为末尾殿后的项目,但已进入经部,地位在其他三部之上,可见当时学者对语言文字学的重视。隋唐以后,小学类的书籍在文字、训诂之外,又增加了音韵一门。《尔雅》是中国古代第一部训诂学专书,由于它和儒家经典的关系比其他小学类书籍更为密切,宋代以后又进一步把它升格,列为"十三经"之一。①

正因为小学是通经的门径和阶梯,所以尽管究其实质不过是一门工具性学科,但是历代士人从不敢轻视。不仅读书人必通小学,而且由于其地位和作用的重要,历代都有很多学者专门研究小学。如果把有关文字、音韵、训诂的专书看作狭义的"小学"的话,"小学"还有三个更广范围的理解:一是各类古典文献的注疏,二是为某种实用的目的而编的各种"类书",三是古文中有关汉语词法、句法的论断。综合起来,我们可以看出,中国的传统小学不仅包含中国传统语文学思想,而且包含中国传统文化的全部信息。

正因为传统小学中包含了丰富的民族文化内涵,所以我们就可以充分利用传统小学,以促进对汉语词义的产生和发展进行研究。

---

① 陈昌来. 应用语言学导论 [M]. 北京: 商务印书馆, 2007.

第二节 文化语言学相关内容解析

一、文化语言学的研究对象

文化语言学从文化学的角度研究语言,把语言当作民族文化的模式和构成民族文化的符号系统。文化语言学的目的在于揭示隐藏在语言形式、结构、运用和变化背后的文化内涵。人类的文化世界就是语言世界,语言与文化"互塑互动",要想了解语言的文化属性、语言的文化功能及文化对语言的影响,就必须深刻揭示语言和文化的关系。因此,语言和文化的关系就是文化语言学的研究对象。[①]

文化与语言之间的关系可以总结为以下几个方面。

(一)语言是一种文化符号

语言本身具有工具的效能,是人类特有的能力和习惯。就民族文化而言,民族语言是民族文化最重要的一种表现形式。换句话说,民族语言是民族文化的体现,是民族文化的天然"图腾"。学习语言,就意味着要学习相应的文化;而要了解一种文化,就必须学习与这种文化相对应的语言。在文化的建构与传承过程中,语言以符号的形式发挥其自身的作用。语言的产生、演变、流传总是与对应的文化的产生、变化和流传保持一致性。一种语言的衰亡意味着一种文化的衰亡。文化本身是一个复杂的整体,由许多要素整合而成。在这个整体中,一些特定的词语反映着"文化内核"并推动该领域的文化建构。这些特定的词语体现了该文化领域的思想范畴、价值观念和认识成果。我们将这些特定的词语称为"文化符号"。"文化符号"不仅体现了一定社会文化思维和文化体制,而且还制约着相应的文化观念、文化心理、文化活动。各种语言都有相当可观数量的这一类文化符号。由于语言具有继承性和保守性,那么"文化符号"也就相应地具备了传承文化的作用。

此外,我们还需明确,语言自身就是一种文化力量、文化模式。人们学习语言,也就把相应的文化观念、文化价值、文化准则、文化习俗等"文化符号"融入了自己的思想行为中。语言本身具有一种建构和保有文化传统的

---

① 安玉香,刘文惠,胥秋菊等.对外汉语教学的多角度研究[M].北京:中国书籍出版社,2014.

作用,我们把这种作用称之为"语言的文化符号的功能"。

(二)语言与文化共同变化

语言是民族的语言,文化是民族的文化。无论一种语言和文化有多强的民族性,它们都不是一成不变的。首先,社会的发展变化,从本质上来说是社会文化的发展变化。语言作为文化的表现形式,也会随着文化的发展变化而发生改变。其次,在进行文化交流时,需要依靠语言,没有语言和语言之间的翻译就无法进行文化交流。语言的翻译实际上是语言符号形式的转换和意义的借入。同时,在语言符号形式的转换和借入过程中,其他民族的文化也被带入进来。各民族语言在同其他民族的文化交流中不仅吸收了大量的外来词,也吸收了不少外语的语法成分和语法手段,有时文化的接触还会导致语言面貌的变化。总之,语言的变化同文化的变化关系极为密切,其间存在着一种"共变"关系。①

(三)文化与语言相互影响、相互制约

一种文化的产生与发展,离不开语言的作用,同时,文化的发展反过来也促进了语言的进一步发展。著名语言学家韩礼德指出,语言是文化传播和社会变化的重要因素,语言学家借助社会学理论分析语言的使用,社会又影响着语言。环境影响着人类的行为,相应地,环境也影响着语言,制约着语言形式的选择。总之,语言与文化二者之间呈现双向的影响制约关系。

(四)文化与语言之间存在结构层次差异

国内诸多学者认为语言结构层次与文化有着密切的关系。即使语言结构的每个层次都与文化有关,但是,我们需要明白,文化对语言的影响是不均衡的。例如,文化对词汇的影响最明显、最突出、最集中,而对语法的影响则比较浅显。文化反映在语言的使用上则比较典型,而反映在语言系统上则比较含蓄。

由此可以看出,文化对语言结构层次和使用的影响有强有弱,那些片面地夸大语言与文化之间的关系或否定语言与文化之间的关系的认识都是不正确的。文化有表层结构与深层结构之分,表层结构即"硬文化",深层结构即"软文化"。在深层结构中,心理积淀又是最深层的文化层面。针对异于本土文化的外来文化,人们很容易地就能接受其表层结构,即"硬文化"

---

① 陈娟,韩艳,王振红等. 英语语言学理论研究与应用[M]. 北京:中国水利水电出版社,2016.

部分,而对于深层结构,即"软文化"部分,则难以理解和接受。

二、文化语言学的任务

(一)新文化建设研究

随着现代科学技术的发展,人类社会信息骤增,人们接触日益频繁,人们普遍感到地球在变小,时间和空间在缩短。人们逐渐意识到不能再将个人意志强加于他人身上,人与人之间应保持相互尊重的关系。在新时期,建设多元一体化的多边合作与多边竞争的人类社会成为必然。科学研究领域出现了综合研究的新趋势,一门综合研究人文科学和自然科学的"文化科学"成为热门科学。文化科学是研究人本身的科学,是研究人何以成为人的科学,研究不同生存环境和生活状态中的人的思维方式、行为方式的科学。随着文化科学研究的深入,人们发现,人类社会的各种问题,包括政治问题和经济问题,都可以归结为文化问题,而未来世界新社会的建设,归根结底是新文化的建设。因此,文化语言学的主要任务就是从语言学角度进行新文化建设的研究。

文化建设是一个范围极为广大,项目极其众多的总课题。文化语言学运用独特的视角观察和分析语言问题,获得不同于其他文化研究部门的认识和理解。例如,传统语言学一般认为,数词的功能是表示数量,然而我们从文化语言学角度发现数词不仅表示数目,而且是文化符号。

(二)社交用语研究

人与人之间、民族与民族之间、国家与国家之间的交流,都离不开言语交际。也就是说,语言是社会联系的纽带,语言要发挥其社会联系功能,需要借助言语交际。言语交际是语言的社会联系功能的具体体现,是人们社会文化生活的重要表现形式。特定的社交用语凝聚了特定民族在特定时期的文化精神,反映了这一民族在这一特定时期的文化。因此可以说,社交用语也是文化语言学的一项重要研究课题。体现社会上人际关系的社交称谓对于确定交谈双方的身份角色有重要作用,尤其能体现社会文化的风貌。中国近百年来社会动荡十分频繁,社会体制屡经变革,社交称谓也几经更易。80年代实行改革开放政策以来,由于社会体制的变化和外来文化的巨大影响,社交称谓又发生了新的变化。但是,社交称谓的变化总是滞后于社会现实,同时社交称谓数量有限,这造成了现有社交称谓在繁复多样的社会交际中穷于应付的现象。陈建民在《语言社会文化新探》一书中把这种现

第六章　文化语言学理论应用于语言教学

象称为"社交称谓的缺环"。他认为"语言学工作者应在大量调查的基础上,引进国际通用的社交称谓词,根据需要,适当启用封闭多年的社交称谓词,并对人民群众不断创造的新的社交称谓词进行必要的规范,并加以语用方面的说明,借以克服当前社交称谓的混乱,如缺环现象"。①

(三)语言内部结构研究

文化语言学还有一个重要任务就是对语言体系本身即语言内部结构进行研究。中国文化语言学学者立足于本体论,运用本民族文化的思维特征来观察本民族的语言,总结出了与本民族语言特点相符的语言体系,以描述本民族语言的结构特征,从而全面揭示同民族文化特征相一致的民族语言的结构规律,建立起本体论上的汉语语言学新体系。而在汉语语言学的各部门中,语法学体系的重建问题显得尤为迫切。这一任务的提出是基于这样的认识前提:以《马氏文通》为起点的近百年来建立在对西方语法的生硬模仿基础之上的汉语语法学基本上不符合汉语语法特点。"简单地搬用一种处理英语句法相当好的模式往往只是造成对那些其他语言句法性质的歪曲。"汉语语法研究由模仿论向本体论的转移在客观上正好同西方句法理论研究方法论的转变遥相呼应。"从20世纪80年代起,无论从形式语法、语言类型还是功能语法的研究方面看都开始出现重大转折,不再依循以英语为中心的观点。人们已经认识到不同的语言在一些对一般语法理论很重要的方面都有差异,而且任何一种语言,如果不能鉴别它在这些方面跟其他人类语言的异同,就不可能对它的结构有完整的认识,不管它是英语、汉语还是其他什么语言。"②

然而,很好地认识和阐释汉语语法中复杂而深藏的文化内涵并不是一件容易的事情,现有语法研究者因知识背景受限形成了一种理论惰性和思维定式,在学术研究规范上的弃旧图新达成共识,在汉语语法学界未能得到强烈的响应和共鸣。中国文化语言学在这方面的研究尚处于举步维艰的开创阶段,远未成为普遍一致的学术风气。中国文化语言学如果只是关注语言外部的文化世界,只是注重汉语与其他文化部门的关系的探讨,而不能很好地探讨汉语本身内部结构的规律,最终恐怕仍然难以创造可观的成就。因此,尽管举步维艰,在本体论基础上建立符合文化语言学学术规范的汉语语法学新体系的问题却不能不解决。

文化语言学把"语言和文化的关系"这一总题目划分为若干个小题目,

---

① 戴昭铭. 汉语研究的新思雄[M]. 哈尔滨:黑龙江人民出版社,2000.
② 戴昭铭. 文化语言学的对象、任务和性质[M]. 北方论丛,1993.

对语言同各个文化领域的关系逐一进行探讨,例如,语言和思维,语言和哲学,语言和政治,语言和宗教,语言和文学艺术,语言和民俗,称谓和文化习俗,姓名、地名和文化史,语言和文化交流,语言与亚文化社会,语言和性别文化,事物名称和文化心理及文化史,婉辞、讳饰、敬语、客套、谀辞等特殊交际用语同文化心理等。

三、文化语言学的性质

(一)文化语言学是语言学

文化语言学研究的目的是揭示语言的文化本质,将语言当作文化符号来研究。文化语言学着眼于与文化体制相关的语言现象,把涉及文化问题的各个领域作为语言活动的背景或场所来处理,并未具体描述这些文化领域的实际情形。同时,文化语言学也要探讨语言和文化之间的关系,从语言的形式、结构和意义等方面发掘民族文化内涵,从文化变迁中寻求语言变化的动因。由此可知,文化语言学并不是依靠语言的变化来印证文化变迁的踪迹。但是,文化语言学可以依据一些语言材料来阐明文化发展的脉络,最终理解语言的文化功能。总之,文化语言学是研究语言而不是研究文化。因此说,文化语言学是语言学。[①] 正如吕叔湘先生所说:"我所了解的文化语言学是说某一民族的某种文化现象在这个民族的语言里有所表现,或者倒过来说,某一民族的语言里有某种现象可以表示这个民族的文化的某一方面。"由此可知,文化语言学是语言学的一个方面。

(二)文化语言学是解释性语言学

科学分类的一个重要原则是把科学分为描写性科学和解释性科学。描写性科学提供客观对象的具体情形,如要素的分类、特征、构成和关系等等,回答"是什么"和"怎么样"的问题;解释性科学提供关于客体及其状况的各方面因果关系的解答,回答"为什么"的问题。由于切入的角度不同,对同一客体的研究可以得出描写性和解释性两种科学理论。如地理学之于地质学,体质人类学之于文化人类学,其区别就在于描写性和解释性。语言研究也是这样,结构主义语言学是描写性的,文化语言学、社会语言学则是解释性的。

---

① 李小卫.文化语言学视野中的阿拉伯语言与文化关系研究[M].北京:旅游教育出版社,2013.

第六章 文化语言学理论应用于语言教学

文化语言学要解释语言和文化之间的因果联系。这种联系既是单向的，也可以是双向的。单向联系是指某些文化现象有语言上的原因，或者是某些语言现象是某种文化现象的结果。双向联系是指某些语言现象和文化现象互为因果。①

以上是就文化语言学面对语言与其外部的文化世界的关系进行的研究而言。当文化语言学研究汉语本身时，当然要描述汉语的结构、形式和意义。但是，这里的描述不同于结构主义的描写方法，尤其与作为方法论的描写主义的性质不同。这里的描述不注重对语言结构规律的高度抽象化和形式化，而在于结合汉族人的语言感受，结合汉语句法中蕴藏的文化内涵，结合语境、心理、音律等诸多因素，对汉语的组织机制做表达说明。从本质上来说，仍然是对语言规律的文化解释。

（三）文化语言学是语言学的分支学科

语言学是一个总体学科的名称。由于语言具有多方面的本质和属性，也由于研究目的、范围和方法的不同，在这个总体学科之下已经形成了门类众多、性质各异的分支学科，文化语言学是这些分支学科中的一门学科。它与其他各分支学科只能建立一种相比较而存在，以互补求完整的兄弟关系。它们有各自的功用和价值，彼此谁也不能取代谁。所以既不能认为只有文化语言学才是语言学，也不能希冀把文化语言学建成凌越所有语言学分支学科之上的理论语言学，更不能设想把文化语言学搞成横跨社会科学与自然科学的大泛系语言学科。否则，就会抹杀其他分支语言学的存在价值，也会模糊文化语言学的研究对象和研究任务，使得文化语言学的内容庞杂不堪。②

（四）文化语言学是交叉性学科

语言和文化、语言学和文化学的交叉研究早已存在，因此，文化语言学可以看作是一门交叉性学科。一方面，语言是渗透、涵盖一切文化领域的现象，语言现象和文化现象的可离析性并不否认它们之间存在交叉点或契合机制，这个交叉点或契合机制，就是语言的文化功能。语言的文化功能的具体表现就是几乎所有各个文化领域都必须仰仗语言符号的建构作用。这就使得民族语言的各个方面都饱含着和浸透了民族文化的精神内容，也就使得几乎所有人文学科的研究都不能不注意语言问题。另一方面，语言本身

---

① 戴昭铭. 文化语言学的对象、任务和性质 [J]. 北方论丛, 1993.
② 戴昭铭. 汉语研究的新思维 [M]. 哈尔滨：黑龙江人民出版社, 2000.

又是社会文化的一部分,民族语言的历史和文化的历史密不可分,所以,传统的语言研究历来也往往或多或少地要对语言现象的社会文化背景进行考察、研究和描述。文化语言学与传统语言学、文化学以及一般人文学科不同的是它并不是仅仅注意到,而是完全专注于语言和文化的关系的研究。这就使它的研究领域和学科性质都具有了交叉性。

四、文化语言学的方法

方法是我们的研究成功与否的关键,也是一门学科成熟与否的重要评价标准。方法,简言之是完成特定任务和达到既定目标的手段和方式。根据使用范围的不同,方法首先可有总体方法和具体方法之分。

（一）文化语言学的总体方法

语言研究方法论是建立在一定的语言观基础上,建立在了解本学科研究对象、研究任务及学科性质的基础上。其中,语言观是核心。关于文化语言学的方法论基础可以归结为"语言的文化属性"。"语言的文化属性"的概念可以归纳为以下几点：第一,语言是一种文化现象,它既可以充分展现民族文化,又是建构和传承民族文化的重要手段。第二,语言是民族文化精神的表征,语言中充满了民族的文化思维、文化观念和文化价值,语言的演变历史可以说是见证了民族文化的发展历史,语言中蕴藏着民族文化深厚的内涵。第三,各民族语言中承载着各民族的文化属性,各民族语言在语言结构系统和言语运用表现方面的不同与各民族文化之间的差异密切相关。"语言的文化属性"是人们容易接受的、容易理解的概念。在这一概念基础上,文化语言学的总体方法应该是与"解释学"方法相近的"语言的文化阐释法",简称"文化阐释法"。[①]

解释学,又称释义学,是西方哲学、宗教学、历史学、语言学、心理学、社会学以及文艺理论中有关意义、理解和解释等问题的哲学体系、方法论或技术性规则的统称。解释学认为,社会文化现象是人类精神的创造物,它们构成了一个个"有意义的形式",成为在种种符号中固定化了的生命表现。若要理解这些社会文化现象,就要把握符号创造者的精神世界,使隐藏在符号中的意义显现出来。语言可以说是人类心灵过程的外在表现形式,语言的起源和发展与人类精神的起源和发展密不可分。因此,要理解和解释语言就必须深入到人的精神活动中去,通过"重新体验"来揭示语言意义。解释

---

① 吴国华,杨喜昌. 文化语义学[M]. 北京：军事谊文出版社,2000.

第六章 文化语言学理论应用于语言教学

学的思想和理论与文化语言学研究的目的相符合,其可以作为文化语言学方法论的借鉴。

在"语言的文化阐释法"这一总方法的运用中,文化语言学研究应遵循以下方法论原则。

第一,用描写进行解释。解释性的文化语言学主张为文化解释的描写,假如没有对语言结构状况的基本了解,没有对语言事实的准确描写,解释就没有基础,没有目标,会成为空中楼阁和无的放矢。结构语言学和转换语言学也有解释性成分,不过它们是就语言来解释语言,而文化语言学是联系文化来解释语言。在文化语言学中,描写是手段,解释是目的。

第二,宏观和微观兼顾。从语言的整体系统的形成和演变方面去探讨语言与文化背景、文化历史的关系,从语言的文化符号性探讨语言在建构文化中的功能,这些都属于宏观性质的研究。但是文化语言学的含义不止这些。语言系统的宏观结构是由语音单位、词汇单位和语法单位这些微观层次的单位有机地结合在一起构成的。微观和宏观是辩证统一的关系,在研究中必须兼顾。宏观的描述和解释必须以微观层次的事实为依据,微观的研究既要以宏观的文化阐释为指归,又要考虑到它在整个宏观解释体系中的合理性。这样,文化语言学才既可以克服结构主义汉语研究的那种只见树木不见森林、微观描写头头是道而宏观体系上缺乏解释力的缺陷,又可以避免"小本钱做大买卖",只根据不充分的语言事实就架空议论的理论化倾向。

第三,重在研究语言。尽管语言也是文化,但是文化语言学是联系民族文化对语言的研究,其中主要是联系汉民族文化对汉语的研究,目的是为研究语言而不是研究文化,因此提"把文化学引进语言学"当然可以,但若提"把语言学引进别的人文学科"则欠妥。"把文化学引进语言学"在中国语言学界还是新方法,而"把语言学引进别的人文学科"的做法国内外文化人类学家早就实行了。文化语言学应该是"为语言而就文化研究的语言学",而不应该是"为文化而就语言研究的文化学"。二者的界限有时是不大容易划清的,但是如果不留意,文化语言学就可能变成语言文化学。

(二)文化语言学的具体方法

具体方法是方法论基础和方法论原则的实践方式,它表现为研究者对于研究客体的把握方式、处理方式和导出结论的方式。如果说,方法论基础和方法论原则对研究者的作用是方向性指引,具体方法就是对研究者在研究实践中的操作法的提示。如果说,方法论基础和方法论原则是对一门学科理想形态的理论建构,往往带有相当程度的思辨色彩和先验色彩,那么,具体方法就是有所创获的研究者对于研究实践具体过程的经验概括,因而也就不可能带有先验性和思辨性。① 正因为具体方法的这一特性,众多的文化语言学研究者提出了多种具体研究方法,综合来说,主要有以下几种。

1. 文化符号解析法

语言中的文化符号严重影响着民族文化的建构和传承,在民族文化发展方面发挥着重要的作用。这种作用不是文化符号的原始功能。语词,是语言结构体系单位,其是一种语言符号,而不是文化符号,其主要功能是表述概念,而不是建构文化。概念体系是人类在文化实践过程中对文化认识的结果,属于文化内涵的范畴。但是,要将松散的概念,形成整体的、系统的文化思想、文化体制和文化模式,必须经历文化建构的过程。在文化建构的过程中,为了总结出理论建构所需的专业术语,民族文化思想家们使用语言符号通过隐喻的方式来指称他们所了解的一些范畴,那么这些语言符号也就成了文化符号。这些文化符号最终推衍、发生、建构成了整个文化理论结构。文化语言学研究者若要理解语言的文化符号的功能,就需要分析这些文化符号,揭示其内涵,通过搜集、分类整理相关语言材料,描述并阐释这些语言材料中包含的意义。

2. 文化思维认同法

"文化思维"是指具有类型性的人类群体在文化建构中表现的倾向性思维。人类文化来源于人类思维,与人类思维相互促进、共同发展。语言是文化的重要表现形式,是人类思维的外在表现,语言在结构类型上必然双重性的特点:第一,它是民族文化思维方式的体现,受民族文化思维方式的制约;第二,语言又形成一种思维框架,规范着民族文化思维的运作和发展。世界各民族文化不是具有相同性质的统一体,而是各具特色的个体。各民族语言结构的特点必然与各民族文化的思维方式具有相关联系。因此,在认知各民族语言结构时,必须紧密结合各民族文化的思维方式,在了解各民族文化思维方式的基础上进行分析,从而更加深刻地认识各民族语言结构。认识语言结构与民族文化思维方式相结合,就是指要从民族文化思维方式出发来分析语言,同时最终又使语言分析落脚到民族文化思维方式的分析上。②

---

① 解放军外国语学院亚洲研究中心. 东方语言文化论丛 第 21 卷 [M]. 北京:军事谊文出版社,2002.

② 解放军外国语学院亚洲研究中心. 东方语言文化论丛 第 21 卷 [M]. 北京:军事谊文出版社,2002.

第六章　文化语言学理论应用于语言教学

　　近些年,哲学界、文化学界和语言学界对汉族人和西方人的思维方式的差异进行了比较深入的研究,获得了比较一致的认识。一般认为汉族人的思维方式带有整体的、辩证的、具象的、综合的特征,西方人的思维方式具有逻辑的、形式的、抽象的、分析的特征。当然,这里所说的思维方式的特征,是就两方面的思维表现的总体倾向而言,是一种此强彼弱的相对比较,而不是此有彼无的绝对差异。这种思维方式通常只在经验直觉的层面上对事物及其关系进行总体把握,其长处是强调功能和统一,其缺点是忽视对实体作元素的分析和对现象与本质之间的关系作逻辑分析,因而往往失之于笼统性和模糊性。希腊哲学家发明的形式逻辑体系和西方文化建立在实验科学基础上的现代科学技术是西方思维方式最有代表性的产物。这种思维方式要求把直觉印象抽象为公理性的假设并进行具体的验证,其长处是对实体和规律的观察精细入微,所建立的知识系统规则性和可操作性强,其弱点是容易导致机械性和片面性,忽视事物和现象之间的整体关联。中西方思维各自的优缺点具有一种互补的性质,所以不宜于做简单的价值判断。

　　西方语言与汉语在结构形态上的这些巨大差异以及近百年来借鉴西方语言理论来分析汉语语法而不够成功的无情事实促使我们思考其所以然。这个"所以然"是一个非常玄奥的论题。它涉及怎样看待文化思维同语言结构的关系,怎样看待语言结构同语言研究的理论与方法之间的关系等根本性问题。这些问题是研究者们人人意识到其存在而又普遍感到困惑的难题。它们之所以难,主要因为文化、思维、语言结构的起源或发生本身就都是玄而又玄的奥秘,一般的解答大抵是思辨的成分大于实证,要谈论它们之间的关系则更是几乎不得不全凭形而上的思辨,思辨性的结论要有说服力必须求助于例证,而对例证加以解释的观点又往往来自思辨的结论,于是就每每使整个谈论过程不是流于循环论证,就是一场机械比附,其结论难以成为广泛的共识。然而话说回来,除非我们对这些问题采取回避方式,否则只要谈论它们,循环论证和机械比附的缺陷固然应该小心避免,但思辨方式仍然势不可免。因为归根到底,科学不过是对世界的一种看法,科学理论不仅包括通过假设—推理之类正规程序而发现和证实的知识,也包括那些从内省的洞察力或个人经验的条理化基础上形成的知识。[①]

　　这一类知识则基本上属于思辨类型。在这样的认识前提下来谈文化思维和语言结构特征的关系,我们就可以认为:语言不是纯粹理性的产物,语言的结构规则也不是明确规定的,但是语言结构类型上的特点与民族文化思维方式的特征却具有必然的相似性。按照西方人的思维方式来说,必须

---

① 戴昭铭.汉语研究的新思推[M].哈尔滨:里龙江人民出版社,2000.

对思维客体进行元素分析,使表述更加具有逻辑性和形式性,使表现更加系统、精确。也就是说,要达到刚性定位的目标。西方语言的形式变化和系统化规则,与西方人的思维方式是相匹配的,是有助于达到西方人的思维目的和表达效果的。而汉族人的主体性思维,强调天人合一,以人为中心看待万物,把自然人格化,因此汉族人的辩证思维体现了综合性,汉族人的思维强调在辩证双方中寻求中和。在汉语中,单音节可表义,词类界线较为模糊,词的语法功能不固定,句法关系灵活多变,这些特点都为语言使用者提供了较大的自由空间,让他们可以根据主体表达的需求对语言单位进行灵活多样的排列组合。汉语语言结构的这些特点是同汉族人的思维方式相匹配的。因此说,汉语更适合于叙事、写景、抒情,西方语言则更适合于科学表达。

现代脑科学和体质人类学证明,人的思维方式受其生理基础的影响,首先是脑结构的影响。不同民族脑结构的差异源于遗传基因的差异。人类文化的基因、人类躯体的遗传基因又与民族生存的自然地理条件相联系。中国文化具有阴性的特征,中国民族文化基因具有阴性偏向,同西方文化对立互补、相反相成,这种均衡的对称局面是与地球自然生态环境的某种对称性有关。

综上所述,我们可看出语言和文化的中西方差异的深刻性。因此,关于汉语结构的理论只有紧密结合汉语本身的特点并认同于汉民族的文化思维,才能具有概括力和解释力。

3. 文化背景考察法

语言植根于文化。民族文化为民族语言活动创造条件,从根本上推动民族语言形成、发展。社会发展,语言也发展;社会消亡,语言也随之消亡。语言的历史是与民族文化的历史紧密相连的。因此,要研究语言历史,必须紧密结合与语言相对应的民族文化历史背景。

由于语言与文化的同一性,因此语言和方言的宏观演变都离不开民族文化的发展变革,语言宏观演变的基本形式,也就是语言的分化和统一,不仅与民族文化同步,而且民族文化还推动语言的分化和统一。以英语为例,从形态类型上看,古英语词形变化非常丰富,如名词、代词和形容词都有主格、生格、与格、宾格和工具格五种变化,形容词有强变化和弱变化,动词分强动词和弱动词。每种词性都有自己的变化方式。从5世纪中叶至今,英语的词形变化逐渐减少,词序越来越固定,英语已经由综合语变成分析语。从语体功能上看,直至16世纪,英语同意大利语、法语、西班牙语一样,都是各自国家的民族语言。在当时,英语的文化的影响力还不如意大利语和法语,其使用范围远不及西班牙语。然而,发展到现在,英语已成为世界上通

第六章　文化语言学理论应用于语言教学

行最广的一种语言,逐步成为国际交往的通用工具。英语不再是独属于某一个国家或某一个民族的语言,而成为一种信息媒介。

由于英语的广泛分布,各种英语变体随之产生。美国语言学家加兰·坎农认为,英语之所以发生巨大的变化,是与英吉利民族文化历史和世界近现代文化历史分不开的。英语的发展大致经历了三个时期。第一,中世纪英语时期,诺曼人征服不列颠,法语成为英国官方语言。英语与法语相融合,从法语中吸收大量词汇,词尾变化减少,词序固定,实现由综合型向分析型过渡。第二,现代英语时期,文艺复兴兴起,伴随着教育的发展和大量文学作品的创作,英语文学语言达成了统一的规范。同时,由于产业革命,英国成为世界强国,英语开始走向世界,逐步输入到澳大利亚、北美、西印度群岛、南非、南亚次大陆等地。英语使用范围的扩大造就了英语变体,其中最为突出的是美式英语。第三,当代英语时期,美国不断发展壮大成为世界强国,以及以美英为代表的西方文化的影响不断增加,英语得到了更广泛的发展。加兰·坎农所述的英语的发展历史,为我们研究汉语、汉语方言及国内少数民族语言的发展历史提供了方法借鉴。

汉语地域广大,方言分歧严重,但南北两区的方言各有鲜明的特色:南方方言语音复杂,包括词汇、语法在内,保留古代成分较多;北方方言语音系统较简单,包括词汇、语法在内,保留古代的成分较南方方言少,是现代汉民族共同语的基础方言。北方方言演变速度快的一个主要原因,是中国历史上规模较大、历时较久的动乱多发生于北方,动乱发生的原因又多是北部或西部的游牧民族侵犯汉族居住区,甚至入主中原;在游牧民族与汉民族杂居共处阶段,不可避免地要发生语言接触和语言融合。也就是说,是汉语北方话与北方或西北少数民族语言的接触和融合造成了汉语向现代形态的演变。南方方言区由于动乱较少,因而得以较多地保留汉语的古代特征。

语言的微观层次的演变有一部分是由语言系统内部的原因造成的,但也有一部分是由文化上的原因造成的。就音位系统而论,音位的聚合群是一个严密的系统,系统的演变一般都遵循音变规律,具有齐整性的特点,但有时部分词语的音位也可能产生不合规律的变化。

词汇单位的消长包括新词的产生、旧词的隐退和消亡、词语的替换即新旧名称的更替,这些现象的发生都有一定的社会文化背景。词义的变迁也常有社会文化的因素在起作用。

4. 文化差异比较法

文化差异比较法是通过对不同民族的语言在结构上和使用上的差异的研究来揭示产生差异的文化根源的方法。语言的民族差异是明显的、容易感知和容易引起关注的现象,因此不同语种之间的比较研究早就存在。例如,19世纪的历史比较语言学和近世的对比语言学就是用比较的方法来研究语言的。但是历史比较语言学的目的是建立语言谱系和构拟语言的早期状况,因此比较的对象仅限于有亲属关系的语言;对比语言学的目的或者在于探讨语言的普遍现象,或者在于探讨有效的外语教学法,在研究中也有一些文化背景的比较,但并不像文化语言学在研究语言差异时那样专注于文化精神方面差异的分析。文化语言学继承洪堡特关于语言和民族精神的关系的学说,认为语言是民族精神的外在表现,一个民族的精神特性和语言形式的结合极为密切,因而把分析不同民族文化精神上的差异作为解释语言结构和语言使用的差异的原则性方法。在比较的对象上注重于不同结构类型或亲属关系较远的语种,在比较的方式上深入到文化精神的内在的层次,这使文化语言学的比较研究有别于其他语言学的比较或对比的研究。①

由于世界上语言种类繁多,文化类型也是形形色色,一般研究者不易掌握多种语言,熟悉多种文化,在语言和文化的比较研究方面目前人们多集中于中西尤其是汉英语言与文化的比较研究上。

汉语和西方语言的最大差异,目前有很多种认识,如"艺术型"还是"科学型","人治"还是"法治","意合"还是"形合"。两者之间最大的差异在于语言单位构成与使用的主要控制因素是"意象"还是"法则"。"意"指意思、意义,"象"指形象。"意象"指包含意念的形象或带有形象的意念;"法则"指语言结构规则。语言由意象和法则构成。不同的语言在营造语言单位时"意象"和"法则"的控制作用有强有弱。"意象"强的语言,语意丰满,形象外显,语法灵活多变;"法则"强的语言,表示语法意义的形态丰富而外露,语法规则强硬而少变通。汉语与西方语言相比较,汉语可谓是"强意象语言",西方语言则是"强法则语言"。

汉语这种"强意象性"在词语的发生、构成、孳乳和词义的引申、分化、演变过程中表现得最为充分。汉语语词的意义来源,有一部分与被称为"语根"的声音形式有较密切的关系。这是训诂学中"声训法"的现实依据。西方语言在根词的基础上形成新词新义,很少用汉语这种同源孳乳的方法,复合法也不如派生法重要。最普遍的是用派生构词法,即在根词的基础上加词缀。

西方语言的文字不是表意文字,无法把音译的外来词表意化和形象化。但是外来词进入西方语言也要"民族化"。由于西方语言富于形态变化,西方语言使外来词民族化的一个重要方式就是把外来词纳入本族语言的语法

---

① 苏新春. 文化语言学教程 [M]. 北京: 外语教学与研究出版社, 2006.

第六章　文化语言学理论应用于语言教学

轨道,使之具有与本族语言一致的语法形式并遵从本族语言的变化规则。

汉语"强意象性"的特点在句法结构中也有所表现。比如国内语法学界有些学者一再强调的汉语语法的"意合"特点,就与汉语的"强意象性"有关。"意合"是针对"形合"而言。"形"在西方语言中,主要是指可以表示词在句中的语法地位、语法功能的形态成分,同时也包括词序和虚词。汉语既然缺少形态成分,那么控制句法规则的主要手段就成了词序和虚词。可是人们发现,作为句法规则体现者的词序和虚词,它们在组词成句过程中的强制作用也要比英语弱。

在文化语言学研究中,专门针对中西方语言差异进行比较研究,其目的是为了能够深刻理解语言结构和语言运用中的文化精神。我们不能因为研究结果显示西方语言强法则性,而汉语强意象性,就片面地下定结论,认为西方语言的"强法则性"和汉语的"强意象性"一定是各自文化精神的某方面因素的结果。因为从根本上说,语言本身也是文化。语言和文化也具有互塑互动作用,语言塑造了民族精神,体现了民族精神,反过来也可以说民族精神塑造和体现了语言。因此可以说,语言特性和民族文化精神具有一致性。如果从这个角度看问题,我们就可以看到,实用理性和思辨理性的差异正对应着中西方语言的"强意象性"和"强法则性"的差异。

5. 文化心理揭示法

文化心理揭示法是对语言的结构和语言的使用中所隐含的心理机制进行分析和揭示的方法。语言是思维和表达的工具,思维和表达的基础是一系列的心理过程,因此无论语言还是言语都和社会的和个人的心理现象有密切的关系。不仅普通语言学关注语言和思维的关系,传统语言学、结构语言学、转换语言学和语言风格学也都从不同角度,在不同程度上把语言研究和心理研究结合起来进行。语言学和心理学交叉渗透的结果已经产生了边缘性的心理语言学和语言心理学。但是这些研究主要涉及的是语言发生、语言习得、语言学习、语言理解和语言生成等环节上的认知心理过程,这些心理大多不属于我们这里所说的文化心理。[①]

语言中的文化心理是指在一定的文化背景下群体或个人从事语言价值判断和语言选择时的心理机制。心理机制是隐蔽的,而选择结果是外显的。研究者根据选择结果推测和分析语言使用者当时的心理动因。语言的发生、习得、理解和生成的心理过程属于认知心理或学习心理的范畴。但是,这个过程中不包含由文化心理造成的语言价值判断和语言选择过程,因此这个

---

① 苏新春. 文化语言学教程[M]. 北京:外语教学与研究出版社,2006.

过程不属于文化语言学的研究范围。只有多种语言风格的形成与文化选择有关，可以纳入文化语言学的研究范围。

由于人类的共性、文化的共性以及语言的共性，因此，语言中的文化心理也有一些超越民族、种族或国界的共同性表现。我们把语言中具有共同性的文化心理称为共同文化心理，把与之相对的，仅与某特定民族、种族或国家、区域相联系的语言文化心理称为特殊文化心理。①

语言使用中的共同文化心理表现在以下几个方面。

第一，母语优越心理。一般人都认为自己从小习得的母语是正确的、标准的、好听的语言，而视母语以外的语言为古怪的、可笑的、难听的语言。

第二，从众入时心理。"从众"和"入时"是互相联系的两个方面。"大家都说的"往往也是"流行的、时髦的"。语言有点像服装，如果违众背时，就要受到嘲笑；众人和时尚是决定个人语言价值判断和语言选择的至上权威。但是"众人"有范围大小之分，"时尚"也有或雅或俗之别。小范围的从众使语言选择向亚文化、边缘文化、方俗文化的语言运用标准看齐，大范围的从众使语言选择向主流文化、中心文化、权威文化的语言运用标准看齐。最终的结果由需要和可能等各种因素综合而成。标准语、大城市语言代表雅文化，对于代表俗文化的地域方言或乡村语言具有较大影响力，但是多数人总是以当地人和家里人为交谈对象，如果说标准语或大城市语言未能在当地成为普遍时尚，那么最好的时尚还是土话。尽管受教育较多的青少年更容易接受外来的新事物，因而地域方言的特征总是在一代一代的磨损中缓慢地向标准语靠近，然而由于地域方言是个自足的封闭体系，而经济文化较发达的大城市方言尤易产生离心作用，所以在我国南方方言区很多地方说标准语反倒是违众背时的。

第三，性别认同心理。一般地说，男女两性说话在发音、用词、语气、语法、态度、内容等项目上都有一些差别，但这些项目并不一定在任何民族、阶层、地域和场合都有一致的表现，而究竟如何表现则需作具体调查和具体描述，不宜一概而论。就民族而言，日本女性的语言特点比一般民族的女性更突出。在风格和态度方面，男子语言的共同特点是比较粗直、果决，女子语言则比较柔婉、谦恭、含蓄。这种观念形成的规范力量使得男女两性向各自的性别语言特点认同。性别语言特点往往与权力、地位、文化教养等情况相联系，当这些情况变化时，语言特点也会变化，特别是女性语言。缺乏文化教养的妇女其言语的粗直程度可能超过一般男子；农村未婚少女在言语上

---

① 王成山，赵桂珍．认知语言学与英语语言学的应用学研究[M]．北京：外文出版社，2016．

多能自我检束,而已婚妇女则常常表现为无所顾忌,其中尤以北方农村妇女表现突出。女性语言粗直化也许是在男子中心社会中女性不甘于从属地位的心理表现。

第四,避秽求雅心理。在各文明民族中,都普遍存在对以下两类词语的忌讳:①表示排泄物、排泄行为、排泄器官、排泄的用具和场所的词语;②表示性器官、性行为的词语及可能引起此类联想的词语。避免直接说出这些词语被认为是文明的、有教养的表现,不得已需要说出时则要换用委婉语,不然就会被认为粗野、下流、缺乏教养。这种言语禁忌的心理基础是认为排泄和性都是肮脏的、下流的,与基于语词魔力信念的愚昧迷信有所不同。[①]

五、文化语言学的发展

(一)文化语言学的现状

1. 学派和理论建设

依据理论主张和研究特色,文化语言学研究者可以分为关系论派和本体论派。关系论派代表性人物有游汝杰、陈建民、邢福义等。本体论派代表人物主要是申小龙。关系论派和本体论派二者在语言观、学科性质和方法论等一系列问题上都有各自不同的见解。

(1)关系论派

关系论派认为,语言是民族文化的重要表现形式,语言现象在文化中有着充分的表现,同时,文化现象在语言中也有着明显的体现,二者互为体现。文化语言学的研究对象是语言与文化的关系。邢福义等人把语言与文化之间的关系简洁地概括为"语言是文化的符号,文化是语言的管轨"。

关系论派的研究模式是"从语言看文化、从文化看语言"。游汝杰认为文化语言学的主要目标就是在一定的文化背景下来研究语言和方言,将其他各种学科与语言学相结合,同时也将语言学渗透入其他学科中去。针对研究方法,陈建民认为常用的研究方法主要有对比法、投影法、文化结构分析法和文化心理分析法,邢福义认为研究方法还包括实地参与考察法、共层背景比较法和整合外因分析法等。

(2)本体论派

本体论派认为,语言具有世界观和本体论双重性质,"本质上是一个

---

① 陈炯. 中国文化修辞学[M]. 南京:江苏古籍出版社,2002.

民族的意义系统和价值系统,是一个民族的世界观",语言制约和影响着人类的思维和文化心理,"语言是文化产生的基本条件,语言决定文化"。语言的这种属性被称为"语言的人文性"。这种属性可以说是语言的根本属性。

本体论派认为文化语言学的研究对象是语言的文化功能。语言的文化功能主要包括"语言统一文化各领域的功能""文化渗透语言各领域的功能",以及"人文科学各领域特有语言的功能"。

本体论派还特别注重汉语独特的人文性。本体论派认为汉语的独特的人文性致使汉语不适合套用西方语言分析的一套范畴和方法论来进行研究。因此,本体论派认为《马氏文通》以来的中国现代语言学研究侧重模仿西方语言学,与汉语本体相脱离,与中国传统文化相背离,这就造成了"文化断层"。[①]

文化语言学的研究目的就是要让汉语研究回归汉语本体,以汉语本体为主体进行研究,从而建立起真正符合汉语特点的语言学,使中国的语言学能够实现转变,由原有的描写型逐步转变为人文型。

本体论派提出人文主义方法论,具体研究方法有文化镜象法、文化参照法、常态分析法、多元解析法、心理分析法、异文化范畴借鉴法、"从抽象上升到具体"的方法和传统阐释法。

2. 具体问题的研究

近几年,文化语言学取得了用其他的理论和方法难以取得的成绩。主要体现在以下几个方面。

(1)方言学

在方言学研究方面,游汝杰、周振鹤合著《方言与中国文化》,这打破了以往方言描写的旧框架,将方言与中国文化史的众多方面进行结合来展开研究,由此获得了许多新的认知,主要是对方言分化与中国文化背景之间的关系产生了新的认识。例如,他们认为现存方言分布的类型与历史上移民的方式有着密切的关联性。具体来说,占据式移民造成了大面积一致性的方言,墨渍式移民造成了蛙跳型方言,蔓延式移民造成了渐变型方言,杂居式移民造成了掺杂型方言,闭锁式移民造成了孤岛型方言,板块转移式移民造成了相似型方言;又如汉语方言地理跟历史上的人文地理(特别是行政地理、交通地理和经济地理)的关系很大。[②]

---

① 夏中华. 应用语言学范畴与现况下 [M]. 上海:学林出版社,2012.
② 戴昭铭. 汉语研究的新思维 [M]. 哈尔滨:黑龙江人民出版社,2000..

第六章　文化语言学理论应用于语言教学

（2）词汇学

语言中的词因其具有作为文化符号显著表征的特点，被众多研究者所关注。其中，宋永培在古汉语词义研究中提出了很多新颖的观点和看法。他研究《说文》中的词义系统，研究结果表明表示"聚合"的义位远远多于表示"分解"的义位，而其词义系统又主要表现为对立义系构成或转化为统一。周光庆、苏新春对汉语词汇的文化内涵的研究在系统化方面与宋相近，且其论断更稳妥平实。苏新春已出版了一部从文化角度研究词义的专著《汉语词义学》。

关于某些与文化关系密切的词语类别的研究，较有成就的体现在以下几个方面。第一，人名。20世纪40年代，吕叔湘编写的《南北朝人名与佛教》，可以说是一篇巨作。整本书资料丰富，考证翔实，堪称"样品"。这本书于1988年发表，对后世产生了深远的影响。此外，王建华、郑宝倩在这方面的研究也颇有成就。王建华编著的《文化的镜象——人名》一书亦有出版。第二，外来词。在外来词研究方面，以史有为的专著《异文化的使者——外来词》为代表。第三，颜色词。颜色词的研究主要以刘云泉的研究为代表。第四，隐语。关于隐语的研究以曲彦斌的专著《中国民间秘密语》为代表。[①]

（3）语法学

关于语法学的研究，以申小龙最为突出。在中国语言文化通观下，申小龙彻底否定《马氏文通》以来的汉语语法学研究，同时提出汉语句型理论，这在中国语言学界可谓独树一帜。申小龙从哲学和文化心理学的角度进行研究。他认为汉族人具有"整体思维、散点透视、综合知解"的致思特点。在这种特点的影响下，汉语语法呈现出了总的发展规律，即"句读本体、逻辑铺排、意尽为界"。

申小龙摒弃西方语言的焦点视、主谓视、单域视等心理视点，着重强调汉语心理视点的散点视、非主谓视和双域视。他明确指出西方语言受形态制约，具有"法"治特点，同时也指出并论证了在汉语表达中表现在弹性实体、流块建构和神摄方法中的非常灵活的主体意识。在表达功能论的总原则下，他采用"层次一视点"切分法分析判定句子结构模式，对《左传》和中篇小说《井》进行穷尽式分类描写，得出了关于汉语句型系统的新认识。申氏的句法理论为真正符合汉语特点的语法体系的建立提供了新思路，发挥了重要的引导作用。

（4）言语交际

言语交际方面的研究，主要以陈建民为代表。1987年，陈建民出版《说

---

① 韩红. 文化语境中的俄语教学与研究 [M]. 哈尔滨：黑龙江人民出版社，2003.

话的艺术》。虽然说这本书并不是站在文化的角度来研究言语交际,但书中有大量的篇幅是从交际角度、交际身份、文化心理和文化传统等方面讨论问题。1989年,陈建民又出版《语言文化社会新探》一书。这本书中专门写了《称谓》一章内容,这章内容专门讨论了亲属称谓和社交称谓在言语交际中体现出的社会文化观念,阐述了亲属称谓和社交称谓易受特定的文化习俗的影响和制约。

除了陈建民外,还有一些学者也对言语交际进行了研究。例如,李晋荃编写了《人际关系与称呼语》,胡明扬编写了《问候语的文化心理背景》,二者均从文化角度来研究交际用语。邓炎昌、刘润清编写了《语言与文化——英汉语言文化对比》一书,从词义、日常谈话、成语和典故、谚语和格言、比喻和联想、委婉语和禁忌语、敬语和谦语、文体、言语变体、身势语等诸多方面探讨了英语国家与中国之间的文化差异。[①]

(二)文化语言学不断发展

文化语言学自产生以来,不但取得巨大成就,而且显示出较强的活力。近几年,每年都举行有众多学者参加的关于语言与文化问题的地区性或全国性的研讨会,国内许多高校开设了文化语言学专题课,有关文化语言学的丛书、文集、专书和教材在陆续出版。文化语言学这种蓬勃发展的态势使有人作出过于乐观的预言,认为它将取代现有中国语言学,使中国语言学由描写型转为人文型;也有人认为文化语言学根基不足,是空中楼阁。对此,我们应辩证地看待文化语言学的发展。

首先,文化语言学将继续存在和发展。文化语言学是一门交叉型学科,以阐释语言的文化内涵为目标,它不仅能弥补现代语言学因专注于语言结构的静态描写所造成的缺陷,而且有其他语言学科无可替代的价值和作用。随着研究的深入,这种价值和作用也将进一步得到认识。文化语言学将与中国语言学的其他分支学科建立一种求同存异、互补互助,最终获得繁荣发展的紧密联系。

其次,文化语言学将进一步完善和定型。现在的文化语言学在理论和方法上都还比较粗疏,需要进一步精密化和完善化。比如申小龙提出的作为文化语言学的研究对象"语言的文化功能"三方面之一的"文化渗透语言各领域的功能",按其表述方式简缩后应是"文……的功能",这样的表述不仅与其上位"语言的文化功能"相抵触,也与同位的其余两项在逻辑上难

---

① 韩红.文化语境中的俄语教学与研究[M].哈尔滨:黑龙江人民出版社,2003.

第六章　文化语言学理论应用于语言教学

以并比。① 文化语言学要想成为一个范围定型的语言学科,不仅要与社会语言学、民族语言学或人类语言学等相邻学科划清界限,而且还应剔除语言文化学的内容。它应成为"为语言而就文化研究的语言学",不应成为"为文化而就语言研究的文化学"。

最后,关系论派和本体论派的分歧将继续存在,并最终可能实现合并。要实现合并就需要取长补短。关系论派吸收本体论派的长处,从汉语本体中提取出具有高度概括力和较强解释力的范畴体系,用以描述和解释汉语的结构规律,以此保持理论活力,形成系统的学科规模,造成可观的学术成就。否则,单纯在语言和文化之间寻找对应现象,难免会出现很多小问题,甚至最终导致学科萎缩。本体论派要学习关系论派审慎严谨的态度和作风,避免不切实际的理论批判,舍弃不当的武断表述,从而使自己的理论精细化、严密化。同时,本体论派还应在语言微观层次方面多下功夫,才能避免空疏玄谈之讥议,获得更为广泛的理解和承认。

第三节　文化语言学理论在语言教学中的具体应用

文化和语言密切相连,语言是文化的载体,文化是语言的源泉。因此,在语言教学中,语言输出及文化渗透均是教育工作中必不可少的部分。仅注重语言理论输入,忽视语言有关文化知识渗透,教育者难以获得较佳的教育成效。

一、文化语言学对语言教学的促进作用

(一)文化语言学提出了新的教学理念

在教学过程中,有很多人认为语言与文化是固定不变,保持相互独立的,因此,认为语言与文化都可以像提取信息一样,被提取出来。那么,教育活动就是教师将这种提取物传递给学生。按照这种理解,我们就可以认为语言教学只要设置了语言课程和文化课程,就可以实现对语言和文化的教授。其实不然。这种认识割裂了语言与文化之间的关系,很容易误导学生认为语言与文化之间无关联,以致形成语言知识结构和文化知识结构两种

---

① 戴昭铭.汉语研究的新思维[M].哈尔滨:黑龙江人民出版社,2000.

独立的结构。

帕尔默文化语言学将认知理论与文化进行整合,为我们提供了新的语言教学理念。帕尔默文化语言学认为,语言教学不能以语言构造和语言规则为中心,而应该将引导学生理解和认识语言与文化之间的关系作为切入点,想办法提高学生的语言文化能力,让学生能意识到并自觉地将语言学习与文化内涵理解相结合,从而最终提高自己的语言认识和学习能力。

语言教学以文化语言学为理论基础,从认知主体的体验性和语言的文化性来解释语言,让学生深刻地理解语言产生和运用的依据及其文化内涵。这种以文化语言学为语言教学理论基础的语言教学可以说是更科学、更全面的语言教育方法。

根据文化语言学理论,在语言教学过程中,我们充分利用言语主体的认知机制和言语文化背景,列举语言的意义及其相关知识,同时将语言的文化性引入教学。通过这两个方面,改变学生对语言的认知,提高学生自主学习语言的能力,促使学生内化所学知识,最终将所学知识运用于实践,最终实现综合素质的提高。

文化语言学理论不仅给我们提供了全新的教学理念,而且还为我们提供了新的研究语言和文化的方法。这对改进语言教学方法提供了强有力的推动作用。文化语言学理论不仅扩展了语言研究范围,增加了语言研究对象,而且为语言教学实践提供了理论指导,它为语言教学目的的实现提供了一个全新的语言与文化教学平台。

(二)文化语言学对教师的教学提出了更高的要求

文化语言学对语言教学的促进作用还体现在对教师的影响,具体表现在以下几个方面。

首先,文化语言学对教师的理论素养提出了较高要求。当前世界经济一体化与教育全球化的趋势,促使教师必须转变教学观念,改变人才培养模式。那么,作为语言教学的教师转变自身教学观念、提高自身理论素养显得尤为必要。文化语言学作为语言教学的理论基础,教师必须应深刻研究并认识语言与文化的关系,深入理解文化语言学的理论知识,加强文化语言学理论在语言教学中的应用,以促使语言课程与文化课程更好地衔接,便于提高语言学习效率。

其次,文化语言学对教师的语言文化素养提出了要求。一个人的语言水平如何,我们主要通过语言形式和语言内容来判断。语言形式一般是有限的,但是暗含的语言内容,也就是文化内容却是无限的。那么,我们就可以说,一个人表达的语言文化内容越丰富,那么这个人的表达能力就越好,

第六章　文化语言学理论应用于语言教学

语言水平也就越高。而语言文化内容的丰富体现了一个人文化素养的高低。因此说,一个人高水平的语言表达取决于他们自身的文化素养。在语言教学中,文化的作用就显得更加重要。由此可以看出,作为语言教学的教师不仅要具备扎实的语言功底,而且必须要具备很高的语言文化素养。所以说,语言教师必须要重视自身语言文化素养的提高,不断加深对自己国家和目的语国家的文化的了解,包括各个方面,如政治、经济、文学、宗教等,还包括各个历史时期的文化。

最后,对教师的教学实践能力提出了更高的要求。文化是一个开放性的系统,其包含内容众多,信息繁杂。其中,语言也属于文化的一部分。在语言教学中,我们如何推断出文化中与语言有关的那部分内容,如何将这部分内容列入教学内容,并在具体教学中讲授这些内容,都对教师的教学提出了更高的要求。语言教学本身是有步骤、有计划的,但是语言教学中的文化语言学学习却是无意识的、随机的。如何更好地实现文化语言学理论知识的讲授和运用,就要求教师必须要不断地提高自己的教学能力,掌握驾驭课堂教学的能力,根据课程内容和学生的实际将文化语言学理论有效地应用于自己的教学实践之中。

二、语言教学中的文化渗透

(一)文化渗透的原则

如何将文化很好地渗透入语言教学中,需要把握好以下三个原则。

1. 整体系统原则

每种文化都具有较强的层次性、多元性和丰富性。因此,在语言文化学习中,教师和学生都需要着重关注文化的差异性及文化元素,从整体性的角度来学习语言文化。在语言教学过程中,教师应从整体实施文化渗透,切忌只看到局部。教师不仅要重视学生语言文化思维的建立,而且要提高学生对语言文化知识的理解能力和认识水平。

2. 循序渐进原则

文化的内涵极为广泛,涵盖了人类生产、生活的方方面面,从科学、技术到人类的生活方式、言行举止等方面,无不体现着某种文化。因此说,语言文化学习,不是单纯依靠短时间的突击学习就能取得好成绩的,而必须遵循循序渐进原则,在学习与生活中一点一滴、日积月累地了解文化、思考文化、领悟文化,以确保获得更好的学习效果。在语言教学中,教育者在文化导入时,也应贯彻循序渐进原则,唯有这样,才可使语言文化由教材迈进学习者的内心世界。

3. 开放性原则

上述内容已经提到,语言文化内涵丰富,涉及内容众多,单纯依靠有限的课堂教学时间,是难以构建出良好的语言学习思维和深入了解语言文化知识的。因此,在语言教学活动中,文化渗透应遵循开放性原则。不仅应在语言教学中注重语言文化内容的扩充,还应注意教学模式的开放性。从语言文化内容来看,学生应对所学语言的国家或民族的风俗习惯、文学、科技、历史、政治等各方面都有所了解。从教育模式来看,教师可以设置形式多样的第二课堂,让学生通过各种途径学习语言文化,如观看外文电影、听外文歌曲、阅读外文杂志、收听外文广播,甚至与外籍人士进行交流等。

(二)文化渗透的措施

为了更好地实现文化渗透,针对语言教学,高校可以采取以下措施。

第一,创新课程教学内容。语言教学内容包括本土化语言、本族语语言和非本族语语言三部分。其中,本土化语言主要是指表述我国文化的短语及词汇,如小康社会及科学发展观等语言表述方式。通过学习本土化语言,让学生具备中国的眼光。除了学习先进的文化思想外,还需要学习我国优良的传统文化。通过掌握本土化语言,学生才能具备正确的价值取向和高尚的思想品德,才能在学习其他语言,接触其他文化时,尊重和正视文化之间的差异。

第二,促进课程设置的创新与改革。当前,语言教学的目的是培养掌握某种语言的人才。因此,课程设置也主要围绕培养掌握语言的人才而设置,重点设置语言理论知识课程和语言技能课程。一些专家建议,语言教学可以设置三方面的课程,即适当的语言课,约占25%;文化和语言知识课,涵盖社会学、语言学、欧美文化及文学等,约占60%;思辨与思想方法课,涵盖辩论方法、辩证法及逻辑,约占15%。另外,还可以适当增设中国文化教学,适应当下中国迈向国际的趋势。如果语言教学课程设置不科学,教育内容未能满足当前需求,那么学生的知识体系就不完善,学生就无法实现全面发展。因此说,语言教学应创新与改革课程设置,以更好地实现文化渗透。

第三,注重教师团队教学技巧的创新。创新教师团队教学技巧,可以采取多种措施。组织多元化学习班或教学研讨会,为新兴教育形势创造正向舆论,提高教师创新知识体系,让教师深入了解我国传统文化。只有先健全

第六章　文化语言学理论应用于语言教学

教师的知识体系,才可实现教学手段的创新。原有的语言教学以教师为核心,阅读课重视学生的语法与词汇教学,并要求学生记忆教材文章等。这些教学手段在一定程度上提高了学生的语言技能,但是对于学生思辨能力的形成与发展却收效甚微。因此,教师需创新教学技巧,实现学生自主学习。例如,在语言教学中,教师可将教育内容分专题进行讲解,教学内容不局限于教材,课堂教学以专题探讨的方式展开,充分让学生参加到课堂中。① 这样的方式,有助于督促学生课前自主查阅资料,课中自觉表述自己的见解,课后自觉巩固认识。通过创新教学技巧,不断提高学生的自主学习能力,拓宽学生的思维,从而促进学生语言学习,最终实现良好的语言交际。

---

① 王羽.语言教学中的文化导入探析[J].吉林省教育学院学报,2020.

第七章　应用语言学理论应用于语言教学

应用语言学的历史源远流长，在实际应用中其实很早就存在了，但是直到一百多年前，应用语言学才作为一门独立学科走近学者们的视线。1870年，波兰语言学家 J.N. 博杜恩·德·库尔德内提出"应用语言学"这一术语。经过近百年的酝酿、探索，到第二次世界大战后，由于社会、科技、文化、教育等领域的发展，学者对语言在各方面的应用提出了诸多课题，于是，一门多学科结合的应用语言学才作为独立学科建立起来。

第一节　语言应用与应用语言学的内涵

从逻辑学来说，内涵指一个概念所反映的事物本质属性的总和，也就是概念的内容。从发展的观点来看，应用语言学要从狭义和广义两个方面进行界定，其基本属性包括独立性、综合性、应用性和实验性。

一、应用语言学的界定

"应用语言学"（applied linguistics）是研究如何运用有关于语言、语言学习、语言使用的知识来达到一定的目的或解决现实中的问题的学科。正如 Wilkins（1999：7）所说："广义上说，应用语言学帮助我们进一步了解语言在人类事务中的作用，为那些负责作出与语言相关决策的人们提供必要的知识，决策场合可以是教室、工厂、法庭或实验室。"广义的应用语言学指人们将语言学的理论、方法和成果应用于其他学科，以解决其他学科中与语言相关的具体问题。①

狭义的应用语言学一般指语言教学,特别是第二语言的教学或外语教学,如语言习得、课程设计、测试、对比分析、错误分析、语言运用分析、语篇分析、学习和交际策略、图式理论等。

我们在社会生活的方方面面都会使用语言,语言与其他议题的"结合部、接触面"数不胜数,因此,应用语言学应当是一个包罗万象、海纳百川的学科,内容应涉及我们能接触到的所有领域。

二、应用语言学的特性

从应用语言学的研究领域和范围来看,这门学科是一门独立的、跨学科的、以问题为导向的实验性科学。

（一）应用语言学是一门独立性学科

应用语言学作为一门学科的历史并不长,始于20世纪40年代。培训工作在语言学家的指导下进行,Bloomfield应邀编写了一本手册《外国语实际学习导引》,Bloch和Trager编写了《语言分析大纲》。战后Fries等人创办了《语言学习》杂志,副题叫《应用语言学季刊》,公开使用了"应用语言学"这个词。1964年标志着应用语言学逐渐走向成熟:第一届国际应用语言学大会于1964年在法国Nancy召开,成立了国际应用语言学协会（Asociation Internatioal de linguistique Appliqube, AILA）,随后每三年召开一次国际大会。英国的Hlliday, Mclntosh和Strevens等三人合著的《语言科学与语言教学》和美国Rivers的《心理学家与外语教师》刚好在同年出版。在中国,应用语言学从20世纪末开始如雨后春笋般地发展起来。

（二）应用语言学是一门综合性学科

研究应用语言学不仅需要语言学知识,也需要相关学科的知识。从这个意义上讲,应用语言学具有跨学科的性质,是一门跨学科的综合性学科。

（三）应用语言学是一门应用性学科

应用语言学重点研究语言学在社会生活中的实际应用,解决各领域或学科中与语言相关的实际问题,如语言的使用问题(方言、语域、语言社团等)、语言和技术问题(学习、评估、机会和使用)、笔译和口译的问题、语言病

---

① 张庆宗,吴喜艳. 新编应用语言学导论[M]. 武汉:武汉大学出版社,2019.

第七章　应用语言学理论应用于语言教学

理学问题(失语症、阅读障碍和身体残疾)等。由此可见,没有不同领域和学科的实际需要,应用语言学就失去了存在的价值。[①]

(四)应用语言学是一门实验性学科

应用语言学着眼于应用研究,解决实际问题,因此,要借助实验、调查、观察等实证研究。总的来讲,应用语言学采用定性、定量或二者相结合的研究方法。运用田野调查、观察等方法考察语言使用的地区、行业和社会阶层特点等社会语言学问题。应用语言学也有自己的理论,主要包括交际理论、层次理论(语言的层次与人的层次、交际层次密不可分)、动态理论(语言的时空分布反映了语言的层次,也反映了语言的运动)、中介理论(语言的中介状态)、人文性理论(语言在发展变化中表现出的文化性或习俗)、潜显理论(语言的两种存在形态,前者为人们习惯并使用,后者尚未被利用和开发)。

三、应用语言学的研究范围

应用语言学是一门跨学科的科学,几乎涵盖了所有涉及语言的领域。狭义的应用语言学仅限于语言教学和学习的研究。广义的应用语言学涵盖了所有问题驱动的与语言相关的领域,其研究范围从应用语言学研究的重要议题可见一斑。从研究范围来看,应用语言学具有较强的包容性和综合性,越来越注重吸收语言学及其各分支学科的理论和研究成果来解决与语言相关的问题。

(一)狭义的应用语言学

狭义的应用语言学专指把语言学理论应用于语言教学(包括本族语教学和外语教学)。语言学习、语言教学、教学方法、教师发展、教学大纲、教材使用与编写等是语言教学过程中的要素。

1. 语言学习

如上所述,语言分为母语和第二语言,语言学习可分为第一语言习得和第二语言学习。第一语言习得指儿童习得母语的过程,包括语音、词汇、语法、语用等层面的习得。

关于儿童如何习得母语,研究者提出了不同的理论予以解释,其中主要

[①] 张庆宗,吴喜艳. 新编应用语言学导论[M]. 武汉:武汉大学出版社,2019.

有行为主义、天生论、认知发展论和语言功能论等。行为主义强调刺激和反应的连接,认为语言学习是语言习惯养成的过程,是模仿、强化和操练的结果。儿童在习得母语的过程中是被动的语言信息接收者,语言环境决定语言的习得。天生论则认为,儿童天生具有语言习得机制,具有关于语言的普遍知识,语言环境只是起到催化剂的作用。在语言习得过程中,儿童运用有关语言的普遍知识不断地提出关于语言的假设、验证或修订原有的假设,从而习得母语。

认知相互作用论认为,学习者在会话中,通过意义协商,可以获得可理解性的语言输入,还可以有语言输出,为最终习得语言形式提供充分必要条件。信息加工理论强调选择性注意的作用,认为第二语言学习是一种复杂的认知技能的学习。

有研究表明,儿童和成人将英语作为第二语言学习时,掌握进行时先于掌握过去时,掌握名词复数先于掌握名词所有格等。

2. 语言教学

语言教学可以界定为任何产生学习结果的活动,如"正式的讲授和训练方法、个性化教学、自学、电脑辅助教学、媒体教学"。总的来讲,语言教学可以分为语言知识教学和语言技能教学。

(1) 语言知识教学。根据语言知识的三个层面,即语音、词汇和语法,语言教学可分为语音教学、词汇教学和语法教学。

语音是语言存在的物质外壳和物质基础。语音教学不仅要注重单个语音的准确性,更要侧重于重音、语调和节奏等超音段要素的学习。中国英语学习者在语调学习方面普遍感到困难。这就需要教师在语音教学过程中尽量选择自然真实的语音教材,让学生身临其境,感受英语的语调和节奏美。

词汇是语言的建筑材料,词汇学习是语言学习的关键。词汇能力包括各种词汇知识,以及在具体语境中运用词汇的能力。

语法是语言的组织规则,其实质是用形式化、程式化手段来组织语义、语用信息。语法规则能帮助第二语言学习者对输入的语言材料更好地进行切分,从而达到准确的理解。

(2) 语言技能教学。语言学习也是五种技能的学习:听、说、读、写、译。语言教学课分为听力教学、口语教学、阅读教学和写作教学,具体方法将在本章第三节讨论。

3. 语言教学法

语言教学是为语言学习服务的,有效的语言教学必然促进和加快语言学习进程。19世纪以来,随着心理学的发展和语言学流派的不断涌现,各种语言教学法也随之应运而生。一定的语言教学方法反映了一定的语言和语言学习理论,因为对语言和语言本质的认识直接影响到教学方法的形成和选择。语言教学大纲的制定、教材的编写、教材的呈现、课堂教学活动的安排等无一例外地体现了教师对语言本质的认识和对语言学习理论的理解。

4.教师发展

教师专业发展不仅需要充分接受学科知识和教育知识,提高教师的专业水准,还需要通过反思,提升对自己的专业活动的理解,发现其中的意义,促成反思性实践,更需要与其他教师建立一种开放、互信的合作文化,进行信息传递、技能交流、智慧碰撞和文化构建,从而使教师的教学能力得到发展,教育思想得到提升,职业认同感得到加强。

外语教师的专业发展是一个长期、逐渐进步的过程。Berliner(1988)将教师技能发展分为五个阶段:新手教师、熟练新手教师、胜任型教师、熟手教师和专家型教师。该五个阶段可以简化为三个阶段,即新手教师、熟手教师和专家型教师。新手型和专家型教师在教学行为、教学策略、教学效能感、教学监控能力、教师策略性知识的成分与结构特征,心理特征等教师素质的核心问题方面均存在差异。

(二)广义的应用语言学

广义的应用语言学泛指语言学理论的各种实际应用,除了传统的语言文字教学之外,还应用于失语症和言语病理、人工智能等。以下领域已经成为应用语言学研究的重要分支。

社会语言学。该学科运用语言学和社会学等学科的理论与方法,从不同社会科学的角度研究语言的社会本质、语言与社会之间关系的一门学科,基本出发点是把语言当作一种社会现象来研究,考察语言的社会功能和特征等。

人类语言学。该学科利用人类学的理论和方法,调查言语社区的社会文化、经济结构、宗教信仰、地理环境、意识形态、风俗习惯等,探究语言与文化的关系,如不同文化背景下的亲属称谓、颜色词、动植物词汇、数字词等的文化内涵。人类语言学强调语言与文化、语言与社会背景的密切关系。

心理语言学。言语是通向心灵的窗口。该学科通过语言行为探究语言行为的心理机制,主要包括四个板块:语言习得、语言产出、语言理解和语言丧失。语言习得是儿童语言的习得过程、阶段和顺序。语言产出研究语言的生成过程、影响因素等。语言理解探析语音、词汇、句子和语篇的理解过程及其影响因素。语言丧失研究由于疾病、事故、年龄等原因导致语言的部分或全部丧失。

数理语言学。该学科运用数学的理论和方法研究语言现象。数理语言学按照研究领域可以分为三个方面：①代数语言学，采用集合论、逻辑数理等离散的代数方法对语言的形式结构进行严格的数学描述。②统计语言学，采用概率论、数理统计等方法对语言结构和语言单位、语言变异等方面进行频率和概率统计。③模糊语言学，运用模糊集合论和现代语言学的基本理论来分析语言的模糊性。人类的诸多层次都存在着模糊性，如语音、词汇、句法、语义、语用、语篇等。

计算语言学。该学科是语言学与计算机研究相结合而形成的一门应用语言学分支，是通过计算机处理人类语言的一种理论研究方法，通过对语言数据的分析，获取各种语法规律，实现对自然语言形式化的处理，有着明确的应用目标——语音合成、语音识别、信息检索、信息抽取、机器翻译等。

神经语言学。该学科主要研究语言的习得、生成和理解的神经机制，通过分析大脑如何产生、接收、分析、储存和提取语言信息，从而探究大脑与语言的关系。现代神经语言学主要通过两种方法来研究人脑：病理学方法和电子生物方法。前者主要关注失语症者的神经机制研究，后者主要运用ERP（事件相关电位）、MRI（功能性磁共振成像）等高科技手段对正常人的大脑进行研究。

病理语言学。该学科利用医学技术和语言学的理论与方法研究、治疗语言功能紊乱和语言障碍，又称为临床语言学。研究的内容主要有失语症的描述、分类、原因探析和治疗，大脑功能单侧化与语言中枢。

语料库语言学。该学科是一种以语料库为基础的研究方法。语料是通过计算机收集的、具有一定规模的、为实现特定目的的语言材料。可以是口头的，如中国英语专业大学生专业四级口试语料库，可用于研究口语特征、中式英语、语用失误等。也可以是书面的，如中国大学生英语写作语料库，用于研究英语写作中的错误分析、篇章结构、思辨能力等。

地理语言学。该学科从地域分布的角度来研究语言或方言，把语言社区的地理位置与该社区的历史发展联系起来加以研究，阐述一个地区某些语言在语音、词汇和语法等类型上的相似性，并将这些语言进行分类，从而发现语言变迁的痕迹。

侦查语言学。该学科运用现代语言学、刑事侦查学及文件检验学的理论和方法，对案件语言材料进行研究，探讨言语行为的形成和演变规律，寻求作案人的言语特点，解释其身份特征，为侦破案件提供有力的线索。

词典学。该学科研究按什么范围收词,按什么原则释义及针对什么目标编纂词典。词汇编纂对词项进行收集整理、比较、注释和分类,并编撰成书,使词汇知识系统化。词典门类繁多,各具特色。就语言学习者来说,词典有语言类工具性词典,也有专业学习词典,如语言学词典、文学词典、翻译词典等。

文体学。该学科研究文本体裁的特征、本质及其规律,是对文本风格变异的研究。人们在不同的场合使用不同的表达方式。拿词汇来说,基本意思相近的词语体风格不同。

人名学。该学科研究人名的产生和发展、结构、社会功能、地理分布、种类和意义。人名可以反映一个民族的文化、历史和风俗习惯。

地名学。该学科研究地名的由来、语词构成、含义、语言特征、演变、功能、分布规律及地名与自然和社会环境之间的联系。

第二节　应用语言学相关内容解析

正是由于应用语言学的理论比较薄弱,所以过去国内外有些人认为,应用语言学没有什么理论,它只是对语言学理论的运用。这种认识显然是不全面的,没有理论怎么能成为一门学科?事实上,应用语言学有自己的理论,如交际理论、动态理论、中介理论和人文性理论,但这些理论还不够成熟,还有待进一步完善。

一、应用语言学学科的任务和本课程的目的

我国应用语言学学科形成的三个背景决定了我国应用语言学学科的任务,即:(1)解决语言应用各方面的实际问题;(2)解决决策问题;(3)促进学科本身的发展。因此,从总体来看,应用语言学的范围可以分为四大块:(1)语言教学;(2)语言和现代科技的结合;(3)广义的社会语言学;(4)语言规划。这中间会有交叉,例如社会语言学就有语言规划问题。这里把语言规划单列,是为了强调其在应用语言学研究中的重要地位。这四大块还不够,还可以再扩大一些,例如与学科建设有关的一些重要方面,包括队伍、研究机构、刊物活动、学风和文风、课题和课程、成果推广等,这些方面都很重要。

(一)确定应用语言学研究的对象和范围

应用语言学首要任务之一是确定应用语言学研究的对象和范围。关于应用语言学的对象,不同的人有不同的看法,在研究的范围方面也是这样。有的人希望一个学科在开始的时候就要确定对象和范围,但在实际操作上可能是非常困难的。事实上,一个学科的研究对象和范围是在不断研究中确定的。现代语言学的创始人索绪尔在讨论语言学的任务的时候,把确定语言的定义作为语言学的第三个任务恐怕也是同样的道理。

(二)语言及语言应用的理论的研究

关于语言的理论问题,以往已经有不少成果。我国应用语言学界近年来提出了许多新的见解,例如人们常说的交际理论、动态理论、中介理论、人文性理论、潜显理论、层次性理论等。仅仅提出这些理论还不够,还要从应用的角度对这些理论进行检讨,像把语言问题纳入动态的框架中来看就是一例。

应用语言学的分支学科也提出了不少有关应用的理论,但是这些理论还有许多问题需要进一步研究,例如语言决策(规划)理论、语言教学理论、语言翻译理论、词典编纂理论,以至于像应用语言学队伍建设的理论等。另一方面,说应用语言学有理论并不是说应用语言学理论和本体语言学理论可以截然分开。事实上,语言本体理论中就有语言应用问题,应用语言学理论中也有本体语言学理论问题。有时候做些区分实际上只是出于表明以谁为主或叙述方便的考虑。

(三)应用语言学要关注解决实际问题

应用语言学涉及许多方面,其任务自然也是多方面的。主要有语言教学(其中包括语言学与本族语言教学、语言学与第二语言教学等)、标准语的建立和规范化、文字的创制和改革、辞书编纂、翻译、实验语音学、机器翻译、情报检索、汉字信息处理、自然语言理解、语言统计以及少数民族语文的信息处理等。最近一些学者提出就不同的行业或领域进行语言研究。

上面谈到的任务中,有的已经引起应用语言学界的广泛注意,但是还有一些注意得不够。下面举个例子,以辞书编纂为例。辞书编纂是应用语言学同实际关系密切的学科之一。这一方面研究的发展同时也可以反映出语言研究的水平。就汉语词类来说,由于词类问题没有很好解决,即使一些中小型语文工具书也不能很好地注明词性。在各种汉英词典中,因为无法标注汉语词的词性,对于那些以汉语为第二语言的人学习汉语非常不方便。

第七章　应用语言学理论应用于语言教学

语言随着社会的发展而发展,新词新义不断出现,如何编新词词典,如何确定和认识新词词典的条目,新词词典的性质应该是什么等都需要进行深入的研究。此外,正如我们所知道的那样,"词典"二字的含义已经决定了它应该是规范的,但是如何看待那些新的语言现象,既有词典本身的理论问题,也有对语言本身的认识的问题。这无疑是需要认真关注的。

(四)翻译更是应用语言学的重要部分

翻译是文化的桥梁,如何对待翻译,翻译应该采用什么样的方式,例如是直译还是意译,中国传统的所谓"信、达、雅"更是争论的焦点。这些不仅是理论问题,同时也是非常重要的实际问题。可惜中国语言学界对这方面的重视不够。中国应用语言学理所当然地应该承担这些研究任务。

(五)培养应用语言学的工作、教学和研究队伍

最后还有学科建设(例如队伍的培养)等问题。培养应用语言学的工作、教学和研究队伍,进行应用语言学的教材建设,同样是当前应用语言学的一个重要任务。作为一个新兴学科,无论是研究还是教学,都还没有形成一支专业队伍;在教学中更是缺乏必要的资料和教材。应用语言学必须研究许多技术问题。这就要和现代科学技术相结合。例如,机器翻译、情报检索、语音识别、语音合成、文字信息处理、语言统计、语言分析自动化、自然语言理解等,这些应该建立一些专门的课程。因此,要开展系统的应用语言学理论和技术的教学,必须抓紧这方面的工作。

本课程的目的同它的性质有关。一是基础课。基础课就是打基础,为学习别的课程打基础,为文化底蕴打基础,为学生以后的发展打基础。特别不能急于求成,立竿见影。二是包含许多基本理论,不是技能课。不要把应用语言学当成实用语言学或者实用现代汉语。本课程说的许多是所以然的内容。因此具有调整学生的语言观和理论建设的目的。[①]

二、应用语言学的基本理论

正是由于应用语言学的理论比较薄弱,所以过去国内外有些人认为,应用语言学没有什么理论,它只是对语言理论的运用,这种认识显然是不全面的。人们借助语言交流思想,人类文明通过语言得到传递和积累,个人依赖语言接受教育得到成长,社会依靠语言使文化代代相传。语言习得是每

---

① 于根元. 应用语言学概论[M]. 北京:商务印书馆,2003.

个人最初、最重要的习得,是其他一切学习的基础,语言在人的发展过程中占据着重要地位。这里主要介绍应用语言学的基本理论,涉及交际理论、动态理论、中介理论、潜显理论、层次理论、人文性理论六个方面。

(一)交际理论

人可以采用的交际方式很多,人为什么采用语言作为人类最重要的交际工具呢？这还是由交际决定的。人有眼耳鼻舌身意的感觉,却选择用嘴来说、用耳朵来听有声语言,而又选择用眼睛来看书面语言,都是为了交际便捷。假如用鼻子闻、用舌头舔大概都不方便。明眼人用手摸也不方便。人使用语言来交际、思维和认知是在人的交际、思维和认知的过程中为了便捷选择和完善的。

语言的出现是为了人的交际需要,语言的发展也是为了人的交际进一步的需要,因为人类要发展,人类的交际要发展。交际是语言出现的原因,也是语言发展的原因和动力。"语言随着社会的发展而发展"只是说了语言发展的外部原因,总之,还是随着交际的发展而发展。

20世纪70年代早期,越来越多的学者不满足于乔姆斯基理论抽象而又理想化的概念,认为这一范式过于夸大和强调语言知识或语言能力,而忽视了说话者在其特有的群体中真实的应用语言学与论语言行为。戴尔·海姆斯(Dell Hynes)提出了交际能力概念。强调个人的语言能力不仅包括"会写语法上正确的句子而且还应该知道何时、何地对何人使用这些句子"。

同时,韩礼德提出系统功能语法,认为语言是人们行使社会功能的手段。这一研究语言的方法突出了语言的交际和动态特点,推动语言教学向交际法发展。然而,20世纪80年代早期,一些学者逐渐意识到在实际课堂教学中仅仅采纳一种理论是无法保证教学成功的。例如,用交际法教学可以使学习者进行流利的口语交际,但是他们仍然犯有一些顽固的语法错误,交际法可以帮助学习者提高口语表达能力,但是不能保证他们在语言使用准确程度上有所提高。虽然在实际教学中交际能力这一概念同样也遭受批评,但大部分应用语言学家认为"交际能力"概念的提出弥补了"语言能力"概念的不足。

交际理论认为,世界万物要交换能量而存在、变化、发展。宇宙万物在相互吸引、排斥、中和的过程中实现动态的平衡。社会中的人需要协调,需要交际。语言也因此而产生和发展。语言存在于交际中,没有交际就没有语言。交际是语言发展变化的动力和目的,是决定语言现象的根本条件。语言生活的健康、丰富、活泼,是语言工作、语言研究、语言教学的

第七章 应用语言学理论应用于语言教学

目的和检验的标准。在交际面前,任何语言学流派、任何语言学家,顺者昌,逆者衰,概莫能外。总之,交际是语言的本质,这是交际理论的基本思想;应该为语言交际而研究语言,这是交际理论的研究目标。交际理论是应用语言学理论的总纲。

(二)动态理论

科学理论告诉我们,运动是绝对的。世界上的物种分成生物和非生物,生物里分成动物和非动物。动物当然是可以自己运动的。其实很多非动物、非生物的运动速度也很快。唯物辩证法认为,事物不断发展变化。因此,世间万物都在运动过程中。这就意味着人的语言活动也是运动的。基于上述认识,应用语言学家们将语言的动态性质纳入语言研究范围中,并总结出动态理论,内容如下。

1. 运动是绝对的

万事万物都是运动的。风在刮,水在流,车在跑。桌子、椅子好像没有动,其实它们内部的分子、原子也在运动。人在这里似乎没有动,其实人还要呼吸,体内血液也在流动,更何况地球还在运动,人也跟着动,"坐地日行八万里,巡天遥看一千河",运动速度也非常快。同样是动的,运动速度有比较快和比较慢的不同,比较慢的我们叫稳态,属于动态里的一种状态。人有时候不得已要研究事物不怎么运动状态的情况。例如,外科医生先要学解剖尸体,那是为了更好地给活人动手术。因此,这类的"静态"研究是动态研究的"初步"。还有,给正在赛跑的运动员拍照,总要照得有跑的状态。[①]

2. 人是高级动物

物种分成非生物和生物两种。其实很多非生物的运动速度也很快。生物里分成动物和非动物,动物当然是可以自己运动的。有的古人说植物是有生命的,动物是有情义的,人是会思考的。其实,非生物也有广义的生命记忆,我们检测一块石头,可以知道它存在多少年了。植物也会思考。共同的是认为人是最高级的动物。交际是一种活动,语言是在活动的。语言不存于真空之中,语言在交际之中,交际之外无语言。

3. 语言是发展变化的

语言本身又是发展变化的。所以,动态是语言的本质。这是总的认识。

---

① 于根元. 应用语言学概论 [M]. 北京: 商务印书馆, 2003.

语言总体是动态的,其中也有稳态的部分。语言运动的出现,运动的目的,运动的发展变化,它的原因、动力都是人的交际。

4. 语言能够自我调节

语言局部的发展变化会引起语言内部有关部分的发展变化,使有关部分协调,这就是语言的自我调节。这是语言运动的一种表现,这是语言发展变化的重要内部表现。引起的语言调节的变化大的,都会引起激烈的讨论甚至论战。联系到这几种类型引起社会关注的程度等,语言自我调节是需要专门进一步研究的课题。

5. 语言运动的方式是脉动

语言运动的方式跟许多事物的运动方式一样有起有伏,犹如脉搏跳动。大体分吸收、膨胀(排斥)、收缩(中和)三种。也如人的呼吸过程:吸、呼,不吸不呼。语言现象不是始终由无序向有序发展,有时候有些方面会由有序向无序发展。总体而言,语言是有序里有无序,无序里有有序,这是混沌的序,这就是语言的序。语言的运动有急流和缓流,语言不是始终渐变的,有时候变化比较大。对待语言的变化,总体而言,一般情况下小步微调,有时候步子要大一些。语言的外层比较活跃,运动速度比较快,这是语言运动的正常表现,不能笼统地认为语言里越稳定的越规范。语言工作还有进与退,认识这个规律有助于能动地促进语言工作。总体在前进的时候,局部也会有倒退。

6. 语言运动的惯性

语言的运动有惯性。语言现象的变化,启动起来比较慢,动起来以后,要它停止或者改变路线,也比较慢。这是语言发展变化很重要的内部规律。语言是个历史形成的巨系统。语言还有很强的社会性,语言的使用牵涉方方面面。因此,语言的惯性总的说比较大。语言工作要适度超前,不能追求立竿见影,要重视后效应。

(三)中介理论

语言在运动中普遍存在既联系又区别的复杂现象,又叫"过渡现象"。正确认识这些现象,并在此基础上对语言有关问题进行研究的理论叫语言中介理论。

第七章　应用语言学理论应用于语言教学

1. 中介理论的主要根据

（1）运动的连续性

运动的连续性决定了任何事物都具有周边事物和前后事物的一些属性。从空间来讲,万事万物都是联系的,人没有办法切出一个只属于它而跟周边没有联系的事物。比如一个点,即使被切得很小,若切得更小时,仍会把周边的联系部分切进去。从时间来说也是这样,一事物运动的位置跟它的前后的位置都是联系的,人没有办法切出一个只属于它而跟前后没有联系的位置。比如一个时点,即使被切得很小,若被切得更小,仍会把前后的联系部分切进去。从空间和时间的结合来说,更是如此。

（2）事物是矛盾的统一体

事物不都是"非此即彼",常常是"亦此亦彼",只不过是含有此或彼的成分多或少而已。一个矛盾的统一体的内部,矛盾的各方都含有对方的一些属性,任何一方的内部又含有矛盾双方。一个矛盾统一体,在更大的范围里,它是一个事物的整体。

（3）对立通过中介转化

由于对立的双方都具有一些对方的属性,才可能转化。这种转化也是一种属性潜一些而另外一种属性显一些。对立的两面是有的,那是彼和此的情况很分明。钱币有两面,因此常常是猜对一面的一方挑选足球赛等的自己半场。是非也是有的。既要看到彼和此的区别,又要看到彼和此的联系及"亦此亦彼"的状态。

2. 中介理论的若干意义

（1）提出度的概念

关于"恢复疲劳"有的说是不规范的,因为"恢复"一般用来表示由不正常状态到正常状态,而"恢复疲劳"是指由不疲劳到疲劳。有的说是规范的,因为听得懂这句话的意思。有的说不规范,因为有人会以为是指由不疲劳到疲劳。这里有几个问题。第一个是"听得懂"的问题。人在很多情况下是听得懂说错了的话的。但是也有说错了,但又听懂了,因为人的脑子里有一定的纠偏功能,可以根据一定的条件纠偏。第二个是有人会误解。这里要注意语言交际有个合作原则,如果缺乏合作原则,对方说什么话,自己都会认为是不对的。还有,要看是什么样的人听,总得是有一定的语言交际能力的人。第三个是人在实际语言交际中明明听得懂甚至本身也说的话,学了语言学,反而变得听不懂也不说了。因此,语言调查即使找语言学家调查,也要放在语言使用的实际里调查。第四个是"恢复疲劳",这一说法几乎人们都懂它的意思,又的确带来一些麻烦,那么有没有更好一些的说法呢?"消除疲劳"的说法好一些。有学者进一步提出"规范度"和"交际度"。语言里不是不规范但是规范度又不够高的情况是很多的。从而,一些学者还改变了"生造词"的说法,认为防止生造词和不断消灭生造词一直是语言规范化工作的重要内容。

生造词的说法在20世纪50年代也许有它存在的可能和必要。但在今天,社会和语言都有了很大的发展,语言规范观也发生了转变,生造词的说法就显得含混模糊,不够科学了。如果人们仍围绕着生造词做文章,恐怕很难有所突破。"品位"和"规范度"的说法比较有意义。还有,语言的新颖和陌生化,有个"新颖度"和陌生化程度的问题。提出语言交际能力是把握好"度"的不断磨合的能力。还认为"滥用方言"等也有度的轻重,"语言创新"也有程度不同,这些"度"也可以说是层次,这里又涉及语言层次理论了。

(2)促进中介语的研究

母语是人生下来学的自然语言,包括方言和方言从属的语言,方言是小母语,方言从属的母语是大母语。目的语是一个人所学的第二种话。学习当中从母语到目的语之间过渡状态的话叫中介语,又叫"过渡语"。中介语对于母语和目的语来说,亦此亦彼,处于中介状态、过渡状态。它具有一定的系统性。

汉语是母语的人学英语,学习不是一次性完成的,学习中间的状态的话是中介语,亦此亦彼。学习英语受所掌握汉语的正面和负面的影响。学习英语到一定的阶段许多人会出现僵化现象。不同母语的人学习不同的目的语出现的中介语的情况不同。

(3)调整关于语言学习的认识

认识到语言学习不是一次性完成的,语言学习需要一个过程,这一个过程,是语言使用不够到位不够规范也是不纯的过程;认识到要区分语病和语言中介状态。语言中介状态是群体的正常状态,是进步过程中的状态。例如,孩子念小学,一定会有很多话用不好,不能一概认为是语病。我们把大量的语言中介状态从语病里解放出来。

(4)认识到语言里有大量的中介状态

从语体来讲,有口语和书面语,实际上大量的是口语和书面语的中介状态。例如,方言词语和普通话词语中,还有跨界的方言色彩词语,一般,长篇小说更是多种领域语言、多种语体表达的汇集。人们语言使用实际上突破了历时与共时的严格限制,也突破了空间的严格限制,对语言的研究既要突破历时与共时的严格限制,也要突破空间的严格限制,重视研究语言的差异之外要重视研究语言的交融。

3. 注重语言延伸段、交叉段的研究

运动是没有开始也没有结束的,一切都处在中介状态,所有的语言都是中介语。母语、目的语本身也处在中介状态。语言研究的就是语言运动中的个性和共性。当前,不少学者进行语言现象延伸段和交叉段的研究,是很有眼光的。延伸段,是指语言现象的运动到一定的阶段会发生比较大的变化,这个阶段里既有前一阶段的性质又有了一些变化。语言运动的情况是不能无穷尽地类推的,时空也是造成运动变化的因素。交叉段是指不同的语言现象的运动在某些情况下发生交叉,在交叉段里有混用的情况,或许对交际度产生影响。

对这种情况进行研究,解决此类使用的问题,最难,但最有价值。两头,不交叉的部分,情况清楚,一般人不会使用错。而学生既要有一定的语言和语言学理论,而且要有比较能穷尽地解决实际语言问题的本领。比较懂语言和语言学理论的人,同样应体现在解决语言实际问题方面有一定的理论和方法。主要方法是比较,是认识一事物同其他事物运动中的联系和区别。

(四)层次理论

层次理论认为,语言具有层次性。这里的层次包含语言运动的形式及与事物、地位相关的层次。

1. 人的层次与语言层次

应用语言学认为,语言由三个部分构成:一是语言内核,其比较稳定;二是语言外层,其比较活跃;三是位于语言外层与语言内核之间的中介物。

语言的使用主要是为交际服务的。语言的层次不同,适应的交际活动也不同,因此对不同的人的要求也不同。例如,对于初学者而言,教师往往只要求他们掌握发音、字母拼写、简单语法等,但是对于已经学过几年语言的人而言,教师往往是培养他们的听、说、读、写、译能力。

2. 层次理论的渗透

层次理论对于我国语言的研究、语言规划等意义非凡,具体表现为以下内容。

(1)理论具有较低的层次,相应地应用层次也会降低。
(2)语言规范也具有层次性。
(3)层次性可以体现在语言修辞上。
(4)语言文明、语言能力等也具有层次性。

（5）语言交际活动属于多层次交叉。

1. 与语言学方法层次性的关系

这还是关于语言研究方法和方法论的层次认识的基础。语言研究方法具有层次性。语言研究的基本方法是比较方法，其他的方法都是由比较方法衍生出来的。语言研究要纵横交错，突破历时和共时的严格限制。例如，一般认为双音节动词重叠是 ABAB 式，双音节形容词重叠是 AABB 式，而"雪白雪白"是 ABAB 式，有人认为"雪白雪白"是例外。其实，古代的重叠式四字格几乎都是 AABB 式，不管哪种词性。由此而言，原来的说法并不确切，研究这类重叠要从历史、方言比较、跨各类词性看，重叠方式跟双音节词的构词方式有关。基本上是联合式的 AABB 式，非联合式的 ABAB 式。原来说的"例内"的规律是不可靠的。因此，要重视一些语言里所谓"例外"的研究。

这些所谓"例外"，往往是连接上层或者下层的通道。还有，不要迷信语言研究的所谓"自圆其说"。宇宙就不是圆的，不是封闭的，语言也不是圆的，不是封闭的，为什么语言研究要"自圆其说"。应该是什么样的就说是什么样的。对于研究的过程中，碰到一些解释不了的语言现象和说不清的道理，应该如实地说出来，以便自己或者别人进一步研究，切忌为了要"自圆其说"而加以掩饰。

（五）潜显理论

1. 语言潜显理论的基本概念

（1）语言是由显语言与潜语言构成的

显语言是已经出现而当前正在使用的，潜语言是在现实的语言生活里还没有出现的，或者已经出现过了当前不多使用了的。若把显语言看成语言的现在时，那么可将潜语言看成语言的未来时或过去时。潜语言是存在的，只不过通常看不见。犹如浮在水面上的冰山只是整个冰山的十分之一，更大的部分潜藏在水面下是可以被发现的，只是一般人看不到。潜和显都有程度的不同。[1]

（2）色彩也有潜显运动

语言的潜和显还包括色彩的潜显运动。任何新词、新语、新义都有新颖色彩，它们很快由开放的梯形结构靠下的部分到了靠上的部分。它们使用

---

[1] 于根元. 应用语言学概论 [M]. 北京：商务印书馆，2003.

多了,新颖色彩有的会磨损,它们的稳定色彩逐渐显现,它们逐渐到了靠下的部分,成了比较稳定的基本单位。

(3)语言始终处在潜和显的运动中

一般而言,现在出现和使用的语言是显语言,尚未出现或者出现过而现在不怎么使用的语言是潜语言,加上了色彩的潜和显,显语言也始终处在潜和显的运动之中。语言显了之后不会全潜,但是会相对地潜。语言的显是有来源的,语言由显到潜是相对的。

2. 语言潜显理论的基本根据

(1)运动是没有开始和结束的

一般所讲的开头和结尾实际上都是假设。时空也是没有头尾的,所说的头尾也是一种假设,科学研究中不可能离开假设,离开了包括假设的前提,人们的语言交际都难以进行。事物不是同时空同样显现的,显和不显,一切物质都处在一个运动的中介环节,或者说在过渡状态,或者说在潜和显的状态。潜和显是运动的体现。语言也如此。所以,一般不说语言的产生和消亡。

(2)语言不是同时空同样显现的

人说话时,不能将所有的话同时空说出来,别人也不能同时空听所有的话。比如,一个人说:"我—说—话",却不能把这些音义同时说出来,说"我—"的时候,"说—话—"是潜藏的。到说"说—"了,"我—"和"话—"是潜藏的,"我—"是过去态,"话—"是未来态,"说—"是现在态。这是事实,也是基本道理,这个层面是哲学层面。不仅语言如此,潜显理论还是宇宙的大规律。

交通有绿灯还有红灯,人日出而作日落而息,人的记忆有清晰和遗忘,有的人显这个特点有的人显那个特点,人有生有死,小到计算机里把不常用的符号隐藏起来而常用的显示在桌面上,无一不体现了潜和显。语言的潜和显也是为了交际。要不然怎么交际呢?要不然怎么交际得好呢?你一直"我—"下去怎么行?潜和显及它们的程度和类型等组成了美妙的语言交响曲。

3. 语言潜显的条件

(1)语言内部条件

构成语言新的色彩的可能性几乎是无穷尽的,构成新的语言都有色彩,已有的和新的语言原来的色彩许多都可能变化。语言里有现代色彩、科技色彩、典雅色彩、庄重色彩、正式色彩、随意色彩、诙谐色彩、调侃色彩、平实色彩、新颖色彩、稳定色彩、外来色彩、方言色彩、地方色彩、褒贬色彩等,这些色彩还有程度的不同,常常还有交融的,交融的某方参加的程度也不同。

新出现的语言现象不同程度地使原来的语言或大或小失去平衡,引起语言内部或大或小的调节,这是始终的、广泛存在的。潜、显就是语言调节的方式。显是脉动的膨胀,是吸收。潜是脉动的收缩,是排斥。某些词语的某些义项或色彩的淡化,让位于另外一些,更是常见的潜和显。语言的各种调节,都可以归结为语言的潜和显,而它的总趋向是满足社会不同方面的人和不同方面的和谐与矛盾共处共生的交际、思维、认知的需要。

（2）语言外部条件

外部条件无非是社会和人的因素,以及二者的结合。语言具有精神,表现在吸取、排斥等的调节功能,又反映人的精神活动。语言是人的精神的重要的显现物。人把自己铸造进了语言之中,语言成了人的一面镜子。每个使用语言的人都在推动或者阻碍语言的发展。如果说社会的语言是一个活动的大系统,暂且叫它为客体语言,每一个人使用的语言是主体语言,那么每个人除了把自己民族、时代等的积淀加到主体语言里之外,还把自己的文化、教养、好恶等加了进去。

（六）人文性理论

语言与文化有着密切的关系。早在20世纪50年代,我国现代语言学家罗常培先生就在《语言与文化》一书中试图从词义的视角对语言与文化的关系进行探讨。进入20世纪80年代,人们对语言的人文性有所重视。下面就来具体探讨语言的人文性。通过近些年的研究,人们认识到语言是文化的记录和反映,也是文化的一项重要层面和内容。通过语言,文化才能够进行扩散和传承。同时,文化是语言发生变化的重要影响因素。所谓语言的人文性,指的是在语言发展过程中所表现出来的文化特征,其包含如下三点:（1）语言在文化中的反映,即通过文化背景来审视语言的特点与变化规律;（2）文化在语言中的反映,即通过语言的变化来审视文化的意义以及运行轨迹;（3）在语言与文化中的相互反映。

语言的人文性研究可以从文化环境中的语言现象和语言环境中的文化现象两个方面进行考察。

1. 文化环境中的语言现象

文化对语言在文字发展、语言系统、语言发展等方面有着明显的影响。
（1）文化对文字发展的影响。文化对文字发展有着重要影响。之所以

第七章　应用语言学理论应用于语言教学

这么说,是因为文字的产生与发展都是随着人类文化的发展而发展的。随着人类文明与生产生活的进步,人类对自然征服与改造的能力逐渐增强,对世界的认知也越来越深刻,对精神的追求也在不断提升,简单的图画已经很难满足人们交际的需要,因此图画文字逐渐转换成以象形文字、音节符号为主的文字等。这也体现出文化对于语言产生与发展的意义。另外,文字的演变也受到文化的影响。

(2)文化对语言系统的影响。分别体现在文化对语音、语法和语用的影响上。

(3)文化对语言发展的影响。具体包括原始文化对语言产生的影响、文化对语言地域变化的影响及文化对不同阶层、行业用语的影响等方面。

2. 语言环境中的文化现象

其中涉及语言对文化结构层次、文化发展的反映两个方面。

(1)语言对文化结构层次的反映。第一,语言对物理世界的反映。人类对自然界的改造及改造结果在语言中可以寻到一些蛛丝马迹。例如,世界上很多语言中有关"茶"的发音都很近似,通过这种发音差异,有关研究者可以看出我国茶文化传播的渠道、时间,据此作深入的推理考证。第二,语言对文化世界的反映。人类改造社会的活动方式及结果在语言中也有所体现。这是因为,语言总在一定的情境中使用,这个情境暗含了当时的社会制度、风俗习惯、人际关系及交际双方的背景。后人可以通过语言发现这些隐藏其中的文化信息。第三,语言对心理世界的反映。语言对文化的反映是全面深刻的,人的心理世界在语言中也有一定的影射。

(2)语言对文化发展的反映。第一,文字对社会文化发展的反映。例如,在甲骨文的考证中研究者发现很多与古代畜牧业相关的信息。第二,语言对文化分化与融合的反映。例如,早期汉语中只有"水"字表示各种江河,如"汉水""渭水"等。后来,被认为来源于阿尔泰语系的"河"(如"黄河""海河"等)与来源于南方语系的"江"(如"长江""珠江"等)进入汉语中,与"水"一起承担描述江河的词语。第三,专门用语对文化的反映。专门用语包括专有名称和专门术语。前者指某一特定的对象,如人名、地名等;后者则反映了某一行业、职业的特点。第四,语言对文化传播交流的反映。例如,日语中很多汉字的意思与我国汉字古义相同。

通过上述两个视角的研究,我们才能更清楚地看到语言的人文性质,我们总能看到隐在背后的不同的文化特征、文化价值和文化含义,对语言有更加深刻的认识和更加正确的应用。

第三节　应用语言学理论在语言教学中的具体应用

　　将应用语言学理论运用于语言教学,可以使人们对语言的本质有更加深入的理解和把握,也能帮助教师对教学过程做出准确的判断和决定。学习一门语言是有意识地掌握第二语言的语音、语法和词汇模式的过程,总的来说,采用的手段是对各种模式作为一套知识来进行分析和学习。

　　从本质上来看,语言教学属于应用语言学的范畴,因此应用语言学与语言教学有着密切的关系。对于语言教师而言,掌握应用语言学知识,可以更好地了解语言的本质,可以更加有效地开展语言教学。语言教学是应用语言学中主要的内容。狭义应用语言学就是指语言教学。语言教学指本族语和外族语的教育和学习。其中,本族语学习包括儿童语言习得和学习,外族语学习则是指本族语语言能力的扩大。此外,语言教学还包括双语教学和多语教学的内容。下面以英语教学为例,阐述应用语言学在英语知识教学和技能教学中的具体应用。

一、应用语言学在英语知识教学中的应用

　　作为英语教学的重要组成部分,英语词汇教学也与应用语言学有着紧密的联系,将应用语言学理论运用于英语词汇教学,对提高英语词汇教学质量及培养学生的英语词汇运用能力具有重要意义。

　　(一)应用语言学指导下的英语词汇教学方法

　　1.情境输入法

　　词汇可以根据其语义、用法、构成、搭配等进行分类组合;情境输入法就是通过创设生活中的各种情境进行词汇输入,通过情境输入词汇就是将词汇置于各种情境之中进行学习与记忆。英语教学之所以重视词汇学习的情境是因为词汇的意义受社会文化环境、言语情境和上下文情境的影响十分严重,英语词汇在不同的情境中的意思可能截然不同。由于社会文化环境和地理环境的差异,不同文化历史背景的人所形成的思维方式各有不同,词汇的使用必须依赖于具体的语言环境。因此,词汇不是孤立的,学习一个词必然要涉及这个词的用法及其在句子中的位置和作用。

　　在英语词汇教学中,丰富和扩大学生的词汇储备是非常重要的,认识和掌握单个词汇是学习的第一步,扩大词汇量是词汇学习的关键步骤,但这两

第七章 应用语言学理论应用于语言教学

个环节只有在把记单词和具体语境结合起来时才更加有效可行。脱离了语言的语境和语言的使用,再大的词汇量也没有什么用处。因此,词汇教学中,教师不但要教会学生认识并了解单词,还要让他们掌握单词在具体语境中体现的语法规则和使用特点。具体来说,教师可利用插图、动作表演、列图表、找谐音等活动创设情境呈现单词,这样可以使学生在愉快的课堂气氛中提高对单词的识记、保持、再认和再现效果。

2. 语境输入法

相比于语言情境,语境是指上下文,即词、短语、语句或篇章及其前后关系。由于词汇的意义通常存在于特定的语境中,所以词汇输入可以结合语境展开。如果脱离语境进行词汇输入,那么即便学生已经记住了词汇的形式和意义,也无法掌握词汇的用法,更难以将所学词汇运用到实际中。因此,词汇输入应该融合到句子和语篇中,做到词不离句、句不离篇。

英语词汇中的同一个单词可能有多种不同的意义,要想更快地理解其意义就应结合不同的语境。例如,white 具有"白色""纯洁""信任"等不同的意义,教师可以将其置于不同的句子或语篇中进行讲解。

教师还可以先提供一个语境,让学生猜测某个词的词义,再提供正确的词义。在语境中讲解词汇,学生不仅可以准确理解词汇的词义,而且能明白词汇的用法,进而能灵活运用词汇。

3. 语块输入法

语块包括固定搭配、固定或半固定的短语或习惯用语,使用语块输入法能够使语言输出变得流利、快捷、方便。随着语料库语言学的发展,语块在语言习得与应用中的地位和作用已成为语言学界日益关注的一个课题。

众所周知,词汇学习不仅要包括词的拼写、发音、派生,还应包括词的搭配、有关短语、可使用的句式、在不同短语和搭配中的不同意义等。因而,在英语词汇输入中,教师应该以语块为单位呈现单词,教授单词。具体而言,语块呈现法就是将词汇搭配、固定用法及词汇类别连在一起传授给学生。

4. 多媒体直观输入法

多媒体直观输入就是利用实物、图像、动作表情等方式来展示词汇的意义,给学生以直观的印象。由于不同年龄段的学生具有不同的心理特点,大学生的性格由外向逐步转为内向,学习自觉性和独立钻研能力逐步建立,简单机械的输入方法已不能调动他们学习的积极性,因此,大学英语词汇教学中的输入应以多媒体应用为主。

多媒体直观输入法综合利用现代科学技术,声像并茂,动静皆宜、视听结合的多媒体教学课件将词汇教学的内容生动、形象地展示在学生眼前,从而有利于扩大学生的视野,开发学生的智力,在创设语言环境呈现词汇容量方面具有很大的教学优势。例如,要想让学生了解汽车相关部件的词汇表达,教师可在多媒体设备上投放汽车构造的影像。[①]这样,词汇教学就成功地突破了教学信息传播的时空界限,使学生能够接触到原本不能在此时此地听到或看到的知识信息,各种感官都得到了延伸。与此同时,教学视野不断扩展,教学时间也会相对缩短。

5. 归纳总结输入法

根据认知语言学的观点,学习者的学习过程包括六个环节:认识(knowledge)、理解(comprehension)、应用(application)、分析(analysis)、综合(synthesis)、评价(evaluation)。前三个环节属初级过程,逐渐过渡到后三个高级过程。这个过程中的分析与综合其实是对已学知识的归纳与总结。在具体的词汇教学中,词汇输入不仅包括词汇学习初期的呈现,还涉及词汇巩固时的归纳和总结。在词汇学习过程中,学生经常面临遗忘带来的困扰。对此,教师需要每隔一段时间对所学词汇进行及时的归纳和总结,定期进行检测以减少遗忘,帮助学生复习和巩固所学词汇。

6. 词汇分析输入法

(1)根词分析。英语词汇中有很多词根是相同的,并且这些词根相同的词汇在词义上也存在一定的联系。因此,教师可以通过分析单词的词根进行词汇输入。例如,讲授完单词 use 后,通过构词分析,学生就可以推测出 useful, useless, user 等词的词义。不仅易于学生理解新词汇,而且可以扩大学生的词汇量。

(2)前后缀分析。英语单词中包含很多前缀或后缀,这些词缀都有着特定的意义。因此,通过分析单词的前后缀来进行词汇输入,将有利于学生理解单词、记忆单词。例如,在教单词 retell, rewrite 时,学生已经掌握了 tell, write,所以只要向他们解释前缀 re- 的意义。就可以推测出 retell, rewrite 的意义。

(3)词汇变化模式分析。英语词汇有曲折变化。分析这种变化模式对学生掌握词汇的语法功能的实际用法有很大的帮助。例如,将 fly, wear,

---

[①] 杨娜,何赟,苏冲. 应用语言学视角下中国大学英语教学研究[M]. 长春:吉林教育出版社,2020.

第七章　应用语言学理论应用于语言教学

lose，come，break，rise，run 等词的过去式、过去分词形式归类到不同模式中，AAA 模式：split，split，split；ABB 模式：win，won，won；ABA 模式：run，ran，run；ABC 模式：wear，wore，worn 等。通过这种方式,学生可以在最短的时间内掌握足够多的词汇。

（二）应用语言学指导下的英语语法教学方法

作为语言的构建依据与规律,语法能够使词汇组成短语、短句、简单句、复合句等多种表达方式。要想准确把握句子的基本结构并理解其深层含义与内在逻辑关系,就必须具备相应的语法知识。因此,从应用语言学视域来对当代英语语法教学进行探讨具有十分重要的意义。

1. 图式教学法

由于语法本身抽象性的特点,有些语法项目比较难以用语言清晰表达,或表达出来后学生还是感觉很费解,因此可以使用简图、表演、图片等图式使其形象化。例如,在对时间状语从句这一语法现象进行讲解时,教师在对时间状语从句连词的选择和理解时,首先要考虑到学生对主句和从句中两个动作的时间关系判断。教师若仅仅用语言阐释 while，when，as 的区别,由于里面涉及"某一刻时间""某一段时间""短暂性动词""延续性动词"等术语,学生会因语言理解能力和想象力个体差异的不同感觉很抽象,甚至会给一些基础薄弱的同学带来理解上的障碍。而如果教师设计出动作对比的画面,在讲解时辅助以简图呈现,学生便对 while，when，as 三者区别得更清晰、更直观一些。

2. 语法练习法

语法教学作为语言教学中的一项重要内容,其最终目的也是让学生能够将知识运用到实际中,从而更好地培养学生的综合素质和能力。因而就需要教师对语法练习进行科学、合理的选择和设置,有效地组织学生进行语法项目的操练。但是采用练习法来操练语法项目并不是盲目进行的,而是分阶段进行的,通常需要遵循循序渐进的原则来让学生达到熟练应用的目的。

一般而言,需要先通过模仿、替换,不断重复来进行机械式的训练。机械式练习通常要求学生达到不用理解句子的含义就能作出迅速、正确的反应,紧接着,通过造句、仿句、改句、改错、翻译等方式来内化训练。内化训练通常要求学生围绕教学内容进行,要求学生能够达到熟记、理解的程度,并能做出正确的反应。最后,教师可借助于场景对话或问答形式之类的口语训练进行最后的交际操作训练。这种训练方式最终要求学生能将所学的语法知识综合运用,并能组织语言迅速做出反应和回答问题。

3. 有效记忆教学法

有效记忆教学法是指帮助学生记忆语法结构或规则的方法。在具体的教学实践中,教师可采取下面几种手段。

（1）佳句格言记忆法。佳句、谚语或格言都涉及一个语法结构,学生在熟记这些佳句或格言后就能掌握并运用一些与之相关的语法形式。

（2）顺口溜记忆法。顺口溜读起来上口而且容易记忆,有助于学生的语法学习与记忆。

4. 情境教学法

运用情境教学法教授语法具体是指教师以情境、案例为载体,对学生的自主探究性学习进行适当地引导,借此来提升学生分析并解决实际问题的能力。具体来说,教师可设置模拟的情境或运用目的语的真实情境教授语法。例如,利用体态语非语言手段、实物、真实情境及多媒体手段等,使语法教学更为真实、形象、直观、富于趣味性。从实质上来看,情境语法教学法是从传统教辅工具的静态化学习向动态化学习的实质性飞跃。这一语法教学法对激发学生学习兴趣和提高学习效率大有裨益。

5. 网络多媒体教学法

利用网络多媒体等先进的教育技术,有利于在语法教学中创造轻松、愉快的气氛。开始上课,第一个阶段是幻灯放映和录音播放。录音是程式化的对话和叙述性评论,幻灯的画面跟话语相匹配。换言之,视觉形象与言语相辅相成,共同构成一个语义单位。义群的意义在教学程序的第二个阶段,由教师采用指认、演示、选择性回听、问答等形式加以解释。第三个阶段,重复对话数遍,通过多次回放录音和幻灯,或者通过语言实验室练习来熟练记忆。教学程序的第四个阶段是发展阶段,学生逐渐从录音和幻灯播放中解放出来。除了对场景全面的处理之外,每一课还包括语法操练时段,用于对录音和幻灯呈现的对话中出现的某个句型或者几个句型进行练习。语法和语音都得到练习。语言解释在授课过程中无足轻重。同听说法一样,阅读和写作教学被延迟,但是在适当的时候会得到应有的重视。

6. 微课程教学法

伴随着"互联网+"时代这一大的形势的发展和国家之间跨文化交流

的日益频繁,语言教学模式、教学方法等也应顺应时代形势的发展进行相应的革新和变化。与此同时,语言的教学还应结合并借鉴传统意义层面的翻译法、讲授法等的经验,弥补传统意义教学的不足,并充分考虑新时代下学生的个性化需求和特点,展开与时代发展相贴近的语法教学。其中,微课程语法学习法就是其中的一种结合。当前,学生热衷笔记本电脑、智能手机及平板电脑等移动终端设备,并能通过利用这些资源获取文字、图片并随时随地观看视频这一特点而进行的比较有意义、有价值的语法教学方法的实践和尝试。具体而言,微课程教学法是指以"云环境"背景为依托,并倡导"导学一体"这一理念的基本模式的教学方法。

7. 归纳法

归纳法遵循从具体到一般的过程,强调以学生为中心,主张引导学生自己发现语法规则。可见,运用归纳法进行语法教学使学生先感受语言的真实使用,随后在语言使用中归纳句子模式并进行概括、总结。在归纳的过程中,学生必然要对语法的使用规则、条件与范围进行比较与分析,从而在不知不觉中提高思辨能力。

8. 演绎法

英语语法教学十分抽象而难以理解,因此普遍而常见的教学方法是运用演绎教学法。演绎教学法具体指的是运用一般的原理对个别性论断进行证明的方法。演绎法的具体运用过程其实就是由一般到特殊的过程。运用该方法进行语法教学时,教师可先简单地向学生提出抽象的语法概念。紧接着进行举例分析和说明,将这些具有抽象性特点的概念引用到具体的语言材料中,并借助于大量的类似的练习材料来帮学生能够学会独立地运用这些语法点。

二、应用语言学在英语技能教学中的应用

听、说、读、写、译作为语言的五项基本技能,是语言教学的重要内容,也是学生在语言学习中必须掌握的基本技能。这里对应用语言学在英语技能教学中的具体应用进行探讨。

(一)应用语言学指导下的听力教学方法

英语教学中的听、说、读、写四项活动既相互独立又相互依存,因为在听、说、读、写四种能力中,任何一种能力的提高,都能带动其他能力的提

高;反之,任何一种能力的缺乏,都会影响其他能力的掌握和运用。因此,听力教学要与说、读、写教学结合起来进行综合教学。这样不仅可以带动其他技能的发展,还可以创造真实的语言环境,有利于培养学生的交际能力,收到事半功倍之效。下面进行具体分析。

1. 与其他技能结合教学法

听读结合不仅能增强学生的语感,并且有助于统一单词的音、形、义,形成一个整体,从而减少判断误差。尽管听力教学的重点在于听,但根据所听内容增加说的训练有助于学生巩固听到的内容,并增进理解。听写结合的最佳形式是听写练习,听写是一种难度较高的听力训练活动。随着英语教学手段的不断更新,多媒体教学已经成为英语听力教学的有效工具之一。那么,教师也应做到与时俱进,充分利用先进的教学手段服务于更为有效的英语教学。

2. 体裁教学法

近年来,越来越多的教师和学者开始关注体裁教学策略,并将其应用到大学英语听力教学中。具体来说,体裁教学策略在大学英语听力教学中的运用主要分为四个步骤:体裁分析、小组讨论、独立分析及模仿使用。

3. 基于学习策略的教学法

基于学习策略的教学法体现了以学生为中心的教学原则,真正将培养学生的听力能力作为教学首要目标。教师在采用这种教学法时,必须首先了解学生听力学习的策略的主要内容,如此才能有效地将其融入自身教学过程中。具体来说,学生的听力学习策略主要包括元认知策略、认知策略和情感策略三个。

(二)应用语言学指导下的口语教学方法

口语表达是人们之间进行直接交流所应用的语言,口语以前在很大程度上仅仅是语言学习中书本学问的点缀,在听说法中却走到了舞台的中央,而且使用录音和语言实验室操练的教学技巧,为学习者提供了进行听说练习的机会,使他们在不参与实际会话的条件下,以程式化的刺激与反应形式,演练日常语言对话。

1. 3P 教学法

在英语口语教学中,3P 教学策略也是一种常用的教学策略。3P 教学策略具体包含三个环节,即呈现(Presentation)、训练(Practice)、运用(Production)。这三个阶段遵循由控制到自由、由机械到交际、由准确到流畅的教学程序,并且中心目标明确,教学程序清晰。3P教学法具有时效性强,可操作性、实效性高等特点,能够有效强化学生的语言知识和技能,培养学生的口语能力,提高学生学习积极性。

2. 任务型教学法

任务型教学法也是英语口语教学中的重要方法。它是以学生为中心,以小组合作学习为主要学习形式,以学生完成任务为目标的一种教学法。任务型教学法以任务为导向引导学生参与教学活动,可以有效调动学生的积极性,增强学生的合作竞争意识。具体来说,英语口语教学中的任务型教学法主要有呈现任务、实施任务、汇报任务和评价任务四个步骤。

3. 交际教学法

根据应用语言学中的动态理论,教师可以采用交际教学法展开英语教学。英语口语教学的主要目的就是培养学生用英语进行交际的能力,而交际教学策略正是以此为导向,重点培养学生的交际能力。交际教学策略视教学过程为交际过程,注重学生语言的功能,认为教学内容应以语言功能为主,强调让学生在真实情境中展开交际活动,从而提升表达能力。通常,交际教学策略包含呈现活动和创设情境两种活动形式。

4. 文化导入法

上述提到,文化差异对大学英语口语教学及学生的口语学习有着重要的影响,因此教师在教学中应导入文化知识,以培养学生的文化素养,提高学生的跨文化交际能力。具体来说,教师可以从运用丰富多彩的学习资料和培养学生的文化差异敏感性两个方面着手。

5. 灵活练习法

(1)机械练习。是指学生不需要太多思考就可以执行的练习。机械练习是一种最简单的练习方式,主要作用是帮助学生记忆所学句子的语音、语调和句式。

(2)复用练习。是一种围绕课文、教师讲过的材料或情境来开展的练习活动。学生必须通过积极的思考才能找到答案,有助于锻炼学生独立思考、分析、解决问题的能力。

6. 功能评价法

英语口语教学也离不开功能评价，所以在实际教学中，教师也要采用不同的评价形式对学生的口语进行评价。口语教学中的功能评价，可分为形成性评价与总结性评价。此外，在功能评价中，评价的标准也起着重要的作用。功能评价法主要包括形成性评价、终结性评价、口试评价三种类型。

（三）应用语言学指导下的英语阅读教学方法

阅读是人们获取信息的重要途径，对学生来说也是其获取大量语言输入、刺激语言输出的一项重要方式。此外，阅读是巩固词汇、语法等语言基础知识的一个重要手段。因此，阅读教学在整个教学中一直占据重要地位。下面就从应用语言学视域对当代英语阅读教学进行具体探讨。

1. 技巧教学法

为了帮助学生的阅读更加顺利进行，教师在教学中要多向学生传授一些阅读技巧，具体来说分为阅读前的技巧、阅读中的技巧和阅读后的技巧三种教学方法。

2. 语篇教学法

语篇教学法是英语阅读教学中的一种重要教学方法。当学生对某一体裁、题材的语篇材料有所了解时，就会对其可能涉及的内容、遣词造句、框架结构有一个整体的认知，下次再遇到这类阅读材料时，就能将脑海中对应的图式调出来以辅助阅读理解。因此，英语阅读教学应该从整体入手，然后到局部，最后再回归到整体。语篇教学法的具体实施步骤包括以下几个方面：解析语篇体裁、激活背景知识、进行整体理解、逐段消化吸收、综合训练巩固。

3. 交际教学法

所谓交际教学法，即运用交际的策略来培养学生的阅读理解能力。交际教学法能充分调动学生的积极性、主动性，既能活跃课堂气氛，利于自由愉快、灵活多变学习方式的创建，又可以开阔学生的思维，有助于学生交际能力的形成。学生在获得交际能力的同时，也能检查和提高自己分析、归纳、总结的能力和阅读理解的能力，具体流程包括预读环节、阅读环节和读后环节。

第七章 应用语言学理论应用于语言教学

4. 文化讨论法

在阅读教学中,教师可以适时导入文化知识,将英语文化分为若干细小的主题,定时组织全班学生针对特定的主题进行讨论,并在此过程中给予及时的监督和指导。经过讨论和头脑风暴,学生不断积累文化背景知识,并且可以有效地解决某些跨文化交际问题。相对于不同的文化主题,学生把握和讨论的难度也各不相同。教师首先要确定一个合适的可以引起学生兴趣的主题,另外还要在整个讨论过程中处于支配和控制地位。在实际教学过程中,教师需要一点一点地增大文化主题的难度,而不能一蹴而就,从高难的主题入手。随着讨论的主题数量的增多,学生掌握的文化背景知识也相应地增多。

(四)应用语言学指导下的英语写作教学方法

写作是英语重要的基本技能,是英语综合运用能力的重要体现。其不仅以语言知识为基础,还需要其他技能的配合与支持。正因为如此,写作教学在我国英语教学中一直占据重要地位。但从实践教学来看,写作一直都是我国学生的薄弱项,写作教学也是我国英语教学中的难点。下面从应用语言学视角出发,对当代英语写作教学展开具体分析。

1. 基本策略教学法

英语写作的过程通常包括选题构思、开篇、段落展开、结尾等环节,在这一过程中会用到多种写作策略。教师在教学过程中应注意向学生传授这些写作策略,帮助其顺利进行写作。写作策略具体包括选题构思策略、开篇策略、段落展开策略和结尾策略四种类型。

2. 语块教学法

根据语块教学理论,本族语人的语言之所以流利,是因为他们的词汇不是以单个词存储在记忆里,而是以短语或大的语块形式存储在记忆里,在使用的时候能够作为整体提取出来,从而减少了资源信息处理的困难。相比之下,学习单个词汇的学生在表达思想时就需要付出更多的努力。根据这种情况,教师在教学中就可以采用语块教学法,培养学生运用语块的意识,促使学生不断积累语块,以使学生在写作过程中可以迅速提取并直接运用,提高语言表达的自动化程度。从而写出地道、精美的文章。

3. 网络多媒体写作教学法

在科技迅速发展的现代社会,多媒体应用得越来越广泛。运用在教学上,其教学的特点是资源丰富、情境真实、灵活自如和不受时空限制等。在实际英语教学过程中,教师可以充分利用计算机文字处理程序,利用计算机文字处理程序辅助英语写作,代替原有写作形式。并且教师还可以灵活利用 E-mail 辅助教学,利用 E-mail 辅助英语写作教学,加强师生间、生生间的交流。通过多媒体,学生可以接触到地道的英语,从更广的范围内了解英语文化及英语文化与汉语文化的不同,还可以激发学生学习的兴趣,培养学生自主学习的能力。

4. PWP 三阶段写作教学法

PWP 三阶段英语写作教学法是我国写作教学中普遍被采用的教学模式,独立的写作课型一般采用三阶段写作教学模式开展。三个阶段分别是指写前(prewriting)、写中(whilewriting)和写后(post writing)三个阶段。[①]

(五)应用语言学指导下的英语文化导入教学方法

语言既是文化的重要表现形式,也是文化的重要组成部分。文化对语言有着重要影响,因此,语言教学必然包含文化教学。可以说,文化因素贯穿于英语基础知识和技能的教学中,学习语言实际上就是在学习一种文化。因此,教师在教学过程中必须重视对文化知识的导入,重视对学生跨文化交际素质的培养。

1. 直接导入法

直接导入法的标准教学程序涉及教师对"课文"的讲解。课文通常是课本中经过特殊改写的简短外语叙事故事。课文中困难的表达方式以变换措辞(paraphrase)、同义词、示范或者提供语境等手段,用目标语加以解释。为了更清楚地解释课文的意义,教师就其内容提问,而学生则通过朗读课文来进行练习。老师在展开英语教学之前,第一步应该采用丰富的文化教学策略进行文化导入。具体来说,教师可以采用视听导入法、启发导入法、文化背景知识导入法等方法进行教学。

[①] 杨娜,何赟,苏冲. 应用语言学视角下中国大学英语教学研究 [M]. 长春:吉林教育出版社,2020.

2. 文化体验法

在讲解英语课文时,教师应该采用丰富的文化教学策略进行文化体验。这可以通过交际法、对比教学法、融合教学法等展开教学。

3. 信息技术辅助法

为了加强英语文化教学,提升学生的跨文化交际能力,教师在英语文化教学之中,需要利用网络多媒体技术。教师不仅仅要注重对目的语文化知识的讲授,让学生掌握一些现有的文化事实和规约,更要注重的是努力搜寻各种有效的教学方法和教学途径,引导学生对现实事物辅以主观感受,培养学生亲身体验目的语文化知识的能力。

具体来说,网络多媒体技术辅助下的英语文化教学需要采取如下策略:(1)务实手段,创设跨文化交际基础;(2)创设情境,营造跨文化氛围;(3)组织协作,倡导交互式合作学习;(4)组织会话,展示学习成果;(5)总结归纳,完成意义建构。

4. 角色扮演法

角色扮演法通常由两名或两名以上学习者参加,为了完成特定的目标分别扮演不同的角色,然后在教师及其他学习者面前表演出来。没有参加角色扮演的学生的任务是做观众观察并发现学习目标规定的某些问题。角色扮演的主题可以是与来自其他文化的人第一次见面,进行国际谈判,在某一个你不熟悉的文化场景中拒绝别人等。角色扮演是一种行之有效的文化教学方法,其脚本应该清楚简洁,具有趣味性和戏剧的张力,而且结局应该是开放式的,采用日常生活工作或社交场景中使用的语言。

5. 文化旁白法

在通常情况下,教材所选的课文都有特定的作者背景、内容背景、时代背景等文化背景,学生如果对这些背景一无所知,将达不到到时候的教学效果。因此,老师在英语教学中应该使用文化旁白法。文化旁白是指在进行语言教学时,就所读的材料或所听的内容中有关的文化背景知识,教师见缝插针地做一些简单的介绍和讨论。如果学生不了解或缺乏相关的背景知识,就会影响他们对文章的正确理解,自然也就不能对阅读理解的问题作出准确的推理和判断。使用文化旁白策略能够非常有效地帮助学生清除认知障碍、正确理解英语意思,并且能够开阔学生的眼界、增长见识。①

文化旁白法在实际教学过程中可以灵活应用,教师既可以作为讲解员逐字逐句地进行讲解,也可以运用图片、实物教具或多媒体课件等手段进行讲解,既可以在讲解段落或句子时进行,也可以在听力教学中随时进行。特别需要注意的是,由于文化旁白法的显著特点是随机性大、任由教师掌握,因此,要求教师具备相当专业素质和教学能力,需要教师具有较强的驾驭语言与文化的能力和一定的教学技能与艺术。

6. 文学影视作品鉴赏法

通过欣赏影视作品来学习英语是学生非常喜闻乐见的方法,也是一种非常有效的学习手段。具体来说,学生可以在教师的指导下,从不同角度对影视作品和文学作品进行剖析,了解人物的情感,了解不同文化背景下的人与人之间的交流和文化冲突。现在,很多学生阅读文学作品仅仅是为了追求情景或扩大词汇量,而忽视了文学作品中所反映的文化差异、风俗习惯等文化细节问题。因此,采用文学影视作品鉴赏法,可以将学生的注意力转移至文化背景知识上,从而增加学生的文化背景知识。

---

① 王继红,邹玉梅,李桂莲.基于翻转课堂理论的英语教学改革与实践[M].北京:中国原子能出版社,2019.

第八章 系统功能语言学理论应用于语言教学

系统功能语言学是普通语言学理论,它的研究对象是人类的语言(包括英语、汉语等),由 M. A. K. Hlliday 在 2000 年左右提出。系统功能语言学是"适用语言学"(appliable linguistics),因为这是一个以问题为导向的理论,可以用来解决与语言有关的各种各样的问题。

第一节 系统功能理论与系统功能语言学的内涵

一、系统功能理论

系统功能理论是在不断摸索中形成与完善的。下面就分析韩礼德(Halliday)在不同时期对系统功能理论的发展与完善。

(一)阶与范畴语法

一般认为,韩礼德在 1961 年发表的"语法理论的范畴"是一篇能够代表其早期理论的论文。韩礼德在这篇论文中指出:语言学理论应该包含一个由相关范畴组成的体系,体系中的范畴应该能解释语言材料;同时,这个理论还应该有一套把范畴和语言材料联系在一起的抽象"阶(scales)"。他指出,语言材料可以在不同的"层次(level)"上进行解释,最基本的层次是"形式(form)"、小"实体(substance)"和"语境(context)"。"实体"指声音上或书写上的语言表现形式;"形式"指把"实体"排列成有意义的格局;

而"语境"则是把语言形式与它们的使用场合联系起来的中间层次。韩礼德在这篇论文中对自己1956年的论点进行了修正,提出了四个语法范畴和三个阶。在这个模式中,"系统"是一个基本范畴,而不再像在1956年的分析框架中那样从属于"类别";原先的"成分"也变成了"结构"。所以说,韩礼德的这篇论文奠定了阶和范畴语法的理论基础,也是韩礼德把弗斯关于"结构"和"系统"的观点融入自己理论框架的一个表现。韩礼德把"系统"当成一个基本的语法范畴,对后来系统语法的形成起了重要作用。

1. 语言(学)层次

伦敦学派认为,应该从语言的各个层次对语言事实加以说明,层次不同,描写的过程也应存在差异。伦敦学派提出三大层次,即实体、形式、语境。其中实体涉及声音的与书面的;形式借助词汇与语法将实体进行组织、形成意义;语境是形式与非语篇特征之间存在的关系。三大层次如图8-1所示。

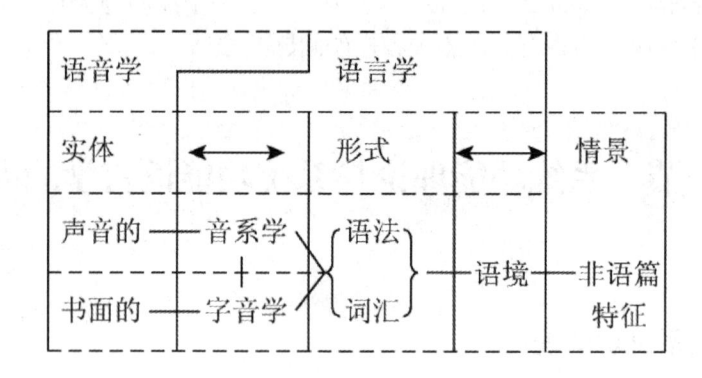

图 8-1 语言的三个层次关系图[1]

2. 语法范畴

(1)单位(unit)。单位是用来说明语言中具有语法模式的语段。这种语段有大有小,大的可以套住小的,这里所谓的大小反映的是形式关系。[2]根据英语的实际情况,韩礼德提出"句""小句""词组/短语""词"和"语素"五个或称五级单位。

---

[1] 胡壮麟等. 系统功能语言学概论 [M]. 北京:北京大学出版社, 2005.
[2] 李军华. 语言与语言学理论专题十二讲 [M]. 湘潭:湘潭大学出版社, 2016.

第八章　系统功能语言学理论应用于语言教学

（2）结构（structure）。结构是组合关系模式的最高抽象。它被用来说明在连续情况下事件之间的相似性的范畴。结构是成分在"位置"上有顺序的排列，它总是指一定单位的结构或每个单位表现为一套有各种组合可能的结构。

（3）类别（class）。类别说明的是聚合关系，类别这个范畴的识别必须结合它在上一级单位的结构中的活动情况。类别与结构之间是双向关系：类别以结构为前提，结构以类别为前提；类别总是参照它上一级单位的结构定义，而结构总是参照次一级单位的类别定义。

（4）系统（system）。系统这一范畴是用来说明在一系列类似项目中为什么出现这个项目而不是另一个项目。由此可以看出，类别是由在结构中的活动来认定的一组项目，因此，进入结构语法关系的，不是作为形式体现的项目本身，而是整个类别（即一个类别系统）。

3. 阶

包括级、说明和精密度。这三种阶分别相当于"等级体系（hierarchy）""分类学（taxonomy）"和"连续体（cline）"的概念。

（1）级阶（rank）。级阶意为"包括"，指一个项目系统沿着一个单一的方向，它必须包括某些形式上的、逻辑上的先后顺序，也就是由最高层的单位向最底层的单位移动，这离不开类别的标准。级阶理论容许向下移动的"级转移（rank shift）"，即一个已知单位可以移至下一级，但下级单位不能上移。换句话说，一个单位可以包括一个在级阶上与自己相等或高于自己的单位，但不能包括在级阶上低于自己的单位。

例如：

The girl who is talking with your mother is my niece.

上句中的小句"who is talking with your mother"，因级转移变成了名词词组"the girl"的后置修饰语，也就是名词词组的一个成分，因而可以移至"词"级。

（2）说明阶（exponence）。说明阶的目的是将理论框架中高度抽象的范畴与语言资料联系起来。一个范畴可以用其他范畴来说明。比如，属于结构范畴的"冠词+形容词+名词"可以由类别范畴的名词词组说明；属于类别范畴的名词词组可以用"名词""形容词""冠词"等单位来说明。

（3）精密度阶（delicacy）。精密度是决定描写程度的一个阶。结构类型和系统都可以根据描写的需要而表现出不同的详细程度。精密度阶是一个连续体，其极限的一端是结构和类型范畴中的基本等级，极限的另一端是对该等级不能再作进一步区分的语法关系。在描写时，精密度是可变化的。

精密度增加会延迟向说明项的移动,同时增加描写的语法性。当精密度阶对项目的语法区别达到极限时,便要从词汇上进一步区别,这时精密度阶和说明阶趋于一致。精密度阶和级阶是互不干扰的两个阶,精密度的改变不会引起级阶的变化。精密度阶不同于级阶,但其精密程度适用于级阶的所有单位。

在英语中,表达是在不同类型的过程、参加者、环境成分中做出选择。这些都是及物性系统中的选项。

(二)系统理论

1966年,韩礼德在《深层语法札记》中提出了语言的深层应当是可以进行语义选择系统的观点,即深层语法应当是系统语法。

1. 对系统理论的第一次修正

根据伦敦学派的传统系统理论,特征是"无序"的,但韩礼德认为采用"精密度阶"理论可以使部分特征呈现有序化。在系统描写过程中,如果一系列系统中的某一系统在另外一个系统中出现,那么这两个系统就属于等级关系,如果两个系统呈现等级次序,那么这些系统的特征也必然是有序的。

在一定环境下,任何系统集都可能形成一个系统网络,其中的一个系统必然会与另外一个系统或者另外几个系统形成的等级关系,如图8-2所示的英语小句的系统网络。

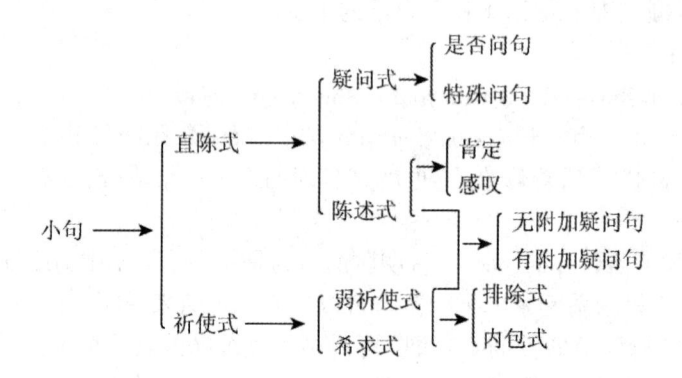

图8-2 英语小句的系统网络图[①]

---

① 胡壮麟等. 系统功能语言学概论[M]. 北京:北京大学出版社,2005.

第八章　系统功能语言学理论应用于语言教学

图 8-2 中的系统网络起点受到组合关系的影响和规定,所有特征都与环境有着密切关系,但同时系统网络又可以为每一个特征提供聚合环境,对其对比特征与结合的情况加以规定。因此,可以这样下一个结论,系统描写与结构描写之间是补充的关系,一个是对聚合关系加以关心,一个是对组合关系加以侧重。

2. 对系统理论的第二次修正

基于上述论调,韩礼德又提出了系统描写能否成为表述的底层形式这一问题。也就是说,结构描写能够从系统描写中衍生出来,如果是可以衍生的,那么就意味着我们能够预见结构。

将一个语言项目的系统描写视作该项目的底层语言表达,即表示这一项目与其他项目的聚合关系有着更为基本的特征,从而可以将内部结构衍生出来。这样底层语法就是以系统特征表达的语义显著的语法,其可以为更多的语言项目提供聚合环境,并在其他对比环境中相互产生作用。这样,系统的起始点就不在于结构,而在于对系统特征的集中展现。[①]

3. 对系统理论的第三次修正

在韩礼德看来,在对深层语法与系统语法进行研究时,还需要将音系层考虑进去,尤其是语调与韵律这两大层面。这是因为音系层也是语法特征的体现。在组合表达中,这种特征被视作组合体上的结构成分。环境不同,同一特征也会存在不一样的体现,如在有些环境中,同一个特征可能通过结构形式加以体现,在另外的环境中可能通过语调加以体现。可见,某一语调形式在不同的环境中,体现的特征也有所不同。这就说明在结构环境中,语调这一现象不可预见,但如果将语调视作系统特征的一部分,那么语调这一现象就可以预见。

(三)功能理论

在韩礼德创立的系统功能语法中,功能是一个十分重要的概念和研究内容。"功能"一词在系统语法中具有多种含义,但系统功能语言学家们在自己的论述中并不是每次都把它的含义全部讲清。为了帮助读者正确而全面地理解韩礼德系统功能语法中的功能观,下面简单地介绍一下功能的基本含义。

[①] 安然. 功能语言学理论指导下的英语教学研究 [M]. 北京: 中国纺织出版社, 2018.

1. 一般意义上的功能

一般意义上的功能就是通常所理解的语言功能,或者说是平时运用语言时所发挥的作用,如祝愿、表扬、批评、说服、安慰等。这种常识中的功能实质上是语言的具体运用。研究人类实际运用的语言,进而探索语言所具有的各种交际功能,正是系统功能语法的主要研究课题之一。一般意义上的功能是人们最熟悉,也最容易接受的概念。

2. 微观功能

以韩礼德为代表的系统功能语言学家认为,语言之所以发展到现有的形式,完全是由它所承担的功能造成的。成人语言如此,儿童语言也概莫能外。

韩礼德通过对儿童早期语言发育的记录和分析,发现儿童语言有七种功能。韩礼德把这些功能称为微观功能(microfunction),把儿童语言称为原型语言。儿童语言的特点是儿童每次运用自己创造的原型语言时,都只表示一个功能。这就是说,在这个时期的语言和功能之间,存在着明显的一对一的关系。

3. 宏观功能

宏观功能(macrofunction)是儿童放弃原型语言向成人语言过渡时出现的语言功能。韩礼德认为宏观功能可以分为两种:一种是理性功能(matheticefunction),另一种是实用功能(pragmaticfunction)。理性功能指的是儿童把语言用作观察事物和学习知识的一种手段、一种途径,这个功能产生于早期的个人功能、启发功能等微观功能;实用功能指的是儿童把语言用作做事的手段,这个功能产生于工具功能、控制功能和交流功能等微观功能。

对于处在语言过渡时期的儿童来说,理性功能和实用功能是完全不同的两种功能。当一个人使用理性功能时,他是以一个观察者(observer)的身份在讲话;当他使用实用功能时,则是以一个"闯入者"(intruder)的身份出现。

早期儿童语言的七种微观功能,到了过渡时期已变成了两种宏观功能,这可以被看作一种功能简约(function reduction)的过程。但是,我们必须认识到,虽然功能的数目减少了,但每种功能表达的意义却增多了。处在过渡时期的儿童所使用的语言不再像最初那样每说一句话或发一个音,都只能表达一个功能,而是每句话可以表达原来的多个功能。

第八章　系统功能语言学理论应用于语言教学

4. 纯理功能

系统功能语育学家认为,当儿童语言经过过渡时期进入到成人语言阶段后,原来的理性功能又演变成为概念功能,实用功能演变成为人际功能。概念功能、人际功能和语言本身具有的语篇功能构成了成人语言的纯理功能。所谓纯理功能,是说这三种功能高度抽象、高度概括,难以在语言中找到相应的形式项。

概念功能指的是语言对人们在现实世界(包括内心世界)中各种经历加以表达的功能。人际功能指的是讲话者运用语言参加社会活动的功能。语篇功能指的是语言使本身前后连贯,并与语域发生联系的功能。

5. 语法功能

语法功能在语言学不同的发展阶段,含义不一样。在传统语法中,词法与句法的区别有时可以用"形式"和"功能"的区别来表示。词的不同形式和类别属于词法,词在句子中的功能属句法,如"主语""宾语""补语"等所表达的都是句法功能。弗里斯(Fries)(1962)等人在结构主义语法中,把功能与"结构意义"或"语法意义"相联系,因而称表示语法与结构关系的词为"功能词"。

在系统功能语言学中,语法功能是纯理功能在语言系统中的体现形式,是形式化的意义潜势的离散部分,即构成一个语义系统的起具体作用的语义成分。例如,概念功能通过及物性系统来体现,而及物性系统又要通过更加具体的语义成分,即施动者、对象、受益者、过程、环境等语法功能成分来表达。

6. 五种功能之间的关系

这五种功能之间的关系是微观功能演变成宏观功能,宏观功能演变成纯理功能,语法功能是纯理功能在词汇语法层中的具体体现,人们平时对语言的实际运用,构成了一般意义上的语言功能。

(四)功能与系统的关系

韩礼德认为三大纯理功能,即概念功能、人际功能和语篇功能,都是意义概念,都是借助于语言系统网络的子系统得到体现的,在系统中最后以功能特征的形式出现。

他认为三大纯理功能与语义系统之间具有对应关系:概念功能与及物性系统、语态系统和归一度系统相对应,人际功能与语气、情态和语调系统相对应,语篇功能与主位结构、信息结构和衔接系统相对应。图 8-3 所示可清楚地显示语义、功能和系统的关系。

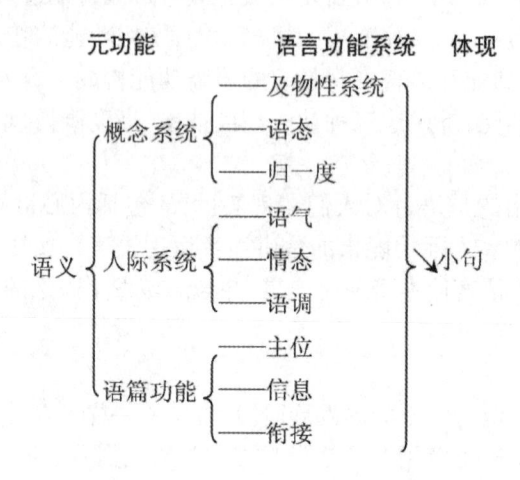

```
             元功能        语言功能系统     体现
                         ┌── 及物性系统 ┐
                  概念系统 ├── 语态
                         └── 归一度    │
                         ┌── 语气      │
       语义 ── 人际系统 ├── 情态      ├── 小句
                         └── 语调      │
                         ┌── 主位      │
                  语篇功能 ├── 信息     │
                         └── 衔接     ┘
```

图 8-3 语义、功能和系统的关系[①]

二、系统功能语言学

简单地说,系统功能语言学是 Halliday 在伦敦学派奠基人 J. R. Firth 的理论基础上发展、创立起来的一个语言学理论,它的理论根源有的还来自 de Saussure 以来的欧洲语言学传统(如布拉格学派、法国功能主义)。在系统功能语言学中,还可以看到下列语言思想对 Halliday 的影响:除了 B. Malinowski 外,还有 L Hjelmslev 的语符学派、B. L Whorf 的语言相对论、S. Lamb 的层次语法、K. Pike 的法位学、W. Labov 的语言变体理论、王力的方言学和罗常培的音韵学理论及它们的研究方法。系统功能语言学在本质上是"功能的"(functional)和"语义的"(semantic),而不是"形式的"(ormal)和"句法的"(syntactic);它研究的对象是"语篇"(text)而不是"句子"(sentence),所关注的是"使用"(use)和"惯用"(usage)而不是"语法性"(grammaticality)。(Haliday 1994a:4505)

Hlliday 的主要兴趣是语言(语篇)与社会(体系)的关系,因此,他研究的是语言使用者所创建的语篇及语篇与语篇使用环境(包括社会文化环境)之间的关系。他在 An Introduction to Functional Grammar (1985,1994b)一

---

① 戴瑞亮,刘典忠,孙承荣. 英语理论语法概论[M]. 东营:中国石油大学出版社,2006.

书中明确指出,他建构功能语法的目的是为语篇分析提供一个理论框架,这个框架可用来分析英语中任何口头语篇或书面语篇。[①] 通过语篇分析,可以揭示人们是怎样在特定的社会文化环境中通过语言使用来做事情,因为语言是做事的一种方式。通过分析语言使用,我们也能够看到语言(语篇)和社会中人与人之间的关系及语言与社会体系之间的相互关系和相互作用。

第二节 系统功能语言学相关内容解析

在西方,对于语言学的研究早在希腊时期便已经开始了。系统功能语言学在形成的过程中,融合了很多理论。下面对系统功能语言学的理论基础与重要概念进行总结和分析。

一、系统功能语言学研究的相关术语

(一)系统(System)

在弗斯语言学中,系统是与结构相对立的聚合关系,但弗斯没有进一步明确两者的关系。韩礼德的贡献是把语言看成是符号资源,语言描写的应当是系统资源而不是结构,也就是说,系统是第一性的。语言既然被看成是符号资源,对语言的描写实际上是对选择的描写。这样,他又明确了在索绪尔的聚合关系和组合关系中,聚合关系是第一性的,组合是选择的结果,是第二性的。

(二)语境(Context)

语境的重要性早已为伦敦学派的马林诺夫斯基和弗斯所确认。韩礼德进一步明确了语言存在于语境(如会场、教室语篇)之中,人们是在语言使用过程中交换意义的,因此,应当从外部来研究语言,而不是内部。因为语言不是"所有合乎语法的句子的集合",不是"完美的自足系统"。韩礼德还对"情景语境"从理论上加以阐明:"一方面它是社会环境之间的有规律的关系,另一方面它对语言从功能上加以组织。"另外,韩礼德又把语境分解

---

① 刘齐生. 语篇差异与政治语法 [M]. 上海:上海外语教育出版社,2012.

为语场(Field)、语旨(Tenor)和语式(Mode)。语场是指语言使用时所要表达的话题内容和活动,具体说,即话语参与者正在从事的活动。语旨是指语言使用者的社会角色和相互关系,以及交际意图。语式是指进行交际所采用的信道、语篇的符号构成和修辞方式。

(三)功能(Function)

马林诺夫斯基虽然是功能主义者,但他主要是在人类学研究中探索功能主义的方法。而语言学研究这个任务是由韩礼德完成的。他在20世纪六七十年代潜心研究语言的功能主义解释,最后总结了三个元功能和它们在语言中的体现,具体为:(1)概念元功能(Ideational Metafunction)——语言是对存在于主客观世界的事物和过程的反映,是所说的内容在语言范畴中表现为及物性(Transitivity)、归一度(Polarity)和语态(Voice);(2)人际元功能(Interpersonal Metafunction)——语言是社会中人与人之间有意义的活动和做事的手段,必然反映人与人之间的关系,它在语言中由语气(Mood)、情态(Modalit)、语调(Key)等范畴体现;(3)语篇元功能(Textual Metafunction)——上述两种功能最后要由语言使用者把它们组织成语篇才能实现,语篇功能使语言与语境发生联系,从而使语言使用者只能生成与语境相匹配的语篇。

不仅如此,各范畴的具体成分都是为了实现一定的功能,如一个小句的及物性由参与者(Paricipant)、过程(Process)和环境(Circumstance)等功能成分构成,语气由语气成分(Mood)和剩余部分(Residue)组成,主位结构由主位(Theme)和述位(Rheme)组成,信息结构由新信息(New)和已知信息(Given)组成等。

(四)语篇(Text)

早在1978年,韩礼德就指出组成语言的不是句子,而是语篇或话语。后来他又说(1983),"对一个语言学家来说,只描写语言而不考虑语篇是徒劳无功的;只描写语篇而不结合语言则是空洞的。"

(五)语域(Register)

语域理论在系统功能语言学中是一个重要的概念,与方言变异(Dialet Variation,表示社会结构的差异,即各种各样的社会层级)不同,语域说明了语言使用时的各种变异现象,即社会活动过程中的种种差异。它是语言使用者与语境的各个方面互动的结果,这些都是语境的变量,语言使用者可以在有关变量下预见所要交换的信息和所要使用的语言。由此可见,语场、语旨和语式的语境理论奠定了语域的理论基础。

（六）语言习得(Language Acquisition)

韩礼德对乔姆斯基提出的语言习得的概念作了系统功能语言学上的解释。语言习得应当是人类通过"习得"如何用语言完成各种功能的方法来"学得"运用语言表示意义。韩礼德早期的工作便是研究儿童如何习得第一语言的各种功能。根据韩礼德的研究，婴儿在开始爬行后，便有了时空的概念，由此创造了语言习得的意义。

（七）认知(Cognition)

韩礼德早在 1967 年便谈到及物性和认知的关系。他认为，及物性是有关认知内容的选择的集合，是对语言外经验的语言表达。他又认为，在语义系统更高的层次上，意义的表达有认知的、社会的、美学的，等等。这就是说，意义的识解是社会的主体之间相互作用的过程。语言识解人的经验和语言实施社会过程、社会交往，两者是互补的。

（八）适用语言学(Appliable Linguistics)

近年来，韩礼德发出建立一个"适用语言学"的号召，而适用语言学的工作机制便是以"社会理据"(Social Accountability)来解释和描写语义发生的。由此可见，从社会语言学的视角看，语义系统可以定义为一种功能或功能导向的意义潜势，是为某些语言外符号系统的编码提供选择的网络，或者是包括概念意义和人际意义成分的系统网络。

二、系统功能语言学者及其主张

韩礼德在英国、美国、澳大利亚等世界各地任教，培养了众多弟子。因篇幅关系，这里无法介绍所有人的活动，仅举几位与韩礼德关系密切的学者，他(她)们的学术思想基本上代表了系统功能语言学在 21 世纪初的走向。

（一）哈桑(Ruqaiya Hasan)

作为韩礼德夫人和战友的哈桑，第一个对语类或语篇体裁(Genre)进行了深入研究。她的理论由语境配置(Contextual Configuration, CC)和语类结构潜势(Generic Structure Potential, GSP)组成。语境配置实际上是对韩礼德有关语场、语旨、语式理论的形式化。语类结构潜势则"描述了一种语类中所有可能的语篇结构"①。它必须标示出所有结构上的必要成分,同时还要列举出所有可选性成分,以及这些成分必须和可能的顺序,包括可重复的成分。此外,她与韩礼德于 1976 年共同出版了著作《英语的衔接》(Cohesion in English),为语篇分析提供了强有力的理论基础。

(二)马丁(James R. Martin)

吉姆·罗伯特·马丁博士是澳大利亚悉尼大学语言学教授,2000 年当选为澳大利亚人文科学院院士,2003 年获得世纪勋章,以表彰他在语言学及语文学研究方面的突出贡献。马丁已经发表了 110 多篇学术论文,出版学术专著 11 部,还在科学、历史、地理方面有所开拓,对国际系统功能语言学的发展作出了里程碑式的、突破性的贡献。

马丁师从韩礼德攻读博士学位,后随韩礼德参与悉尼大学语言学系的创建。马丁与哈桑同时研究语类理论,不过他使用的是"语域配置"(Register Configuration)和"纲要式结构"(Schematie Structure)等术语。他把语类定义为"借语域体现、以目标为本的呈阶段化的社会过程"。

马丁的另一项研究成果为"评价理论"(Appraisal Theory),主要用来分析有关评估的语言,以便对语言资源进行分类,如表述、协商、表明立场等。在马丁的评价系统中,具体分为三类:情感(Afleet)、判定(Judgment)和鉴赏(Appreciation)。评价性资源按语义也分为三个方面:态度(Atitude)、介入(Engagement)和级差(Graduation)。

在这个基础上,马丁回答了韩礼德语域理论中一个有待解决的问题,即什么因素决定人们在语域三要素中进行选择。马丁认为处于更高层面的应当是"意识形态"(Ideology)。马丁把这项研究与"批判性语篇分析"(Critical Discourse Analysis)结合起来,并发展了"肯定性话语分析"(Positive Discourse Analysis)的概念。

在语言学理论与教育的结合方面,马丁将语类理论应用于语言教育,从而以悉尼学派(The Sydney School)闻名于世。

(三)麦西逊(Christian M. I. M. Matthiessen)

麦西逊是香港理工大学人文学院副院长、英语系主任及首席教授。他是韩礼德近二十年研究活动的主要合作者。他在 1995 年出版了《词汇语法绘图集:英语系统》(Lexicogrammatical Cartography: English Systems)一书,确定了系统功能语法中有关英语词汇语法各子系统的网络。正如我们

---

① 王健坤. 功能语言学理论与应用[M]. 哈尔滨:哈尔滨工程大学出版社,2011.

第八章　系统功能语言学理论应用于语言教学

所知,系统功能语言学包括两部分:系统语言学和功能语言学。到目前为止,人们所能见到的有关功能描述的著作要多于有关系统描述的著作。因此,麦西逊的研究受到高度重视。1999 年,他与韩礼德合著的《通过意义识解经验——基于语言的认知研究》(Construing Experience through Meaning: A language based Approach to Cognition)一书由 Cassell 出版社出版。该书将系统功能语言学的研究与当代的认知科学相结合,探讨了人类如何借助词汇语法在概念基础上识解各种经验现象,这是系统功能语言学理论的进一步扩展和升华,尤其在识解机制方面与认知语言学有极大的相似性和兼容性。在 2009 年清华大学召开的第 36 届国际系统功能语言学会议上,当韩礼德会见胡壮麟和朱永生时,他引用此书来表明他对于整合功能主义和认知主义的积极态度。

麦西逊还协助韩礼德修订了《功能语法导论》(An Introduction to Functional Grammar)第三版,该书于 2004 年出版。

(四)克雷斯(Gunther R. Kress)

克雷斯出生于 1940 年 11 月,是伦敦大学教育学院教育和符号学教授。他在发展"批判性语篇分析""多模态化"(Multimodality)和"多元文化"等方面建树颇多。对于批判性语篇分析,他持有的是一种社会实践的观点。他认为语篇是由"处于社会中的讲话者和作者产生的",但参与语篇产生者并不总是平等的。对于多模态化,他研究过模态在创造意义方面的互动过程。对于多元文化,他提出随着全球化时代的到来,应让年轻人识别他们每天是如何受到周围具体交际的影响的,让他们自己在文化上和社团中定位,在工作中有所创新和发展。

(五)福塞特(Robin P. Fawcett)

福塞特是英国著名语言学家,是英国加的夫大学(Cardiff University)语言与交流研究中心计算语言学部主任和终身教授,也是"加的夫语法"(Cardiff Crammar)的创始人,主要研究方向为普通语言学、系统功能语言学、计算语言学语言生成和语言理解。

加的夫语法是一种由福塞特和他的追随者在系统功能语言学理论基础上发展起来的、富有创意的新语法理论。它从认知—互动角度为韩礼德创立的功能语法研究做了开创性的研究,从简化和延展两个途径发展了韩礼德的功能语法,提供了一种新的语言模式,并提出了有效的研究建议和方法。

从福塞特 1980 年的专著《认知语言学和社会互动》(Cogritive Linguistics

and Social Interaction）便可看到社会互动的研究早在他的视线之内。另外，他也肯定了语料库和盖然率的研究。他在 2000 年出版的《系统功能语言学的句法理论》(A Theory of Synuax for Systemic Funcional Linguistis) 中描述和评价了在系统功能语言学框架内表示语盲形式层的结构的不同方法。2008 年，福塞特的著作《走近系统功能语言学：卡迪夫语法》(Invitation to Systemic Functional linguistics through the Cardif Grammar) 由英国 Equinox 出版社出版，该书着重介绍了简单英语小句的功能句法分析。近些年来，他一直致力于加的夫语法，也可称之为悉尼语法(Sydney Grammar) 的研究。

三、系统功能语言学的理论基础

（一）古希腊的语言观

从相关资料来看，古希腊时期的普罗塔哥拉(Protagoras) 和一些诡辩学家已经开始了语言的研究，因此可以说是语言学的开创者。

普罗塔哥拉在对语言的研究过程中，发现了最基本的言语功能，如陈述、疑问、祈使、期望。他的研究发现为语法分析奠定了基础。在当时，诡辩学家对语言的研究主要关注的是修辞部分，重视辩论的特点和话语的结构。他们将语句分成行动和行动者两个部分，这明显带有功能分析的倾向。

古希腊的语言研究主要形成了两种对立的观点。一种以普罗塔哥拉和柏拉图(Plato) 为代表，另一种以亚里士多德(Aristotle) 为代表。亚里士多德对语言的研究，主要是从规约的角度进行的。他认为名字本身带有规约性或合约性，因此与其本质没有关系。在这个基础上，亚里士多德发展了句子的概念。句子的部分组合在一起能够形成对句子真值大小的判断。对亚里士多德而言，语言不再是一个资源系统，而是一个规则系统。下面对这两种观点进行对比，如表 8-1 所示。

表 8-1　古希腊语言观对比

普罗塔哥拉和柏拉图的语言观	亚里士多德的语言观
语言学是人类学的一部分	语言学是哲学的一部分
语法是文化的一部分	语法是逻辑学的一部分
语言是向人谈论事情的手段	语言是表示肯定与否定的手段

第八章　系统功能语言学理论应用于语言教学

续表

普罗塔哥拉和柏拉图的语言观	亚里士多德的语言观
语言是一种活动方式	语言是一种判断方式
注意不规则现象	注意规则现象
语言学是描写的	语言学是规范的
关心语义与修辞功能的关系	关心语义与真值的关系
语言是选择系统	语言是规则系统
对话语做语义解释	对句子作形式分析
把可接受性或用途作为理想化标准	把合乎语法化作为理想化标准

（二）中世纪的语言观

中世纪的语言观主要有摩迪斯泰（Modistae）学派和法国保尔－罗瓦雅尔（Port-Rlyal）的"理性主义"学派。这两个学派在一定程度上都与亚里士多德的语言学观点有相似之处。

摩迪斯泰学派为中世纪形式句法学奠定了基础。这个学派受到了理性科学的影响，主张语法带有分析性，而不带有解释性。

保尔－罗瓦雅尔学派认为，语法带有一定的理性，是一种说话的艺术。这个学派主张逻辑与语法不同，应该属于思维的范畴。相关学者主张，理性是判断的眼神，因此既属于语法的范畴，也属于逻辑的范畴。根据这个观点，语法学、修辞学、逻辑学这三个学科实际上可以简化为语法和修辞两个学科。因此，对于语言的内部和外部运作情况，语法和修辞便足以进行说明。

（三）20 世纪的语言观

在 20 世纪上半叶，语符学派（即哥本哈根派）、布拉格学派和伦敦学派问世。美国则有布亚斯（Boas）、萨丕尔（Sapir）等人的理论。这种语言观主张以人类学作为研究的方向。人类学倾向的研究主要是随着资本主义的发展和对外扩张的需要产生的。

在美国语言学界，布龙菲尔德（Bloomfield）开创的美国结构主义语言学开始盛行。随后，乔姆斯基的转换生成语法兴起，因此，语言学向着哲学的方向发展，并在全球范围内产生了巨大的影响作用。

20 世纪的相关语言学观点总结如表 8-2 所示。

表 8-2 20 世纪语言学观点总结

以人类学为本的语言学传统	以哲学为本的语言学传统
包括语符学派、布拉格学派、伦敦学派、层次语法、法位学、系统功能语法	包括结构主义学派、转换生成学派、生成语义学派
采用体现的观点说明各层次的关系	采用结合或复合的观点说明语言结构
语言有音系学、句法学和语义学三个层次	语言系统仅音系学和句法学两个层次
人类学的—社会学的	哲学的—逻辑学的—心理学的多重代码系统

对于上面这两种语言观,韩礼德认为其都对语言系统进行关注,都解释语言的基本特性。二者的区别在于对系统和行为关系的认识点不同。

上述这些观点和理论对韩礼德的系统功能语言学的产生和发展有着不同的影响作用。在先前理论的基础上,韩礼德进行总结与分析,产生了系统功能语言学。

(四)系统功能语言观

在语言研究的过程中,存在着不同流派并存的情况。当今世界,形式主义语言学和系统功能语言学都是影响较大的学派。同时二者的差异也是很多学者关注的问题。学者黄国文对朱永生(2001)、严世清(2001)、胡壮麟(2005)等人的观点进行了总结,归纳出了形式主义语言学与系统功能语言学在哲学理论根源、研究方法、研究重点等方面的差异,如表 8-3 所示。

表 8-3 形式主义语言学与系统功能语言学的差异

	哲学理论根源	研究方法	研究重点
形式主义语言学	受 Protagoras 和 Plato 思想影响;继承经验主义思想;接受以人类学为本的语言学传统	从语言外部即社会文化的支配与影响和人文角度研究语言;把语言当作是"个体之间"的现象	研究人们如何在现实生活中使用语言和用语言来做事情;感兴趣的是语言(语篇)与社会的关系
系统功能语言学	受 Aristotle 思想影响继承心智主义思想;接受以哲学为本的语言学传统	从语言内部即心理、生理、认知的机制与运作的方式研究语言把语言当作是"个体内部"的现象	研究理想化了的讲话者如何造出各种符合语法的句子;感兴趣的是"语言共项"

韩礼德的系统功能语言观在大体上可以归纳为符号的思想、行为的思想、功能的思想、层次的思想、语境的思想、变异的思想、盖然的思想、系统的思想。

第八章　系统功能语言学理论应用于语言教学

1. 符号的思想

在系统功能语言学中,每个符号系统都是一种意义系统。语言被看作是符号系统的一支,因此也在意义系统的范畴。符号系统包含的种类很多,除了语言之外,还有绘画、雕塑、交通信号等。从符号思想的角度出发,系统功能语言学就是研究意义系统的科学。

2. 行为的思想

语言并不是固定不变的,而是随着时代、社会的发展而不断进行更新与发展。因此在符号系统中,语言带有动态性和抽象性。语言是人类的一种行动方式。在使用语言的过程中,人类体现出了自己话语的含义,同时也表现出了不同的文化色彩。这种语言便体现了行为潜势。

3. 功能的思想

系统功能语言学在对语言进行研究的过程中是从功能的角度出发的。它认为,语言贯穿在人类的行为当中。人类通过以言行事,可以以听、说、读、写的方式完成交际任务。同时,人类语言在形成之出便是根据其功能建构的。因此,在系统功能语言学中,功能是语言的基本特征,是语言组织的基础,是语言的基本原则。[①]

4. 层次的思想

语言是由不同的层次构成的代码系统。每种语言都包括语义层、词汇语法层、音系字系层。每个具体的语言层次之间呈现出体现与被体现的关系。详细地说,下一层的语言层次由上一层进行体现,上个语言层次体现下个语言层次。

5. 语境的思想

系统功能语言学对语境的重视程度十分高。它主张,一切的语言活动和交际行为都是发生在具体的语境中的。语境的差异对交际目的的顺利实现也有着不同的影响作用。语境一般分为情景语境和文化语境两种。其中,情景语境是语篇的语境,文化语境是整个语言系统的语境。

[①] 黄国文,辛志英. 系统功能语言学研究现状和发展趋势 [M]. 北京:外语教学与研究出版社,2012:31.

6. 变异的思想

语言的变异性和语言的运用有着密切的关系。在不同的语言环境中，语言会呈现出不同的语言变体。因此，在系统功能语言学中，对语言的变异性进行了强调和突出。对语言变异性的研究能够扩宽语言研究的实用性。有一些语言理论专门对语言变异进行关注，如语域理论、方言理论、体裁理论等。

7. 盖然的思想

系统功能语言学对语言的研究是从整体的盖然的角度出发的。这就是说，在研究过程中，不从逻辑的角度看待语言现象，不简单地将语言现象进行肯定和否定，而是从连续的角度出发，以盖然的角度看待和分析语言现象。

8. 系统的思想

将语言看作是一种符号，就是将语言纳入到了资源的范围。语言之间通过相互连接，形成了一个巨大的系统。所有的符号系统构成的便是文化。因此，从这个层面考虑，对符号系统的研究与文化的研究是息息相关的。

索绪尔（Saussure，1916）曾对语言学各分支之间的关系进行了总结，体现出了语言学的系统性，如图8-4所示。

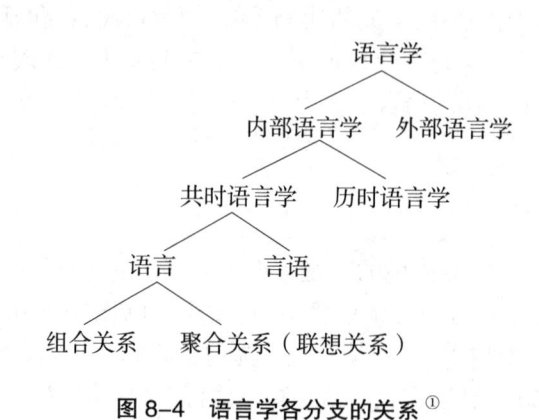

```
                    语言学
                   /      \
              内部语言学   外部语言学
              /      \
         共时语言学  历时语言学
          /    \
        语言   言语
        /  \
   组合关系  聚合关系（联想关系）
```

图 8-4　语言学各分支的关系 [①]

上述对系统功能语言观的总结是从整体的角度出发的。从本质上说，

---

① 黄国文.英语语言问题研究[M].广州：中山大学出版社，1999.

第八章　系统功能语言学理论应用于语言教学

系统功能语言学是一种普通的语言学理论,从整体性的角度对语言现象进行研究,其研究的视角是综合的方法。同时由于系统功能语言学是从功能的角度对语言现象进行研究,因此其带有很强的适用性,被称为"适用语言学"(appliable linguistics)模式。

第三节　系统功能语言学在语言教学中的具体应用

一、系统功能语言学在语言教学中的运用

系统功能语言学下的外语教学注重语言实用目的的影响,注重吸收不同教学方法的特点,是一种以社会文化为基础的语言教学理论。将系统功能语言学用于外语教学能够提高学生的语言综合能力,对我国外语教学改革也有着重要的启示作用。

(一)系统进行语言教学

系统功能语言学指出,语言是一个包含社会功能的系统,是与语言运用相关环境相关的系统。

语言教学的目的在于促进学生的语言发展,让学生根据自身的潜势和具体语境,对语言形式加以选择,进而顺利完成交际。因此,要想开展有效的英语教学,教师首先需要对学生的语言潜势有清晰的了解,并且从学生的基本情况出发,展开有针对性的教学。

如果不考虑学生的实际情况,盲目从自己的进度出发展开教学,那么其教学效果也不会很好。同时,由于学生对英语课程本身的接受程度较低,导致学生失去学习的兴趣和积极性。这也就要求,教师应该以学生为中心展开教学,要让学生明确英语学习与自己的生活、工作等密切相关。

系统功能语言学还认为,应该采用多层次的教学形式。一般来说,传统的教学注重形式、轻视意义,注重词汇语法、轻视语言功能等。这些传统的教学方法对于学生的英语学习是非常不利的,导致学生的英语实用性差,很难满足以后的生活与工作需要。因此,系统功能语言学理论指导下的英语教学要注重从多个层面培养学生的英语能力,让学生在语音、词汇、语法、语义及各项技能等多个层次上均衡进步与发展。

(二)重视形式与功能教学

语言包含概念功能、人际功能、语篇功能三种功能。这三种功能之间相互关联。但是,在传统的英语教学中,主要侧重于语言形式的教学,未将语言功能教学纳入其中,导致语言形式与语言功能的脱节,也导致培养出的人才未能全面发展。

系统功能语言学侧重于学生的全面发展,教师应该为学生创造真实的环境,对学生的语言应用能力加以锻造,这不仅能调动学生的学习兴趣,还能激发学生的学习动机。

(三)重视语域与语境教学

在系统功能语法中,语域是一项重要的理论,指的是语言会随着情境改变而改变。研究语域理论的目的在于发现语言变化的规则,对语境因素的了解,有助于了解语言的特征。韩礼德认为,语境涉及语场、语旨、语式三个部分。

在这三个部分中,每一个因素的改变都会影响语言的整体意义,造成语言变异的产生。具体来说,表现为如下几点。

第一,在语场的变化下,会导致不同学科与不同领域的产生,如科技英语、商务英语等就是最好的表现。

第二,在语旨的变化下,语言的正式程度会存在差异性,如正式英语与非正式英语的存在。

第三,在语式的变化下,语言态度不同,说话语气也会不同,导致语域不同,如幽默英语与说教英语。

在系统功能语言学理论指导下,英语教学的目的就是为了提升学生在不同语境下语言的使用能力。因此,在英语教学中,应该对语域的特征有清晰的认识与把握,利用不同的语境展开教学,让学生学会在不同语境下的语言交际。

(四)重视文化导入教学

系统功能语言学认为,语言基本根植于社会习俗与民族文化,如果不考虑文化规约,是很难对语言形式加以理解的。因此,在英语教学中,应该重视文化导入,对语言背后的深层文化形式有清晰的了解与把握。

因此,在英语教学中,教师要注意文化内容的教学,让学生对语言背后的文化内涵有清楚的了解与把握。当然,系统功能语言学理论对教师也提出了较高的要求,具体来说表现在要求教师具备一定的文化教学意识、对中

第八章　系统功能语言学理论应用于语言教学

国文化了解、对异域文化了解、对中西文化差异有明确的把握等。

二、系统功能语言学理论指导下的具体教学策略

系统功能语言学与英语教学密切相关,系统功能语言学的理论与英语教学改革的目标相一致,将这一理论运用到英语教学中,有助于提升英语教学的质量,促进英语教学的改革与进步。下面选取英语教学的一些内容作为案例进行分析。

(一)系统功能语言学理论指导下的英语听力教学

无论在过程上还是结果上,发话人所说的都是语篇。因此,其意义是通过语篇整体意义传达出来的。具体来讲,语篇的整体意义包含直义与含义两种,前面就是所谓的字面意义,后面就是所谓的隐含意义。

对于含义,很多学者进行过研究与界定。著名学者张德禄将含义划分为三大类:蕴含、预设与语境含义。这种划分的标准非常明确,对于英语听力教学而言意义非凡。这是因为,英语听力教学的根本目的在于让学生能够运用语言及上述三类的关系来对语篇加以理解。下面做具体的分析。

1. 蕴含与预设层面

所谓蕴含,就是句子之间存在的逻辑推理关系。简单来理解,如果一个句子是真的,那么另一个句子在任何情况都是真的,这样就可以得出第二个句子是第一个句子的蕴含意义。同时,可以分析出两个句子的语义关系,即上下义关系。例如:

Tom ate bread.

Tom ate something.

很显然,上例中 bread 是 something 的一部分,属于上下义关系。

在英语听力教学中,教师应该引导学生熟悉句子的蕴含意义,因为在很多情况下,这种蕴含关系都是存在的。因此,教师应该引导学生从具体的语境出发,对其中的蕴含意义加以判断与分析。

2. 语境含义层面

从系统功能语言学的角度来说,语境含义即日常生活中与语境相关的含义。一般来说,语境含义可以划分为两大类:常规含义与情景含义,其中前者受到文化因素的影响,通过对文化因素加以了解,人们才能理解对方说的话。

（二）系统功能语言学理论指导下的英语口语教学

根据系统功能语言学，语言研究的重要内容在于语言在具体语境中所表达的意义，因此在大学英语口语教学中，教师应该传授学生将语言形式转化成具体的意义。具体而言，主要从两个层面来理解。

1. 口语语篇的意义组织模式

著名学者拜盖特（Bygate）曾经指出，口语交际是交际双方进行意义协商与交流的过程。但在交际过程中，交际双方需要对交际内容、交际对象、交际时间等因素进行组织。[①]

在拜盖特看来，意义的组织需要与一定的常规相符，同时，他划分了两种常规：一种是信息常规，一种是交际常规。意义组织常规模式如图 8-5 所示。

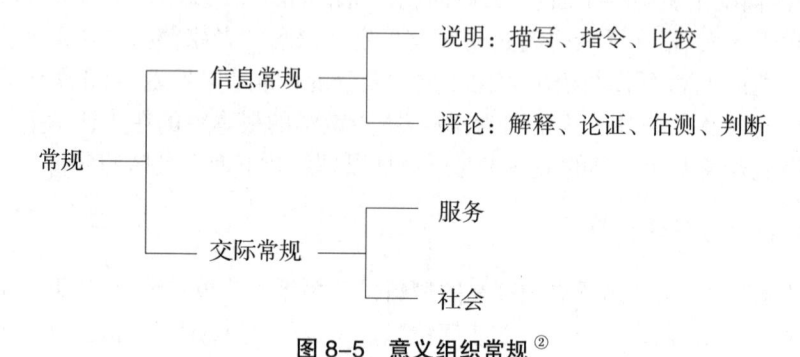

图 8-5 意义组织常规[②]

从图 8-5 可知，口语交际中对意义进行组织需要考虑两大因素：一是考虑社会文化因素；二是考虑情景因素。不得不说，这两大因素在划分体系中关联不大，并不能使交际双方组织与表达意义的过程实现动态性。

2. 口语语篇中的语类

在特定的社会文化中，语言能够实现的功能多少，就意味着产生的语类多少。下面以信息语类中的叙述语类为例，分析语类在口语教学中的作用与意义。

[①] 张德禄，苗兴伟，李学宁. 功能语言学与外语教学 [M]. 北京：外语教学与研究出版社，2005.

[②] 张德禄，苗兴伟，李学宁. 功能语言学与外语教学 [M]. 北京：外语教学与研究出版社，2005.

第八章　系统功能语言学理论应用于语言教学

所谓叙述语类，是指由一系列在时间顺序上开展的事件组成，主要涉及三个部分：一是定向；二是系列事件；三是个人评论。例如：

...We went up to Noosa for the weekend and stayed with Mina—spent most of the weekend on the beach, of course. On Sunday, Tony took us out in his boat. Didn't fancy that much. Pity it's such a rooten drive back.

上述叙述语篇是个人的叙述，可以将其做如下语类分析。

（1）定向，即"We went up to Noosa for the weekend and stayed with Mina"。这一部分主要向读者介绍具体的人物、地点、时间等背景知识，便于对语篇理解和掌握。

（2）系列事件，即"spent most of the weekend on the beach"，"On Sunday, Tony took us out in his boat."一般情况下，系列事件会按照时间顺序来进行叙述。

（3）个人评论，即"Pity it's such a rooten drive back."当然，记叙阶段不同，个人评论的观点也不同。

除了个人叙述之外，叙述语类还有想象叙述、事实叙述等。限于篇幅，这里就不再多加赘述。总之，在口语教学中，教师应该让学生熟悉和了解某一语类的语篇，同时让他们以这种语类的语篇结构为基点来理解语篇的次要结构。

总体而言，系统功能语言学理论与大学英语教学有着密切的联系，将这一理论运用于大学英语教学，对大学英语教学有着重要的指导作用，对提高大学英语教学的质量和效率有着积极的作用。

第九章 认知语言学理论应用于语言教学

认知与语言两者之间相互联系,密不可分。认知作用于语言,促进语言完善与发展。语言发展又推动人类认知的提升。认知语言学从认知的角度研究语言。近些年,认知语言学的理论发展与应用研究取得了较大的进展。伴随着经济全球化和区域一体化的影响,社会需要全面发展的创新型人才,因此,人才也必须具备较高的语言交际能力。如此看来,语言教学改革势在必行。在语言教学中,引入认知语言学,不仅有助于师生了解人类语言的形成与发展,而且有助于提高语言学习效果。

第一节 认知语言学理论与认知语言学的内涵

一、认知概述

(一)对认知含义的理解

认知是人类认识客观事物并获取知识的一种行为,它包括记忆、言语、知觉、学习、思维等因素。认知可以说是心理过程的一个组成部分,与情感、意志、动机等心理活动共同组成了人类的大脑机制,为人类获取知识和提高能力提供基础。①

认知有广义和狭义之分。广义的认知是指人类的能动活动,其范围较广,主要包括感知、想象、记忆、范畴化、概念、判断、推理、语言运用等。狭义的认知是指人类所特有的推理过程,是一种思维形式,是一种解决问题的方式。

(二)认知与语言的关系

1. 传统语言观对语言与认知关系的理解

在传统的语言观念中,语言与认知的关系表现在以下几个方面。第一,语言具有客观意义,独立于人的思维之外,词语也具有明确的语义,这种语义可以描述现实。第二,每种物体都具有内在特性,而语言是表现物体内在特性的外在符号形式。第三,语言是一个封闭的、自足的体系。第四,人类主要通过语言的描述来展现对语言的研究,也就是说人类如何借助语言来描述客观现实情况。第五,语言与认知都是客观世界的一种直接反映形式。

2. 新的语言观对语言与认知关系的理解

新的语言观认为语言与认知之间有着不可分割的关系,具体表现如下。

第一,认知是语言发展的基础,语言是认知的窗口。只有先认识事物,才能用语言来表达事物。可见,当人类认知能力发展到一定阶段的时候,人类语言才得以产生。也就是说,认知的发展要领先于语言。在一定程度上,人类认知的发展程度决定着语言的发展程度。

第二,语言在很大程度上可以促进认知的发展。通过语言,人类对事物的理解和认知更加深刻。同时,通过语言,人们实现了信息的交流与沟通,增进了交流双方的了解,促进了人们不断进行调整,以提高社会适应能力,从而促进认知能力进一步发展。

第三,人类认知的成果一般通过语言来记载和巩固。人类认知知识主要借助两种方式,即直接经验和间接经验。间接经验即他人的直接经验。人们借助语言将经验记载下来并保存,以得到永久传承。

---

① 张莉. 服务于"一带一路"的语言规划构想多元话语分析 [M]. 北京:中国水利水电出版社,2018.

二、认知语言学概述

（一）认知语言学的含义

认知语言学是一门新兴的语言学科，它主要是运用认知的观点来解释"语言"与"认知"之间的关系。

对于认知语言学的含义，不同的学者给出了不同的解释。例如，温格瑞尔和施密德认为："认知语言学将语言看成一种认知活动，并将认知作为其出发点，对语言形式、意义和规律进行研究的科学。"莱考夫和约翰逊认为，认知语言学是一种语言学理论。束定芳认为，认知语言学是认知科学的一部分，它融合了认知心理学和语言学，是一门边缘学科。

总体来说，认知语言学认为语言是一种认知活动，是从人的角度出发研究语言的形式、意义及规律，是利用人类的经验和感知来研究语言学的学科。认知语言学强调人类的重要参与作用。没有人类认知能力的参与，语言是无法直接反映客观世界的。[①]

（二）认知语言学的性质

认知语言学是一门对语言进行解释的学科，也就是说，认知语言学具有解释性。它以语义为中心，以语义结构为主要的概念结构。认知语言学并不是区别语言意义、语用意义和百科词典的意义，而主要的目的是揭示语言事实背后所隐藏的规律。

认知语言学重视从自然形态来掌握语言。认知语言学认为，语法是一个庞大的意象图式网络框架。语言使用者借助自身已有的知识、记忆等激活网络框架中的某个部分，以此实现对实际语言的运用。

此外，认知语言学是将语言的普遍性与特殊性相结合的特殊性学科。世界上所有语言都具有某种共性。在共性的基础上，基于各国、各民族文化的差异，各种语言又表现出了各自的特殊性。认知语言学就是在承认这种特殊性的基础上，分析和探讨语言的共性，即语言的普遍性。

（三）认知语言学的起源与发展

认知语言学最早出现于 20 世纪 70 年代，其发展经历了三个阶段，即兴起阶段、发展阶段和成熟阶段。

---

① 周敏.反语生成和理解的认知心理探究[J].湖南工业大学学报(社会科学版)，2011,16（01）: 153–156.

1. 兴起阶段

兴起阶段指 1975 年到 1985 年。在这一阶段,认知语言学初露端倪。这一阶段的主要成就是塔尔密关于英语中空间关系的演讲、菲尔莫关于框架语义学的演讲、Eleanor Rosch 关于范畴理论的演讲、Paul Kay 关于色彩词的演讲。除此之外,莱考夫、兰盖克和塔尔密等人的研究成为认知语言学萌芽的重要推动力量。[①]

2. 发展阶段

发展阶段指 1986 年到 1995 年。莱考夫、兰盖克、塔尔密和福克尼等人发表了许多关于认知语言学的研究成果,这标志着认知语言学确立了自己的学派地位。1989 年,第一届认知语言学大会举行,至此,认知语言学的国际地位正式确立。此外,认知语言学的两大要素——认知语义学和认知语法,也都得到迅速发展。概念隐喻、概念整合、象似性、原型范畴、意象图式等相关概念,在认知语义学中都给予了明确的解释。兰盖克的语法理论为认知语法奠定了坚实的基础。

3. 成熟阶段

成熟阶段指 1996 年到 2006 年。在这一阶段,认知语言学研究会广泛建立。我国高校联手举办认知语言学讨论会,邀请国际知名专家来华演讲。伦恩·塔尔密出版《Toward a Cognitive Semantics》,促使认知语义学更加系统化。在这一阶段,认知语言学的研究对象逐渐增加,认知语言学理论在音位学、词法形态学和自然语言处理等方面得到了广泛应用。此外,范畴化、原型理论、概念化、构式、隐喻、转喻等传统理论热点的研究更加深化,同时,在语法、语用、语篇、非语言等层面探讨了新的研究热点。

三、认知语言学的理论基础

(一)认知语言学的哲学基础

1. 语言哲学

哲学一直都包含语言学问题,二者之间始终保持着密切的联系。可以

---

① 田昆,戴文婧. 现代英语语言学基础理论的多维分析及发展研究 [M]. 北京:中国大地出版社,2019.

第九章 认知语言学理论应用于语言教学

说,语言学问题一直以来就是哲学研究的重要话题。每种语言学理论的建立都以哲学为基础,从哲学中吸取营养。哲学的发展史就是语言学的发展史。

19—20世纪,隶属于哲学的部分领域从哲学中脱离出来,构建了独立的学科。例如,自然科学、实验心理学、逻辑学等都成为独立的学科。在这种背景下,哲学家开始思考哲学的价值及未来走向。众多哲学家认为,只有关注语言的意义,才能找到哲学自身的价值。因此,哲学开始通过语言分析来透析概念结构,并以此来解释知识的必然性。由此,语言哲学诞生。

2. 体验哲学

体验哲学作为认知语言学的哲学基础,其内涵主要包括心智的体验性、认知的无意识性和思维的隐喻性三项内容。

(1) 心智的体验性

心智的体验性是体验哲学的核心内容。心智体验观认为,身体和大脑决定了范畴的内容及人类范畴化进程。心智的体验性主要表现在以下几个方面。

第一,概念的体验性。概念的体验性主要体现在对颜色范畴、基本层次范畴及空间关系概念的研究上。首先,颜色范畴认为颜色与人的身体及大脑关系密切。依靠光反射、人类视网膜中色彩视锥及大脑中相应神经组织等因素的作用,人类得以看到各种颜色,而且神经组织的互动形成了颜色范畴的内部结构。因此说,颜色范畴具有体验性,那么表达颜色范畴的语言也就具有体验性。其次,基本层次范畴对人类概念化、范畴化产生了巨大影响。通过基本层次范畴的身体体验性,人类能分辨出基本层次范畴与非基本层次范畴,基于人体的完形感知、运动图式、知识结构及心理意象。基本层次范畴是指人类与环境互动最强的范畴。最后,空间关系概念也证明心智的体验性。各种空间关系概念的形成与人类的感知、心理活动和体验密切相关。身体性投射正是概念隐喻的体验基础。[1]

第二,推理的体验性。推理依赖于空间关系概念,通过大脑结构形成。人类的推理以身体、大脑与环境的交流为大部分无意识认知的基础。概念和推理的意象图式结构是推理的体验性的最佳依据,这些意象图式是人类身体性方向、运动和相互作用的普遍模式,其内部结构具有"空间"和"身体"逻辑,而空间逻辑正是感觉运动推理的特征,并可进一步构建抽象推理。

---

[1] 张秀萍. 认知语言学理论视角下英语教学新向度研究 [M]. 北京:中国商务出版社, 2018.

心智看不到、摸不着,也无法直接感知,只能间接地感知。它的概念系统可以扩展,形成新的理解。由隐喻所建构的大部分抽象概念以身体经验为基础,抽象推理不是自治的。

第三,神经科学的体验性。人类的大脑包含成千上万的神经元和突触连接点。概念化、范畴化和推理离不开神经系统的作用。基于身体经验的概念就是一种神经结构,运用了大脑感觉运动系统。根据原型范畴理论,人类的范畴是根据原型进行概念化的,每一个原型也是一个神经结构。我们虽然无法意识到基于原型的推理的普遍性,但它却占据了推理的很大比例。①

第四,象似性与先验性。心智的体验观认为概念和推理与身体经验有关,意义形成于人类身体、大脑与客观世界的相互作用中。因此,大部分语言符号以人类体验为基础。由此可知,语言符号的形式与意义之间具有象似性。大部分语言既不完全是任意的,也不完全是可预测的,而是在某种程度上是有理据的。

心智的体验性还具有移情的作用。人的模仿能力与生俱来,可以把自己想象成另外一个人,这种认知能力从经验上来说是"先验性"。

(2)认知的无意识性

认知的无意识性指我们不会直接感知自己的所想,所有话语都需认知运作程序才能被理解。视觉、听觉、嗅觉、感觉等神经加工过程不能被意识,大部分推理也不能被意识。分析的神经过程虽然快速且复杂,但它是在自动化的状态下进行的,人们无论如何也无法直接感知。②

语言的习得过程就是无意识的过程,它决定了知觉思维的结构。有意识的思维以无意识思维为基础。无意识思维使用隐喻来定义无意识推理。没有隐喻哲学家,就不可能习得深奥的推理。

(3)思维的隐喻性

思维模式的结构基础是隐喻结构。隐喻是身体、大脑、心智和经验的产物,它无处不在。人们借助隐喻存在于客观世界中,日常的深奥推理来自隐喻。日常经验中的相关性指引人们获得基本隐喻,从而主观经验与感觉运动经验得以连接。人类自动获得这些思维隐喻模式后,利用隐喻进行思维。③此外,概念隐喻界定了抽象概念,使抽象思维成为可能。隐喻的基本作用是从始源域将推理类型映射到目的域。由此可知,大部分推理属于

---

① 李福印. 认知语言学概论 [M]. 北京:北京大学出版社, 2008.
② 张秀萍. 认知语言学理论视角下英语教学新向度研究 [M]. 北京:中国商务出版社, 2018.
③ 王寅. 认知语言学探索 [M]. 重庆:重庆出版社, 2005.

第九章 认知语言学理论应用于语言教学

隐喻。隐喻性概念与真值对应理论不同,一种体验性真值才是真正被需要的。形式逻辑是非意象的、非隐喻的,因此它不能正确地描述人类的概念和推理。

(二)认知语言学的其他理论基础

1. 客观主义认知观

客观主义认知观,也可以说是第一代认知科学观。客观主义认知观的观点包括以下几个方面。第一,语言具有自主性,可用算法系统来描述。第二,语法具有独立性,是一种完全独立的结构,可作为自治的体系。然而,语义属于语言分析范畴,只能用以真值条件为基础的形式逻辑来描述。第三,思维具有抽象性、非体验性,不受人体、感知系统和神经系统的约束,它是抽象符号的机械操作。第四,符号与外界相关联,是外在现实的内在表征。第五,心智是一部抽象的机器,利用符号来反映外在现实。第六,人类在自身所处的环境中发挥主动性作用,与概念的特征和理性无关联。第七,心智只有对与外界相联系的符号进行机械操作,才能形成有意义的思维和推理。

2. 经验主义认知观

认知语言学家提出了不同于客观主义的经验主义哲学,并将其作为语言学理论和方法的基础。经验主义认知观代表了第二代认知科学观。其观点主要体现在以下几个方面。第一,思维具有体验性。也就是说,连接概念系统的结构来自身体经验,并且依据身体经验才能具有意义。同时,人类概念系统的核心直接以人类的感知、身体运动和经验为基础。第二,思维具有想象性。不能依据身体经验得来的概念都是运用隐喻、转喻和心理意象的结果。这些概念都超越了外在现实的直接映象。这种想象力促使抽象思维的产生,并使心智超越我们所看到的和感知到的。但是,这种想象力也是不能脱离形体,是以经验(通常是身体经验)为基础的。第三,思维具有完形特征。也就是说概念具有完整的结构,而不仅仅是依据一般规则而搭建的概念"积木"。第四,思维具有生态结构,它不只是抽象符号的机械操作。第五,概念结构和理性不能用形式逻辑来精确描述,必须要用认知模型来描述。第六,认知模型理论吸取了传统观念中关于范畴化、意义和理性的正确观点。[①]

---

① 潘文国,杨自俭.共性个性视角英汉对比的理论与方法研究[M].上海:上海外语教育出版社,2008.

认知语言学在上述理论基础上形成的新一代语言学学派,对众多语言现象进行了深刻探讨和认识,提出了新的看法。认知语言学认为:语言是一种组织、加工和传递信息的工具;重点分析语言范畴的概念基础和经验基础;语言的形式结构是普遍的概念化组织、范畴化原则、加工机制、经验和环境影响的反映。

3. 认知承诺理论

认知语言学研究秉承概括的承诺和认知的承诺。第一,概括的承诺,注重在理论上描写语言现象时遵循一般原则。例如,在句法学中,对语法语素、范畴及结构的分布的概括;在语义学中,对推理、多义性、语义场、概念结构等的概括;在语用学中,对言语行为、会话含意、指示等交际功能的概括。

第二,认知的承诺,强调描述语言理论时应注重借鉴其他学科的材料。认知的承诺促使认知语言学家必须高度重视认知心理学、发展心理学、心理语言学、人类学及神经学等学科的研究成果。[①]

认知的承诺在认知语言学中占据重要的地位。任何经验的语言学理论都试图寻找有关语言结构的重要概括,这些概括反映了潜在的语言共性。对于有语言共性的起源有生成赌注和认知赌注两个假设。生成赌注是指语言共性是语言功能特殊限制的结果,即自主的语言机制特殊限制的结果。因此,先验地假设自主的心理限制是恰当的。大多数语言学家和心理学家都赞同这一赌注。而认知语言学家和一些心理学家却赞同认知赌注。认知赌注是指大多数语言共性是一般的认知功能限制的结果。因此,先验地假设语言共性来自一般的认知限制是恰当的。认知语言学摒弃生成赌注,赞同认知赌注,也就是说,认知语言学注重认知与语言之间的关系。[②] 由此可知,认知语言学强调认知的承诺。

四、认知语言学与相关学科的关系

(一)认知语言学与生成语言学

生成语言学,又称为"转换生成语言学",是将乔姆斯基的转换生成理论引入了语言学的范畴。乔姆斯基认为语言的能力和行为有差异,语言能力是说话者的内在语言知识,语言行为是语言能力的外在实践运用。

---

① 刘先清.英汉语言中语法注意分配的认知研究[M].北京:科学出版社,2015.
② 文旭,陈治安.句法·语用·认知[M].重庆:重庆大学出版社,2005.

第九章　认知语言学理论应用于语言教学

生成语言学主要研究语言能力,它以语法、语音、语义为主要内容。语法包含生成深层结构的基础部分和将深层结构转化成表层结构的转换部分,语音和语义只是用来解释句子语音和意义的表现形式。①

认知语言学与生成语言学之间的关系主要体现在以下三个方面。

1. 认知语言学与生成语言学的一致性

认知语言学与生成语言学在一定程度上存在一致性。一致性具体表现在以下几个方面。

第一,产生理论一致。生成语言学与认知语言学的产生理论一致,都是在反对物理主义和行为主义的理论上发展起来的。生成语言学研究者与认知语言学研究者都对语言知识感兴趣。

第二,目标一致。生成语言学与认知语言学都重视研究中的充分性,认为语言理论适合于任何语言。生成语言学和认知语言学都以探索语言的本质作为宗旨。

第三,学科基础一致。生成语言学与认知语言学的学科基础有很多一致性。例如,生成语言学与认知语言学与心理学、哲学、计算机科学紧密联系。

第四,方法论一致。生成语言学的研究方法是演绎法,即预先设置一个假设,然后通过事实进行验证。认知语言学也经常采用假说法。

2. 认知语言学与生成语言学的差异性

认知语言学与生成语言学在哲学基础、研究方法及研究任务上存在明显的差异。

（1）哲学基础的差异

生成语言学的哲学基础来自笛卡尔的先验主义哲学和形式主义哲学,因此,生成语言学具有心智主义、语言和句法的自治性、语法的普遍性等特征。认知语言学的基础是心智的体验性、认知的无意识性及思维的隐喻性,它以身体经验来研究人的心智和认知。总之,认知语言学既拥有经验主义,又拥有理性主义。

（2）研究方法的差异

认知语言学和生成语言学对语言的性质观点不同,因此,二者的研究方法也就存在不同。二者虽然都接受假设论,但生成语言学侧重数学逻辑,主要为语言作形式上的规定。而认知语言学的研究方法与生物学相关联。

---

① 严学窘. 严学窘民族研究文集 [M]. 北京：民族出版社,1997.

（3）研究任务的差异

生成语言学与认知语言学对语言性质的不同看法,导致二者的研究任务不同。生成语言学的性质是区分语言能力与语言行为,其研究重点是语言能力。而认知语言学的性质是语言的经验化,在经验的基础上寻找概念系统、身体经验与语言结构之间的关系,同时也着重研究语言、意义与认知的关系问题。因此,认知语言学的任务是探索概念系统、身体经验与语言结构之间及语言、意义与认知之间的关系,发现人类认知或概念知识的实际内容,从而最终揭示认知的奥秘。①

3. 认知语言学与生成语言学的互补性

生成语言学和认知语言学都属于语言学的重要学科,是语言学的新领域,都以发展语言学的普遍理论为根本指向。生成语言学注重形式,认知语言学注重语义,二者之间存在既对立又统一的关系。

(二)认知语言学与功能语言学

功能语言学诞生于功能主义思想的基础上。英国语言学家约翰·弗斯提出了功能主义思想,他的学生将他的理论与欧洲功能主义布拉格学派、法国功能主义、马林诺夫斯基的理论相结合,创造了系统功能学说。随后,韩礼德将系统功能学发展为理论体系。

韩礼德的语言学观点,主要表现在以下几个方面。

第一,语言的符号性。语言是一个符号系统,具有特殊性,因此,应该用符号学的理论去解释语言学理论。

第二,语言的普遍性和特殊性。首先,语言具有普遍性,因此,区分语言的功能和分析语言逻辑的循环性结构都是可以用共性方法去研究;其次,语言具有特殊性和变异性,这种变异性与文化背景、地方特性、价值观等有关。语言的变异性可以分成方言和语域两大类。方言是一种常见的语言变体,它是由地域的差异性导致的,方言的差异可以反映社会结构和社会层次的差异。语域也是一种语言变体,是根据用途进行划分。它通过运用社会过程这一形式来反映当时的社会秩序,简单来说就是根据环境来讲语言。

第三,语言的系统性。语言和言语相对,语言下面又存在着组合关系和聚合关系,这就是语言的系统性特征。

第四,语言的层次性。由于语言具有层次性,因此,可以与其他符号能明显地区分开。韩礼德认为,语言主要包含情景层、形式层和实体层三个主

---

① 陶沙,赵志敏,安尚勇. 英语语言学宏观研究[M]. 北京:中国水利水电出版社,2016.07.

第九章 认知语言学理论应用于语言教学

层次,以及语境层和音系层两个中介层次。后来,随着功能语言学的发展,韩礼德又重新将语言划分为语义层、词汇语法层、音系层三类。语言的层次性促使我们更深入地了解语言的本质。

第五,语言的功能性。语言的性质决定了语言的功能。对于功能语言学来说,其功能主要有两方面的意义。首先,语言能够完成的交际任务,因为语言可以完成无数个任务,因此功能的数量具有无限性。其次,语言的构成单位在语言结构中的功能,主要强调语义成分对语言系统起重要作用。

第六,情景语境。语境可分为主题、直接语境和广阔语境。其中,主题是话语的中心内容,直接语境表示说话者与听话者之间的关系,广阔语境包括说话者的历史文化背景等。

认知语言学与功能语言学之间既存在一致性,也存在差异性,同时二者也可以彼此借鉴、相互补充。

1. 认知语言学与功能语言学的一致性

认知语言学与功能语言学的一致性归纳起来,主要有以下几点。

(1)学科性质和研究方法的一致性

首先,在学科性质方面。功能语言学和认知语言学都注重语言的应用,都具有实用性。功能语言学注重实际用途,主要侧重分析语篇分析和研究文体;认知语言学只是一种分析语言的方法。此外,功能语言学与认知语言学具有明显的跨学科性。二者还都具有解释性。

其次,在研究方法方面。功能语言学与认知语言学的研究方法具有特定的一致性。二者以实际运用为起点,都采用观察、记录、调研、比较等方法进行事实考察,然后对其进行分析,最后得出结论。[1]

(2)观点态度的一致性

首先,对意义的态度。认知语言学与功能语言学都认为语言与意义相关。这里的意义具有两个突出的特点。一是动态性。功能语言学认为意义是动态的,是经过不断创造的。它是一系列动态活动的产物,离不开人的实践活动。认知语言学家认为语言的意义是对客观世界活动的认知。第二,不确定性。功能语言学认为意义受语境因素影响。语境不同,意义就不同。认知语言学明确提出语言符号具有开放性、认知性和不确定性。

其次,对形式与意义关系的看法。在形式与意义的关系上,功能语言学与认知语言学达成了共识,主要有以下两点。第一,形式与意义是不可分割的统一体。功能语言学认为句法是语义的体现形式,句法渗透到语言中。

---

[1] 陶沙,赵志敏,安尚勇.英语语言学宏观研究[M].北京:中国水利水电出版社,2016.

认知语言学认为形态、词汇、句法形式建立在概念结构上,这个概念结构就是概念隐喻的意义。第二,形式与意义存在某种理据。在功能语法领域,不同的表达方式有不同的语义功能,词汇与语义之间存在联系,语法与音系之间也相互联系。认知语言学认为形式和意义之间存在理性联系,语言具有象似性,这种象似性体现在语言形式与人体经验之间的对应,这种对应正是形式和意义存在的理据。

最后,对语言与思维关系的观点。功能语言学认为语言的形式和意义影响人的思维,但受社会结构和文化背景限制。因此,语言只影响思维。认知语言学不否认语言对思维的推动作用,但强调认知的基础作用。二者均认为先有认知,再有语言。

2. 认知语言学与功能语言学的差异性

认知语言学与功能语言学的差异性主要体现在研究出发点和范围不同、基本假设不同、研究侧重点不同、理论体系不同、隐喻观不同。

(1) 研究出发点和范围的不同

从研究出发点来说,功能语言学在人类学基础上诞生,带有人类学的一些观点,尤其是人的中心地位。功能语言学强调人在社会交际中产生的交际意义。它认为交际意义并不是预先存在的,而是在人与人的交往过程中形成的。因此,功能语言学的语言具有社会性。认知语言学从认知的角度进行研究,其认知也与人相关,但并未把人作为中心,而是把人脑作为中心,通过研究人的活动来挖掘人脑中形成的概念意义。因此,认知语言学的语言具有认知性。[1]

从研究范围来说,功能语言学研究人与社会的关系,认知语言学研究包含社会、文化、生理、哲学、心理等各种领域,具有跨学科性。由此可见,认知语言学研究范围比功能语言学研究范围广。

(2) 基本假设不同

在功能语言学的形成与发展中,功能语言学研究者将语言分为三个层次,这三个层次都与意义密切相关并相互体现。功能语言学研究者还认为语义是贯穿语言符号和客观世界的纽带。认知语言学虽然赞同功能语言学研究者的语义思想,但是其更注重认知的中坚力量,它把认知作为语言与客观世界的中介。

(3) 研究侧重点不同

功能语言学和认知语言学都涉及了语言结构与功能,但是二者的侧重

---

[1] 曹慧节,李兴,王润.英语语言学理论与发展探究[M].北京:中国纺织出版社,2018.

第九章　认知语言学理论应用于语言教学

点不同。功能语言学侧重研究语言的功能,认为功能决定系统各层次,并决定语言的本质。功能语言学认为语言的结构层次与组合关系是纵向语义选择的结果,语言结构反映语言意义。总之,意义是功能,结构是功能的一部分。认知语言学侧重研究语言的结构。这个结构主要是认知结构、概念结构。可见,语言结构在认知语言学中占据重要地位。[①]

（4）理论体系不同

功能语言学的理论体系比较完善。首先,功能语言学对语言符号、语篇、语域、语境、系统、功能等领域的研究达到了较高的程度。其次,功能语言学虽然内部存在分歧,但是所有的研究基本都是围绕韩礼德理论进行展开,因此,这个理论一直保持着成熟性、稳定性。认知心理学属于一个新兴领域,研究还不是很完善,至今未形成一个统一的理论体系。

（5）隐喻观不同

隐喻是认知世界的一种方式,是人类进行思维和推理的基础。实际上来说,隐喻是一种映射,即从始源域到目的域的一种对应关系,它是用具体的事物表达抽象的概念,使语言更具生动性、更形象化。因此,隐喻又被称为概念隐喻。功能语言学重点区分了一致性和隐喻性,认为二者没有优劣之分,只是说话者的选择问题。在语法应用上,功能语言学认为可以将隐喻效果引入语法结构和语言功能的转换之中。这种隐喻可以说是不同语法范畴之间的映射。[②]

3. 认知语言学与功能语言学的互补性

认知语言学与功能语言学者相互补充、相互促进。二者之间的互补性主要体现在以下几个方面。

（1）语言的层次论

功能语言学具有相对完整的结构框架。语言被划分为语义层、词汇语法和音系层,语法层又可以分为词素、词、词组、小句。这种划分属于纵向划分,不仅有助于通过上层来理解下层,还可以确定不同层次所具有的特点,有助于分类研究,并提高研究效率。而认知语言学覆盖领域广,只有运用功能语言学的层次观才能解决一些不能解决的问题。

（2）语境论

功能语言学认为语言在语境中进行,并受语境的约束。认知语言学也分析语境,但更偏向于人的经验性。认知语言学主要认知语境,但也受外界

[①] 陶沙,赵志敏,安尚勇.英语语言学宏观研究[M].北京:中国水利水电出版社,2016.
[②] 曹慧书,李兴,王飒.英语语言学理论与发展探究[M].北京:中国纺织出版社,2018.

文化环境的制约和影响。

（3）隐喻论

功能语言学的隐喻是语法隐喻，反映了语法层面的经验，认知语言学的隐喻是概念隐喻，反映了词汇层面的经验，二者具有互补性。总体来说，语法隐喻为概念隐喻提供了新视角、新方法和新的理论依据；语法隐喻解释了语言的本质及人的思维形式，能为认知语言学提供很大的参考价值。[①]

（三）认知语言学与认知心理学

美国心理学家斯腾伯格将认知心理学定义为："认知心理学是研究人类如何感知、学习、记忆信息和进行思考等一系列认知问题，并指出认知心理学的目标就是为了了解人类大脑运作的机制和人工智能的本质。"

认知心理学对语言学具有很大的贡献，但对认知语言学的影响却很小。认知语言学的一部分概念来源于认知心理学，如连续论、连通论、范畴化、典型理论、图式、框架和图样等。总之，认知语言学与认知心理学之间具有密切的联系。

1. 认知语言学对认知心理学的借鉴

（1）连续论与连通论

认知心理学认为，连续论是指将电脑抽象化，通过循序渐进的方式对信息进行加工处理；连通论，即并行分布式处理模式，是以大脑的神经处理为基础，各个步骤同时进行加工处理。认知过程不是独立的，而是相互贯通的过程。在解释记忆及信息处理方面，连通论能够解释大脑极短时间内处理的信息。

在语言教学和研究中，我们可以将认知心理学的这两个理论应用于认知语言学。认知语言学认为，语言知识是一个由神经认知路线组合而成的网络，这些网络存在关联，因此，可以运用连续论和连通论进行分析。

（2）范畴化和典型理论

范畴和典型属于人类认知的心理过程。认知语言学认为可以使用范畴化和典型理论来进行分析。从范畴来说，对于连续的语流，我们可以分辨出不同的声音范畴，将相同的类别放在一个范畴进行分析，有助于加强记忆。[②]

典型性理论是指可以运用一个或者几个典型的例子来进行理解。每

---

① 曹慧书,李兴,王飒.英语语言学理论与发展探究[M].北京：中国纺织出版社,2018.
② 丁丽红,韩强.当代大学英语教学的认知研究[M].北京：中国书籍出版社,2018.

个事物都具有典型的特征,认知语言学中也可以找出其典型的特征进行分析。

(3)图式、框架和图样

图式以已有经验为基础,并在经验之上,将不同的相关概念进行组合,最终形成认知框架。框架是描述一系列事件或者特定情境的图式结构。图样是研究特定情境下的人或者物及他们的行为。这三种模式在某种情况下是相通的。

这三种模式能有力促进认知语言学的发展。只有将语言置于特定的语境中,语言才会体现出更特别的意义。这种特定的语境就是语域、图式、框架以及图样的集合体。总之,这三种模式可以帮助研究者进一步了解认知世界。[①]

2. 认知心理学以语言学为基础

语言学思想对认知心理学的产生有一定的贡献。美国结构主义语言学派赞同哲学家洛克的"白板说",认为人生来就像是一块白板,人最终长成的样子取决于后天。行为主义心理学家认为人脑是人们有计划行为的积极、主动的组织者,不能只用"刺激—反应"来解释一切活动。还有学者认为可以用刺激反应论来解释语言习得及其惯用法。语言学家乔姆斯基认为大脑具有遗传的人种属性,其中包括使人在后天学会使用人类语言的生物学属性。由此可见,人类具有语言能力,是人脑固有属性和后天经验相互作用的结果。

第二节　认知语言学相关内容解析

一、认知语言学中的范畴与范畴化

(一)范畴与范畴化的概念

1. 范畴的概念

关于范畴的问题,很多哲学家都对其进行了研究,如亚里士多德的《范

[①] 张秀萍.认知语言学理论视角下英语教学新向度研究[M].北京:中国商务出版社,2018.

畴篇》中提到了十大范畴,即实体、数量、性质、关系、空间、时间、姿态、状况(situation)、活动、遭受,也就是说,他把世界上几万个概念分成了十个范畴。康德把范畴分为四大类:量的范畴、质的范畴、关系的范畴、方式的范畴(manner)。王寅认为范畴是对事物属性的一种主观概括。

有了范畴,然后就有了概念;每个概念对应一个范畴。有了范畴和概念,就可将其用语言形式固定下来,也就有了用语言符号来表达某一个概念或意义,如通过给范畴命名将其固定下来。

综上所述,范畴是建立在"意象图式"基础之上的;范畴的形成是人们对事物认知加工的结果,或者是形成概念的结果;最后用语言符号将范畴或概念表示出来。这个过程反映了认知语言学"现实—认知—语言"的基本原理。

2. 范畴化的概念

范畴化是形成范畴的过程,范畴是范畴化的结果。范畴化具有动态性的特征。范畴化分是人最基本的认知能力。人认知能力的第一步就是划分范畴。如果人缺乏范畴划分的能力,无论是在物质世界,还是在文化、知识世界,都将无法生存,或者说,正是因为范畴划分这个能力使人才真正成了人。

有关范畴化,有不少的学者为此给出了自己的定义。Ungerer and Schmid 认为,"范畴化就是对事物进行分类的一个心智过程,其结果就是认知范畴"。Crystal 认为,"范畴化指的是人们用语言符号将人类的经验组织为一般概念的整个过程"。Jackendoff 认为,划分范畴的能力与已获得的经验密不可分,即需要用已获得的经验来理解新的经验;没有范畴化,记忆就无用武之地。

对客观事物的范畴划分需要通过语言来实现,那么对事物的范畴划分就离不开语言。Taylor 认为,"与范畴化相关的语言学涉及两个层面。首先,语言学家为需要用范畴来描述所研究的对象,但语言学家更关注的是另一个层面的范畴化,那就是语言学家所研究的语言,即词语、形态、句法结构,等等,语言不仅仅是构成范畴本身,而且是指代这些范畴"。因此,"语言的范畴化就是人们在使用语言的过程中将其周围的客观世界进行范畴划分的过程"。

语言学就是对范畴的研究,即研究语言如何通过范畴化将意义变为声音,以及变为离散的单位和集合的单位。

对客观世界进行范畴化分有很多好处,主要有以下几点:可降低环境的复杂程度;可有效地识别事物;可减少不断学习的麻烦;可使我们判断

第九章　认知语言学理论应用于语言教学

是什么构成了恰当的行为；可使我们有序地叙述事物和事件的类别。

(二)经典范畴理论与原型范畴理论

1. 经典范畴理论

经典范畴理论的主要代表人物为亚里士多德,其观点主要有以下四点：一是根据充分必要条件来定义范畴；二是范畴的特征是二分的；三是范畴之间的界线是清晰的；四是范畴内部各成员的地位是平等的。

范畴与范畴之间的划分具有清晰的界线,这正如杯子装水,要么水装在杯子里面,要么水在杯子外面,以这个杯子的杯体为边界,把这个范畴一分为二,范畴的边界很清楚。

经典范畴理论中的一分为二的范畴划分方法对于自然科学或者部分的社会科学来说还是适合的,比如"人",要么是"男人",要么是"女人",从性别上来说,不会既是男人,又是女人。但对于更广阔的思想范畴和文化范畴,一分为二就很难说得通了。因此,将经典范畴理论用在人文科学中的范畴划分却存在很多问题,尤其是人类对事物、事件等的一般认知范畴的划分更是如此。所以,经典范畴理论在解释人类的一般认知方面确实存在不足,需要用原型范畴来对其补充。

2. 原型范畴理论

原型范畴理论是经典范畴理论的反动,其主要观点正好与经典范畴理论的观点相悖。原型范畴理论不主张范畴的二元划分,强调范畴成员之间特征的隶属度变化,有原型性和边缘性之分,其基本观点有以下几点：一是不必按照充分必要条件来定义范畴；二是范畴的特征不是二分的；三是范畴之间的界线是模糊的；四是范畴内部各成员的地位是不平等的。

不必按照充分必要条件来定义范畴,范畴的特征不是二分的。要理解这两点,我们可用"bechelor"范畴来说明。从原型范畴看,BECHELOR的范畴定义是根据人们的认知来定义的,而非按照 [HUMAN] + [ADULT] + [UNMARRIED] + [MALE] 等特征来定义。若按照经典范畴理论中的特征来给"bechelor"范畴定义,他们都不属于"bechelor"范畴。但若按照人类的一般认知来定义,他们又都属于"bechelor"范畴,只是所具有的 B "bechelor"的特征有多寡之分,存在隶属度的变化。据此,范畴的特征不是二分的,存在原型和非原型或边缘之分。拥有范畴最多特征的成员为范畴的原型,拥有范畴较少或最少特征的成员为非原型,即处于范畴中边缘的位置；各范畴成员的特征具有隶属度的变化。

范畴之间的界线是模糊的。例如,"番茄"和"黄瓜",我们应该把它们划入"水果"范畴,还是"蔬菜"范畴? 有的人可能会划入"蔬菜"范畴,有的人可能会划入"水果"范畴,其不同的划分结果与人们对"番茄"和"黄瓜"的认知有关。换言之,如果经常把"番茄"和"黄瓜"用来生吃,使其具有水果的功能,那么,就会将它们划入"水果"范畴。但如果把"番茄"和"黄瓜"用来凉拌、煎炒或煮汤吃,那么它们又具有"蔬菜"的功能,就会将它们划入"蔬菜"的范畴。因此,范畴之间的界线是模糊的。越处于范畴边缘的成员,就越有可能与另一个范畴形成交叉。

范畴各成员之间的地位是不平等的。例如"水果"范畴,当我们在课堂上要求学生写出水果的名称时,大部分学生写的前几个水果名称可达到惊人的一致,一般是"苹果""梨"和"桔子"等。这个调查结果表明,对某些水果接触得越多或吃得越多,对其了解得越多;体验越多,认知越深入,这类水果在人们的头脑中就更容易提取出来。而对于一些不常见的水果或吃得较少的水果,要提取出来就要难一些、慢一些,甚至根本提取不出来。因此,不同水果的特征在人们心中的地位是不平等的,同样具有隶属度的变化。由此可见,范畴成员之间的地位确实具有不平等性。概言之,范畴成员之间确实具有隶属度的变化,具有原型和边缘之分,这是由人们不同的认知所致。

3. 经典范畴与原型范畴的区别

经典范畴与原型范畴理论的区别主要有以下十个方面。

第一,特征与属性。经典范畴一般用"语义特征"这个术语,具有客观性的特征;原型范畴却用"属性",因为属性带有主观性,也就是对范畴的主观性划分。

第二,客观性与互动性。经典范畴认为真理具有客观性,因为概念都是客观世界在人头脑中的镜像反映。范畴可由客观的充分必要条件来联合定义,也就是我们所说的充分条件和必要条件,即用充分必要条件给模型精确的科学定论。但是,原型范畴认为,属性具有互动性,主观性,不可能完全制定出充分必要条件来表征其特征,因为对于一些充分必要条件根本不可能阐述清楚。

第三,分析性与综合性。经典范畴理论认为特征具有分析性,其理论具有逻辑性。而原型范畴理论认为属性是综合性的,综合性就叫主观性,比如我们看某个事物,看到的是这个事物的整体,而不是这个事物很具体的特征。

第四,二分性与多值性。经典范畴理论认为范畴的特征具有二分性,即用"+"(正)、"-"(负)表示。原型范畴理论认为范畴的特征具有多值性,而不是二分性。

第五,范畴边界的确定性与不确定性。经典范畴认为范畴的边界是确定的,具有闭合性。原型范畴理论认为范畴的边界是开放的,对一个事物既可进行非范畴化,也可进行重新范畴化。随着人类知识的扩大和交际的需要,范畴会随着时间不断变化,这体现了人类思维的基本本质。因此,范畴是动态的,不是一分为二的,具有不确定性。

第六,范畴内所有成员地位相等与不相等。经典范畴理论认为范畴内部成员的地位是相等的。而原型范畴理论认为范畴内部各成员之间的属性并非完全相等,存在很大的差别,具有家族相似性的特征。

第七,元素性与非元素性。经典范畴理论认为特征是最基本的元素,具有不可分性。而原型范畴理论认为特征不是最本质的东西,也不是最基本的元素,其部分特征可以根据需要继续地往下分。

第八,普遍性与特殊性。经典范畴理论强调范畴特征的普遍性,这就像给全人类思维建立一个方案,它不考虑具体的思维内容,只考虑人类抽象的思维规律。原型范畴理论的范畴属性则讨论差异性,如不同的语言有不同的语言特征,强调语言的特殊性。

第九,抽象性与具体性。经典范畴理论认为范畴的特征是抽象的,而原型范畴理论认为范畴的属性不一定是抽象的,与物质世界有关。

第十,先天性与后天性。经典范畴理论认为范畴特征具有先天性、天赋性,与客观存在无关。原型范畴理论认为属性是后天才有的,是建构的,是在主客互动中建立起来的。

二、概念隐喻

(一)概念隐喻的含义与研究对象

当代认知科学普遍认为,隐喻本质上是一种认知活动,对我们认识世界有着潜在的、深刻的影响,在人类的范畴化、概念结构、思维推理的形成过程中发挥着重要的作用。概念隐喻是指对一个概念域的理解是建立在另一个概念域的理解之上。例如:

(1)那女孩紧紧地抱住她妈妈的腿不放。
(2)这个老领导总是抱着旧思想不放。
(3)他总是能把握住时代的脉搏。
(4)老张历来都能抓住学习的机会。

（1）至（4）都与人们的手相关。（1）中的"女孩""抱住""她妈妈的腿"是实实在在的动作，"女孩"完全能够触摸、感知到她妈妈腿的存在。（2）、（3）和（4）是在通过"手"的体验、感知、认知的基础上而形成的概念，即手具有抱、抓、握等功能，然后基于对手理解的基础上而投射到抽象的概念上，也就是说，从抱住实实在在可感知的人的身体，到不能触摸、感知的抽象概念，即（2）中的"思想"，（3）中的"时代的脉搏"，（4）中的"学习的机会"。人们如果没有对"手"的体验，没有对"手"形成的认知概念，就不能投射到抽象的概念上，也不可能对抽象概念形成理解。因此，人们对抽象概念的理解是基于对具体概念的理解。

（二）概念隐喻的基本要素

1. 始发域和目标域

始发域和目标域是概念隐喻最重要的两个基本要素，始发域较具体，目标域较抽象。如果我们要确定始发域和目标域，就需要先了解非隐喻概念和隐喻概念。如果一个概念是非隐喻的，那么就是说这个概念就是由它本身建构的，并且是依靠自身来被理解的，而不需要通过引入另一个完全不同的概念。

我们要判断一个概念的隐喻化，需要明白隐喻概念不是用具体的意象来解释的，而是用属范畴来解释的。根据 Lakoff 的研究成果，我们明确三个概念，即基本层次概念、上层概念和下层概念。例如，走、跑、吃、喝是基本层次概念，移动、摄取食物是上层概念，溜达、品尝是下层概念。总之，把概念隐喻的工作机制定位在上位层次，是与以 Lakoff 为代表的认知语言学研究者所秉承的"概括的承诺"和"认知的承诺"相一致的。①

2. 经验基础

除了始发域和目标域外，经验也是认知语言学的一个重要概念。从本质上来说，人脑的概念结构是隐喻的，因此，隐喻的经验基础就是人的认知基础。这里所说的认知基础是指动觉意象图式。这些动觉意象图式都是基于身体经验的。动觉意象图式种类很多，主要有容器图式、部分—整体图式、系联图式、中心—边缘图式、起源—路径—目标图式、上—下图式、前—后图式、线型顺序图式、压力图式等。例如，范畴可以用容器图式来解释，等级可以用上—下图式来解释，关系可以用系联图式来解释。其中，容器图式的经

---

① 谭爱平. 认知语言学理论研究 [M]. 成都：西南交通大学出版社，2017.

第九章　认知语言学理论应用于语言教学

验基础就是我们将自己的身体当作一个容器或者将自己的身体置于其他容器里。这样的隐喻称为"容器隐喻"。

此外,我们还需明白,动觉意象图式虽然是以我们的身体和万有引力作用为基础的直接经验的结果,但是与文化因素也是有一定关联的。因为每种经验都是在一个大的文化背景下发生的。换句话说,就是所有的经验都具有文化性。

3. 映射

概念隐喻是从始发域向目标域的系统的、部分的、不对称的结构映射。映射通常有三种对应关系。第一,本体对应。映射是始发域与目标域实体间的一个固定的本体集对应。第二,推理模式对应。当本体对应被激活时,映射能把始发域的推理模式投射到目标域的推理模式上。第三,推理模式间的开放性潜在对应。新隐喻是在常规隐喻的基础上对常规隐喻的扩展。始发域中的本体和推理模式具有开放性,目标域也就具有开放性。

概念隐喻中有四种映射形式。第一,复合图式映射。复合图式映射主要是把有关始发域的知识映射到目标域上。举例说明,"争论即战争"。在这个概念隐喻中,一个经验域的复合图式(即战争)映射到了另一个经验域的对应图式中(即争论)。每种映射都涉及两个域中的多个实体(如战士)及实体之间的关系。第二,意象图式映射。意象图式映射是指那些在本质上是动觉的拓扑结构和方位结构有足够的内部结构来接纳推论。大部分的常规隐喻是意象图式的映射。第三,一次性纯意象映射。一次性纯意象映射是指没有概念之间的系统映射,只是单纯的意象映射。例如,英语中的"dunk"一词。其有两个意思:一是把(面包、饼等)在汤(或饮料)中浸一浸;二是扣篮。第一个意思存在一个常规意象,即把食物越过茶杯边进入杯中,而第二个意思是手越过蓝筐把球投入篮中。从第一个意思到第二个意思就属于一次性纯意象映射。第四,亚里士多德式的隐喻映射。这种映射在古典隐喻文献中引用最多,它的始发域与目标域具有共性特征。[1]

(三)概念隐喻的特性

1. 概括性

隐喻概念是从人们与客观外界的互动、与人的互动和与自身的互动而

---

[1] 文旭. 语言的认知基础[M]. 北京:科学出版社,2014.

逐渐抽象、提取出来的概念,因此,隐喻概念具有概括性的特征。

2. 系统性

概念隐喻的系统性主要体现在语言层和概念层两个层次。第一,语言层上的系统性,指由一概念隐喻派生出来的多个隐喻表达式或语言隐喻是成系统的,因为经验具有完形感知结构,这个多维结构的整体使得隐喻内的映射具有系统的对应关系。概念层上的系统性可分为概念隐喻内部的系统性和概念隐喻之间的系统性,具体可分为结构隐喻的系统性、方位隐喻的系统性和本位隐喻的系统性。①

(1) 结构隐喻的系统性

结构隐喻是以一种概念的结构去构建另一种概念,其映射属于部分映射。具体来说,结构隐喻的系统性体现在以下几个方面。第一,隐喻蕴涵。概念隐喻之间可以通过蕴涵关系构成一个连贯的系统。第二,突出与掩盖。结构隐喻是从始发域到目标域的部分映射,因此,我们在通过始发域来理解目标域时,必须突出某个方面,掩盖其他方面。从概念隐喻本身及隐喻表达式上,我们很难发现被掩盖的内容,但考察每个概念隐喻的内涵时,我们就会明白概念隐喻蕴含着"思想或意义是物体"及"语言表达式是容器"。词与句子本身有意义,与语境和说话者无关。相反,关于语言的管道隐喻就突出了词与句子本身,而掩盖了语境的作用。

(2) 方位隐喻的系统性

方位隐喻是以一个概念完整的系统去建构和组织另一个概念。这个概念主要指空间方位概念。因此,空间方位概念有上—下、里—外、前—后、深—浅、中心—边缘等。这些空间方位概念以人类的身体经验为基础,受文化经验的影响。由于方位隐喻是以空间方位来建构的,同一个始发域因方式、程度、位置等千差万别,因此始发域的方位隐喻也多种多样,在几个或多个方位隐喻之间就可以构成连贯的系统。②

(3) 本体隐喻的系统性

将事件、活动、情感、思想等具有连续性质的、抽象的经验当作是不连续的、有统一形体的实体或物质的隐喻方式,这就是本体隐喻。本体隐喻除具有结构隐喻的蕴涵、突出与掩盖等系统性作用外,还具有其他作用,主要表现在通过使用本体隐喻,我们能够对抽象的、连续性的经验实现指称、量化、

---

① 范振强.从系统性看隐喻理论的解释力:概念认知还是语用认知?[J].嘉兴学院学报,2019,31 (03): 93-101.

② 王焰.空间隐喻的体验性[J].钦州学院学报,2011,26 (02): 75-77.

识辨、调整目标和促起行动等。

3. 连贯性

概念隐喻的连贯性是指几个概念隐喻,通过共享的隐喻蕴涵,使这些概念隐喻具有连贯性,同时也使它们的隐喻表达式具有连贯性。概念隐喻的连贯性分为两个概念隐喻之间的连贯、多个概念隐喻之间的连贯两种情况。[①]

4. 模糊性与歧义性

隐喻的意义一般是人们公认的、典型的、常规的意义,但若人们对源域了解越多,所得到的概念结构也就越丰富,语义也就越多,当投射给目标域后,也会给目标域的意义带来不确定性。因此,如果源域的语义很丰富,若没有语境支撑,人们就很难对"目标域"的语义作出判断,目标域的语义就具有模糊性的特征。此外,隐喻的意义还会受到说话人的意图和听话人理解或认知的限制,这些也会给隐喻意义带来模糊性。

隐喻意义具有模糊性是由源域丰富的概念意义,以及语境、说话人意图和听话人知识结构或不同的理解所致。由于隐喻具有模糊性的特征,那么,它同时也就具有歧义性的特征。

三、概念转喻

(一)概念转喻的概念

转喻同隐喻一样,最初也被看成是一种语言的修辞现象,与思维无关。亚里士多德将转喻看成是隐喻的一个分支。Esnault 认为转喻是一种修辞手段。韦氏英语大辞典第三版将转喻看成是一种修辞手法,即用一个事物的名称去指代与其相关的另一个事物的名词。随着认知语言学的出现,人们对转喻的认识有了本质的变化,即转喻除被看成是一种语言现象外,还被看成是人们的一种思维方式,因为转喻表达同样是建立在人们的概念之上的,也与人们对世界的认知、体验相关。因此,从认知的视角看,转喻就被称为概念转喻,也可被称为认知转喻。

综合各位学者的观点,概念转喻的概念可以总结为以下几点:转喻是

---

① 方小青. 概念隐喻与卡明斯诗歌语篇连贯的建构 [J]. 广西师范大学学报(哲学社会科学版),2010,46(02):25–29.

一个认知过程,是一种概念现象;两个实体的映射在同一认知域中进行,两者具有临近性的关系;转喻具有指称功能,有促进理解的作用,有决定焦点某个方面的作用;各实体的突显可在不同语境中互换。

(二)概念转喻的特性

1. 临近性关系

概念转喻的临近性关系指两个实体在空间和时间上的临近。具体来说,概念转喻既可产生于同一认知域的概念之间,也可产生于概念与本认知域之间,甚至产生于相关的认知域之间。这些临近的概念属于框架网络里的一部分,借助概念的临近关系而相互联系,临近的各个概念或框架在认知结构中相互依赖,人们就是通过这种具有临近关系的一个概念来推测另一个概念或整个框架的意义,喻体和本体就是不同概念之间或概念与框架之间临近关系的体现。[①]

2. 突显性

转喻的突显性以认知语言学中的原型理论和认知参照点理论为基础。根据原型理论,一个范畴的原型成员能够表示整个范畴。人们在选择喻体时,一般会更加注重范畴中某事物的一面或事件的某一过程,会把具有突出特征的部分当作认知事物或事件另一面的参照点。因此,作为参照点的喻体为理解目标体或本体搭起了一座心理桥梁。

3. 可转换性

转喻的可转换性是指喻体会因说话者关注的焦点、说话的意图及听话者的理解等多方面的不同而发生变化,这种转换以"图形－背景"理论为基础。"图形—背景"理论认为,图形和背景可以相互转换,图形和背景只能突显一个,要么将背景转变为图形得到突显,要么将图形转化为背景得以消失。因此,人们在观察事物时,只能看见事物的一个方面、图形或者背景,不可能既看见图形,又看见背景。

(三)概念转喻喻体的选择

概念转喻喻体的选择与人的认知密切关联,以理想化的认知模型为基

---

① 李瑛.转喻喻体优先选择原则研究[J].西华大学学报(哲学社会科学版),2005,(04):75–78.

础。理想化的认知模型分为一般知识的认知模型和文化认知模型。一般知识的认知模型指人们获得的某个领域的基本知识。文化认知模型指社团成员共同享有的文化知识。当人们在运用认知模型选择喻体时，经常会受到交际目的或语境的约束，使不同认知原则之间或认知原则与交际原则之间产生冲突。由此可知，转喻喻体可根据认知、交际和说话者的动机等三方面优先进行选择。

1. 认知原则

认知原则包括以下几方面的原则。第一，根据经验和感知作出选择。人们的经验和感知来自人们对世界的认识和与外界的互动，那些有生命的、具体的、功能强的、可由人直接感知的和具有支配地位等的人、事件或事物更容易受到人们的关注。第二，根据文化的倾向性作出选择。文化主要指某一范畴特殊成员的文化，他们具有显著性特征，容易被用来指代某一群体，并代表某种文化的倾向性。因此，当人们在作推理或判断时，就会基于认知模式中已有整体文化的概念来进行判断或推理，否则，则无法作出正确的判断或推理。

2. 交际原则

交际原则包括方式原则、相关原则和数量原则。第一，方式原则。方式原则指在会话过程中，说话者的表达要清楚、具体、简洁，避免模糊。据此，在交际过程中，喻体的选择就应该遵循"方式准则"的原则，即在谈话中说话者所选择的喻体一定要清晰、明确，不能让听话者感到困惑。喻体的选择要遵循"清楚先于模糊"的方式准则。第二，相关原则。相关原则就是说话者所说的话语一定要相关。这里的相关指情景相关。因此，说话者所用的喻体必须符合当时的语境。第三，数量原则。数量原则指在会话中尽量提供足够多的信息，但是信息也要适量，不能超过需求量。转喻是一种指代手段，它既可以指代实体，又可以指代复杂的活动。这一系列复杂的活动可通过一个很具体的典型活动来指代，这个典型活动就是系列活动事件中的突显事件，这可起到节省时间的作用，也是一种交际策略或手段。

3. 动因冲突原则

为了达到交际目的和提高语用效果，说话者在选择喻体时，会违背一些认知原则或交际原则。在认知原则之间或在认知与交际原则之间会产生冲突，一般来说，认知和交际原则会让位给与文化或社会互动或美学相关的原则。

四、意象图式

（一）意象图式的概念

对于意象图式的概念，不同学者有着不同的观点。Johnson 认为："意象图式是感知互动及感觉运动活动中的不断再现的动态结构，这种结构给我们的经验以连贯效应。"Gibbs & Colston 认为："意象图式一般可以定义为空间关系和空间中运动的动态模拟表征。"Oakley 认为："意象图式是为了把映射到概念结构而对感性经验进行的压缩性的再描写。"Ungerer & Schmid 认为："意象图式是来源于我们在日常生活中与世界的互动经验的简单而基本的认知结构。"

（二）意象图式的特性

1. 意象图式是一种高度抽象的模拟

意象图式通过空间关系高度抽象而得，因此，大多数意象图式用简单图形表示，如线条。图形本身只是一种高度抽象的心理经验的模拟，并不是意向图式。在解说时，这种图式能给人具体的感觉。由于意象图式是高度概括抽象的结果，因此，这种意象图式与许多语域相关联，这些表达意象图式的简图有助于记忆与意象图式有关的语言表达。[①]

2. 意象图式属于语域的范畴

语域是认知语言学中的一个重要概念，是指刻画语义单位特点或描写概念特征的认知语境。绝大多数概念都蕴涵其他概念。例如，我们定义"手指"时，会提及"手"；我们定义"手"时，会提及"胳膊"。可以说，"手"是"手指"的语域，"胳膊"是"手"的语域，"空间""时间"和"运动"是"身体"的语域。意象图式是一种语域，是语域的一个下层范畴，因此，意象图式与语域一样，可以组织概念。

3. 意象图式具有正负参数

绝大多数意象图式都可以在表达隐喻意义时呈现出肯定或否定的意义，这被称为"正负参数"。例如，在意象图式中心—边缘中，中心具有肯定

---

① 李宏德. 中青年学者外国语言文学学术前沿研究丛书汉英时间表达异同及其理据研究[M]. 北京：外语教学与研究出版社，2017.

意义,边缘则具有否定意义;在意象图式平衡中,保持平衡含有积极意义,失去平衡含有消极意义。①

4. 意象图式具有静态与动态特征

意象图式可以呈现出静态与动态两种特征,绝大多数意象图式既表示一种状态又表示一种过程。例如我们从 A 点向 B 点运动时,我们以一种动态的形式经历路径的意象图式,但是从 A 点连接 B 点的道路是静态的路径意象图式。意象图式平衡也是一样,表示状态时是静态的,balance 是名词;表示动作时是为了保持平衡,是动态的,balance 是动词。②

五、语法化

(一)语法化的概念

认知语言学的基本原理为"现实—认知—语言"。在现实生活中既有实体,也有虚体。实体就是实实在在、看得见、摸得着的事物;虚体就是虚的,即看不见、摸不着或假设的事物。现实生活中有实体和虚体,在认知中也同样存在实化和虚化的问题。

语法化是一种认知手段,认知的结果就是把语言现象进行语法化处理,即把原来实实在在的词或者短语,甚至句子,都虚化为语法形式,也就是实体虚化。总之,语法化的过程就是从实词向虚词演变,或从一个实词演变为一个具有语法功能的虚词。

王寅将语法化定义为:"从认知角度阐述语言中原来实意性词语和表达式(以及典型概念结构)在语言发展过程中逐渐演变虚化(或显性)成为稳定的语法标记或手段、抽象语法构造或惯用表达的过程和结果。"

(二)语法化的运行机制

1. 重新分析

重新分析是导致语言演变的一个重要因素,它指的是从旧的结构演变出新的结构,也就是说,在语言演变的过程中,语言的表层结构不变,通过改

---

① 吴为善. 认知语言学与汉语研究 [M]. 上海:复旦大学出版社,2011.
② 郭莉莎,赵艳梅,胡佩迦. 基于"三一语法"和本体研究的对外汉语教学 以"被"字句和"了"为例 [M]. 成都:四川大学出版社,2017.

变其深层表征,使其在语义、句法和形态方面产生变化。或者说,一个词语或一类词语表层形式没有明显变化,但其内部的结构关系却发生了变化;通过对旧结构进行重新切分,从旧结构中产生出新的结构。Langacker 将重新分析定义为,表达结构或表达式词类方面的变化不涉及语言表层结构直接或内在的修改。"重新分析"不改变句子的表面结构,但不同的意义理解却改变了句子的内在结构。

2. 类推

类推会改变表层结构,但它不会影响规则的变化,尽管它影响了规则在语言系统或社团内的传播。类推使表层结构发生了变化,但它并没有改变名词复数的这个规则。

重新分析与类推两种运行机制是有区别的。第一,重新分析不会改变表层结构,但会受到认知的影响而改变其内在的结构;类推会改变表层结构,但不改变规则。第二,重新分析与听话者相关,因为听话者会根据自己的理解对表层结构进行重新分析或组合;而类推则与说话者相关。第三,重新分析是隐性的,并不通过表层结构的变化而体现出来;而类推是显性的,可通过表层结构的变化而呈现出来。第四,重新分析是在横组合中进行;而类推则是在纵聚合中进行。第五,重新分析会产生新的语法结构;而类推却不会产生新的语法结构。

(三)语法化的特性

语法化具有自身独特的特性,具体体现在以下几方面。

第一,共时与历时。语法化现象主要属于历时研究,也就是历时演变。正如现在很多学者所说的那样,仅在共时层面上研究语言是不完整的,但仅在历时层面上研究语言也是不完整的。那么,只有把共时与历时结合起来研究语言,我们才认为比较全面。

第二,渐进与突变。语法化演变是一个漫长的过程,它不像有些新词、新语,如果制造一个新产品,就可能产生一个新词汇,之后大家就知道了,不需要经历发展的演变过程。因此,语言变化最慢的就是语法,从理论上讲,语法化的过程应该是渐进的,而不是突变的。这个渐进的路线就叫"斜坡",表示慢慢变化的过程,而不像陡峭的山崖是个突变的过程。但现在由于信息传播很发达,也不排除有语法突变的现象,如"被就业"这种表达传播就非常快,几乎没有渐进变化的过程。

第三,抽象与程度。所谓虚化,就是从实到虚。既然从实到虚了,那就抽象了,变得抽象后还可能变得更抽象,那么在这个变化的过程中就有一个程度的区分问题。

第四,普遍性与重复性。语法化是普遍存在的,也就是说各种语言中都存在语法化的现象。重复性指的就是使用频率高。如果一个语言形式单位不反复使用,或者使用频率不高,它就不可能固化为一个语言表达单位,不可能被大家接受。

第五,方向性与循环性。语法化的方向一般是从实到虚、从繁到简、从长到短,其目的是语言使用的经济性原则。但也存在反方向的现象,如古代汉语与现代汉语就能反过来,前者表达简洁,所使用的字数少,而后者的表达一般比前者烦琐,所使用的字数比前者多。因此,古代汉语与现代汉语之间就是一个反方向发展的现象。

第六、隐喻性和转喻性。在语法化的过程中,从实到虚的过程实际上就是转喻思维过程,如"be going to",它本来表示正在发生的行为动作的某一段,现在用它来表示将来;用某一部分代替了另外一部分,即部分代部分,就是转喻。

第七,象似性和程序性。语法化或者词义的变化遵循了一个从具体到抽象的认知规律,换言之,人类认识世界是从具体到抽象,那么最初认识的是人,然后才是物。当物应用了人的特征时,就叫拟人化,因此,名词都有性、数、格。德语、俄语、法语的名词都有性,即阴性、阳性、中性,因为人有男女之分。据此,人们就想象所有的事物都应该是有生命的,所以就赋予了事物以生命,这就是拟人化的机制在头脑中的反映。那么,语言中的拟人化就是人类认知事物的结果,人们把对人的认识转嫁到了对物的认识上,于是语言中就出现了很多拟人化的表现方法。

第三节 认知语言学在语言教学中的具体应用

一、认知语言学对语言教学的积极作用

认知语言学对语言教学的积极意义主要表现在驱动教学进程、提高教学活力和丰富教学活动三个方面。

(一)驱动教学进程

传统的语言教学注重言语能力,将重点放在传统语法与生成语法方面。

在这种语言教学模式下,学生经过培养后,其书面语言能力较高,但是语言交际性与应用性较差。

认知语言学的相关研究能够驱动语言教学的过程。通过解释日常语言现象,为语言现象提供相关理论依据,促进传统教学内容改革。[①]第一,整合学生大脑中的分散知识,让知识聚集,构建成完整的知识网络框架,促进学生正确理解知识,提高知识记忆效果。第二,通过整合知识网络框架,提高学生提取知识和应用知识的能力,提高语言使用便捷程度,从而提高学生语言思维能力。第三,分析学生学习中出错原因,帮助学生探讨语言错误下的深层知识,让学生更全面地掌握知识。

(二)提高教学活力

认知语言学提高语言教学活力,主要表现在能够提升传统教学中对比分析的活力。通过对两种语言进行对比分析,充分了解语言学习的困难,并且有效估测困难。

人类的语言是对现实世界的认知结果和认知过程的反映。人们体验世界、认识世界的方式与视角不同,那么在脑海中所形成的概念体系与认知结构也就不同。

语言学习和母语学习具有很大的区别。语言学习滞后于母语学习。也就是说,在进行语言学习时,学生已经具备一定的母语基础知识和概念系统。因此,在学习新语言时,就会受到母语系统的影响。这时就需要对新的语言知识进行整合。

一般来说,母语系统可以发挥媒介的作用。为了促进学生了解并掌握目标语的相关概念,教师可以采用对比分析的方式,促进学生对母语的中介作用从"无意识"向"有意识"转变。[②]通过认知框架下的对比分析,学生能更加深刻地了解语言的概念与范畴,并对语言知识进行有效重组。总之,这种教学方式促进了语言教学活动的开展,有利于提高教学活力。

(三)丰富教学活动

认知语言学重视语言的体验性,认为人的身体是客观世界与人类认知之间的中介。语言学习的过程具有体验性。依据这种理论,教师可以设计各种教学活动,在语言教学课堂上,引导学生使用肢体动作对语言概念进

---

① 唐利芹. 大学英语教学法探索与教学实践研究——评《当代大学英语教学的认知研究》[J]. 林产工业, 2019, 56 (10).

② 丁丽红, 韩强. 当代大学英语教学的认知研究 [M]. 北京: 中国书籍出版社, 2018.

第九章 认知语言学理论应用于语言教学

行解释与体验。此外,认知语言学强调人的身体是构建语言意义的基础。语言的意义来自人的体验。在语言教学过程中,教师通过手势和意象的方式展现语言结构,有助于激发学生对语言的认知,促进对知识的吸收与理解。[①]

二、认知语言学在语言教学中的应用原则

(一)充分发挥学生自主性

以认知语言学为理论基础的语言教学方法主要针对学生主体思维活动过程而设计,所有教育理论以学生主体的认知思维活动为对象,以学生认知思维过程中的各思维环节为教学实践策略针对点。因此,基于认知语言学理论而构建的语言教学活动,一定要以学生为中心,所有具体实施措施应围绕学生自主学习能力进行设计。

学生在语言教学过程中对语言知识的习得,必须首先基于自主学习能力的发挥。通过激发与引导学生自主学习能力,来推动学生提高认知思维,加强对语言知识内容及关联信息的分析、批判、选取、更新等,进而实现学生语言知识习得。通过实践性互动,引导学生将新知识引入实践活动,并在实践活动过程中继续发挥认知思维的作用,以促进新知识形成。因此,在学生学习语言知识的整个过程中,必须加强学生自主能力的发挥。教师应积极引导学生发挥自主学习能力,引导学生积极探索并创新语言知识。

(二)重视语言知识关联性

学生认知思维活动过程中,最重要的认知环节就是分析和判断知识信息及其他相关信息。在学生认知思维活动中,如果只是语言知识信息本身,那么可参考的信息就有限,学生就很难对其进行全面的分析与判断,进而产生深入而全面的认知。因此,认知语言学理论强调语言知识信息与相关信息的关联性,注重这些信息被学生认知思维获取,并加以进行分析与批判,进而促使学生产生更丰富的语言认知。由此可知,扩展语言知识内容的有效关联信息,是提升学生语言知识学习的核心策略,也是认知语言学理论应用的基本原则。

---

① 张秀萍. 认知语言学理论视角下英语教学新向度研究 [M]. 北京:中国商务出版社,2018.

（三）知识输入与知识输出相结合

学生认知思维活动通过对语言知识输入过程，最终纳入学生的知识结构当中。但是，在学生知识结构中，这种知识极其不稳定，在面临更为复杂的知识判断过程中，学生很容易将其当作"伪知识"，进而在更为重要的新知识生成过程中将这一原知识进行选择性放弃。

认知语言学理论针对这种认知思维活动规律，设计出知识输入与知识输出相结合的教学策略。知识输出过程，是学生将已经认知的知识，通过一定情境中的实际应用，向外进行表达的过程。这就是理论知识应用于实践的过程。理论加实践的学习过程能够使学生对知识进行巩固并赋予其实践性。从认知思维的角度讲，这就是知识输入与知识输出结合的过程。总之，在认知语言学理论中，知识输入与知识输出的关联性是影响学生语言习得效果的关键。[1]

三、认知语言学理论指导语言教学

（一）认知语言学理论指导下的语言教学目标

认知语言学认为，语言由大小不一的构式单位组成，学生通过接触语言材料进行构式学习。因此，在认知语言学理论指导下，语言教学应将帮助学生熟练掌握各种构式为教学目标。以往传统的语言教学侧重词汇和语法，将二者割裂，忽视词汇与语法之间的联系，以及二者连续的表达模式和规约性表达，从而影响了语言的流利使用程度。然而，认知语言学认为，应以构式教学为中心，重视预制词块或多词单位的地位。[2] "词块"即词与词的组合，是一个多词的单位，一般指出现频率较高、形式和意义较为固定的结构。基于词块的固定性，在教学过程中，学生可以反复练习这些词块，从而加深对单位的理解与使用。

以词块的方式进行词汇教授能促进学生了解词汇的搭配和用法。同时，由于词块在结构和语义上带有整体性，因此学生掌握一个词块就能掌握多个相关的词语，具有较高的语用功能。

此外，认知语言学重视语言构式的作用，主张将构式的形式与意义相联

---

[1] 石晓静. 认知语言学理论在高校英语听说教学中的应用[J]. 宿州教育学院学报，2017.

[2] 丁丽红. 当代大学英语教学的认知研究[M]. 北京：中国书籍出版社，2018.

第九章　认知语言学理论应用于语言教学

系。认知语言学认为意义与形式之间有据可循,能为解释各种语言现象提供依据,因此,语言系统的任意性就降低了。与传统语言教学相比,认知语言学提出了探索意义与形式的理据,拉近了语言形式与意义的关系,增强了语言学习的理据性。[①]

(二)认知语言学指导下的语言教学内容

认知语言学指导下的语言教学通过认知机制进行自下而上的学习,强调语言输入方式和频率对语言习得的重要性。因此,在认知语言学理论指导下,语言教学应该将不对称频次输入纳入教学内容。

在语言学习过程中,输入的频率影响学生语言构式学习的速度,输入的顺序与分布决定着学生学习语言构式的频率。有研究表明,不对称频次的输入对于学生学习新的构式更加有效。不对称的频次输入是指在语言输入中目标构式的典型成员出现的频率要比非典型成员的出现频率高。

在语言教学中,教师可以依据教学目标调整目标构式的输入顺序、分布、频率,然后以分级的形式输入语言。先输入高频重复的典型成员,然后输入低频出现的非典型成员。其中,输入典型成员是学生建构语言的基础,能够提高学生对构式的掌握与使用能力。

一般来说,大多数自然输入都属于不对称频次输入。在语言教学过程中,教师需要为学生提供更多日常交际材料,从而保证语言输入的自然性。

(三)认知语言学理论指导下的语言教学活动设计

1. 体验性教学活动设计

体验性教学活动设计从以下几个方面展开。第一,引导学生预习语言知识,保证教学活动顺利展开。第二,在课堂上,教师依靠多种方式呈现语言材料,引导学生自主发现和归纳语言规律,促使学生学会如何运用规律,从而帮助学生建立语义辐射网络,最终通过语言实践总结出不同的语言构式使用方法。第三,教师引导学生运用丰富的肢体动作对语言中的概念化知识进行体验。认知语言学强调人的身体在建构语言意义中的重要作用,突出了其基础性影响。将语言结构以手势和意象的方式加以重现,能够激活语言与动作间的关联,促进学生加深对知识的理解与记忆。体验式活动可以通过多种渠道展开,如话剧、戏剧、哑剧表演等。第四,组织对话、讨论、

[①] 丁丽红. 认知语言学在大学英语词汇教学中的应用研究 [J]. 教育教学论坛, 2019, (36): 186–187.

叙述、表演等活动,引导学生在语言情境中掌握语法。第五,为学生安排课后作业,如复现、体会课堂所学知识、听原声带、观看相关视频、查询相关资料、完成书面写作任务等。第六,学生将完成的文章上交。同时,教师可全批也可只批框架,可在纸版上进行批改也可使用软件进行批改。[①] 此外,还可组织学生进行相互批改。

2. 交际性教学活动的设计

语言是重要的交际工具,进行语言教学和学习的最终目的是让学生会运用语言,具备语言使用能力。因此,认知语言学理论指导下的语言教学活动也需要重视交际的影响作用。在进行具体交际性教学活动设计时,遵循循序渐进原则。在语言交际学习初级阶段,设计比较简单的语言任务,让学生将注意力放在语言要素上。伴随学生学习能力的提高,逐渐增加交际活动的难度。学生将注意力放在语言交际任务上,从而促进语言能力的发展。

具体来说,交际性教学活动的设计可以采用以下几个措施。第一,使用交际性语言教学模式。交际性教学模式是指一种多极主体间的认知交往活动。在语用交际过程中,师生之间、学生之间、师生或学生在不同场景之中发生着频繁而密切的联系。第二,使用非语言交际教学模式。非语言交际行为是人认知的反映,在具体的交际场合中,能呈现出不同的交际含义。因此,在语言教学中也需要注重非语言交际教学模式。

此外,教师需重视跨文化非语言交际教学。具体来说,教师在教学中需要重视以下几个方面。第一,介绍和讲解语言文化中非语言交际行为与手段的表现、含义、功能,以及与学生母语文化非语言交际行为和手段之间的差异和冲突,帮助学生正确看待文化上的差异。第二,强调语言教学内容中涉及的语言交际和非语言交际之间的关系及非语言交际的作用,让学生掌握正确处理语言交际行为与非语言交际行为的方法。第三,将课文中出现的非语言行为和手段列入课后生词、例句注释中,也可以在课后练习中设计相关题目。第四,组织跨文化非语言交际专题讲座,进行对比教育。第五,利用多媒体教学手段,如电影、电视、录像等向学生展示目的语文化中的非语言交际行为和手段。第六,在教学条件允许的情况下,专门开设非语言交际相关课程,系统开展非语言交际教学。第七,以小组活动的形式开展非语言交际的课题讨论,发挥学生的自主学习能力,通过自主探究扩充非语言交际知识。

---

① 丁丽红,韩强. 当代大学英语教学的认知研究 [M]. 北京:中国书籍出版社,2018.

第十章 语料库语言学理论应用于语言教学

起源于欧洲的语料库语言学(Corpus Linguistics)是当代语言学的一门新兴学科,迄今为止,已经走过了半个多世纪的发展历程。语料库语言学家能够借助计算机软件对大量真实的语言材料(也就是语料库)进行快速提取,并批量显示语言的真实使用情况,从而揭示语言的特点及其所传递的意义与功能。

第一节 语料库语言学理论与语料库语言学的内涵

语料库语言学的出现和发展是计算语言学与语言学发展的结果,也是信息社会的需要。一部分学者认为,语料库语言学发展至今已经半个多世纪,已经成为一个独立的学科。因为它有自己独立的一套理论体系及操作方法,基于大量真实的语言材料,能够对语言作出系统而穷尽的观察与分析。但也有学者不同意这种观点。他们认为,语料库语言学只是一种研究范式,或者说是一种研究方法。语料库语言学主要是利用语料库对语言的某些方面进行研究,这是一种研究手段。因此,从这种意义上来说,语料库语言学不是一个独立的学科。

以上对于语料库语言学的学科性质分歧,根本原因在于学者们对语料库语言学缺乏宏观认识,争论过程中缺少辩证思维。我们认为,语料库语言学从 20 世纪 50 年代出现至今已经半个多世纪,虽然萌芽之后并不被以乔姆斯基为代表的语言学家们所看好,但后来随着技术的飞速发展,计算机进入千家万户,这为语料库语言学的发展提供了契机。特别是进入 20 世纪

90年代以来,语料库语言学逐渐走入人们的视野,正式登上历史舞台。短短几十年时间,语料库语言学的研究队伍不断壮大,研究领域也愈加广泛。因此,在笔者看来,语料库语言学作为一门新兴的独立学科,其学科地位是毋庸置疑的。我们的理由是,判断语料库语言学是否成为一个独立学科,根本标准不在于对待数据的态度,而在于研究对象的确立。语料库语言学的研究对象就是具体文化环境与实际语境中给定的语言使用系统。我们主张以语料库数据为根本出发点,参考现有理论与语言直觉,基于语料数据对理论和假设进行验证和判断,从而实现语言学理论的丰富、完善、创新及发展。这是语言研究的基本范式,也是语料库语言学研究的根本内涵。[①]

一、语料库的类型

根据所选择的语料内容、选择的方式及建设目的的不同,语料库的类型可以有不同的划分方法,如通用语料库与专用语料库、同质语料库与异质语料库、动态语料库与静态语料库、共时语料库与历时语料库、第一代语料库与第二代语料库、书面语料库与口语语料库等。下面列出一些常见的语料库类型,并做简要说明。

通用语料库(General Corpus):又称一般语料库,是文本的集合,为了保证收集的语料具有广泛的代表性,对语料进行系统的采集,用于事先未指定的语言学研究。通用语料库应有平衡性(balanced),即语料库要收集不同类型、不同领域的(包括口头的或书面的)文本。通用语料库也被称为系统语料库(Systematic Corpus)或平衡语料库(Balanced Corpus),有时还被称为核心语料库(Core Corpus)。当然,严格说来,这些不同的名称之间还是存在差异的。[②]

专用语料库(Specialized Corpus):又称专门用途语料库(Special Purposecorpus),指用于某种特殊研究的语料库。它又可分为方言语料库(Dialect Corpora)、区域性语料库(Regional Corpora)、非标准语料库(Non-Standard Corpora)和初学者语料库(Learner's corpora)等。它还可分为书面语料库(Written Corpora)和口语语料库(Spoken Corpora)。口语语料库是研究口语特征的重要工具,如语音、语调的规律,其研究成果在语音合成中有重要应用。口语语料库的建设涉及对口语真实语料的采集及语音转录,工作量极大。

[①] 刘国兵. 语料库语言学与外语教学 [M]. 北京:中国社会科学出版社,2019.
[②] 郭曙纶. 汉语语料库应用教程 [M]. 上海:上海交通大学出版社,2020.

第十章　语料库语言学理论应用于语言教学

异质语料库(Heterogeneous Corpus):大量收集文字材料,尽可能广泛地接受各类材料而没有事先制定任何选材原则。收藏的文本在格式和内容上各异,而存储的格式和原来的出版物完全一样。

同质语料库(Homogeneous Corpus):它是异质语料库的对立面。一般用于专业语料库。

动态语料库(Dynamic Corpora):又被称为监控语料库(Monitor Corpora),用于观察现代语言的变迁。

与动态语料库相对的是静态语料库(Static Corpora),只收集某一固定时期的共时语言材料。静态语料库建成后,就不再扩充。

共时语料库(Synchronic Corpus):指同一时代的语言使用样本所构成的语料库。与此相对的是历时语料库(Diachronic Corpus),指的是不同时代的语言使用样本所构成的语料库。历时语料库主要用来观察和研究语言的历时变化,共时语料库则用来观察和研究某一时代的语言使用状况。对历时语料库的分解可以得到多个共时语料库。

平行/双语语料库(Parallel/bilingual Corpus):把两种语言中完全对应的文本输入计算机,通过分析对比找出两者的对应关系,可用于机器翻译研究。近年来还出现了多语语料库(Multilingual Corpus),如可以从网上免费下载的 Europarl Parallel Corpus (European Parliament Proceedings Parallel Corpus)就收集了多达11种欧洲议会的多语言文集。

第一代语料库:指的是从20世纪60年代到80年代所建成的一批语料库,这个阶段是以电子语料库的兴起为主要特征。第一代语料库规模相对比较小,大多只在百万词级。在这一阶段,语料库的发展以容量的不断增加和种类的不断扩展为主要特征。

第二代语料库:指的是从20世纪90年代中期开始建成的上亿词的大型语料库。

二、常用的现代汉语语料库

近几年来,我国学者建成了多个现代汉语语料库,现简要列举教育部语言文字应用研究所计算语言学研究室建成的国家语委现代汉语通用平衡语料库。全库约有1亿字符,其中,1997年以前的语料约有7000万字符,1997年之后的语料约有3000万字符。语料的完整时间跨度为1919—2002年,以最后20年为主。该语料库中一半左右的语料经过分词和词类标注,并经过3次人工校对,准确率大于98%。语料库全库按照预先设计的选材原则进行平衡抽样,而标注语料的分布近似于全库。

（1）国家语委现代汉语通用平衡语料库

其中的语料涉及教材、人文与社会科学、自然科学、报刊和应用文,其中教材类约2000万字,包括大中小学教材;人文与社会学科类约占全库的60%,共3000万字,包括政法、历史、社会、经济、艺术、文学、军事体育、生活等;自然科学类包括教材和科普类文本,其中科普类约占6%,计300万字;报刊类以1949年以后正式出版的刊物为主,约占26%,共1300万字;应用文包括政府公文、文告、书信、说明书广告等,约占8%,共400万字。

（2）北大汉语语料库

北京大学汉语语言学研究所建有北大汉语语料库,提供现代汉语、古代汉语、汉英双语三个语料库的检索,有关这些语料库的信息不详。

（3）BCC汉语语料库

北京语言文化大学建有BCC汉语语料库,总字数约150亿字,包括报刊(20亿)、文学(30亿)、微博(30亿)、科技(30亿)、综合(10亿)和古汉语(20亿)等语料,是可以全面反映当今社会语言生活的大规模语料库。该语料库容量大,网络检索速度快,而且对语料库进行了分词和词类标注。语料分类主要包括综合、文学、报刊、微博、科技、古汉语、树库、历时检索等。

（4）媒体语言语料库

中国传媒大学国家语言资源监测与研究中心有声媒体语言分中心建有媒体语言语料库,内容包括2008—2013年的34039个广播、电视节目的转写文本,总字符数为241316530个,总汉字数为200071896个。建库者对语料库进行了丰富的元信息标注,使得研究者可以根据丰富的元信息筛选合适的语料进行研究。

（5）LIVAC语料库

以上几个语料库是中国大陆学者建立的汉语语料库。除此之外,特别值得一提的是LIVAC语料库。LIVAC（Linguistic Variations in Chinese Speech Communities）语料库由邹嘉彦先生等学者创始于1995年,是一个大型监控语料库,定期收集6个泛华语地区代表性中文报刊语料,包括中国的五个城市和地区(北京、上海、香港、澳门、台湾)及新加坡。自创立以来,积累的语料已经超过4亿字。项目研究人员对所有语料进行了分词和标注,同时建立了包括150多万词条的词库,还长期对语料库进行深度分析。

LIVAC语料库宣称采用定时间、定地点、定范围的取样方法收集语料,在研究中采取跨时间、跨地点、跨范围的方法,考察同一时期各华人社区的语言现象,据此进行全面的统计分析,为社会语言学研究提供素材。

三、常用的英语语料库

英语是世界上最为通用的语言,也是最先建成语料库的语种之一,同时还是当下拥有语料库最多的语种。不仅如此,各类英语语料库建设一直在进行之中。不仅以英语为母语的国家在建设英语语料库,以英语为第二语言或外语的国家也在建设英语语料库。除此之外,英语语料库研究也在各语种语料库研究中处于领先地位,引领各语种语料库研究的方向。随着各类英语语料库数量的不断增加,近些年来英语语料库建设呈现出一些新的特点,主要表现在语料库越来越大,各类专门语料库越来越多。这里我们仅介绍几个常用的英语语料库。

（1）英国国家语料库

英国国家语料库（British National Corpus, BNC）可能是最为常用的英语语料库。该语料库始建于1991年,完成于1994年。自1994年完成之后,BNC又出版过不同版本,但期间并未增加任何新内容。BNC由牛津大学出版社、朗文出版公司、大英图书馆、兰卡斯特大学等多家单位合作,在多位语言学家的指导下建成,被公认是最能代表英国英语的语料库。

（2）当代美国英语语料库

当代美国英语语料库（Corpus of Contemporary American English, COCA）是迄今为止最大的美国英语语料库,由 Brigham Young University 的 Mark Davies 创建。该语料库总容量达到4亿5千万词,包含16万个文本,语料库中的文本时间跨度为1990年至2015年,每年收集2千万词。不仅如此,该语料库还是一个监控语料库（Monitor Corpus）。随着时间的推移,语料库的规模还在不断地增长。

（3）国际英语语料库

1988年,UCL语言学家、时任"英语用法调查"（Survey of English Usage）项目组组长的 Sydney Greenbaum 在 World Englishes 期刊上撰文,指出布朗语料库和LOB语料库对美国英语和英国英语语法研究起到了重要作用,同时特别建议,项目开始启动,由 Greenbaum 担任项目协调人,项目名称确定为国际英语语料库（Internrational Corpus of English, ICE）。至今,世界各地共26个团队参加了该语料库的建设,先后建成了20多个子语料库。为了便于比较,每个子语料库的容量均为100万词,60%为口语,40%为书面语,每个子语料库共包含500个文本,每个文本约2000词。每个子语料库都进行了词性赋码和句法标注,而且在标注中采用了同样的标注体系和标注工具。

（4）MICASE、BAWE 和 BASE

这三个语料库都是学术英语语料库。

MICASE 是 Michigan Corpus of Academic Spoken English 的简称,该语料库总容量约 180 万词,其中收集了近 200 小时录音的转写文本,并附有录音,全部源自美国 University of Michigan in Ann Arbor,录音取自大量不同的学术口语场景,包括学术讲座、课堂讨论、实验室活动、学术研讨、学业指导等。MICASE 语料库仅设网络平台,供研究者浏览和检索。

BAWE 是 Brish Academic Writen English Corpus 的简称,由英国 University of Warwick、University of Reading 和 University of Oxford Brookes 合作建成。BAWE 语料库中共包含 2761 个文本,全部是学生学术论文,并且经过评测。论文长度从 500 词到 5000 词不等。涉及艺术学、人文科学、社会科学、生命科学与物理科学等四个主题领域共 35 个学科。

BASE 是 British Academic Spoken English Corpus 的简称,由 University of Warwick 和 University of Reading 两校学者合作建成,语料库中包含 160 场学术讲座和 40 场学术研讨的转写文本,总容量为 1644942 词,涉及四个主题领域。

（5）LOCNESS

LOCNESS 语料库全称为 the Louvain Corpus of Native EnglishEssays,是比利时学者 Sylviane Granger 团队建立的中个英语语料库。语料库共包括三个部分。第一部分是英国中学生(A-Level students)所写的作文,共 114 篇;第二部分是英国大学生写作的英语作文,共 90 篇;第三部分是美国大学生所写的英语作文,共 232 篇。三部分总容量 32 万多词,涉及大量不同的作文题目。最为重要的是,LOCNESS 作文写作者的年龄与 ICLE 语料库中作文的写作者年龄相仿,因此 LOCNESS 几乎是以 ICLE 语料库为研究素材时必备的参照语料库。[①]

四、语料库的语言研究应用领域

随着大数据时代的到来,基于大数据的研究也越来越常见,而语料库是名副其实的语言大数据,因此语料库正在语言学的许多领域得到越来越广泛的应用。对于任何语言研究者而言,语料库已经成为默认资源,任何基于内省的研究,若未经真实数据验证,都不能令人信服。我们无意诋毁内省研究的价值,但大多数人似乎生来就更容易接受"眼见为实"这句话所体现出

[①] 梁茂成. 什么是语料库语言学[M]. 上海:上海外语教育出版社,2016.

第十章 语料库语言学理论应用于语言教学

来的思维方式。

近年来,国内外语料库相关研究蓬勃开展,尽管有关语料库语言学是一门学科还是一种方法的辩论从未停止,但对语料库的价值,怀疑之声似乎变得越来越弱了。的确,怀疑语料库的价值无异于怀疑实证研究的价值,况且这种实证研究还是基于真实发生的数据的。

即便是在语用学、应用语言学或更具体的第二语言习得研究和二语写作研究等学术领域的研讨会上,也常常设有语料库专题。不仅如此,语料库除了应用于语言研究之外,还被广泛应用于人工智能、自然语言处理甚至社会科学研究中。语料库至少在语言研究的以下领域和分支学科中得到了十分广泛的应用。

(一)语言描写研究

语料库应用于语言描写这早就不是新鲜事物了。正如 Leech 所言,收集真实语料并依此描写语言,早在 20 世纪 50 年代就轰轰烈烈地展开了,只是当时人们不把这学科称作语料库语言学。Randolph Quirk 等学者对英语语法的描写是基于语料库的研究成果,而 Sinclair 提出的扩展意义单位试图以全新的视角描写语言,在语言描写理论建设方面影响深远。Sinclair 团队编撰的 COBUILD 词典和语法系列试图以全新的理论和方法描写英语。我们有理由相信,基于语料库的语言描写将成为语言描写最为可靠的方法。

(二)理论语言学研究

理论语言学研究长期以来主要基于研究者的内省。随着人们对语言的理解越来越深入,语言类型学、对比语言学、认知语言学等理论语言学的重要分支或重要方法都越来越多地依赖语料库,许多理论语言学家正是从语料库数据出发提出或修正语言理论的。形式语言学与语料库语言学之间的张力一直是语言学界一个敏感的话题,Chomsky 对语料库的态度影响了几代语言学研究。如今,我们很高兴地看到,即便是形式语言学研究者也越来越意识到直觉有时是不可靠的,他们不时地从语料库中寻找例证。我们相信,不顾语言事实的理论语言学研究越来越不能为人们所接受。即便是那些未能完全接受语料库的学者也逐渐意识到客观数据的价值。我们认为,重视语言事实就是承认语料库的价值。尽管语料库驱动的理论被理论语言学界广泛接受或许尚需时日,但语料库对理论语言学研究的价值是不容置疑的。

(三)对比语言学研究

语言对比研究无法脱离具体的语言,几乎从一开始就是注重数据的。

近年来,欧洲学者特别是北欧学者就语言对比问题提出一系列理论,并大张旗鼓地建设服务于语言对比的可比语料库,国内以许余龙先生等为代表的一些学者也主张重视语言事实,甚至建立了自己的语料库。可以说,基于语料库的语言对比研究才刚刚起步,方兴未艾。由于各种语言间存在种种差异,对共同对比基础的讨论具有十分重要的意义。

(四)认知语言学研究

认知语言学领域研究中也越来越多地依赖语料库。以 Stefan Th. Gries 为代表的一批认知语言学学者擅长理论建设和技术创新,在国际认知语言学领域的影响很大;以 Alice Deignan 为代表的一批隐喻研究者从一开始就基于语料库研究隐喻,开创了隐喻研究的新路径。构式语法与语料库语言学中的搭配研究不仅方法接近,研究的问题也十分类似,两者存在较多的共识。

(五)语用学研究

语用学的学科属性注定需要语料库所提供的语言使用事实作为支撑。脱离语言使用的语用学研究是空洞的,甚至是不可能的。

(六)系统功能语言学研究

系统功能语言学与语料库语言学在很大程度上是同根同源的。Sinclair 的很多思想就是以 Firth 的语境论为基础的,而 Halliday 对搭配的认识极为深刻,其对 Sinclair 的影响很大。Halliday 从来就是语料库的倡导者。

(七)翻译学研究

无论是翻译中的等值理论还是描写翻译学研究都与语料库有着天然的联系。平行语料库是发现等值翻译的最佳资源,而翻译语料库(Translational Corpus)则是语料库翻译学研究的基础资源。语料库资源的利用使得翻译学研究获得了全新的视野。

(八)第二语言习得研究

中介语对比分析(Contrastive Interlanguage Analysis)理论的提出和一大批学习者语料库的建立极大地推进了语料库在第二语言习得研究中的应用。

(九)外语教学研究

语料库指引的教学(Corpus Informed Instuction)、词汇大纲(Lexical

Syllabus)、数据驱动学习(Data-Driven Learning)等是语料库在外语教学中的重要应用。

（十）其他研究

话语分析研究中大量使用语料库，基于语料库的批评话语分析则是近年来批评话语研究的新方法，而篇章语言学研究本来就是针对文本的研究。

词典学研究。COBUILD词典是语料库应用于词典编纂的经典之作。当下绝大部分语言类词典都是基于语料库编纂的，这已经成为大趋势。

以上只列出了语料库在其中已经得到广泛应用的语言学分支学科和研究领域。因学识所限，难免挂一漏万。或许最好的方法还是细致分析哪些分支学科或研究方法与语料库是难以兼容的，或者哪些事情是语料库所不能做到的或者很难有所作为的。

语料库是语言使用者所产出的言语汇集，对语言产生过程的分析，语料库可应用之处相对有限。再者，语料库语言学注重语言使用事实，主张以事实验证、修正内省，这与以内省为唯一手段的研究方法恐难以兼容。

第二节 语料库语言学相关内容解析

语料库作为现代信息技术中的重要组成部分，为语言教学带来了前所未有的变化。首先，语料库凭借其自然真实的语言素材，为课堂教学提供了丰富的资源；其次，对学习者语料库的合理运用可以更客观地考察学习者的语言习得效果；最后，基于语料库的新型教学模式适应了语言课程教学要求，为语言教学注入了新鲜活力。

一、语料库语言学与计算机技术之间的关系

计算机技术可以分为三个层面来看待，分别是工具、方法、思想。不同层面的计算机技术都与语料库语言学研究有联系。在工具层面，计算机是用于表示、存储和处理数据的工具；在方法层面，与语料库语言学研究相关的计算机技术主要表现为文本表征、序列标注、分类聚类等技术；在思想层面，形式化思想是计算机技术的核心思想。形式化思想与语料库研究联系紧密，一方面是因为语料库研究的工具是计算机，计算机处理问题时必然要求研究问题与处理过程能够形式化，另一方面是因为形式化的思想对于充

分利用计算方法,定量研究语言现象具有基础性作用。实际上,语料库本身就是形式化思想的一种体现。

语料库语言学研究的基本素材是机器可读的语言数据,因此,在工具层面,语料库语言学必然与计算机技术之间有着密切联系。关于这两者之间的关系,语料库语言学处于支配地位,也是我们的研究目的所在,而计算机技术处于辅助地位。所谓辅助地位,并不是说计算机技术在语料库研究中不重要。恰恰相反,我们应该充分利用和开发计算机技术,使之为我所用。具体地讲,计算机技术在以下几个主要方面可以为语料库语言学提供服务。

(一)语料的收集和整理

当今的计算机网络技术极大地方便了文本的采集,人们设计并开发了各种网络爬虫,可以快速从网络上采集到大量文本。WaC(Webas Corpus)技术的开发和应用更使我们能够对网络上采集来的文本加以定制。计算机扫描识别技术使我们能够把纸质版的各类书籍和文档转成电子文本,也为语料库建设带来了极大的方便。语音识别技术的开发与应用有利于大规模口语语料库的建设。从文本的整理看,利用文本整理软件,可以有效去除文本中各类噪音,从而保证文本加工的顺利完成,提高各类标注的准确性。

(二)语料的加工

计算语言学研究的不断深入使各类词性标注软件、句法剖析软件等工具成为可能,而且这些软件的准确率不断提高,有效保证了语料库语言学研究的效率和信度。随着自然语言处理技术的发展,近年来人们甚至开发了语义标注软件、情感分析工具等,使得语言研究得以向纵深发展。

(三)语料库的分析

语料库分析技术不仅包括较为传统的索引行分析、词表分析和主题词分析,同时还有近些年来发展起来的多维度分析、多因素分析、聚类分析等。以上分析方法都是当今语料库语言学研究中常见的分析方法,无不依赖计算机技术。近几十年,计算机技术的发展极大地促进了这些分析方法的改进。如今,语料库研究中最经典的索引行分析已经由原来简单的词语检索逐渐发展到框架检索、构式提取、类联接分析等,词表分析也由单词列表扩展到多词单位列表,主题词分析已经扩展到主题词串分析和词性码串分析,多维度分析和多因素分析则是依赖对文本的深度加工、标注和复杂的统计技术,甚至融入了文本分类和机器学习技术,这些都离不开计算机技术。近几年来,人们还将多维度分析方法用于网络文本的分析中,对计算机技术的

第十章　语料库语言学理论应用于语言教学

依赖越来越大。自动语义分析、情感分析更是在计算语言学最新研究成果的基础上发展起来的。

总之,由于语料库语言学研究中的分析对象是电子文本,几乎所有的研究环节都是在计算机上完成的,因而,语料库语言学对计算机技术的依赖是不言而喻的。我们甚至可以毫不夸张地说,语料库语言学能否得到更加前所未有的发展,在很大程度上取决于计算机技术的发展及其在语料库分析中的应用。

二、汉语语料库建设的基本构成

一个语料库的基本构成可以分为词表、词频和句频三个方面。

(一)汉语语料库建设的词表研制

董振东(1997)从一个"分词系统的积极的、潜在的用户"(需求)角度提出,一个"基本词典"(词表)应该包括五类基本词:①单音字和单音词;②单纯词(多音节)和经过挑选的音译外来语;③国名全称;④四字成语;⑤标点符号和阿拉伯数字。作为词典,"基本词典"还应该包括"它们的尽可能详尽的语法、语义信息"。这是一本封闭型的、静态的词典。利用它可完成"切分的任务,即识别上列的各种词语单位和标点"。其结果应该能达到,也必须力求达到"100%的正确率(若发现会造成歧义的词条,则剔除之)"。在"基本词典"之外,还有另一本包含双音和多音词语的及其相关的语法、语义信息的词典。这是一本开放型的、动态的词典。

1. 词表结构与组成

董先生称这两种词典为"规定型词典"。此外,他还提出了另一种词典,称为"参考型词典"。"参考型词典"最大特点有三:第一,它不是切分的主要依据;第二,其词(语)条目的选取非常灵活,完全不必虑及条目是否是一个词,如"使用户"这样的短语,也可以被列为一个条目;第三,由于选取自由这一特点,它的词条数目可以而且也应该比"规定型"的多得多。在"参考型词典"中每一词条的信息都必须包含"合法搭配信息",如"使用户"。

董先生认为:"现有的分词系统所采用的词典有两大特点:第一,多数只是一个词表;第二,多数只有一个词表,而不是多种类型的几部词典。以具有这两大特点的词表为依据的分词系统,既体现了系统的运行过程,也反映了人们对于分词的基本观念。这种基本观念的主要点就是建立一本像英语词典那样的词典,然后依据它把词语断出来,所得到的结果将跟英语的书面语文本基本一样。但是多年来的实践证明,问题并不简单。其中关键性的部分在于词典。"

董先生还说:我们认为"规定型词典"的词条是必须而且也是可能加以严格控制的,而"参考型词典"的词(语)条则无须严加控制。这两种为信息处理用的词典,不应该简单地照搬一般的通用词典。另外,专业术语词典中的绝大部分词条和出现频率很高的专有名词都将被列入"参考型词典"。它们不是切分的依据,而是检查合法性的依据。

在《汉语分词研究漫谈》中,董先生的结论是"①做分词系统,一定要为某种系统的目的着想;②由于服务的对象不同,可能会有不同类型的分词系统"。即认为不同的系统可能会有不同的词表。

2. 词表的构造原则

关于词表的构造原则,只有林杏光、苗传江(1997)在《"规范+词表"与"经验+统计"》中讨论过。他们提出,"研制《信息处理用现代汉语规范词表》的两个原则,即"规范+词表"与"经验+统计"。前者是指解决汉语分词问题,除了要有统一的规范外,还必须有一个相应的实例化的规范词表。后者是指制订词表应该采取把语言工作者的经验和基于语料库的统计数据相结合的方法。

3. 词表的操作依据

孙宏林(1997)认为:从区分词和短语的角度看,主要只能依据句法标准和语义标准,二者之中又应当以句法标准为主。句法标准中单用标准优先于扩展标准。音节标准可以作为句法标准和语义标准之外的一个补充标准。使用频度不能作为区分词和短语的标准,但可以作为电子词典收录短语的实用标准。

因此,可以给出以下的优先顺序:单用标准 > 扩展标准 > 语义标准 > 音节标准 > 频度标准。分词标准只是分词的基本原则。在明确了这些原则和方法之后,更重要的工作是利用这些方法制定出一套可操作性强的分词规范作为制定词表和具体分词工作的依据。现有的分词规范离这个目标相去甚远。要制定出一部理想的面向真实文本的分词规范,必须要调查大量的语言事实。应该在分析语言事实的过程中归纳出分词规范,而不能靠演绎的办法。

4. 结构化词表理论

郭曙纶(2011)提出了结构化词表的设想,并对此做了较为详细的论

第十章　语料库语言学理论应用于语言教学

述,下面是其要点。

结构化词表的理论来源是汉语内涵逻辑理论,该理论借鉴了弗雷格的叠置原理。结构化词表可以提供更多的汉语语言信息,如可以提供构词法方面的信息,可以加工出包含有不同颗粒度信息的语料,可以适应不同应用的不同需求,也能更好地满足各方面研究的需要。

在制定结构化词表的过程中,语义起着重要作用。在判定一个词是不是原子词时,依赖的是语义标准。如"白菜"与"白纸",前者是原子词,后者是叠合词,就是因为前者的意义是一个不可拆分的整体,后者的意义可以由其组成成分"白"和"纸"的意义叠置而成。

结构化词表的构造原则最重要的有两条:叠置原则和高频原则。叠置原则,即符合弗雷格原理的语言单位不是词(原子词),而是短语。这是意义原则,是定性原则。

弗雷格原理(Frege's Principle),有人又称之为"弗雷格叠置原理"或"弗雷格组合原理"。弗雷格原理说的是一个复合表达式的意义就是它的各部分意义的一个函项。对于外延性语言可以说,一个复合表达式的外延就是它的各部分外延的一个函项。其核心就是认为复合表达式的意义只能由其组成部分的意义复合而成,所以语言研究的关键在于找出意义复合的方式,也就是所谓函数(即函项)式。

换句话说,弗雷格原理说的是一个复合成分的意义等于它的成分意义的组合("组合"也有人说成"复合")。高频原则(兼顾高通用度)是指,词表中收录的只能是高频的词或短语。这是频率原则,是定量原则。

在这两条原则之外,郭曙纶(2011)还提出了结构化词表的 6 条制作准则:层次性准则、穷举性准则、系统性准则、完备性准则、区别性准则、尽量小准则。

(二)汉语语料库中的词频研究

汉语词频统计是汉语信息处理的一项基础工程。"现代汉语词频统计"是由北京航空学院等 11 个单位研制完成的、规模巨大的汉语基础工程。它选取约 3 亿字的汉语材料,从中抽样输入了 2000 余万汉字,并对之进行了计算机自动切词和频度统计。它首次创建了一个汉语自动切词系统——CDWS,编制了一个有 13 余万词条的计算机词典,建立了一个有 52 个属性的汉字信息库。

1. 词频统计的意义与困难

由于语言信息处理研究源于对英语等拼音文字语言的处理,因此,开展汉语信息处理研究就面临着一个不同于拼音文字的语言信息处理的难题——切词。因为如果能够把汉语变成像拼音文字那样的语言,就可以直接借鉴国外现成的语言信息处理的理论、方法与技术。汉语信息处理的基本单位很多情况下是词。因而,词的频度统计对汉语言理解、机器翻译、汉字编码、汉语教学、文字改革,甚至对速记等领域都有重要的意义。

汉语由于没有用于切词的自然形态界限,对"词"没有一致认可的定义,直至20世纪80年代初期,我国才开始用计算机进行汉语词频统计的研究。汉语词频统计不仅是一项工作量巨大的工程,它也涉及统计学、汉语言理论和计算机技术等研究领域的许多问题。它与抽样理论、汉语词的定义、词的划分、知识表达和语义理解等有直接的关系。

整个词频统计工程从理论上来说至少包括以下一些工作流程:选材、抽样、录融入、切词、统计、输出结果。

2. 选材、抽样、录入

选材其实就是确定原始母体。对原始母体的定义就是对选材范围的约定。对各领域、学科及各时期的选材比例都影响统计结果。一旦确定了统计的目的,那么就可以定义原始母体了。

选材来源于以下几个方面:报纸、期刊、教材、专著、通俗读物、科普读物。这些选材来源不包括翻译作品,而是有代表性的名作家的作品及其他语言规范化的作品。不过现在也有人提出选材来源不一定要限于所谓规范化的作品,因为事实上并不是只有规范化的作品才具有代表性,规范化的作品只是所有语言作品中的一部分,甚至只是较少的一部分。

如果希望得到与客观实际相近的统计结果,从大量的原始母体中抽取样本是一项重要的工作。样本就是被统计材料,它应具有原始母体的代表性。由母体抽样进行统计的可靠性与以下三个方面有关:①样本的大小;②抽样方法;③母体的均匀程度。

"现代汉语词频统计"原始母体约有3亿汉字,采取随机和有规律(等距、分层等)相结合的多层抽样法,样本总字数2500万。选材及抽样方案经过16位顾问及著名专家、学者等的审定。

"现代汉语词频统计"采用"词字混合码"汉字编码方案录入,被统计样本在编码录入后超过了1亿字符。

3. 切词、统计

由于汉语不实行按词连写,因而汉语信息处理存在切词的问题。切词是汉语信息处理中的一个关键问题。为了提高切词精度,"现代汉语词频

第十章 语料库语言学理论应用于语言教学

统计"课题组设计并实现了词尾字构词检错技术,配置了知识库,显著降低了错误切分率。

切词问题的关键在于:什么是词,语言学家们有不同的定义。到目前为止,汉语言学界关于"什么是词"还没有一个能为所有人接受的定义。不同的定义对词有不同的切分。相同的定义对词的切分也会不同。

"现代汉语词频统计"课题组研制的 CDWS (The Modern Written Chinese Delimitating Words System) 切词词典收取了《现代汉语词典》等23种词典的词条,词条数为131161,这样,不同的用户可以根据自己的需要,将较长的词条分解为较短的词条,并将其频度迭加到较短的词条上,使词频统计结果可为更多的用户服务。词频统计软件系统是在 CDWS 的基础上实现的,它有批量处理和终端对话两种操作方式。

4. 汉语的词语频率统计

如果只是进行词频的统计,其方法类似,而且比字频统计要简单一些。因为在进行词频统计时,语料已经切词,词与词之间都有分隔符,一般是空格或斜杠,在做字频统计使得每字一行这一步骤时,换成使得每词一行就行。接下来的工作就跟字频统计一样,这里不再赘述。

词频统计最重要的一项前提工作就是切词,而汉语自动切词总是存在着或大或小的差错,人工校对的成本又比较昂贵,因此,大规模汉语切词语料库的加工成本就相当高。而且汉语切词的标准也存在着较大差异。这些都制约了汉语词频统计研究的进一步开展。

(三)汉语语料库中的句频研究

已有不少学者开展了汉语句型的研究,但是大规模的较为完整的系统研究只有北京语言学院赵淑华老师的课题组,其成果《现代汉语基本句型》集中发表在1989年第1期至1991年第1期的《世界汉语教学》上。

关于汉语句型大规模统计的研究,主要是由清华大学中文系的罗振声老师组织完成的,他们获得了国家自然科学基金的资助,发表了一系列的论文。他们统计的句型分类也是基于发表在《世界汉语教学》上的《现代汉语基本句型》。语料库大规模真实语料的汉语句型自动分析与频度统计,是查清现代汉语句型现状的主要途径,也是继汉字字频统计和词频统计之后的又一重大基础性研究课题。

目前已有的句型统计研究,主要还是针对以结构特征为标准的句型系统,很少有大规模的以功能特征为标准的句型系统,我们看到的只有王美馨(2011)所做的一个较小规模的功能句型语料库的建设与统计。

1. 标准句型系统

要做句型统计,首先要确定用于统计的标准句型系统。目前所见的基本是以北京语言学院句型研究小组的《现代汉语基本句型》为主要参考而建立的以结构特征为标准的句型系统。罗振声(1995)的系统共有 209 个基本句型,同时还设有杂类句型,凡超出其标准句型系统的被测试句型,均称为"杂类句型"。而在罗振声、孙长健(1997)的研究中,为适应自然语言研究的需要,他们又对标准句型系统进行了两方面的压缩。

2. 句型统计系统的组成与结构

一般来说,一个句型统计系统由五大模块组成。
(1)语料预处理模块:主要对采集的真实语料做自动切词和词性标注等处理。
(2)句型成分分析与句型匹配块:由句型成分分析器和句型匹配器组成,是系统的核心部分。
(3)知识库模块:包括标准句型库、分析词典、规则库及其维护软件。
(4)I/O 接口模块:包括界面菜单、句子流输入、实验结果输出等管理软件。
(5)统计与应用模块:本模块主要给出被测试语料的句型频度统计表。
此外,还给出按指定句型自动获取语料库句子实例的功能,以及提供用于汉语句型自动分析和频度统计正确性检验的随机抽样软件。

3. 汉语句型的自动分析

汉语句型的自动分析是实现汉语句型分布统计的关键。目前主要采用以谓语为中心的句型成分分析与句型匹配相结合的策略。句型成分分析是其问题的核心,关键是如何判定句型成分的短语边界,从而确定句子的基本结构模式,为句型判别做准备。句型匹配则是将句子的结构模式与句型库中的标准结构模式相比较,以最后确定其句型。以谓语为中心的句型成分分析的基本方法是:首先识别与判定句子的谓语成分,以谓语为中心将整个句子分成两部分。然后,对谓语之前的部分分析主语和状语,对谓语后面的部分分析宾语和补语。若句子中出现多个谓语(假设 n 个),并且这 n 个谓语组成连谓结构,则这 n 个谓语必把句子分成 n+1 个线性部分,这时,对第一部分分析主语和状语,对第 n 个部分分析宾语和补语,对其余 n−1 个部分分析状语、宾语和补语。若句中出现兼语式或小句宾语,则采用递归的方法分析该句子。由此可知,在目前的句型分析统计系统中,句型成分只有主语、谓语、状语、宾语和补语五种,在传统的六大句子成分中,定语被排除在句型成分之外。

4. 实验结果与分析

罗振声(1995)对约 25 万字的真实语料进行了测试,获得了实验模型的句型频度表。这是目前为止我们所见的唯一一个公开发表的句型频度表。他们对随机抽样的 1039 个句子经人工逐句检查发现,其中有 101 个句子分析有错误,句型分析正确率为 90%。

在后期,他们又进行了一轮(约 300 万字到 500 万字)句型统计。根据统计数据中的频度,对句型频度进行了分级,大致分为高频、次高频、低频及生僻四个频段。

汉语句型分析与频度统计的研究,是清华大学中文系承担的国家自然科学基金资助项目,完成后已通过了国家教委组织的专家鉴定。

第三节 语料库语言学在语言教学中的具体应用

教学研究是运用科学的理论和方法,有目的、有意识地对教学中的现象进行研究,以探索和认识教学规律,提高教学质量。从理论上看,任何一种语言学理论的提出,都可以为教学实践提供科学的指导,促进教学的发展。大学英语四、六级考试委员会原主任杨惠中教授在 2003 年上海语料库语言学国际研讨会开幕式上提到:"中国的语料库语言学研究从 20 世纪 80 年代中期建成第一个语料库起,就与外语教学结下了不解之缘。"随着语料库语言学研究的不断深入,一些学者尝试将语料库技术运用于第二外语习得与教学领域的研究。语言教学与语料库研究之间显然已经达成一种学科共进。

一、语料库的应用

语料库在语言学研究中的作用是多方面的,最主要的就是提供丰富多样的语言实例,然而其应用远不止于此,这里先简单地提及一些。

(一)频率统计

频率统计主要分为字频统计和词频统计两个方面。早在语料库概念还没有产生之前,在我国就已经有学者通过语料库统计的方法来研究汉字的频率,其目的在于研制基础汉字的字表。著名教育学家陈鹤琴统计了六种包含554478个汉字的语料,得到4261个不同的汉字。在此基础上,编写了《语体文应用字汇》,于1925年完成,并于1928年由商务印书馆出版。正式应用语料库技术来统计汉语字频的成果有贝贵琴、张学涛(1988)汇编的《汉字频度统计——速成识读优选表》和国家语言文字工作委员会、国家标准局(1992)编的《现代汉语字频统计表》。《汉字频度统计——速成识读优选表》通过对不同出版物的2100多万字的用字统计,用数字揭示了每个汉字的使用频度(按常用程度分级排队)及笔画规律。这是我们目前所见中国最早的利用计算机来大规模统计汉字得到的字频统计结果。《现代汉语字频统计表》则是专门为了统计字频而进行研究的成果,该研究成果是从1977年到1982年间社会科学和自然科学的1.38亿字的材料中抽取1108万余字利用计算机统计而成的,共有13个汉字频度表,分别按降频次序和汉语拼音字母次序排列。词频统计方面的成果有刘源等(1990)编的《现代汉语常用词词频词典(音序部分)》。目前在网络上还能找到不少可以免费下载的字频和词频数据。此外,也有对现代汉语基本句型进行频率统计的。[①]

(二)词汇研究

语料库可以为语言研究者提供大量真实准确的例句。这方面的研究有很多,如为词典编纂家提供实例、为研究某个句法现象提供实例等。这样可以更为准确地把握某个词语的语义及用法。

(三)语言教学

语料库中的语料是人们实际运用的语言,所有的材料均取自真实的书面语和口语文本,是语言在实际使用中的客观例证。对这种材料进行分析,有时可以发现现有语言教学材料中存在的问题。因此,汉语语料库在语言教学中可以有两个方面的应用:一是为学习者提供丰富的汉语学习实例,二是从汉语学习者语料(汉语中介语语料库)中发现教学中存在的一些问题或者需要注意的方面。

---

① 周红.汉语研究方法导引[M].上海:上海教育出版社,2018.

二、语料库在外语词汇教学中的积极作用

传统教学中,学生更多处于被动的状态,教师是整个课堂的主宰者。而语料库的加入,使学生可以自己运用词语检索工具和语料库进行语言分析,来找出语言使用的规律。在这个过程中,教师只是提供相应的指导。学生独立完成整个学习过程不但可以锻炼自主学习能力,还可以通过亲身经历取得更好的学习效果。

(一)语料库应用于英语教学改革的理论基础

现代教育理念是以人为本,强调学习者要参与知识构建的全过程,并由此激发学习者的创新思维和培养分析问题,解决问题的能力。因为处理信息需要调动人脑三个方面的智力——注意力、记忆力和推理能力,所以,将语料库引进英语教学有利于发展学习者的智能。

(二)促使教师转换角色

把语料库引入大学英语教学使得教师不再仅仅是知识的呈现者与传授者,而是学习过程中的指导者、协调者和帮助者。学生能按照自己的学习意图和学习策略,通过不断对大量真实语料的检索与分析来解决学习中的问题。

(三)促使英语学习方法新理念的形成

语料驱动学习是以语料库为基础,使用原始语料或通过语料库检索工具得到的结果来进行语言学习的发现式和探索式学习模式。基于语料库的学习活动通常先提出一个学生需要解决的问题,然后要求学生独立地搜集、分析、处理语料,从中归纳出自己对问题的看法和观点。

(四)提供大量真实、自然、丰富完善的教学资源

将语料库作为教学资源,引入大学英语课堂教学最有利的因素就是语料库的真实性和有效性。语料库只呈现真实的语言例句,提供词语使用的真实语境,提供大量语言使用的变体和新颖有创意的语言形式,反映语言的变化和发展。现代技术和海量信息相结合,使得语料库成为一个开放的、永无止境的认知和学习的源泉。因此,将语料库作为学习内容,学习者不仅能习得所学语言的知识,还能真正懂得如何正确、得体地运用语言,习得地道的英语语言知识,这正是大学英语课程教学要求所需要的。

(五)应用于英语词汇教学

现代语料库问世之前,词汇教学是教师凭借自己对词汇的掌握程度和教学经验,或者从词典中查到词汇的搭配给学生进行讲授。语料库的引入可以克服上述问题。教师可以借助索引软件在语料库中寻找以该语言为母语的人使用该词的搭配例句,找出该词汇的最常用搭配,得到生动而且说服力强的例句。利用语料库进行语法教学最大的特点就是将语法教学置于真实的有意义的语言环境中,这是一种对学生而言压力较小但却有挑战性的教学模式,其优越性在于能够激活不同层次水平学生的学习兴趣,培养发散思维和自主学习的良好习惯。

(六)符合大学英语教改要求

语料库应用符合目前大学英语教改要求,在教育部推出的一系列大学英语教学改革措施中,其中一条便是改革教学模式。语料库方法不仅代表着一种新的研究方法,也代表着新的思维方法。基于语料库的思想将越来越深入人心,逐渐成为语言教学诸环节(如大纲设计、课程设置、教材开发、词典编纂及课堂教学)的必备手段。语料库对于推动我国大学英语教改、解决目前大学英语教学中的实际问题、改革教材和教法、提高教师的上课质量和学生的语言实用能力、运用现代化技术进行教学和研究确有裨益。尤其在当前,我国大学英语教学存在教学班级多、学生人数多、教师数量少、学时少等问题,开展此研究和实践尤为必要。

三、语料库与翻译教学模式研究

随着信息时代的到来,传统的以课本为授课媒介、教师主导教学而学生处于被动接收知识地位的教学模式已经不能满足时代的需求,而语料库语言学的研究成果和技术手段是一个令人瞩目的新领域。一方面,语料库的语言材料真实而丰富,直接呈现出真实语言的使用情况;另一方面,语料库的技术手段(如词频、搭配、索引分析等)为探索性学习提供了技术上的支持,这有利于自主性学习的实施。

近30年来,语料库语言学发展迅速,并应用到语言研究的各个领域。英汉平行语料库拥有大量的原文和译文资料,这对翻译学研究及翻译教学和翻译实践的作用都是非常大的。平行语料库储存的双语文本为翻译教学提供了一个理想的平台。其优点主要体现在:与传统教学相比,更有助于学生发现语言使用的复杂性;真实文本中所提供的例证比教科书上零散的

第十章　语料库语言学理论应用于语言教学

例子更加有系统性,有助于让学生对某个特定的翻译用法理解得更加深刻。平行语料库的创建在国外已经有二十多年的历史,在教学领域中的研究也有十余年,但是平行语料库在我国起步较晚,这就需要我们更深入地探索语料库在翻译教学中的价值并扩展到实际教学中。①

(一)语料库翻译学研究在翻译教学中的应用

1993 年,英国学者 Mona Baker 撰文《语料库语言学与翻译研究:启示和应用》,他将语料库语言学的研究方法引入翻译研究,并建立了各种翻译语料库,促使以量化、统计和描述为主的语料库翻译研究受到越来越多的关注,逐渐发展为翻译研究的一种新范式。王克非教授将语料库翻译学定义为"以语言理论和翻译理论为研究上的指导,以概率和统计为手段,以大规模双语真实语料为对象,采用语内对比与语际对比相结合的方法,对翻译现象进行历时或共时的描写和解释,探索翻译本质的一种翻译学研究方法"。

21 世纪以后,将语料库的方法应用到翻译研究中已成为一种趋势。王克非教授撰写的《双语对应语料库:研制与应用》是国内较早的使用语料库的方法研究翻译的书籍,为后来国内的语料库翻译研究打下了良好的基础。值得注意的是,语料库翻译学并不仅仅是一种研究方法,更是一种研究范式。语料库翻译学吸引了一批坚定的拥护者投入其中,为后来的实践者留下了很多有待解决的问题。

作为一种新的研究范式,语料库语言学带来了新的研究工具和研究方法。翻译研究的目的在于从翻译现象中归纳出原理,进而对翻译现象做出解释,之前的翻译研究采用的是用语际对比来检测翻译的忠实性,用语内对比来检测译文的流畅性和得体性,而这种研究的缺陷在于规模不够大,研究的文本数量有限,所以定性研究结论的说服力很有限。而结合语料库方法可以实现大量的文本分析,快速实现语内对比和语际对比研究,而且,建立在数据之上的研究结果有证据性,更具有说服力和科学性。

(二)平行语料库在翻译教学实践中的优势

语料库内容丰富且真实,双语平行对比性强,能够为翻译教学提供大量的参考资料,奠定良好的基础。平行语料库在翻译教学实践中的优势具体体现在以下几个方面。

---

① 贾爱武,濮建忠,高军.语料库语言教学与研究[M].杭州:浙江工商大学出版社,2017.

1. 检验译文的准确性

翻译过程中存在对源语言理解上的偏差而导致的原有韵味丢失、表达不够地道等问题，在翻译教学中是不可避免的。但是基于平行语料库的翻译教学在一定程度上可以纠正不地道的表达，语料库中的检索技术可以帮助学生及时判断译句是否准确、地道，搭配是否合理。从真实的语料中寻找搭配的灵感，感受语言使用的规律，才能将句子翻译得更加地道、自然、不生硬。

2. 拓展翻译思路

对地道的表达接触不够会导致翻译的过程中表达不够地道、准确。教材上的翻译例句有限且不灵活，这会导致学生翻译思路的闭塞。语料库内容的丰富、翻译形式的多样、大量的地道表达符合实际翻译的需要，能帮助学生拓展翻译的思路，把握翻译过程中的灵活性。

3. 教学的灵活性

基于语料库的翻译教学在一定程度上不仅可以使翻译的教学摆脱时间、地点上的限制，体现教学的灵活性，更有利于发挥语料库技术在教学中的检索性、资源性、自主性、研究性等特点。基于语料库开展的翻译教学通过学生与机器之间、学生与老师之间、学生与学生之间的互动等多种互动教学形式，充分发挥自主学习、互动学习的优势，为翻译教学提供更加科学、有效的实践途径。

4. 科学性

传统的翻译教学以理论知识传授与学生的翻译实践相结合为主，教师扮演的是主导者的角色。而以书本传授理论知识的广度及数量有限，并且翻译质量的高低也是教师主观上的判定，缺少更加科学的依据。翻译教学追求的更高目标是培养译者灵活的翻译技巧和处理翻译问题的能力，而分析真实的文本材料对于提高译者完成翻译任务效果不言而喻。

（三）语料库在翻译教学中的运用

语料库翻译教学是语料库翻译学的应用研究，如王克非教授所总结，语料库翻译教学运用的基本原则是"观察先于归纳、呈现先于讲解、学生自导先于教师指导"。近年来，注意到语料库应用于翻译教学研究中的情况越来越多，但多以理论研究为主，具体使用方式的研究却不多。基于语料库的检

第十章 语料库语言学理论应用于语言教学

索技术支持和翻译教学的实践性特征,语料库在翻译教学中可分为几个步骤进行:首先是语料呈现,教师可根据使用频率的高低挑选语料使学生自行检索;学生通过浏览语料和检索后的结果自行建立意义关联;学生报告观察结果并使其发现两种语言的一对多、多对多的性质,从而使学习者建立语言意识,总结翻译技巧,但是教师也要及时给予反馈;重要的一步是检测语料呈现的效果和学生对语料的敏感程度;最后是教师和学生共同探讨与所呈现的语料相关的翻译技巧和翻译策略。

1. 教学内容及时更新

英汉平行语料库搜集大量使用中的语言,以语料库技术作为辅助,有利于老师和学生快速找到需要的译文和上下文,这对翻译教学意义重大。针对有些翻译教材更新不及时的现象,语料库翻译教学能很好地补上这个空缺。通过学习一些翻译理论及翻译标准,如"信、达、雅"的翻译标准、功能目的翻译理论等,我们知道不同的文本类型有不同的翻译标准,而平行语料库则包含了大量的实用性文本,包括小说、新闻、广告等各类体裁的文本,为笔译教学提供了广泛且具有实效性的句子,学生可以就此总结、掌握各类文本的翻译技巧。

2. 教学内容的丰富性

在教学过程中,由于语料库内容丰富,题材多样,教师也可进行专题教学,这对提高教学质量意义重大。通过一定量的专题训练,学生对比源语言和目标语在词汇、句子上的差异,直接并充分体会到语言之间的差异,为之后创造性的翻译实践打好基础,对提高翻译质量意义匪浅。语料库因为其文本的多样性和数量上的优势,可以丰富学生的语言搭配知识。学生从活的语言中直接接触,理解更加深刻。

3. 自主性学习

语料库为笔译教学提供的是一种新的教学方法。不同于传统的教师课上教授翻译知识,课下学生进行训练,在语料库手段的支持下,教师通过指导学生进行语料检索,从检索结果中学生会发现同一个词在目标语中有多种不同的表达,充分体会到翻译的多样性,树立避免翻译单调性的意识,这对今后的翻译实践意义重大。理论基础固定下来后,实践过程中翻译习惯的改动就很难。有了学习资源,学生可以更加便利地主动探究某个词在特定语境中的固定搭配,主动探索使用不同译文的原因,此时,学生不仅仅是学习者,更是发现者和探索者。这种探索式的学习有助于转变学生的学习观念：不是被动接受知识，而是主动去探索知识。

这种教学环境下，学生的观察可能是有限的或局部的，但是可以进行丰富。翻译技巧可通过教师和学生的讨论逐步形成，这有助于学生保持长期稳定的翻译策略，而传统的翻译教学在这一点上还存在不足。为达到这一点，教师在课堂教学时要逐渐改变教学策略，将课堂的主动权交给学生，教师的角色是引导并帮助学生用好、用对主动权，肯定学生的发现，激发学生自信心，鼓励学生主动探索平行语料库在翻译中的价值。

4. 互动式教学

学生主动利用检索工具进行学习，过程中遇到的问题可以和老师、同学讨论，对某一翻译现象进一步学习，充分挖掘合作性学习的潜能，遇到问题、思考问题、解决问题，同时提高学生自我投入的积极性。这里并不是削弱教师的作用，而是为教师提供了更加广阔的创造空间。快速方便的检索为教师节省了找教学资源的时间，使得教师有更多的时间和精力致力于改进教学方法，设计更加有创造性的教学活动。但是翻译教学中使用的平行语料库内容较为丰富，学生面对数量较多的翻译例句不免困惑，无法快速地把握有用的信息，总结翻译技巧。因此，教师应挑选出较为经典的语料与学生一起研究分析，在样例分析之前按照翻译方法分好类别，将翻译技巧明晰地展示出来，便于学生理解及后期操作应用。

（四）对翻译教学有辅助作用

语料库作为一个工具，在教学中的作用不言而喻。语料库主题的多样性顺应了翻译跨学科性的特点，语料的广泛性也为翻译教学提供了更多的选择。在翻译教学和实践中，学生较其他科目的学习更能积极参与教学过程。在教学过程中，学生可以通过观察双语的对应句来学习好的译文，总结翻译技巧，提升翻译的准确性和地道性。

然而，尽管语料库对翻译教学有很好的辅助作用，能够提升译者的能力，但语料库并不能解决翻译中的所有问题，现有的语料库更适合有文本意识、有一定语言基础的学习者进一步学习，而对于缺少一定系统性知识的翻译初学者，知识的广度和深度限制了他们对语料库的使用效果，所以语料库在翻译教学中对于初学者来说给予的帮助有限。此外，目前的语料库翻译研究大多集中在笔译研究上，而语料库口译的研究很滞后，这些问题有待进一步研究解决。

四、语料库与学习者中介语研究

基于语料库的对外汉语教学研究有很多方面,这里只谈基于中介语语料库的对外汉语教学研究。基于中介语语料库的对外汉语教学研究近年来已经有不少,其中相当一部分是基于 HSK 动态作文语料库的研究,光硕士论文就有不少。这些论文从基于语料库的多个不同侧面探讨了对外汉语教学中一些偏误现象,有的还探讨了产生偏误的原因。

在这些传统中介语语料库之外,郭曙纶等(2011)提出了一个"另类中介语"的概念,用以指称留学生在电脑上输入汉字时所产生的种种汉字输入错误现象。由于这种另类中介语语料库的建设成本较传统中介语语料库的要低得多,我们觉得可能会是未来中介语语料库发展的一个方向,因此这里就着重讲述这篇论文的主要内容。

郭曙纶等(2011)认为,如何拓宽中介语语料库的建设渠道,应该成为当前和今后一段时间内汉语中介语研究领域的一个重要课题。因为在汉语中介语语料库建设中,语料的转写是一个非常耗时耗力的工作,而如果郭曙纶等(2011)提出的另类中介语研究能够有所进展,就能拓展汉语中介语研究的对象和内容,也能收集到更多的汉语中介语料,这必将推动汉语中介语语料库建设的研究工作。

(一)中介语研究的步骤

郭曙纶等(2011)的研究分为四个步骤:语料收集、语料错误标注、语料错误类型标注、语料错误统计与分析,具体如下。

首先,收集留学生输入的汉语文本。这些文本都是留学生在课外进行汉字输入练习时所输入的对外汉语中级口语教材课文文本(今后也可以是留学生用电脑写作或者只是做普通的练习时所输入的电子文本),共 15 个文件,一般都含有一些输入错误。

其次,对语料文本进行错误标注。

再次,对标注语料进行处理,提取输入中出现的各类错误,并对错误进行类型标注。为便于统计,也为便于后续的处理,先将所有错误导入到 Access 表中,然后再进行错误类型标注。

最后,对错误进行统计与分析。统计并分析各类错误,对留学生今后输入汉字提出改进建议。

(二)中介语统计与分析

郭曙纶等(2011)总共得到 329 条错误记录。对这 329 条错误记录,逐一进行了错误类型的标注,统计后得到 23 种错误类型(个别错误同时属于两种错误类型,所以错误总数超过 329)。

由此可以看出,留学生的输入错误中排在最前面的三种错误类型是全角半角、同音近音、冒号分号。可以把错误分成两大类:标点错误和汉字错误。分类合并后,可以发现 189 处标点错误占了整个 344 处错误的 55%,而 155 处汉字错误只占 45%。这说明在郭曙纶等(2011)研究的留学生输入错误中,标点错误占了大多数。这启示我们教留学生输入汉字时一定要同时强调或者教会他们正确输入汉语标点,以提高汉语文本输入的正确性。

在标点输入的错误中,全角半角和冒号分号错误占了整个标点输入错误的近一半,而在汉字输入的错误中,同音和近音错误占了整个汉字输入错误的一半多。这就要求:在留学生汉语标点输入教学中,要特别强调全角符号与半角符号的区分,要教会留学生输入汉字的符号一般都是全角符号,冒号与分号是两个完全不同的符号,它们的作用很不相同,不能混淆;在留学生输入汉字的教学中,要特别注意因同音、近音而造成的输入错误,提醒学生在汉语中同音字、近音字有不少,汉语需要依靠汉字的字形来区别意义,因此需要根据意义来选择不同字形的同音字、近音字。

(三)应该加强标点的输入教学

首先,另类中介语现象还是很值得研究的。其次,从这些另类中介语现象的研究中还是可以得到一些非常有意思的启示:在汉语汉字输入教学中,应该加强标点的输入教学,要向留学生强调标点中有全角符号和半角符号的区别,而汉语中都是全角符号;而在标点的输入教学中又要特别加强冒号分号、顿号逗号、引号和省略号等易混标点,以及不易输入标点的教学。在汉语汉字输入教学中,还应该加强对同音字、近音字的辨析和选择输入(这主要是因为目前留学生大多使用拼音输入法输入汉字),另外要求留学生注意避免漏字错误。

五、汉语学习词典近义词研究

语义韵是语料库语言学的重要研究对象,广泛应用于语言学各领域,但应用于词典学的文献数量有限。本文基于数据和数据驱动相结合的语义韵研究方法,以"屡次"和"再三"为例,观察分析了这对近义词的类连接、搭配词语义特点及语义韵结构,并以此为基础探讨了对外汉语学习词典近义词辨析栏的设置。本文发现,通过观察语义韵研究过程而总结的近义词语法、语义、语用信息可为对外汉语学习词典提供全面的近义词辨析信息。

第十章 语料库语言学理论应用于语言教学

（一）近义词研究概况

新中国对外汉语教学始于 1950 年,相应地,对外汉语辞书编纂出版也历经了 50 多年发展。从最初的服务于藏族和朝鲜族同胞及满足来华留学生学习汉语,到现在随着汉语国际推广的迅猛发展,外向型汉语词典正积极服务于世界范围内的汉语学习者(孙德金,2006)。据统计,至 2010 年,共出版 204 种外向型汉语词典(解海江等,2015)。学习词典被认为是"无言的老师",作为二语学习者课外学习不可或缺的辅助工具书。

相对于较为成熟的英语学习词典,对外汉语学习词典仍存在一些问题,如编纂体例等没有摆脱传统语文词典编纂的模式,不适合外国人学习汉语(章宜华,2008)。同时,对外汉语学习词典借助了不同领域的语言学理论作为编纂指导思想,从而促进其发展和完善。其中,语料库语言学自其发轫以来一直被各类词典所援用。语料库语言学的主要研究问题是词汇的形式和意义,对于词典的核心问题——释义来说,其研究成果可提供客观、科学的数据和理论支撑。此外,与英语学习词典愈来愈注重语用问题一样,对外汉语学习词典的语用信息也引起学界重视(杨金华,2015;赵刚,2013)。对此,作为语料库语言学重要发现之一,语义韵对词汇的形式、意义、语用信息提供了新的研究视角和研究手段:"(语义韵)用于实现态度意义,在'语义—语用'连续体中更靠近语用一端。"（Sinclair, 1996）因此,借助"北京大学现代汉语语料库"（以下称 CCL）,观察语义韵结构(卫乃兴,2002),通过个案来探讨、分析对外汉语学习词典中近义词辨析这一语用问题。

（二）语义韵及相关研究

一般认为,语义韵（semantic prosody）最先由 Sinclair（1987）观察发现,而后 Louw 首次正式提出该概念。语义的研究的是搭配现象:在一定的语境内,某个关键词项与周围的具有特定语义特征的词项高频共现并被后者"传染"上了有关语义特征,结果是,前者呈现出某个或多个态度意义或语义色彩。如 Sinclair 观察发现 set in 和 happen 都趋向于跟具有消极语义特征的词项搭配。Stubbs 认为一般有消极、积极和中性三大类语义韵。消极语义韵中,关键词项周围的搭配词大多具有鲜明或强烈的消极语义特征;积极语义中,关键词项周围的搭配词大多具有鲜明或强烈的积极语义特征;在中性语义韵中,关键词项的搭配词既与具有消极语义特征的词项搭配,也与具有积极语义特征的词项搭配,显现出一种错综（mixed）的语义氛围。

语义韵特征可以概括为三点:评价性、潜隐性和历时性。评价性指语义韵反映了上文提及的说话者的态度、立场或看法。潜隐性指语义表达出来的态度是存在于人们潜意识中的,通过语料分析才能使之显现。如 Hunston 研究发现 persistent 具有消极语义韵,母语话者会无意识地将之与 errors, drug users, intimidation, rumors 等具有消极语义特征的词汇搭配使用。但如果非母语使用者因缺少相应的语感或语义韵知识,则会写出如下句子"persistent efforts to strive for a peaceful…"造成语用失误。历时性指语义韵经历了从无到有的过程,通过历史沉淀逐渐成为词的内涵或联想义(connotation)。如 cause 一词在 20 世纪 90 年代具有越来越明显的消极语义的趋向,到现在 Stubbs 认为该词的消极语义韵已经可以脱离语境而作为消极内含义写进词典。①

因其具有发现隐性的态度意义的特点,语义韵研究已广泛应用于语言学各领域。通过对比英语本族语语料库和中国学习者语料库,诊断并描述了中国学生英语中因语义前冲突而导致的语用失误,对照英语本组与语料库研究中国学习者因缺少语义的知识而造成英语近义词的搭配失误。

上述为英语单语视角下的语义韵研究,也有学者从双语角度来对比研究汉英对应词的语义韵,如 Xiao 等(2006)对比分析了英汉近义词的语义韵问题,对应词只有在相似语境中传递的态度意义一致才能判定为双语对应词语单位。此外,也有学者将语义韵应用于词典学,但此类文献数量有限。这里选取"屡次""再三"这对近义词为个案研究对象,在分析两者语义韵的基础上,尝试探讨对外汉语学习词典中的近义词辨析问题。

(三)根据关键词来提取索引

关于语义韵研究,卫乃兴(2002)提出了三种方法,即基于数据的方法、数据驱动的方法及基于数期与数据驱动相结合的方法。三种方法首先都要根据关键词来提取一定数量的索引。

第一种基于数据方法主要通过观察索引来建立类联接,再得出该关键词的语义韵信息。类联接为词语间搭配的抽象化形式,即"词语搭配发生于其中的语法结构和框架",或可认为是代表了一个搭配类型。

第二种数据驱动方法则缺少类联接建立这一环节,主要通过计算节点词左右跨距范围内的措配词得出的数据,进而概括这些搭配词的语义特点来描述"节点词语境内弥漫的语义氛围"。节点词指需要在语料库中观察其搭配行为的关键词;跨距指节点词左右词项构成的语境范围。

---

① 贾爱武,濮建忠,高军.语料库语言教学与研究[M].杭州:浙江工商大学出版社,2017.

第十章 语料库语言学理论应用于语言教学

第三种方法结合使用了基于数据与数据驱动两种方法。分为四步：首先，从语料库中随机提取一定数量的索引；然后，确定跨距。观察搭配词并建立类联接；接着，分析搭配词的语义特点；最后，归纳出节点词的语义韵结构。这种方法兼顾了关键词的语法和语义结构，并从中揭示其语义韵这一语用信息，可与词典中的语法、语义、语用三大信息相对应。因此，下文采用这种折中的方法来观察分析"屡次""再三"这对近义词的语义韵结构，为对外汉语学习词典中近义词辨析提供理据。

(四)近义词辨析涉及词汇诸多层面

(1)建立类联接

节点词"屡次"在 CCL 中出现的频数为 1061，"再三"为 3163，随机各提取 100 条作为观察对象。设定跨距，落入此跨距内的都为搭配词。

(2)搭配词及语义特点

观察 100 条索引行发现，"屡次"的类联接主要有两种。"屡次"第一种类联接占 93 例，与之搭配的动词、名词可分为六类；"屡次"的第二种类联接出现频次为 7，将这 7 行索引列出并观察得出，4 例为积极意义，2 例为消极意义，1 例为中性意义。"再三"第一种类联接占 78 例。与之搭配的动词、名词可分为三类，因"再三"第三种类联接只有一条索引行，可将其归入第二种类联接，共 22 例，其搭配词项主语义特征也分为三类。根据 CCL 提取的索引行观察"屡次""再三"各自搭配词的语义特点，与对外汉语常用词语对比例释给出的这对近义词的语文特点相比较，可以发现，两者信息基本一致，但后者没有谈及态度或语气意义，而且语义特点描述得稍欠细致。"屡次"表示一次又一次，整个事情的多次出现，所指的事情多是比较抽象、笼统的。"再三"强调不止一次地，在不止一次的动作的作用下而产生的某种效果(有效的或无效的)，多用于具体动作，还多限于语言类动作。

(3)语义韵结构

基于上述搭配词语义特征的统计分析，从"屡次"和"再三"的语义韵结构表可以看出，"屡次"周围表现出较为明显的消极语义氛围，特别是与"言语类"和"攻击类"词项搭配使用时，更为明显。有些时候，"屡次"的消极语义只通过观察跨距范围内的搭配词项不能得出，需观察其扩展语境，如"屡次进言，不被采纳""屡次说你，你总不听"，可以明显体会其语气转折的意味。

相比之下，"再三"周围没有表现出明显的积极或消极语义氛围，半数是中性语义氛围，特别是与第一种类联接中的言语类和第二种类联接中的心理类词项搭配时，更多地表现为中性语义韵。其原因可能是"再三"的动词搭配词项多为"说""问""要求"等,不带有明显的态度或语气意义。

近义词辨析涉及词汇诸多层面,不光是比较感情色彩,还需比较语法功能、语义范围、语体色彩等。为此,语义韵的研究方法涵盖了关键词的语法特征、语义结构和语用信息,可作为词典中近义词辨析的方法和信息参考源。

(五)为对外汉语学习词典提供全面的语料支撑

一般认为,二语/外语学习者因受语言知识和能力限制,不能直觉地识别词汇的潜在语义韵信息(Partington,1998)。为此,基于语料库语言学中的语义韵研究方法,将此类信息显现于对外汉语学习词典的近义词辨析中,可促进学习者二语习得;而且通过观察语义韵研究过程,可以比较关键词项的语法和语义信息,为对外汉语学习词典的近义词辨析栏提供全面的语料支撑。另外,本文关于语义韵信息的研究结合了基于数据与数据驱动两种方法,具有客观性。但在观察、分析关键词的搭配词项及归纳语义韵结构时,都涉及了研究者的主观因素,最终结果可能因研究者的语言知识和分析能力影响,而产生观察不全和信息遗漏的问题。因此,在今后的对外汉语学习词典近义词辨析实际工作中,可通过增加索引观察行、词典编纂者和语料库工作者合作等方法来保证研究成果的质量。

参考文献

[1] 杨德爱. 语言与文化 [M]. 昆明：云南大学出版社, 2020.

[2] 杨娜, 何赟, 苏冲. 应用语言学视角下中国大学英语教学研究 [M]. 长春：吉林教育出版社, 2020.

[3] 潘瑶. 语料库语言学研究实践 [M]. 武汉：武汉大学出版社, 2020.

[4] 李双玲, 邹艳丽, 毛中婉. 理论语言学及应用语言学中的语料库研究 [M]. 成都：西南财经大学出版社, 2020.

[5] 郭曙纶. 汉语语料库应用教程 [M]. 上海：上海交通大学出版社, 2020.

[6] 杨静. 现代语言学流派与英语教学探究 [M]. 北京：中国商业出版社, 2019.

[7] 许丹丹, 陈荔. 功能语言学与英语教学研究 [M]. 长春：吉林大学出版社, 2019.

[8] 冯华, 李翠, 罗果. 英语语言学与教学方法研究 [M]. 长春：吉林人民出版社, 2019.

[9] 郭慧莹. 应用语言学理论视阈下高校英语教学实践研究 [M]. 北京：冶金工业出版社, 2019.

[10] 杨娜, 何赟, 苏冲. 应用语言学视域下的当代英语教学新探 [M]. 北京：中国水利水电出版社, 2019.

[11] 张庆宗, 吴喜艳. 新编应用语言学导论 [M]. 武汉：武汉大学出版社, 2019.

[12] 张丽霞. 现代语言学及其分支应用语言学的理论与实践研究 [M]. 北京：中国大地出版社, 2019.

[13] 许家金. 语料库语言学第 11 辑 [M]. 北京：外语教学与研究出版社, 2019.

[14] 刘国兵. 语料库语言学与外语教学 [M]. 北京：中国社会科学出版社, 2019.

[15] 李瑛, 王莲, 田召见. 认知语言学理论与应用 [M]. 北京：中国经济出版社, 2019.

[16] 陈昌来, 刘承峰. 现代语言学 [M]. 上海：学林出版社, 2019.

[17] 周榕,郭沫,秦波.英语翻译与语言学[M].合肥:安徽师范大学出版社,2019.

[18] 张丽亚.现代英语语言学研究[M].长春:吉林人民出版社,2019.

[19] 刘正光,李雨晨.认知语言学十讲[M].上海:上海外语教育出版社,2019.

[20] 彭宣维,王勇.功能语言学[M].上海:上海外语教育出版社,2019.

[21] 李婷婷.语言学视阈中的现代汉语词汇认知及其教学研究[M].北京:北京理工大学出版社,2019.

[22]Sabine De Knop, Frank Boers, Antoon De Rycker.用认知语言学提高语言教学效率[M].上海:上海外语教育出版社,2018.

[23] 孙凯元,张焕芹,王澄林.应用语言学导论[M].沈阳:东北大学出版社,2018.

[24] 向星蓓,谢韵颖,李璐.语言学和现代语言艺术[M].芒:德宏民族出版社,2018.

[25] 王华,崔俊影,经芳.语言学[M].延吉:延边大学出版社,2018.

[26] (加)H. H.斯特恩著;刘振前,宋青,庄会彬译.语言教学的基本概念[M].北京:商务印书馆,2018.

[27] 孙茂华.应用语言学理论与英语教学实践探究[M].重庆:重庆出版社,2018.

[28] 张昊.语言学与翻译[M].长春:吉林人民出版社,2017.

[29] 万红梅.语言学视角下的大学英语教学研究[M].北京:中国纺织出版社,2017.

[30] 王鸿滨.语言学通论[M].北京:中国广播电视出版社,2017.

[31] 王远新.语言学教程3版[M].北京:中央民族大学出版社,2017.

[32] 孙晓红,刘邦凡.语言逻辑与语言教学研究[M].长春:吉林出版集团股份有限公司,2017.

[33] 张秀萍.认知语言学理论视角下英语教学新向度研究[M].北京:中国商务出版社,2017.

[34] 陈新仁.汉语语用学教程[M].广州:暨南大学出版社,2017.

[35] 贾爱武,濮建忠,高军.语料库语言教学与研究[M].杭州:浙江工商大学出版社,2017.

[36] 谭爱平.认知语言学理论研究[M].成都:西南交通大学出版社,2017.

[37] 孟凡茂,孟凡艳.应用语料库语言学[M].北京:九州出版社,2017.

[38] 叶翠英.语料库语言学的研究方法[M].上海:上海交通大学出版

参考文献

社,2017.

[39] 李军华.语言与语言学理论专题十二讲[M].湘潭:湘潭大学出版社,2016.

[40] 刘传启.语言学概论[M].北京希望电子出版社,2016.

[41] 郭娟.外语教学与语言文化[M].长春:吉林文史出版社,2016.

[42] 梁茂成.什么是语料库语言学[M].上海:上海外语教育出版社,2016.

[43] 戴卫平.语言学理论·语言教学[M].广州:世界图书出版广东有限公司,2014.

[44] 姚小平.如何学习研究语言学[M].北京:北京大学出版社,2013.

[45] 杨立刚.对比语言学视角下的外语教学研究[M].哈尔滨:哈尔滨工程大学出版社,2013.

[46] 黄国文,辛志英.系统功能语言学研究现状和发展趋势[M].北京:外语教学与研究出版社,2012.

[47] 井凤芝,郑张清.语言学[M].昆明:云南人民出版社,2012.

[48] 何自然.语用学探索[M].广州:暨南大学出版社,2012.

[49] 王伟,左年念,王国念.应用语言学导论[M].中国地质大学出版社有限责任公司,2012.

[50] 余东明.什么是语用学[M].上海:上海外语教育出版社,2011.

[51] 王德春.普通语言学[M].上海:上海外语教育出版社,2011.

[52] 叶蜚声,徐通锵.语言学纲要(修订版)[M].北京:北京大学出版社,2010.

[53] 曾方本.现代语言学理论与外语多媒体教学[M].广州:暨南大学出版社,2010.

[54] 曾蕾,廖海青.功能语言学与外语教学研究[M].北京:外语教学与研究出版社,2010.

[55] 蓝纯.语言学概论[M].北京:外语教学与研究出版社,2009.

[56] 廖美珍.语言学教程(修订版)精读精解[M].成都:西南交通大学出版社,2009.

[57] 束定芳,庄智象.现代外语教学:理论、实践与方法[M].上海:上海外语教育出版社,2008.

[58] 胡壮麟,朱永生,张德禄,李战子.系统功能语言学概论(修订本)[M].北京:北京大学出版社,2008.

[59] 胡壮麟.语言学教程(第3版)[M].北京:北京大学出版社,2007.

[60] 曾文雄.语用学翻译研究[M].武汉:武汉大学出版社,2007.

· 329 ·

[61] 夏中华. 语言·语言教学论稿 [M]. 沈阳：辽宁人民出版社，2007.

[62] 崔希亮. 语言学概论 [M]. 北京：商务印书馆，2006.

[63]（美）罗斯（Rose, K.R.）等. 语言教学中的语用学 [M]. 北京：世界图书出版公司北京公司，2006.

[64] 邢福义. 文化语言学（增订本）[M]. 武汉：湖北教育出版社，2006.

[65] 张德禄，苗兴伟，李学宁. 功能语言学与外语教学 [M]. 北京：外语教学与研究出版社，2005.

[66] 何安平. 语料库语言学与英语教学 [M]. 北京：外语教学与研究出版社，2004.

[67] 伊秀波. 应用语言学语言学习与语言教学 [M]. 长春：吉林大学出版社，2004.

[68] 姜望琪. 当代语用学 [M]. 北京：北京大学出版社，2003.

[69] 于根元. 应用语言学概论 [M]. 北京：商务印书馆，2003.

[70] 朱永生，严世清. 系统功能语言学多维思考 [M]. 上海：上海外语教育出版社，2001.

[71] 戴昭铭. 文化语言学导论 [M]. 北京：语文出版社，1996.

[72] 北京市语言学会. 语言学和语言教学 [M]. 合肥：安徽教育出版社，1984.

[73] 严春艳. 应用语言学视角下的语文教学研究——评《当代应用语言学》[J]. 语文建设，2021（06）：86.

[74] 胡壮麟. 后韩礼德时代功能语言学的发展趋势 [J]. 当代外语研究，2021（01）：44-53+2.

[75] 于立华，杨帆. 认知语言学理论在高校日语教学中的应用 [J]. 产业与科技论坛，2021，20（06）：151-152.

[76] 李洋. 建构主义与英语语言学课堂教学研究 [J]. 校园英语，2021（07）：58-59.

[77] 张雪燕，俞燕君. 以认知语言学为视角的汉语作为第二语言教学研究 [J]. 文教资料，2020（36）：206-208+108.

[78] 李梦洁. 从语言学视角分析几种第二语言教学方法 [J]. 品位·经典，2020（07）：129-130.

[79] 姜宏，赵爱国，曾婷. 俄罗斯功能语法理论与系统功能语言学的研究方法对比 [J]. 复旦外国语言文学论丛，2020（02）：9-14.

[80] 李倩倩. 试析应用语言学理论下的语言教学 [J]. 科学咨询（教育科研），2020（04）：57-58.

[81] 钱鑫垚. 论语言学理论与外语教学法的关系 [J]. 教育现代化，

2020,7（12）:113-115.

[82] 缪海涛.探析语言学研究的认知功能模式[N].中国社会科学报,2020-12-22（003）.

[83] 张亚敏.语用学在语言教学中运用的研究[J].湖南城市学院学报,2016（1）:339-340.

[84] 陈婕.语义学在语言教学中的运用[J].职业教育,2016（5）:175-176.

[85] 刘蕾.认知语言学理论在英语教学中的应用[J].哈尔滨师范大学社会科学学报,2015（3）:174-176.

[86] 徐晓飞,房国铮.文化语言学与外语教学[J].教育探索,2011（8）:34-35.

[87] 廖彦婷,王月.语用学理论对语言教学的影响[J].重庆电子工程职业学院学报,2011（3）:124-125.